U0438636

中国古代名著全本译注丛书

礼记译注

下

杨天宇　译注

丧服小记第十五

1. 斩衰，括发以麻[1]。为母，括发以麻，免而以布[2]。齐衰恶笄以终丧[3]。男子冠而妇人笄[4]；男子免而妇人髽[5]，其义，为男子则免，为妇人则髽。

【注释】

〔1〕括发：用麻从后项往前相交于额上，再向后绕而缠发为髻，这是小殓后尚未成服（未正式穿丧服）时的丧饰。

〔2〕免而以布：案这是记为母服丧与为父的不同处。为父丧，在室中小殓，小殓后括发，然后从室中抬尸至堂，这时主人（主丧的孝子）要下堂向前来参加丧礼的宾客行拜礼，拜毕要到阼阶下就位而踊，然后上堂到东序的东边著经带，再回到阼阶下主人之位，而其头饰仍然是括发而未变。如果为母丧，从小殓后括发，抬尸至堂，一直到子拜宾，都括发而与父丧不异，而在子拜宾之后，就要改括发为布免，就阼阶下之位而踊，此即为母与为父丧的不同处。

〔3〕恶笄：即丧笄，为母丧以榛木为笄。

〔4〕男子冠而妇人笄：冠，谓丧冠。丧冠的形制，是用麻绳绕头为冠圈（即武），又用一条宽二寸的布（布上有三条纵向的褶皱），从冠圈的前边（即前额处）覆至后项，缝缀在冠圈上，此即冠梁，亦简称冠。若为父服丧，就用六升布为冠，为母则用七升布为冠。案古代布幅宽二尺二寸，径线八十缕为升，六升四百八十缕，七升五百六十缕，都是极粗疏的布。笄，即丧笄。为父则以箭篠（小竹）为笄，为母则以榛木为笄。

〔5〕髽：音 zhuā，是一种妇女的丧髻。髽有二种：服斩衰则用麻缠髽，服齐衰则用布缠髽，这二种又都称为露紒（露着的发髻）。

【译文】

〔为父〕服斩衰丧，用麻束发髻。为母服丧，用麻束发髻，〔小殓后行过拜宾礼就要〕改着布免。〔妇人〕服齐衰丧，发髻中插丧笄要一直到期满除服。男子着丧冠而妇人着丧笄；男子着免而妇人束髽髻，其意义，就在于表明是男子就着免，是妇人就束髽髻，〔以此分别男女而矣〕。

2. 苴杖，竹也。削杖，桐也[1]。

【注释】

〔1〕"苴杖"至"桐也"：苴杖，即以苴竹为杖。削杖，削桐木为杖。案苴杖与削杖皆孝子所拄丧杖：苴杖为斩衰之杖，削杖为齐衰之杖。

【译文】

苴杖，是用竹做的。削杖，是用桐木做的。

3. 祖父卒，而后为祖母后者三年[1]。

【注释】

〔1〕"祖父"至"三年"：这两句是指嫡子死而嫡孙承重（即为后继人）者，此嫡孙当为其祖父服斩衰三年之丧，祖父死后祖母死，则当如父死为母一样，为祖母服齐衰三年之丧。如果祖父在而祖母死，那就当服齐衰期（一年）了。

【译文】

祖父死了，而后作为祖母后代的孙子为祖母服齐衰三年之丧。

4. 为父母，长子稽颡[1]。大夫吊之，虽缌必稽颡[2]。妇人为夫与长子稽颡[3]，其余则否。

【注释】

〔1〕为父母,长子稽颡:案服丧者向来吊的宾客行礼,有先稽颡而后拜,与先拜而后稽颡两种,服重者则当先稽颡而后拜。此长子为父母服丧,当从重,故当先稽颡而后拜。其他自齐衰不杖期以下,则当先拜而后稽颡。

〔2〕大夫吊之,虽缌必稽颡:案死者是士,大夫是尊者而来吊,因此当特予优礼。本来对同等级的来吊者,自服齐衰不杖期以下者即当先拜而后稽颡,而对大夫则不然,不分服之轻重皆当先稽颡而后拜。

〔3〕妇人为夫与长子稽颡:妇人为夫服斩衰三年,为嫡长子服齐衰三年,皆重服,故亦当先稽颡。

【译文】

为父母服丧,长子应该对来吊的宾客先稽颡〔而后行拜礼〕。大夫前来吊唁,即使服缌麻之丧的人,也必须对大夫先稽颡〔而后行拜礼〕。妇人为丈夫和嫡长子服丧,对来吊的宾客先稽颡〔而后行拜礼〕,为其余的人服丧对宾客行礼就不这样。

5. 男主必使同姓,妇主必使异姓。

【译文】

代理男丧主必须使丧家同姓中人,代理女丧主必须使与丧家异姓的女子。

6. 为父后者为出母无服[1]。

【注释】

〔1〕出母:谓母犯"七出"而为父所离弃。案所谓"七出",是指:一、无子,二、淫佚,三、不事舅姑,四、口舌,五、盗窃,六、妒忌,七、恶疾。

【译文】

作为父亲继承人的嫡长子对于已被父亲离弃的母亲不服丧。

7. 亲亲以三为五,以五为九[1]。上杀,下杀,旁杀[2],而亲毕矣。

【注释】

[1] 以三为五,以五为九:案己,上亲父,下亲子为三;又因父而上亲祖,因子而下亲孙,是所谓以三为五。又因祖而亲曾祖、高祖,因孙而亲曾孙、玄孙,是所谓以五为九。

[2] 上杀,下杀,旁杀:上杀,指由父至祖,以至曾祖、高祖,与己亲渐疏而服渐轻,如为父服斩衰三年丧,为祖减至齐衰期,为曾祖、高祖则皆服齐衰三月,是所谓上杀之义。下杀,指由子至孙,以至曾孙、玄孙,亦亲渐疏而服渐轻。如父为子服齐衰期(若为嫡长子则服斩衰三年),为孙服大功九月,为曾孙服小功五月,为玄孙则服缌麻三月,是所谓下杀之义。旁杀,谓为父之兄弟(伯父、叔父)服齐衰期,为祖之兄弟(从祖)服小功五月,为曾祖之兄弟(族祖)则服缌麻;又父为兄弟之子视若己子而服齐衰期,为堂兄弟之子则服小功五月,为族兄弟之子则服缌麻,是皆所谓旁杀之义。服至缌麻而尽,即下文所谓"亲毕"。

【译文】

亲自己的亲人,由亲三代而推至五代,由五代而推至九代。由己往上亲渐疏而服渐轻,由己往下亲渐疏而服渐轻,旁亲也是代愈远而服愈轻,一直到亲尽而无服。

8. 王者禘其祖之所自出,以其祖配之[1],而立四庙[2]。庶子王亦如之[3]。

【注释】

[1] "王者"至"配之":案中国古代各民族为神化自己的祖先,有

所谓"感生"说,即把自己的祖先说成是感上帝之精气而生,非同于凡人。如传说商民族的祖先契是其母简狄吞服天帝的玄鸟(燕子)卵而怀孕所生,即《诗·商颂·玄鸟》所谓"天命玄鸟,降而生商"是也。又如传说周民族的祖先后稷,是其母姜嫄踩了天帝留下的脚印的大踇趾处,于是有感而怀孕所生,即《诗·大雅·生民》所谓"履帝武敏歆"。因此古代帝王祭祀天帝,即所谓"祖之所自出"者,就用自己的始祖来配祭。如周人祭天,即以后稷配祭。

〔2〕立四庙:是指除始祖庙外,自高祖以下至祢,凡立四庙。案据《王制》,天子七庙(见彼第28节),故学者颇疑此处有脱文。

〔3〕庶子王亦如之:谓嫡子因故(如疾病)而不可立,被废弃,则立庶子,则庶子其祭天、立庙亦如之。

【译文】

天子用禘祭祭祀自己的始祖所由诞生的天帝,用自己的始祖配祭,而〔自始祖以下〕建立四亲庙。如果庶子被立为天子,也像这样祭天配祖和建庙。

9. 别子为祖[1],继别为宗[2]。继祢者为小宗[3]。有五世而迁之宗,其继高祖者也[4]。是故祖迁于上,宗易于下[5]。尊祖,故敬宗[6];敬宗,所以尊祖祢也。庶子不祭祖者,明其宗也。

【注释】

〔1〕别子为祖:别子,指诸侯国君的庶子,包括嫡长子下面的诸嫡子及妾所生子,因众庶子皆别于嫡长子,故称别子。诸侯由嫡长子继承君位,庶子则为卿大夫,分出去另立新宗,为新宗的始祖,故云"别子为祖"。

〔2〕继别为宗:案别子所立新宗世世代代由嫡长子继承,百世不迁,永为新宗族的大宗,即所谓"继别为宗"。

〔3〕继祢者为小宗:这是指别子的庶子又分出去另立新宗而为士,士又由其嫡长子继承,为其同父兄弟所宗,是为小宗。祢,父,即别子

的庶子而分出去为士者。

〔4〕有五世而迁之宗，其继高祖者也：五世而迁之宗，即指小宗。小宗为别子的庶子，而庶子又有庶子，如此分衍下去，则有无数的小宗，故古人又作出规定，除大宗百世不迁，小宗下传超过五代，就不再为族人所宗。例如从己身算起，己之上为父、祖、曾祖、高祖，己则为高祖之玄孙，尚在五世之内，故仍为族人所宗；到己之子，亦即高祖的玄孙之子，就不再为族人所宗了，族人另有所近者为其宗，这就叫做迁宗。又所谓"其继高祖者"，指玄孙，尚在五世之内，不属当迁之宗。继高祖者之子，即高祖的玄孙之子，已超过五世，其宗当迁，已如上述。

〔5〕祖迁于上，宗易于下：案诸侯五庙：太庙与四亲庙。太庙永不迁毁，四亲庙则依次迭毁。当有新死者入庙，就当将原来的祢庙、祖庙、曾祖庙的牌位依次向上递迁，而原来的高祖庙的牌位就当迁而置于太庙中，这就叫做"祖迁于上"。宗易于下，详上注。

〔6〕尊祖，故敬宗：这是因为宗是继承父祖的正体。

【译文】

别子分出去另立新宗而为始祖，继承别子的嫡长子就是新宗族的大宗。继承〔做士的〕父亲的嫡长子就是小宗。有超过五代就当迁徙的宗，那就是指的上继高祖的玄孙之子。因此祖庙迁毁于上，小宗改易于下。尊敬祖先，所以要尊敬宗子；尊敬宗子，正是为了表示尊敬父、祖。庶子不得主持对祖庙的祭祀，正是表明有宗子在。

10. 庶子不为长子斩，不继祖与祢故也[1]。

【注释】

〔1〕"庶子"至"故也"：案依礼，父应当为嫡长子服斩衰三年之丧，这是指父本身就是嫡长子，是宗庙祭祀的主持者，这样的父的嫡长子死了，就当为之服斩衰三年。其原因，是因为嫡长子继承父祖的正体。传重，是说父将把宗庙的主祭权传给他，为了体现尊祖敬宗之义，所以要为自己的嫡长子服斩衰三年之丧。但如果父本身是庶子，非继父祖之正体，这样的父的嫡长子死了，就不得为之服斩衰三年之丧。这种规定

的意义,就在于体现尊先祖之正体,而不二其统也。

【译文】
　　父亲是庶子,不为自己的嫡长子服斩衰三年之丧,因为不是继承祖和父的正体的缘故。

11. 庶子不祭殇与无后者[1]。殇与无后者从祖祔食[2]。

【注释】
　　[1]庶子不祭殇与无后者:庶子,谓己为庶子。殇,在此指庶子之子未成年而死者。无后者,谓庶子之子已成年而尚未婚,或已婚无子而死者。不祭,是因己为庶子,无宗庙祭祀权,而宗庙在宗子家。
　　[2]殇与无后者从祖祔食:这句是解释如何"祭于宗子之家"。

【译文】
　　自己是庶子,就不祭自己未成年而死的儿子,或无子而死的儿子。庶子的未成年而死的儿子或无子而死的儿子,〔是当宗子祭祀宗庙的时候〕附从于被祭的祖先而享受祭祀。

12. 庶子不祭祢者[1],明其宗也。

【注释】
　　[1]庶子不祭祢:谓此庶子之父为嫡长子,故死而得立祢庙,而庶子非继祢之正体,故不得祭。

【译文】
　　庶子不得祭祀祢庙,这是为了表明主祭权在宗子。

13. 亲亲，尊尊，长长〔1〕，男女之有别〔2〕，人道之大者也。

【注释】
〔1〕亲亲，尊尊，长长：亲亲，谓父母。尊尊，谓祖及曾祖、高祖。长长，谓兄弟及旁亲。
〔2〕男女之有别：如为父服斩衰，为母服齐衰；为未出嫁的姑、姊妹服期，出嫁则服大功，（出嫁后）为夫服斩，（夫）为妻服期，等等，皆所谓男女有别。

【译文】
为父母服丧，为祖以至高祖服丧，为兄弟及旁亲服丧，对其中的男子和妇女，都要体现出区别来，这是人所应遵循的大原则。

14. 从服者，所从者亡则已〔1〕。属从者，所从虽没也服〔2〕。妾从女君而出，则不为女君之子服〔3〕。

【注释】
〔1〕从服者，所从者亡则已：从服，是制定丧服的原则之一，其中又可分六类（参见《大传第十六》第9节），此处所谓从服，是指六类之一的"徒从"，即本无亲属关系，不当服丧，徒从某人而服，此人若死，也就不再服了，即所谓"所从亡则矣"。属于徒从关系的，如子从母服母之君母（母之父的正妻），又如妾子从君母（父的正妻）服君母之党（君母娘家亲属）。
〔2〕属从者，所从虽没也服：属从，亦属六从之一，即通过某人而与所为服者产生间接的亲属关系，即使某人死了，亲属关系犹在，仍当为之服，如子从母服母之党（母之娘家人），又如妻从夫服夫之党，或夫从妻服妻之党。
〔3〕"妾从"至"子服"：妾，指女君（丈夫的正妻）的侄（侄女）娣（妹），从女君来嫁而为妾，此女君犯"七出"而被出，则侄娣亦同时被出。本来妾当从女君为女君之子服齐衰期，被出之后，女君仍为其子服

期,妾则不再服。

【译文】
　　徒从某人而为他人服丧的,所从的人死了就算了。从某人而为产生间接亲属关系的人服丧的,所从的人即使死了,也仍然要服。妾随同正妻而被丈夫所离弃,就不再为正妻之子服丧了。

15. 礼,不王不禘[1]。

【注释】
　　[1] 礼,不王不禘:此禘,谓行郊天礼。案此节当上承"王者禘其祖之所自出"(见第 8 节)之后,而错简于此。

【译文】
　　按照礼的规定,不是天子不得行禘祭之礼。

16. 世子不降妻之父母[1]。其为妻也,与大夫之嫡子同[2]。

【注释】
　　[1] 世子不降妻之父母:案丧服制度有降服的规定,一般因为己之地位尊贵,或为己上之尊贵者所厌(压),而比原来降低一级丧服等级。如第 31 节记"大夫降其庶子",即是因己尊而降低为庶子的丧服等级。又如子为母当服齐衰三年,如果有父在,子为父之尊所厌,就只能为母服齐衰期。但世子虽然尊贵,而为其妻之父母却"不降",其原因,是因为夫妇一体,妻之父母乃妻之正尊,故其夫即服其本服而不降。
　　[2] 其为妻也,与大夫之嫡子同:案据《丧服》,大夫之嫡长子为妻服齐衰不杖期。此世子为其妻服亦同。

【译文】

〔天子、诸侯的〕太子,不降低对于妻的父母的丧服等级。太子为妻所服,与大夫的嫡长子为妻所服相同。

17. 父为士,子为天子、诸侯,则祭以天子、诸侯,其尸服以士服。父为天子、诸侯,子为士,祭以士,其尸服以士服。

【译文】

父亲是士,儿子是天子或诸侯,祭祀父亲的时候就用天子礼或诸侯礼,充当父亲的尸的人则穿士的服装。父亲是天子或诸侯,儿子是士,祭祀父亲的时候就用士礼,充当父亲的尸的人也穿士的服装。

18. 妇当丧而出,则除之。为父母丧,未练而出,则三年[1]。既练而出则已。未练而反则期,既练而反则遂之。

【注释】

〔1〕"为父"至"三年":练,谓小祥,人死一周年的祭名。案已嫁之女为父母本当服齐衰期(一年)之丧,未练而被出,则当随娘家之兄弟服三年之丧。

【译文】

妇正当为公婆服丧的时候而被夫谴出,就除服。妇为娘家父母服丧,如果尚未举行小祥祭而被夫谴出,就为父母服三年之丧。如果妇已经为父母举行过小祥祭而被夫谴出,也就不再为父母服丧了。〔如果妇为父母服丧尚未举行过小祥祭而被夫谴出〕,而又在尚未举行小祥祭的时间内被夫命返回,那就仍为父母服一年之丧。如果被谴出之妇在已经为父母举行过小祥祭之后而又被夫命返回，那就接着为父母服满三年之丧。

19. 再期之丧，三年也[1]。期之丧，二年也[2]。九月、七月之丧，三时也。五月之丧，二时也。三月之丧，一时也。故期而祭[3]，礼也。期而除丧，道也[4]。祭不为除丧也[5]。三年而后葬者[6]，必再祭，其祭之间不同时[7]，而除丧。大功者主人之丧[8]，有三年者[9]，则为之再祭。朋友虞、祔而已。士妾有子而为之缌，无子则已。

【注释】
〔1〕再期之丧，三年也：再期，谓再期而祥，即大祥祭，是在第二十五个月进行的，已经进入第三个年头了，故曰"三年也"。
〔2〕期之丧，二年也：期，谓期而小祥，小祥祭是在第十三个月进行的，已经进入第二个年头了，故月"二年也"。
〔3〕期而祭：包括一周年的小祥祭和二周年的大祥祭。
〔4〕期而除丧，道也：除丧，谓变除丧服。案一周年小祥祭后男子要除其首绖，女子除其腰带；二周年大祥祭后即除去丧服。道，谓天道，天道一年一改变，故变除丧服以应之。
〔5〕祭不为除丧：案祭的目的在于存慰死者。
〔6〕三年而后葬：这是说因故未能及时而葬。
〔7〕不同时：此谓异月。
〔8〕大功者主人之丧：大功，谓与死者有大功之亲者，如死者之从父昆弟。主人之丧，因死者无子或子幼小，而妻又不可主丧，故用大功者代为丧主。
〔9〕有三年者：如死者的子与妻，皆当为死者服三年之丧。

【译文】
两周年后举行大祥祭的丧期，已经进入第三年了。一周年后举行小祥祭的丧期,已经进入第二年了。九月、七月之丧,是兼跨三季的丧期。五月之丧,是兼跨二季的丧期。三月之丧,是一季的丧期。因此人死逢周年举行祭祀,这是礼的要求。逢周年而变除丧服,这是适应天道的变化。但举行祭祀的目的并不是为了变除丧服。三年而后安葬死者的,必须葬后再举行小祥祭和大祥祭,两次祭祀不可同月举行,祭后而除去丧服。死者的从父兄弟来主持丧事,死者的亲属中有当服三年之丧的,主丧者就必须为他们主持小祥和大祥两次祭礼。如果是为朋友主丧,那就主持到进行了虞祭和祔祭就算了。士的妾如果生了儿子的,死后士就为她服缌麻,如果没有生儿子的,就不为她服丧了。

20. 生不及祖父母、诸父、昆弟,而父税丧,己则否[1]。为君之父母、妻、长子,君已除丧,而后闻丧,则不税。降而在缌、小功者,则税之[2]。近臣,君服,斯服矣,其余从而服,不从而税[3]。君虽未知丧,臣服已。

【注释】

〔1〕"生不"至"则否":谓父因宦于异邦而生己,己未得回国见以上诸亲,又因相隔遥远,当听说以上诸亲之丧时,丧期已过,则由父税丧即可,己则否。税丧,谓追服。

〔2〕降而在缌、小功者,则税之:案这两句应上承"父税丧,己则否"之后,而脱误在此。这句是进一步解释《檀弓上》中曾子所说的话,彼文中记曾子说过"小功不税"(见彼第37节),而此处说小功当税,是因为这里的小功是指本当服齐衰、大功,降而服小功、缌麻者,而曾子所说是本来就当服小功者,此其所异也。

〔3〕"近臣"至"而税":近臣,是指随侍于君的小臣,如阉寺之类,虽近君而地位卑贱。其余,则指国君手下的大臣们。国君若外出行朝聘之礼,不能及时返国,等到返国时,才知有亲丧,若服丧期未过,小臣就随君而服;若丧期已过,君追服,小臣亦追服。至于其他大臣,只是在丧期内从君而服,若丧期已过,就不从君追服了。

【译文】

　　祖父母、伯父、叔父和诸兄弟生前自己未及见过，〔如果听说他们的丧事时丧期已过〕，由父亲为他们追服就行了，自己可以不追服。为国君的父母、妻和嫡长子，如果在国君已经除服之后才听说他们的丧事，就不追服了。如果是降低丧服等级后当为死者服缌麻或小功之丧的，〔那么过了丧期而得到死丧的消息〕，就应当为死者追服。国君的近臣，国君为死者服丧就跟着服丧，其余的大臣们也跟从国君服丧，但不跟从国君为死者追服。君即使〔因外出而〕不知道自己亲人的丧事，〔留在国内的〕大臣们也同样为死者服丧。

21. 虞，杖不入于室[1]。祔，杖不升于堂。

【注释】

　　[1] 虞，杖不入于室：案虞祭是在殡宫（即死者生前的正寝）的室中进行的。主人在入室行虞祭之前，当把丧杖倚放在堂的西序前，然后进入室中，不得挂杖入室。这是因为哀情渐杀，不至于甚病，而服杖则非诚。

【译文】

　　行虞祭之礼，不得柱着丧杖进入室中。行祔祭之礼，不得柱着丧杖登上庙堂。

22. 为君母后者[1]，君母卒，则不为君母之党服。

【注释】

　　[1] 为君母后者：案这是因为无嫡子，故立妾子为后。后，即主后人，亦即死后的主丧人。案此节所记属于"徒从"（参见第14节）。

【译文】

　　作为嫡母主后人的妾子，嫡母死，就不为嫡母的娘家亲属服丧了。

23. 绖杀五分而去一[1]。杖大如绖。

【注释】
〔1〕绖杀五分而去一：绖，此指首绖。首绖五分去一，则为腰绖。

【译文】
首绖的粗细减少五分之一〔就是腰绖〕。丧杖的粗细如同腰绖。

24. 妾为君之长子，与女君同[1]。

【注释】
〔1〕妾为君之长子，与女君同：案嫡母（女君）为嫡长子服齐衰三年，庶母（妾）亦与之同，这体现了不敢轻服君之正统之义。

【译文】
妾为国君的嫡长子服丧，与国君的嫡妻同。

25. 除丧者，先重者[1]。易服者，易轻者[2]。

【注释】
〔1〕除丧者，先重者：案除丧服不是等到服满丧期一次除去，而是随着服丧期的延长，悲哀之情的减轻，逐渐除去的。如服斩衰三年之丧者，主要分三个阶段除服，即小祥、大祥和禫祭，禫祭之后便可彻底除服而终丧了。但除服的顺序却是先重服而后轻服。男子丧服最重首绖，女子最重腰绖，所以小祥祭后第一次除服，男子就除首绖，女子除腰绖。
〔2〕易服者，易轻者：易服，即变服。案服丧者随着哀情的减轻，不仅有除服之礼，还有变服之礼，即变重服为较轻一等的丧服。如行过卒哭祭之后，就当变服。但变服却是先变轻服。男子轻腰绖，女子轻首绖，所以服斩衰之丧者，卒哭之后，男子就将原来的麻腰绖变成葛腰绖，

而不变其首绖。女子则正好相反：将其麻首绖变成葛首绖，而不变其腰绖。还有另一种变服，即先遭斩衰之丧，过了卒哭祭已经变过服了，又遭齐衰之丧，丧服也就应当相应地有所变。但仍然是不变重服而变轻服，即男子变腰绖而女子变首绖。齐衰的首和腰都是牡麻绖，重于葛绖，所以男子要将变服后的葛腰绖和女子变服后的葛首绖，都适应齐衰丧而变成牡麻绖。

【译文】

除丧服的人，要先除去重服。改变丧服的人，只改变轻服。

26. 无事不辟庙门[1]，哭皆于其次[2]。

【注释】

[1] 无事不辟庙门：谓殡棺期间，非当朝夕哭时，没有特殊情况不开庙门，这是因为鬼神尚幽暗的缘故。庙，指殡宫，即死者生前的路寝，因殡棺于此，故称。

[2] 哭皆于其次：次，居丧处，如孝子所居之倚庐。若朝夕哭，则当入庙各自就哭位而哭，若无时悲至而哭，就不入庙，而即其居丧之庐中哭之。

【译文】

无事不打开殡宫的门，想哭就都在守丧的草庐中哭。

27. 复与书铭[1]，自天子达于士，其辞一也：男子称名；妇人书姓与伯仲[2]，如不知姓则书氏[3]。

【注释】

[1] 书铭：案死者生前贵贱等级不同，旗亦不同，人死后即书其名于旗，即所谓书铭。书铭的目的，是用作死者灵柩的标识。

[2] 伯仲：表排行的词：老大称伯，老二称仲，老三、老四则依次称

叔、季。

〔3〕不知姓则书氏：案氏是姓的支系，氏延用既久，则可能忘其姓，故有不知姓的情况。

【译文】
招魂与书写铭辞，从天子以下直到士，言辞都一样：是男子就称呼他的名；是妇人就称呼她的姓和表示排行的词，如果不知道姓，就书写她的氏。

28. 斩衰之葛，与齐衰之麻同[1]。齐衰之葛，与大功之麻同[2]。

【注释】
〔1〕斩衰之葛，与齐衰之麻同：斩衰之葛，谓卒哭变服后的葛绖带（首绖与腰绖。参见第25节）。齐衰之麻，谓齐衰初丧时的牡麻绖带。同，谓绖俱为七又五分之一寸，带俱为五又二十五分之十九寸。
〔2〕齐衰之葛，与大功之麻同：案经俱为五又二十五分之十九寸，带俱为四又一百二十五分之七十六寸。

【译文】
斩衰变服后的葛首绖和腰绖，与齐衰初服丧时的麻首绖和腰绖的粗细相同。齐衰变服后的葛首绖和腰绖，与大功初服丧时的麻首绖和腰绖相同。

29. 报葬者报虞[1]，三月而后卒哭。

【注释】
〔1〕报葬：报，通"赴"，在此是急速的意思。报葬，谓因故或因家贫，死而即葬，不待葬期，故曰"报葬"。

【译文】

急速安葬死者的也就急速举行虞祭之礼,但卒哭祭必须在葬后的第三个月举行。

30. 父母之丧偕,先葬者不虞祔,待后事。其葬服斩衰。

【译文】

父母同月或同日而死,先葬母而不先为母举行虞祭和祔祭,等父葬后〔先虞祭父而后虞祭母,先祔祭父而后祔祭母〕。安葬父母时都穿斩衰服。

31. 大夫降其庶子[1],其孙不降其父[2]。大夫不主士之丧。

【注释】

[1] 大夫降其庶子:案大夫为庶子本当服期,而降在大功。
[2] 其孙不降其父:孙,谓庶子之子。谓庶子之子不降其父,仍服三年。

【译文】

大夫为他的庶子降低一等丧服,大夫的庶孙为自己的父亲则不降低丧服等级。大夫不为〔无后的〕士主持丧事。

32. 为慈母之父母无服[1]。

【注释】

[1] 为慈母之父母无服:慈母,谓某妾无子,另一妾之子丧母,父命某妾为该子之母,于是某妾便对该子承担起母亲的责任,这就是慈母。

但父虽命为母子，而本非骨肉，故仅服慈母而不服慈母之父母。

【译文】
子为慈母的父母不服丧。

33. 夫为人后者[1]，其妻为舅姑服大功[2]。

【注释】
〔1〕为人后者：这是指本为支子（包括庶子），而做了宗子的后继人，则当为宗子服斩，而为其亲生父母降服期。
〔2〕其妻为舅姑服大功：案妻从夫服而降一等，故为本舅姑服大功。

【译文】
丈夫做了宗子后继人的，他的妻就为公婆服大功之丧。

34. 士祔于大夫，则易牲[1]。

【注释】
〔1〕士祔于大夫，则易牲：祔，谓祔祭。这里是说祖为大夫，孙为士，孙死祔祖，则用大夫牲，不敢用士牲，因为大夫牲用少牢（羊豕），士牲用特牲（一豕），故士牲卑，不可祭于尊者之前。

【译文】
把士附于曾做大夫的祖父之神而进行祔祭，就要改用祭大夫时用的牲。

35. 继父不同居也者[1]。必尝同居，皆无主后，同财而祭其祖祢，为同居[2]。有主后者，为异居[3]。

【注释】

〔1〕继父不同居：父死子幼而母嫁人，所嫁之人即为此子之继父。子不随其母而适继父家，即为不同居者。

〔2〕同财而祭其祖祢，为同居：案某子父死而随母嫁，如继父以其财产为该子筑宫庙，使得岁时祭祀己之父祖，这才够条件说是与继父同居，如果继父死，就为之服齐衰期之丧。

〔3〕有主后者，为异居：异居，是指曾同居而后又分居，或虽同居而被视作分居。案造成异居的情况有三：一是昔同今异；二是今虽同居而财计各别（即不同财）；三是继父更有子，便为异居。这第三种情况，即此处所谓"有主后者为异居"之义。如异居，则为继父服齐衰三月之丧。

【译文】

有了继父而不与继父共同生活〔就不为继父服丧〕。必须是曾经共同生活，即继父和继子都没有儿子为自己死后的主丧人，继父又与继子共有其财产并为继子筑庙使之可以祭祀自己的先人，这才叫做与继父共同生活，〔就当为继父服齐衰期之丧〕。如果继父或继子又有了儿子可为自己死后的主丧人，继子与继父就视同分居了，〔那就只为继父服齐衰三月之丧〕。

36. 哭朋友者，于门外之右，南面。

【译文】

哭朋友的人，在死去的朋友家的门外西边，面朝南而哭。

37. 祔葬者不筮宅[1]。

【注释】

〔1〕祔葬者不筮宅：祔葬，此谓合葬。不筮宅，宅，谓墓地，因前已筮之，故不再筮。

【译文】

举行合葬礼的不再占筮墓地。

38. 士、大夫不得祔于诸侯。祔于诸祖父之为士大夫者,其妻祔于诸祖姑,妾祔于妾祖姑,亡则中一以上而祔,祔必以其昭穆[1]。诸侯不得祔于天子,天子、诸侯、大夫可以祔于士。

【注释】

〔1〕祔必以其昭穆:这是解释上句,说明为什么要"中一以上而祔"。昭穆,是宗庙和墓葬的排列所应遵循的顺序(参见《曲礼上第一》第44节)。

【译文】

子孙是士或大夫不得附于做诸侯的祖先进行祔祭。附于做士或大夫的各祖父进行祔祭的,他们的妻就附于各祖姑进行祔祭,他们的妾就附于妾祖姑进行祔祭,如果祖父没有妾,中间就隔过曾祖这一代而上附于高祖妾姑进行祔祭,这是因为附祖祔祭必须遵循昭穆的次序。子孙是诸侯不得附于做天子的祖先进行祔祭。子孙是天子、诸侯或大夫可以附于做士的祖先进行祔祭。

39. 为母之君母,母卒则不服。

【译文】

为母亲的适母服丧,母亲死了就不再服了。

40. 宗子母在为妻禫[1]。

【注释】

〔1〕宗子母在为妻禫：禫，除服之祭名。案依礼，父在，嫡子（即宗子）为妻服齐衰不杖期，不杖则不禫。若父没而母在，宗子为妻就可服齐衰杖期，又得行禫祭。这是因为，为妻之服，与父在为母同。

【译文】

宗子〔父死而〕母在，为妻除服当举行禫祭。

41. 为慈母后者[1]，为庶母可也，为祖庶母可也[2]。

【注释】

〔1〕为慈母后者：案父既命丧母之妾子做某妾之子，则此子即为该妾（即其慈母）后。

〔2〕为庶母可也，为祖庶母可也：案这是作《记》者触类而推之，以为妾子既可为慈母后，则亦可为庶母或祖庶母（父之庶母）之后，但必须具备以下两个条件：一，此庶母或祖庶母必须是曾经生子而子死者；二，必须是经过父命某妾子为某庶母或祖庶母之后方可。又，依礼，妾子为慈母服齐衰三年，为庶母后或庶祖母后者亦然。

【译文】

妾子可以为慈母的主后人，那么为庶母的主后人也是可以的，为祖庶母的主后人也是可以的。

42. 为父、母、妻、长子禫。

【译文】

为父、母、妻和嫡长子除服当举行禫祭。

43. 慈母与妾母，不世祭也[1]。

【注释】
〔1〕不世祭：谓仅止于子本人，自孙以后皆不祭。

【译文】
对于慈母和妾母，不世世代代进行祭祀。

44. 丈夫冠而不为殇。妇人笄而不为殇。为殇后者，以其服服之[1]。

【注释】
〔1〕为殇后者，以其服服之：案此殇者指大宗之子。大宗之子既殇，而大宗不可绝后，即以其族人为后，此族人与殇者即为兄弟，当以兄弟之服服之，即所谓"以其服服之"。之所以知道是为大宗后而非为殇者后，是因为殇死者未成人，尚无为父之道。而曰"为殇后者"，是据已承其处为言。

【译文】
男子行过冠礼而后死就不为殇死。女子行过加笄礼而后死就不为殇死。因大宗之子殇死而来做大宗后继人的，就为殇死者服兄弟的丧服。

45. 久而不葬者，唯主丧者不除[1]，其余以麻终月数者，除丧则已[2]。

【注释】
〔1〕唯主丧者不除：除，除服，谓男子除首绖，妇女除腰绖，以至于禫后彻底除服（参见第25节）。案子为父，妻为夫，臣为君，孙为祖，

皆得为丧主，故为此四者皆不除服。

〔2〕"其余"至"则已"：其余，指服齐衰期以下至缌麻者。以麻终月数，是说不敢变服（变麻为葛。参见第25节），一直到服满自己应服的丧期就除服，故下文曰"除丧则已"，而不必待葬后再除服。这是因为主人不除服，故其余的人也就不敢变服。虽终月而除服，丧服仍当收藏起来，以待送葬时服之。

【译文】

如果因故久殡而不葬，只有主丧人不除服，其余的人系着麻绖带服满月数的，就除服了。

46. 箭筓终丧三年[1]。

【注释】

〔1〕箭筓：即用小竹做的丧筓。案这里是指女子未嫁者为父所服。

【译文】

〔未出嫁的女子为父服丧所插的〕竹筓要一直服满三年之丧才除去。

47. 齐衰三月，与大功同者，绳屦[1]。

【注释】

〔1〕"齐衰"至"绳屦"：案齐衰三月，服重而时月轻；大功乃九月之丧，服轻而时月稍重。两者相较，与死者恩之深浅则大体相同，故二者皆穿绳屦，以体现其同。

【译文】

服齐衰三月之丧，是与服大功九月之丧相同的，因此都穿麻绳编的丧鞋。

48. 练，筮日，筮尸，视濯，皆要绖[1]，杖，绳屦。有司告具，而后去杖。筮日，筮尸，有司告事毕，而后杖，拜送宾[2]。大祥吉服而筮尸[3]。

【注释】
〔1〕要绖：案小祥祭男子要除首绖（参见第25节），故此处未言及首绖，仅记要（腰）绖。
〔2〕"筮日"至"送宾"：案筮日和筮尸二事都有宾来参加，因此这二事进行完毕后，主人要挂杖送宾。又案此处未言视濯，因为视濯无宾。
〔3〕大祥吉服而筮尸：案大祥缟冠、朝服，今将欲（大）祥，亦以前日服大祥之服以临筮日及筮尸、视濯。此处唯言尸，不言日及濯者，是从小祥可知。又案吉服指朝服，然服吉服而犹缟冠，以示不纯吉，至禫祭后方纯吉（参见《檀弓上第三》第16节）。

【译文】
举行小祥祭，先要占筮日期，占筮充当尸的人，并察看祭器是否洗涤干净，孝子都要系腰绖，挂丧杖，穿麻绳编的丧鞋。属吏向主人报告以上三事都已准备好〔可以开始了〕，而后主人去掉丧杖〔以便主持三事的进行〕。占筮日期，占筮充当尸的人，当属吏向主人报告这两件事进行完毕，而后主人又挂杖，拜送前来参加的宾客。举行大祥祭要穿上朝服而进行筮尸等事。

49. 庶子在父之室[1]，则为其母不禫。庶子不以杖即位[2]。父不主庶子之丧，则孙以杖即位可也[3]。父在，庶子为妻以杖即位可也[4]。

【注释】
〔1〕庶子在父之室：谓庶子未娶妻者。
〔2〕庶子不以杖即位：案这是指嫡子和庶子俱有父母之丧的时候，庶子当下嫡子一等。位，指朝夕哭之位。嫡子当执杖就阼阶下之朝夕哭

位,庶子则至中门外就当去杖而入。

〔3〕"父不"至"可也":案若嫡子死,父当为之主丧而有杖,嫡子之子,即父之孙则不得以杖即位,这是为避其祖之尊。庶子死,则父不为之主丧,故庶子之子可以杖即位。

〔4〕父在,庶子为妻以杖即位可也:案如果是嫡子之妻死,则舅当为嫡妇主丧,嫡子则不得以杖即位。然舅不为庶妇主丧,故庶子得为其妻以杖即位。

【译文】

庶子和父亲住在一起,为他的母亲除丧不行禫祭。庶子不柱杖就哭位。父亲不为庶子主丧,庶子之子〔为父主丧〕就可以拄杖就哭位。有父亲在,庶子为自己的妻〔主丧〕可以拄杖就哭位。

50. 诸侯吊于异国之臣,则其君为主。诸侯吊,必皮弁锡衰[1],所吊虽已葬,主人必免[2]。主人未丧服,则君亦不锡衰。

【注释】

〔1〕皮弁锡衰:皮弁,即弁绖,也就是皮弁上加环绖。锡衰,是一种用加灰捶洗得洁白光滑的麻布做的丧服。衰,本指丧服的上衣,在此泛指丧服。

〔2〕主人必免:免,是未成服之饰(成服在大殓殡之后)。成服以后,启殡以前,则不得服免。又,启殡之后当免,至葬后并行过卒哭祭之后而止。现在人君来吊,虽非服免之时而必免者,是表示对来吊人君的尊重。

【译文】

诸侯吊唁别国的臣,就由该国的国君为臣主丧。诸侯吊唁别国的臣,头戴皮弁〔上加环绖〕,身穿锡衰。所吊的臣即使已经安葬,主人也必须著免。如果主人尚未正式穿丧服,来吊的人君也就不穿锡衰了。

51. 养有疾者不丧服[1]，遂以主其丧。非养者入主人之丧，则不易己之丧服。养尊者必易服，养卑者否。

【注释】

〔1〕养有疾者不丧服：有疾者，指自己的亲属。不丧服，是说原来正在服丧，现因养有疾者而释其丧服，因为丧服是凶服，对养疾不吉利。

【译文】

侍候有病的亲属不穿丧服，〔如果这个亲属病故了而无主后人〕，便为他主丧。如果另有不曾为死者侍候过疾病〔而又有丧服在身〕的亲人来为死者主丧，这个主丧者就不改变自己原来的丧服。侍候父兄的疾病必须脱去丧服，侍候子弟的疾病就无须脱去丧服了。

52. 妾无妾祖姑者[1]，易牲而祔于女君可也[2]。

【注释】

〔1〕妾祖姑：在此是兼妾祖姑和高祖妾祖姑而言。案依昭穆之次，子当祔于祖，妾则当祔于妾祖姑。若无妾祖姑，就隔过曾祖妾祖姑而祔于高祖妾祖姑。若亦无高祖妾祖姑，那就如下文所说，当祔于女君了。

〔2〕女君：在此指嫡祖姑。

【译文】

妾如果没有妾祖姑和高祖妾祖姑的，那就改变祭祀用牲而附于嫡祖姑进行祔祭。

53. 妇之丧，虞，卒哭，其夫若子主之，祔则舅主之。

【译文】
　　妇人的丧事,虞祭和卒哭祭,由她的丈夫或儿子主持,附庙祔祭则由公公主持。

54. 士不摄大夫。士摄大夫,唯宗子。

【译文】
　　士不得为大夫代主持丧事。士为大夫代主持丧事,只有宗子。

55. 主人未除丧,有兄弟自他国至,则主人不免而为主。

【译文】
　　主人尚未除丧服,有兄弟从别国前来奔丧,主人就不着免而为他主持吊丧。

56. 陈器之道[1],多陈之而省纳之可也,省陈之而尽纳之可也。

【注释】
　　[1]陈器:谓陈列随葬的明器。案启殡后、出葬前,要陈列明器。明器分为两类:一类是朋友宾客赠送的,陈列时以多为荣,但入圹(墓穴)则有定数,不可尽纳,即下文所谓"多陈之而省纳之"者;一类是主人自作的,依礼有限,不可多作,即下文所谓"省陈之而尽纳之"者。

【译文】
　　陈列明器的办法,〔凡朋友宾客赠送的〕可以多多地陈列而少纳入墓圹,〔凡主人自作的〕可以少陈列而全部纳入墓圹中。

57. 奔兄弟之丧，先至墓而后之家为位而哭。所知之丧，则哭于宫而后之墓。

【译文】
奔兄弟之丧，先到墓上哭而后到家中设立死者的牌位而哭。奔熟人之丧，先到死者的殡宫中哭而后到墓上哭。

58. 父不为众子次于外[1]。

【注释】
[1] 次：谓丧次，即居丧处，如依庐、垩石之类。

【译文】
父不为庶子在寝门外设草庐守丧。

59. 与诸侯为兄弟者服斩[1]。

【注释】
[1] 与诸侯为兄弟者：包括本国的卿大夫以及客居异国或仕于异国者。

【译文】
与诸侯为兄弟的人要为诸侯服斩衰之丧。

60. 下殇小功[1]，带澡麻[2]，不绝本，诎而反以报之。

【注释】

〔1〕下殇小功：下殇，十一岁以下至八岁而死者（参见《檀弓上第三》第12节）。小功，是指因下殇而降服小功者，即本皆服期，降二等，故在小功。

〔2〕澡麻：谓加灰捶洗，而使麻洁白。

【译文】

对于因下殇而降服小功丧的死者，用经过加灰捶洗的麻做腰绖，不去掉麻的根部，〔并将多余而散垂的部分〕屈折向上而缠合在腰间。

61. 妇祔于祖姑，祖姑有三人，则祔于亲者[1]。

【注释】

〔1〕祖姑有三人，则祔于亲者：案舅（即公婆之公）之母死，舅之父又先后两次娶妻，故有三祖姑。亲者，谓舅之生母。

【译文】

妇附于祖姑进行祔祭，如果有三个祖姑，就附于最亲近的一个祖姑进行祔祭。

62. 其妻为大夫而卒，而后其夫不为大夫，而祔于其妻，则不易牲。妻卒而后夫为大夫，而祔于其妻，则以大夫牲。

【译文】

妻〔在丈夫〕做大夫的时候死了，而死后她的丈夫不做大夫了，将妻附于祖庙进行祔祭时，〔只能用与现在丈夫的地位相应的牲〕，而不得改用原来做大夫时所当用的牲。妻死之后丈夫做了大夫，将妻附于祖庙进行祔祭时，就用大夫所当用的牲。

63. 为父后者，为出母无服。无服也者，丧者不祭故也[1]。

【注释】

[1]"为父"至"故也"：这是申释第6节之义，解释为什么为出母无服。因已为嫡子，即所谓"为父后者"，当主持宗庙祭祀，而出母与己宗亲缘已绝，不得入己宗庙，故不得享受祭祀，因此也就不为之服，这也是为了体现适子正体于上，尊祖敬宗之义。

【译文】

作为父亲后继人的嫡长子，为被父亲遣出的母亲不服丧。之所以不服丧，是因为对死去的母亲不进行祭祀的缘故。

64. 妇人不为主而杖者[1]，姑在为夫杖[2]，母为长子削杖[3]，女子子在室为父母，其主丧者不杖，则子一人杖[4]。

【注释】

[1]妇人不为主而杖者：案妇人服丧一般是不扙丧杖的，而这里是列举妇人挂杖的例子。

[2]姑在为夫杖：案妻为夫当服斩衰三年之丧，而斩衰无不杖。故即使上有姑在，也不为姑尊所厌（压）而不杖。

[3]母为长子削杖：案子为母服齐衰三年之丧，削杖（即桐杖）；母为嫡长子亦服齐衰三年之丧，亦削杖。其原因，父之所不降，母亦不敢降。即父不敢以己尊而降低为嫡长子的丧服等级（父为嫡长子服斩，苴杖），所以母也不敢降。

[4]"女子子"至"一人杖"：案这是指父母无男儿，而使族人代主丧事，代主丧者不杖，故由在室（未出嫁）女子中年长者一人杖，其余女

子则不杖。这是因为女子在室还都属童子,依礼,童子不杖,故在室女子本不当杖。

【译文】
妇女虽不做丧主而也有拄丧杖的,例如即使上有婆婆在,为丈夫服丧也要拄丧杖;又如做母亲的为嫡长子服丧要拄削杖;还有女子在家未出嫁的,为父母服丧,〔因为没有兄弟而使族人代主丧事〕,代主丧事的人不拄丧杖,就由女子中年长的一人拄丧杖。

65. 缌、小功,虞、卒哭则免[1]。既葬而不报虞,则虽主人皆冠[2],及虞则皆免。为兄弟既除丧已[3],及其葬也,反服其服。报虞卒哭则免,如不报虞则除之。远葬者,比反哭者皆冠[4],及郊而后免反哭。君吊,虽不当免时也,主人必免,不散麻。虽异国之君免也,亲者皆免[5]。

【注释】
〔1〕缌、小功,虞、卒哭则免:案服缌、小功之丧者,殡之后、启殡之前,即使有事也不著免,启殡至葬则当著免,但恐人以为到虞和卒哭时可以不免,故特于此明之。
〔2〕既葬而不报虞,则虽主人皆冠:报,同29节之"报"。案依礼,大殓殡后第二天即成服,成服则孝子当戴丧冠而著首绖。然自启殡以后,卒哭以前,其服则与未成服之前同,即主人括发(即髺),齐衰以下著免,而启后则主人亦免,因此卒哭之后,至小祥第一次除服之前,又当恢复成服之丧服。然此处说"既葬不报虞",不虞则不得行卒哭祭,不行卒哭祭则不得恢复成服之首服,而服丧者之首(头上)又不可久无饰,因此"虽主人皆冠"。
〔3〕兄弟:此谓服小功以下者,即上文所谓服"缌、小功"者。
〔4〕远葬者,比反哭者皆冠:远葬,谓墓在四郊之外。既远在四郊之外,不可无饰,故至葬讫欲返哭之时,乃皆著冠。案返哭,谓葬后返

回来先到祖庙中哭(因葬前要搬运死者的灵柩到祖庙中行朝庙之礼),再到殡宫中哭,哭时皆如朝夕哭位,是谓返哭。

〔5〕亲者:谓服大功以上者。

【译文】

　　服缌麻和小功之丧的,到行虞祭和卒哭祭的时候就要著免。如果葬后不能及时进行虞祭,即使主人也都要戴上丧冠,到行虞祭时都再改著免。为兄弟服〔缌麻、小功〕丧的,丧满除服之后,到出葬的时候,还要再反过来服本服送葬。如果〔速葬〕并速行虞祭,到行卒哭祭的时候就为死者著免,〔不速葬因而〕不速行虞祭的,〔送葬后〕就除服了。葬在郊外远处的,等到回来行返哭礼时都要戴上丧冠,等走到城郊而后去冠著免而回去行返哭礼。国君前来吊丧,即使是在不当著免的时候,主人也必须著免,但不把缠结在腰间的麻绖的多余部分散垂下来。即使是别国的国君前来吊唁,〔主人〕也必须著免,与死者亲近的人都要著免。

66. 除殇之丧者,其祭也必玄[1]。除成丧者,其祭也朝服、缟冠。

【注释】

　　〔1〕其祭也必玄:祭,谓除服祭,即大祥。必玄,是指冠、衣、裳俱玄。

【译文】

　　为殇死者除丧服,行除服祭时必须穿戴玄色的衣冠。为成人除丧服,行除服祭穿朝服,戴白色的冠。

67. 奔父之丧,括发于堂上[1]、袒,降踊,袭、绖于东方[2]。奔母之丧,不括发,袒于堂上,降踊,袭、免于东方，绖，即位成踊[3]，出门，哭止。三日而五哭，三袒[4]。

【注释】
〔1〕堂上：此指殡宫之堂上。
〔2〕东方：谓东序东边。
〔3〕成踊：谓成三踊之礼（参见《檀弓下第四》第23节）。
〔4〕三日而五哭，三袒：谓初来一哭，明日、后日朝夕哭，共为五哭。又初来时袒，明日及后日之朝哭又皆袒，故为三袒。

【译文】
奔父丧，在〔殡宫〕堂上用麻束发髻、袒左臂，下堂而踊，然后〔上堂〕到东序东边掩好衣襟，系上绖带。奔母丧，不用麻束发髻，在〔殡宫〕堂上袒左臂，下堂而踊，然后〔上堂〕到东序东边掩好衣襟，著免，系好腰绖，〔再下堂到阼阶东边〕就位，成三踊之礼，然后出殡宫门〔就草庐〕，停哭。〔奔丧礼总计〕三天而哭五次，袒左臂三次。

68. 嫡妇不为舅后者[1]，则姑为之小功。

【注释】
〔1〕嫡妇不为舅后者：谓嫡长子之妻，因嫡长子有废疾，或早死，嫡妇未能为舅生下传重（继承宗庙主祭权）之孙者，则死后即比照庶妇之丧。故下文曰"姑为之小功"。

【译文】
嫡长子之妻而没有为公公生下后继人的，就由婆婆为她服小功之丧。

大传第十六

1. 礼,不王不禘。王者禘其祖之所自出,以其祖配之。诸侯及其大祖[1]。大夫、士有大事[2],省于其君[3],干祫[4],及其高祖。

【注释】
〔1〕大祖:谓始受封之君。
〔2〕有大事:此谓有大功勋。
〔3〕省:谓省录之,在此谓报告、上报。
〔4〕干祫:干,请求。祫,谓合祭。

【译文】
按照礼的规定,不是天子不得行禘祭礼。天子用禘祭祭祀自己的始祖所由诞生的天帝,用自己的始祖配祭。诸侯只能祭及自己的太祖。大夫、士有大功勋,要报告国君,向国君请求而后可以举行祫祭,而祭及高祖。

2. 牧之野[1],武王之大事也。既事而退,柴于上帝[2],祈于社,设奠于牧室[3],遂率天下诸侯执豆笾,逡奔走。追王大王亶父,王季历,文王昌[4],不以卑临尊也[5]。

【注释】
〔1〕牧之野:即牧野(参见《乐记第十九》第45节)。
〔2〕柴:即行燔柴祭礼(参见《王制第五》第20节)。

〔3〕奠于牧室：案这是在牧室祭行主（参见《曾子问第七》第10节），也就是祭祖先。牧室，是指设在牧野的馆舍。

〔4〕"追王"至"文王昌"：案亶父是武王的曾祖，季历是武王的祖父，昌是武王之父。

〔5〕不以卑临尊：谓不用诸侯之号临天子。案自亶父至昌，原皆为殷之诸侯，诸侯的封号于天子则为卑。

【译文】

在牧野〔进行的伐纣之战〕，是周武王的大事。事毕收兵，燔柴祭祀上帝，又祈祷地神，并在牧野的馆舍中奠祭祖先，于是率领天下诸侯拿着豆笾匆匆地奔走着〔忙于祭祀〕。追尊亶父为太王，季历为王季，昌为文王，〔这样在祭祀时〕不使父、祖以卑下的封号来面对自己天子的尊号。

3. 上治祖弥，尊尊也；下治子孙，亲亲也；旁治昆弟；合族以食，序以昭缪[1]。别之以礼义，人道竭矣。

【注释】

〔1〕合族以食，序以昭缪：谓治理昆弟之时，用食礼会合族人，又以昭穆次序族人。

【译文】

向上整治好祭祀祖和父的次序，体现尊敬尊贵者的原则；向下整治好子孙们的远近亲疏关系，体现亲爱血缘亲属的原则；从旁整治好同族兄弟的亲疏关系；会合族人举行食礼，按照昭穆关系排列族人的次序。依据礼义来区别上述各种关系，人伦的道理就都在这里了。

4. 圣人南面而听天下，所且先者五，民不与焉。

一曰治亲，二曰报功，三曰举贤，四曰使能，五曰存爱[1]。五者一得于天下，民无不足，无不赡者。五者一物纰缪，民莫得其死。圣人南面而治天下，必自人道始矣。立权、度、量[2]，考文章，改正朔[3]，易服色，殊徽号，异器械，别衣服，此其所得与民变革者也。其不可变革者，则有矣：亲亲也，尊尊也，长长也，男女有别，此其不可得与民变革者也。

【注释】

[1] 存爱：谓存爱民之心。

[2] 权、度、量：权，称。度，丈尺。量，斗斛。

[3] 正朔：正，指岁首，即一年从哪一个月开始，或者说把哪一个月作为一年的第一个月。古代历史上曾经颁行过几种不同岁首的历法，如夏历以正月为岁首，殷历以十二月为岁首，周历以十一月为岁首，而秦和汉初曾经行用过的颛顼历则以十月为负首，等等。朔，指初一。

【译文】

圣人面朝南〔就王位〕而治理天下，所将首先要做的有五件事，而民众不得参与其间。一是整治亲属关系，二是报答有功之臣，三是荐举贤人，四是任用有才能的人，五是存心爱护民众。这五件事全都施行于天下，民众就没有不富足，没有不丰赡的。这五件事有一件出了错误，民众就会死而不得其所。圣人面朝南〔就王位〕而治理天下，必须从施行治人的道理开始。建立统一的度、量、衡单位，考订国家的礼法制度，改订历法，变换服装的颜色，设置不同的徽号，使用不同的器械，穿不同于前朝的衣服，这些都是能够与民众一起进行变革的。其中不能够变革的东西也是有的，那就是亲爱血缘亲属，尊敬尊贵者，顺从长上，男女有别，这些都是不能够与民众进行变革的。

5. 同姓从宗，合族属。异姓主名治际会[1]，名著而男女有别[2]。

【注释】
　　[1]异姓主名：异姓，指他姓女子来嫁为妻者。名，指对来嫁女子的称谓：如果夫为父辈，则以母名之；为子辈，则以妇名之。
　　[2]名著而男女有别：谓若母、妇之名著，则男女尊卑异等，而不相淫乱。

【译文】
　　同姓的人服从宗子，以聚合族人。异姓来嫁的女子主要靠称谓来端正尊卑关系，称谓明确了，才能使不同行辈的男女相互区别。

6. 其夫属乎父道者，妻皆母道也。其夫属乎子道者，妻皆妇道也。谓弟之妻妇者，是嫂亦可谓之母乎？名者，人治之大者也，可无慎乎！

【译文】
　　夫属于父辈的，妻都属于母辈。夫属于子辈的，妻都属于妇辈。如果称乎弟的妻为妇，这样对嫂不也可以称为母了吗？称谓，是端正人伦最重要的，可以不慎重吗！

7. 四世而缌[1]，服之穷也。五世袒免[2]，杀同姓也。六世亲属竭矣。其庶姓别于上而戚单于下[3]，昏姻可以通乎？系之以姓而弗别，缀之以食而弗殊，虽百世而昏姻不通者，周道然也。

【注释】

〔1〕四世：谓与死者同一高祖，而己与死者则为高祖下面的第五代人。下"五世"、"六世"义仿此。

〔2〕袒免：谓服袒免而无正服。无正服，即不在五服之中，说明亲属关系已经疏远，故下文曰"杀同姓也"。

〔3〕庶姓别于上而戚单于下：庶姓，指同姓的分支。庶姓各自立祖，故曰"（祖）别于上"。戚，亲。单，尽。

【译文】

与死者上同四代之祖，就为死者服缌麻之丧，丧服等级到此也就尽了。与死者上同五代之祖，只为死者袒左臂著免以致哀，说明同姓的亲属关系已逐渐减轻了。上同六代之祖，亲属关系就尽了。〔如果有人问〕：庶姓各不同祖而后世子孙亲属关系已尽，可以相互通婚吗？〔回答说〕：各庶姓仍然以同一个姓相连系而无别，〔而且宗子〕用食礼来联合族人对各庶姓也没有什么不同。〔同姓的人〕即使相隔百代而不通婚姻的，周的制度就是这样。

8. 服术有六：一曰亲亲，二曰尊尊[1]，三曰名[2]，四曰出入[3]，五曰长幼，六曰从服。

【注释】

〔1〕尊尊：如臣民为君服，即体现尊尊之义。

〔2〕名：是指异姓女子来嫁于己族，有母名（伯母、叔母），或妇名（子妇、弟妇等；参见第6节），因而为之服。

〔3〕出入：女子出嫁为出，未嫁为入。案女子因出入的不同，所当服丧的轻重亦不同。

【译文】

服丧的原则有以下六条：一是因亲爱自己的亲属而服，二是为表示尊敬尊贵者而服，三是依据对于嫁到本家族的异姓女子的称谓而服，四是根据女子出嫁或未嫁而服，五是根据长幼关系而服，六是因从服关系而服。

9. 从服有六：有属从，有徒从，有从有服而无服[1]，有从无服而有服[2]，有从重而轻[3]，有从轻而重[4]。

【注释】
〔1〕有从有服而无服：案如公子（国君之子），其妻之父母死，妻为父母服齐衰期，己亦当从妻而为之服，但为己父之尊所厌，而不得从服；又如兄死弟当为之服，嫂死弟则当从兄而服，但因叔嫂防嫌之故，不得为之服：是皆所谓"从有服而无服"之例。
〔2〕有从无服而有服：案如公子为其外兄弟（舅、姑、姨表兄弟）本有服，但为父尊所厌而不得服，然公子之妻却从夫而为夫之外兄弟有服，是即所谓"从无服而有服"之例。
〔3〕有从重而轻：案如妻为其父母服齐衰期之丧，夫从妻仅服缌麻三月，是"从重而轻"之例。
〔4〕有从轻而重：如公子之妻为其皇姑服即其例。皇姑即姑，亦即婆婆。依礼，公子为父尊所厌，仅为其母服练冠（经水煮得柔软洁白的布做的丧冠），系麻绖带，穿有浅绛色镶边的丧服，这种丧服不在五服之中，而是五服之外的变例，是服至轻。然其妻为姑则服齐衰期，即所谓"从轻而重"。

【译文】
从服有六条原则：有从某人与死者产生间接亲属关系而为之服丧的，有徒从某人而为死者服丧的，有本当从服而不得服的，有所从的人不得服而从者有服的，有从服重服的人而服轻服的，有从服轻服的人而服重服的。

10. 自仁率亲等而上之，至于祖，名曰轻。自义率祖顺而下之至于祢，名曰重[1]。一轻一重，其义然也。

【注释】

〔1〕"自仁"至"曰重"：案父母对自己的恩情最重，愈往上的祖先则恩情愈轻，但从义理上说，没有祖先就没有后世子孙，所以愈是远祖就愈当受到尊重。

【译文】

从恩爱的角度循着父母一代一代往上数，直到祖先们，恩爱的程度逐渐减轻。从义理的角度循着祖先们顺序往下数，直到先父，愈远的祖先就愈当受到尊重。或恩重义轻，或义重恩轻，都出于情理之当然。

11. 君有合族之道[1]，族人不得以其戚戚君位也。

【注释】

〔1〕合族之道：谓通过食礼和燕饮之礼等，来聚合本宗族的人。

【译文】

国君有聚合族人之礼，族人却不可以亲戚的身份同国君班辈排列位次。

12. 庶子不祭，明其宗也。庶子不得为长子三年，不继祖也。别子为祖，继别为宗。继祢者为小宗。有百世不迁之宗[1]，有五世则迁之宗[2]。百世不迁者，别子之后也。宗其继别子之所自出者[3]，百世不迁者也。宗其继高祖者，五世则迁者也。尊祖，故敬宗。敬宗，尊祖之义也。

【注释】

〔1〕有百世不迁之宗：指大宗，亦即继别子者。别子世世由嫡长子继承，为族人所宗，永不变迁，故称"百世不迁之宗"（参见《丧服小

〔2〕有五世则迁之宗：指继祢的小宗（参见同上）。
〔3〕之所自出：此四字为衍文。

【译文】

庶子不祭宗庙，是为了表明有宗子在。庶子不得为自己的长子服三年之丧，是因为庶子不是继承祖先的正体。别子分出去另立新宗而为始祖，继承别子的嫡长子就是新宗族的大宗。继承〔做士的〕父亲的嫡长子就是小宗。有世世代代都不变迁的宗，有超过五代就当迁徙的宗。世世代代都不变迁的宗，是指别子的后继人。以继承别子的嫡长子为宗，这是世世代代都不变迁的。以继承高祖的嫡玄孙为宗，这是超过五代就要迁徙的。尊敬祖先，所以要尊敬宗子。尊敬宗子，体现了尊敬祖先的意思。

13. 有小宗而无大宗者，有大宗而无小宗者，有无宗亦莫之宗者：公子是也[1]。

【注释】

〔1〕"有小"至"是也"：此处的公子，是指先君之子而现任国君的兄弟。这些公子上不得以君为宗，因为君至尊，下尚未为后世所宗，但又必须有人来统领他们，这统领他们的人，就是此节所谓大宗、小宗。故此节的大宗、小宗，其义不同于上节的大宗、小宗，是指统领诸公子，即现任国君的诸兄弟的人。此人当从公子中产生。如果国君没有嫡弟，那就以庶兄弟中的长者为宗，来统领诸公子，诸公子则以小宗之礼视之，此即所谓"有小宗而无大宗者"。如果国君有嫡弟，那就让嫡弟来统领诸公子，诸公子就以大宗之礼视之，而不再立庶兄弟为宗，此即所谓"有大宗而无小宗者"。如果公子仅一人，既无所宗，又不为人宗，此即所谓"有无宗亦莫之宗者"。

【译文】

有有小宗而没有大宗的，有有大宗而没有小宗的，有既无人可宗、也不被人宗的:作为公子有以上三种情况。

14. 公子有宗道。公子之公,为其士、大夫之庶者,宗其士、大夫之适者,公子之宗道也。

【译文】
　　有为诸公子立宗的制度。公子的君,封自己的庶兄弟为士、大夫,而以被封为士、大夫的嫡兄弟为宗:这就是为诸公子立宗的制度。

15. 绝族无移服,亲者属也[1]。

【注释】
　　〔1〕"绝族"至"属也":移,《释文》曰:"本或作'施'。"案这两句都是《丧服》齐衰章的《传》文,《传》文"移"即作"施"。这两句《传》文是解释上《传》"出妻之子为母期,则为外祖母无服"之义的。因为妻既已被出,则妻族与本族的恩义已断绝,成为"绝族",故子不为出母娘家亲属服丧。亲者属,这是解释子何以为出母服期,这是因为,尽管子与其母族已成绝族,但母子关系无断绝之理,故仍当为之服。

【译文】
　　为已经断绝恩义的被离弃之妻的族亲不服丧,〔但子与被父离弃出之母的〕至亲之情仍然相连着。

16. 自仁率亲等而上之,至于祖;自义率祖顺而下之,至于祢。是故人道亲亲也。亲亲故尊祖,尊祖故敬宗,敬宗故收族,收族故宗庙严,宗庙严故重社稷,重社稷故爱百姓，爱百姓故刑罚中，刑罚中故庶民安，庶民安故财用足，财用足故百志成，百志成故礼俗刑，礼俗刑然后乐。《诗》云："不显不承，无斁于人斯[1]。"此之谓也。

【注释】
〔1〕不显不承，无斁于人斯：这两句引自《诗·周颂·清庙》。不，通"丕"，大。

【译文】
　　从恩爱的角度循着父母一代一代往上数，直到祖先们；从义理的角度循着祖先们顺序往下数，直到先父。因此做人的道理必须亲爱自己的亲属。亲爱亲属因此尊敬祖先，尊敬祖先因此尊敬宗子，尊敬宗子因此能团结族人，团结族人因此宗庙庄严，宗庙庄严因此社稷得以保重，保重社稷因此爱护百姓，爱护百姓因此刑罚公平，刑罚公平因此民众安定，民众安定因此财用充足，财用充足因此各种愿望才能实现，各种愿望都实现因此礼俗的教化才能成功，礼俗的教化成功然后天下安乐。《诗》说："发扬光大而继承〔文王的德行〕，对于人们来说是不会厌倦的。"就是说的上面的意思。

少仪第十七

1. 闻始见君子者[1]，辞曰："某固愿闻名于将命者[2]。"不得阶主[3]。适者曰[4]："某固愿见[5]。"罕见，曰："闻名[6]。"亟见，曰："朝夕。"瞽曰："闻名[7]。"

【注释】
〔1〕君子：在此指卿大夫或德行优异者。
〔2〕某：代客名。
〔3〕不得阶主：阶，进。案这句是解释上文客辞"愿闻名于将命者"之义，即客人当谦退，而不得径进名于主人。
〔4〕适：通"敌"。
〔5〕某固愿见：这是"某固愿见于将命者"的略辞。
〔6〕闻名：这是"某愿闻名于将命者"的略辞。
〔7〕闻名：案瞽者无目，故不称见。

【译文】
听说初次去见君子，应当说："某十分愿意把自己的名字告诉您的传命人。"而不得直接说进告主人。如果来客和主人地位相当，就说："某十分愿意见到您的传命人。"如果平日很少见面，〔不论尊卑都〕说："某愿把自己的名字告诉您的传命人。"如果已经多次见面，就说："某愿早晚把自己的名字告诉您的传命人。"如果是盲人就说："某愿把自己的名字告诉您的传命人。"

2. 适有丧者曰："比[1]。"童子曰："听事。"适公卿之丧，则曰："听役于司徒[2]。"

【注释】

〔1〕比：这是比方于执事之人。执事之人，即主人的下属而供驱使者。下文童子曰"听事"义仿此。

〔2〕听役于司徒：案此处不直云听役于将命，而云听役于司徒，因为司徒主国之大事，故国有大丧，如公卿之丧，则皆由司徒率其属掌之。

【译文】

到有丧事的人家去吊丧，应该说："某愿像您的下属那样供驱使。"如果是儿童，就说："某愿听从您的下属的吩咐为您做事。"如果公卿有丧事而前去吊丧，就说："某愿听从司徒的差遣。"

3. 君将适他，臣如致金玉货贝于君，则曰："致马资于有司[1]。"敌者曰："赠从者。"

【注释】

〔1〕马资：如今所谓路费。

【译文】

国君将到别国去，臣如果赠送金玉钱财给君，就说："赠送路费给随行官员。"如果〔外出者〕是地位相等的人，就说："赠送给您的随从人员。"

4. 臣致禭于君，则曰："致废衣于贾人[1]。"敌者曰："禭。"亲者兄弟，不，以禭进[2]。

【注释】

〔1〕致废衣于贾人：案赠衣给新死者，即所谓"禭"，意思是助丧家为死者入殓用，而曰"致废衣"，是自谦之辞，意谓不敢必用于殓。贾人，官名，掌识物价贵贱及主君之衣物者。

〔2〕不,以襚进:案上文"致废衣于贾人"以及"敌者曰'襚'",都是前来赠襚者通过摈者向丧主人传言之辞。如果是亲近的兄弟,就不通过摈者传话而径直入内陈放襚衣。

【译文】

　　臣赠送衣服给新死的国君,就说:"送些无用的衣服给君的贾人。"如果死者是地位相等的人,就说:"赠送寿衣。"如果是死者亲近的兄弟,就不〔通过摈者传话〕,径直拿着寿衣进去陈放。

5. 臣为君丧纳货贝于君,则曰:"纳甸于有司[1]。"

【注释】

　　〔1〕甸:此处谓田野的出产物。

【译文】

　　臣为国君的丧事向君奉纳赙金,就说:"缴纳田野出产之物给主管官吏。"

6. 赗马入庙门。赙马与其币、大白兵车,不入庙门。赗者既致命,坐委之,摈者举之。主人无亲受也。

【译文】

　　赠给丧家助送葬的马要牵入庙门。赠给丧家助办丧事的马和币帛,以及插有大白旗的兵车,不进入庙门。赠送助办丧事之物的人致辞之后,便跪下把所赠之物放在地上,由主人的摈者把赠物拿起来〔去收藏〕。丧主人不亲自接受赠物。

7. 受立,授立不坐。性之直者[1],则有之矣。

【注释】

〔1〕性之直者：直，长，谓身材高者。性，通"生"。案此"性之直者"是指授物者，如果是向身材短小的尊者授物，就当跪授，而不敢以长（高）临之。下文曰"则有之（跪）"，即指此。

【译文】

接受东西的人站着，授人东西的人也站而不跪。如果授人东西的人身材高大，就有跪下向人授物的了。

8. 始入而辞曰[1]："辞矣[2]。"即席，曰："可矣。"排闼说屦于户内者[3]，一人而已矣[4]。有尊者在则否[5]。

【注释】

〔1〕辞曰：这是有来宾时，摈者为宾主相赞礼仪的话。下"曰"亦摈者曰。
〔2〕辞：让，让由客人先入门。
〔3〕户内：指堂后之室内。
〔4〕一人而已矣：这是说宾客有多人，只有其中长者一人可入室内。
〔5〕则否：谓宾客"则不得一人脱屦于户内也"。

【译文】

〔主人迎宾〕将入门时摈者当告诉主人说："要谦让。"〔升堂后宾主〕将就席时，摈者说："可以就席了。"推开室门进入室内脱鞋〔就席〕的，只有众来宾中年长者一人可以这样。如果先已有尊长者在堂上或在室中，就不得这样了。

9. 问品味曰[1]："子亟食于某乎？"问道艺曰："子习于某乎？子善于某乎？"

【注释】
〔1〕品味:谓殽馔之味。

【译文】
问别人喜欢吃什么食物说:"您经常吃某种食物吗?"问别人的学问或技艺说:"您研习某种学问吗?您擅长某种技艺吗?"

10. 不疑在躬,不度民械,不愿于大家[1],不訾重器[2]。

【注释】
〔1〕大家:谓富贵广大之家。
〔2〕訾:亦度。

【译文】
自身的言行不可犹疑不定,不考虑别人家有多少器物,不希冀自己也成为大富贵之家,不考虑别人家有多少贵重器物。

11. 泛埽曰埽,埽席前曰拚[1]。拚席不以鬣[2]。执箕膺擖[3]。

【注释】
〔1〕拚:音 fèn,除秽。
〔2〕鬣:谓帚。
〔3〕擖:音 yè,箕舌,实谓畚箕口。

【译文】
广泛地扫地叫做扫,只扫席前叫做拚。清除席上的污秽不得用笤帚。拿畚箕应将畚箕口朝向自身。

12. 不贰问[1]。问卜筮曰："义与？志与[2]？"义则可问，志则否。

【注释】
〔1〕不贰问："不贰问"上脱"卜筮"二字。
〔2〕义，志：义，谓符合道理公义；志，谓私心私意。

【译文】
卜筮占问不可心怀二意。〔卜人〕问前来卜筮的人说："是为公义的事？还是私心的事？"为公义的事就可以占问，为私心的事就不可占问。

13. 尊长于己逾等，不敢问其年[1]。燕见，不将命。遇于道，见，则面，不请所之。丧俟事，不特吊[2]。侍坐弗使，不执琴瑟，不画地，手无容[3]，不翣也[4]。寝，则坐而将命。侍射，则约矢[5]。侍投，则拥矢[6]。胜，则洗而以请[7]。客亦如之[8]。不角[9]。不擢马[10]。

【注释】
〔1〕"尊长"至"其年"：逾等，谓行辈高于己，如祖与父。不敢问年，嫌若与之序齿。
〔2〕丧俟事，不特吊：事，谓朝夕哭。特，独。不特吊，谓不非时而独吊，这是为了不烦劳尊长者。
〔3〕手无容：谓不以手修容，如循面拂须之类；燕居则可，若对尊长则为不敬。
〔4〕翣：扇。
〔5〕侍射，则约矢：案古代的射礼，皆两人为耦而射：一为上耦，一为下耦。射前先要取矢（箭）。矢在庭中，倚放在名叫楅（音 fú）的架子

上。上、下耦要到庭中一人一支交替取矢，待取足四支矢，然后升堂射箭。如果是卑者为下耦而陪侍尊长者射箭，就不敢与之一次一支地交替取矢，而当一次取足四支矢，即所谓"约取矢"，以表示不敢与尊长者抗礼。约，束也。一次取四矢，是为一束。

〔6〕侍投，则拥矢：投，谓投壶，既是一种礼仪，也是一种游戏。投壶也是两人一组而投，每人四支矢，比赛谁将矢投入壶中多。比赛时各将四矢放在自己跟前地上，两人一次取一矢交替而投（其礼详《投壶第四十》）。如果是卑者陪侍尊长者投壶，就不敢把矢放在地上，而当抱在手中，即所谓"拥矢"。

〔7〕胜，则洗而以请：案射箭比赛或投壶，胜者当酌罚酒以饮不胜者。如果卑者胜，为对尊长者表示恭敬，就要先洗爵，而后酌酒请尊长者饮。

〔8〕客亦如之：谓客若不胜，主人亦当如卑者为尊长者那样洗爵酌酒，以示对客人的恭敬。

〔9〕角：谓觥。案罚酒当用角。如果是卑者饮尊者，或主饮客，则不敢用角，而当用爵。

〔10〕不擢马：马，投壶之算，算即今所谓筹码。案马的形制详《投壶第四十》第5节。擢，取。案投壶比赛共进行三次，每次为胜方立一马。如果比赛结果是三比零就不用说了，如果是二比一，得二马的一方也算胜方，而且可以把不胜的一方所得的一马取来凑足己方三马之数。但如果以二比一获胜的一方是卑者，就不敢把尊长者所得的一马取过来，即所谓"不擢马"。

【译文】

尊长者的辈分高于己，就不敢问他的年龄。闲暇时私下去见尊长者，无须通过摈者传话。在路上遇见尊长者，尊长者已看见自己，就上前和他见面，但不要问尊长者到哪里去。尊长者有丧事，要等到朝夕哭的时候去吊唁，不要在不恰当的时候独自去吊唁。在尊长者跟前陪坐，尊长者不指使自己，就不敢弹奏琴瑟，不用手画地，不用手修饰面容，〔天再热也〕不敢扇扇子。尊长者躺着的时候，有事要跪下向尊长者传话。陪侍尊长者射箭，射前要一次取足四支箭。陪侍尊长者投壶，就要把四支箭都抱在手中。卑者如果胜利了，就要洗爵酌酒请尊长者饮。客人〔不胜〕，主人也要为客人洗爵酌酒请客人饮。〔卑者向尊长者进罚酒，或主人向客人进罚酒〕，不敢用角。〔投壶的结果要是卑者以得二马获胜〕，不敢把尊长者的一马取过来。

14. 执君之乘车则坐，仆者右带剑[1]，负良绥申之面[2]，扦诸幦[3]。以散绥升[4]，执辔，然后步[5]。

【注释】
〔1〕右带剑：案剑一般带在左边，以便于右手握柄抽剑。但因仆者居中，君乘车居左，怕妨碍君，故右带剑。
〔2〕负良绥申之面：良绥，即君绥，是君执以上车的绳。负良绥申之面，谓仆者在车面向前，取君绥由左肢下加左肩上，绕背后入右腋，再申绥之末于前面。
〔3〕扦诸幦：扦，同"拖"。幦，音 mì，车轼上面的覆盖物（参见《曲礼下第二》第 10 节）。
〔4〕以散绥升：散绥，又名副绥，是仆者执以上车的绳。这以下两句是补述仆者初升车时的事。
〔5〕执辔，然后步：步，行。案这只是驾车试行五步，而后停车以待君出，把良绥授给君握以上车。

【译文】
驾车人握着君车的马缰绳〔等候君乘车时〕就坐着，把剑挂在右边，把良绥从背后绕过来申到前面，〔使绥的末端〕拖到覆盖车轼的幦上。驾车人是抓着散绥上车的，上车后抓起马缰绳，然后驾车行〔五步再停下等待君〕。

15. 请见不请退[1]。朝廷曰退。燕游曰归。师役曰罢。

【注释】
〔1〕请见不请退：案这是指卑者见尊者，既见，退必由尊者命之，

故不敢请退。

【译文】
　　可以请见尊者但不敢请求退去。朝廷上散朝叫做退。闲暇游玩而回叫做归。军队作战而归叫做罢。

　　16. 侍坐于君子，君子欠伸，运笏，泽剑首[1]，还屦[2]，问日之蚤莫，虽请退可也。

【注释】
　　[1] 泽剑首：泽，谓光泽。玩弄剑首则生光泽。
　　[2] 还屦：案古人脱屦而坐，屦在席侧，故可还屦。

【译文】
　　在君子跟前陪坐，如果君子打哈欠、伸懒腰，或摇动笏板，或抚弄剑柄，或转动鞋子，或问现在是什么时辰了，陪坐的人即使请求退下也是可以的。

　　17. 事君者，量而后入，不入而后量。凡乞假于人[1]，为人从事者亦然。然，故上无怨，而下远罪也。

【注释】
　　[1] 乞假于人：假，借贷。案乞假于人则当先衡量自己有能力偿还与否。

【译文】
　　为国君办事的人，要先衡量自己能否完成某事再入朝请求，不可先入朝请求而后再衡量能否完成。凡向人请求借贷，或为别人办事，也应当这样。能做到这样，因此国君可以无怨恨，臣下可以无罪过。

18. 不窥密，不旁狎[1]，不道旧故[2]，不戏色。

【注释】
〔1〕不旁狎：狎，近、习。旁狎，谓狎于不正之人。
〔2〕不道旧故：案旧事既非今日所急，且或扬人宿过以取憎恶，故不道之。

【译文】
不窥探别人的秘密，不和不正派的人亲近，不翻别人的老底，不嬉皮笑脸的。

19. 为人臣下者，有谏而无讪，有亡而无疾，颂而无谄，谏而无骄，怠则张而相之，废则埽而更之，谓之社稷之役[1]。

【注释】
〔1〕役：为。

【译文】
做国君臣下的，只有对国君进行劝谏而不可讥笑，〔劝谏而不从〕可以离去而不可怨恨，歌颂国君而不谄媚，劝谏国君而不骄慢，国君堕怠要帮助他振作，废坏的朝政要扫除而更新，这就叫做为了国家。

20. 毋拔来，毋报往[1]，毋渎神，毋循枉，毋测未至。

【注释】

〔1〕毋拔来，毋报往：报，读为"赴疾"之"赴"。拔、赴，皆疾。

【译文】

不可很快〔喜欢上某事〕而来，也不可很快〔就对某事败兴〕而去，不可亵渎神灵，不可依循邪途，不可臆测未来。

21. 士依于德，游于艺[1]。工依于法，游于说[2]。

【注释】

〔1〕艺：谓礼、乐、射、御、书、数六艺。
〔2〕工依于法，游于说：法，谓规矩尺寸之数也。说，谓大小之所宜。

【译文】

士人依德行事，经常研习六艺。工匠依规矩尺度行事，研究所造器物的大小长短。

22. 毋訾衣服成器[1]，毋身质言语[2]。

【注释】

〔1〕訾：非毁。
〔2〕质：正。案此盖即《曲礼上第一》第 3 节所谓"疑事毋质"之义。

【译文】

不要挑剔别人的衣服器物，〔对有疑问的事〕不要挺身说肯定的话。

23. 言语之美，穆穆皇皇。朝廷之美，济济翔翔。祭祀之美，齐齐皇皇。车马之美，匪匪翼翼。鸾和之美[1]，肃肃雍雍。

【注释】
〔1〕鸾和：皆车铃（参见《玉藻第十三》第31节）。

【译文】
语言的美，在于恭敬温和而符合正道。朝廷的美，在于威仪厚重而宽舒。祭祀的美，在于谨慎虔敬而诚惶诚恐。车马的美，在于腾跃如飞而强健有力。鸾和的美，在于声音肃穆而和悦。

24. 问国君之子长幼，长，则曰"能从社稷之事矣"；幼，则曰"能御[1]"，"未能御"。问大夫之子长幼，长，则曰"能从乐人之事矣"；幼，则曰"能正于乐人"，"未能正于乐人"。问士之子长幼，长，则曰"能耕矣"；幼，则曰"能负薪"，"未能负薪"。

【注释】
〔1〕能御：御，治，谓已能治事。此治事当谓寻常之小事。

【译文】
问国君的儿子年龄大小，如果已长大，就回答说"能从事祭祀社稷的事了"；如果还小，就回答说"已经能做些事情了"，或"还不能做什么事"。问大夫的儿子年龄大小，如果已长大，就回答说"已经能从事乐人的事了"；如果还小，就回答说"已经能听从乐人指正"，或"还不能听从乐人指正"。问士的儿子年龄大小，如果已长大，就说"已经能耕种了"；如果还小，就说"已经能背柴禾",或"还不能背柴禾"。

25. 执玉、执龟筴不趋。堂上不趋。城上不趋。武车不式。介者不拜。

【译文】
　　拿着玉器、拿着龟甲和蓍草的时候不快步走。在堂上不快步走。在城墙上不快步走。乘兵车不行轼礼。身穿铠甲的人不行拜礼。

26. 妇人吉事，虽有君赐，肃拜[1]。为尸坐则不手拜[2]，肃拜。为丧主则不手拜[3]。

【注释】
　　[1] 肃拜：低头而拜。案妇人以肃拜为正拜。
　　[2] 为尸坐则不手拜：为尸，此谓为祖姑（丈夫的祖母）之尸。手拜，谓先以手至地，再以头至手。
　　[3] 为丧主：指为丈夫或长子的丧主。

【译文】
　　妇人有吉事，或虽有国君的赏赐〔须答谢〕，都行肃拜礼。妇人充当尸而坐着，〔须答拜时〕也不行手拜礼，仍行肃拜礼。妇人做丧主，也不行手拜礼。

27. 葛绖而麻带[1]。

【注释】
　　[1] 葛绖而麻带：这是指卒哭祭后妇人变服，即变麻首绖为葛绖，而腰部仍系麻绖带，因为妇人轻首绖而重腰绖（参见《丧服小记第十五》

第 25 节)。

【译文】
妇人变麻首绖为葛绖,而腰部仍系麻绖带。

28. 取俎,进俎,不坐。

【译文】
取俎上的肉,或把肉进放到俎上,都不坐。

29. 执虚如执盈,入虚如有人。

【译文】
拿空器皿要像拿盛满东西的器皿一样,进空房间要像进有人的房间一样。

30. 凡祭于室中、堂上无跣。燕则有之[1]。

【注释】
〔1〕燕则有之:案凡燕坐必脱屦,因为屦贱,不宜在堂。屦当脱在堂下。

【译文】
凡在室中或堂上行祭礼,不脱鞋。行燕礼则须脱鞋。

31. 未尝不食新[1]。

【注释】

〔1〕尝：谓荐新物于寝庙。

【译文】

未曾进献新物祭祀宗庙，就不吃新物。

32. 仆于君子，君子升、下则授绥。始乘则式。君子下行，然后还立[1]。

【注释】

〔1〕还立：谓还车而立，以待君子离去。

【译文】

为君子驾车，君子上车、下车就要把绥递给君子。君子开始上车时驾车人要行轼礼。君子下车步行，然后驾车人调转车头，站着〔等待君子离去〕。

33. 乘贰车则式，佐车则否[1]。贰车者，诸侯七乘，上大夫五乘，下大夫三乘。

【注释】

〔1〕乘贰车则式，佐车则否：案贰车和佐车都是副车，朝会或祭祀所乘的副车就叫贰车，行军或打猎所乘的副车就叫佐车；朝祀尚敬故轼，戎猎尚威武故否。

【译文】

乘贰车要行轼礼，乘佐车不行轼礼。贰车，诸侯七辆，上大夫五辆，下大夫三辆。

34. 有贰车之乘马[1]，服车，不齿。观君子之衣服，服剑，乘马，弗贾。

【注释】
〔1〕有贰车：谓下大夫以上，尊者。

【译文】
对于有贰车的人所乘的马，所乘的车，不敢论列〔马的年齿，车的新旧〕。看见君子的衣服，佩剑，所乘的马，不敢议论价钱的贵贱。

35. 以其乘壶酒，束修[1]，一犬赐人若献人[2]，则陈酒，执修以将命，亦曰乘壶酒[3]，束修，一犬。其以鼎肉[4]，则执以将命。其禽加于一双，则执一双以将命，委其余。犬则执绁[5]，守犬、田犬，则授摈者，既受乃问犬名。牛则执纼[6]，马则执靮[7]，皆右之。臣则左之[8]。车则说绥，执以将命。甲若有以前之，则执以将命，无以前之，则袒櫜奉胄[9]。器则执盖。弓则以左手屈韣执拊[10]。剑则启椟，盖袭之，加夫襓与剑焉[11]。笏、书、修、苞苴[12]、弓、茵、席、枕、几、颖[13]、杖、琴、瑟、戈有刃者椟、筴、籥[14]，其执之，皆尚左手。刀郤刃授颖[15]。削授拊[16]。凡有刺刃者，以授人则辟刃。

【注释】
〔1〕束修：十条脯（干肉）。
〔2〕赐人若献人：案与卑者则曰赐，奉尊者曰献。

〔3〕亦曰：意思是，虽仅执干肉以致词，也要说明全部的赠物。

〔4〕鼎肉：是指已解割成块，可以放入鼎中烹煮的肉。用鼎肉亦有酒。

〔5〕緤：音 xiè，同"绁"，牵牲畜的绳子。

〔6〕纼：音 zhèn，穿在牛鼻子上牵牛用的绳。

〔7〕靮：音 dí，马缰绳。

〔8〕臣：此谓囚俘。

〔9〕櫜：音 gāo，盛甲衣的套子。

〔10〕屈韣执拊：韣，布制的弓套。拊，同"弣"。

〔11〕盖袭之，加夫襓：袭，谓仰合，开函以盖仰合于函下底。襓，音 ráo，剑衣。

〔12〕苞苴：谓编束萑苇以裹鱼肉。

〔13〕颎：音 jiǒng，谓警枕。警枕是一种用圆木做的小枕头，熟睡则枕转而使人警醒，故名。

〔14〕籥：古代的一种管乐器（参见《檀弓下第四》第 57 节）。

〔15〕颖：镮。

〔16〕削：谓曲刀。

【译文】

　　用四壶酒，十条干肉，一只狗赐人或献人，就把酒〔和狗〕陈放在门外，拿着干肉进去致词，致词时也须说明有四壶酒，十条干肉，一只犬。用〔酒和〕鼎肉送人，就拿着鼎肉进去致辞。用禽鸟送人，数量多于一双的，就拿一双进去致辞，而把其余的放在门外。用狗送人就牵着拴狗的绳子，看门狗、猎狗授给主人的摈者，摈者接受之后要问狗名。用牛送人就牵着牛绳，用马送人就牵着马缰绳，都用右手牵着。用囚俘送人就用左手牵着。用车送人就解下车上的绥，拿着进去致辞。送人铠甲，如果同时还送有别的东西可以先拿着致辞的就先拿别的东西致辞，如果没有别的东西可以先拿着致辞，就打开盛铠甲的套子而捧着头盔致辞。送器皿就拿着盖子致辞。送弓就用左手把弓套子屈折起来和弓把一起握着致辞。送剑就打开剑函，把函盖仰置在函底下，把剑套子衬放在函中而将剑放在套子上面致辞。凡用笏板、书、干肉、装有鱼肉的芦苇苞、弓、茵褥、席子、枕头、几、警枕、琴、瑟、套着木匣的有刃的戈、箸草、簋等送人,拿的时候都是左手在上面。送刀要将刀刃向后而把刀镮递给人。送弯刀要把刀把递给人。凡是带有锐利锋刃的东西,用以送人就要将锋刃避开对方。

36. 乘兵车,出先刃,入后刃。军尚左,卒尚右。

【译文】
乘兵车,出境要使武器的锋刃向前,入境要使锋刃向后。军中的将领以左为上,士卒行伍以右为上。

37. 宾客主恭,祭祀主敬,丧事主哀,会同主诎[1]。

【注释】
〔1〕诎:谓敏而勇。

【译文】
宾客以谦恭为主,祭祀以虔敬为主,丧事以哀伤为主,诸侯会盟以敏捷武勇为主。

38. 军旅思险,隐情以虞。

【译文】
行军要考虑利用险阻出奇制胜,要善于保密而忖度敌情。

39. 燕侍食于君子,则先饭而后已。毋放饭。毋流歠。小饭而亟之。数噍[1]。毋为口容[2]。

【注释】

〔1〕噍:音 jiào,嚼。
〔2〕毋为口容:口容,谓弄口。案《曲礼上第一》曰:"毋刺齿。"刺齿(剔牙)即弄口。

【译文】

闲暇时陪侍君子吃饭,就要先为君子尝饭而在君子吃完之后再停止吃饭。已经抓取的饭不要再放回食器中。不要大口喝汤如流。要小口而快吃。要频频地咀嚼。不要在吃饭时剔牙。

40. 客自彻^{〔1〕},辞焉,则止。

【注释】

〔1〕客自彻:谓自撤其俎。

【译文】

〔吃完饭〕如果客人要亲自撤去席前的俎,而主人加以劝阻,就停止不撤了。

41. 客爵居左^{〔1〕}。其饮居右^{〔2〕}。介爵、酢爵、僎爵^{〔3〕},皆居右。

【注释】

〔1〕客爵居左:客爵,谓主人所酬宾之爵。案这是指主人以一献之礼待宾(参见《文王世子第八》第9节),主人与宾献、酢之后,主人又向宾进酬酒,宾则接过酬酒而不饮,以示礼成。这里说明宾所不饮的酬酒应当放的位置。居左,谓荐东。荐指脯醢;宾席面朝南,故以左为东。下"居右"义仿此。
〔2〕其饮居右:这是指行旅酬礼时执事者向宾进的酒所当放的位置。案旅酬礼从宾开始,故执事者当酌酒举而奠于宾席前,宾饮下此酒,然

后酌酒以酬主人，表示旅酬礼开始，即所谓为旅酬发端（参见《曾子问第七》第7节）。

〔3〕介爵、酢爵、僎爵：介，宾的副手。酢爵，主人向宾献酒后宾所回敬主人的酒。僎，通"遵"，亦即"遵者"，是乡中来观礼的卿大夫。案僎者此时的身份相当于主人之副，助主人以待宾客者。

【译文】

宾〔受而不饮〕的酬酒放在〔席前脯醢的〕左边。宾当饮〔而为旅酬发端〕的酒放在〔席前脯醢的〕右边。主人向介进的酒、宾回敬主人的酒，以及主人向遵者进的酒，都放在〔席前脯醢的〕右边。

42. 羞濡鱼者进尾[1]，冬右腴，夏右鳍，祭胏[2]。

【注释】

〔1〕羞濡鱼者进尾：濡鱼，即湿鱼，盖现烹煮的鲜鱼。进尾，这是为便于从后向前逆向取食鱼肉。

〔2〕胏：音 hū，指鱼腹部的大块的肉。

【译文】

进湿鱼的要使鱼尾朝前，冬天要使鱼肚在右侧，夏天要使鱼鳍在右侧，行食前祭礼用鱼腹部的肉块。

43. 凡齐[1]，执之以右，居之以左[2]。

【注释】

〔1〕齐：谓调和食物的滋味。这是指用盐、梅等调味品撒放在羹汤或酱中。

〔2〕居之以左：即以左手持之。

【译文】

凡调和食物的滋味,拿调味品用右手,而将需调味的食物用左手拿着。

44. 赞币自左,诏辞自右[1]。

【注释】

[1] 赞币自左,诏辞自右:赞币、诏辞,皆谓为君相礼。诏辞,谓为君传辞。

【译文】

帮助国君授人币帛的由国君的左边,为国君传达辞命的由国君的右边。

45. 酌尸之仆,如君之仆[1]。其在车,则左执辔,右受爵,祭左右轨、范[2],乃饮。

【注释】

[1] 酌尸之仆,如君之仆:案这是因尊尸而尊及尸之仆,故视之如君之仆。

[2] 祭左右轨、范:轨,即軹(音 zhǐ),车轴头。范,即軓,是车軾前的掩板,汉人呼之为"掩軓"。之所以祭之,为祈其神助己,不使车倾危。其祭法不详。

【译文】

酌酒授给为尸驾车的人,如同授给为君驾车的人。为尸驾车的人在车上,左手握着马缰绳,右手接受酒,先用酒祭车左右两轴头、祭车軾前的掩板,然后才饮酒。

46. 凡羞有俎者,则于俎内祭[1]。

【注释】

〔1〕"凡羞"至"内祭":案祭,谓食前祭。行食前祭礼之法,一般是取食物少许,置于笾豆之间的地上以示祭(参见《曲礼上第一》第30节)。若取俎上的牲肉以祭,因为俎长而横于人前,故不置于地,即置于俎上以示祭。

【译文】

凡进有俎的,就〔取俎上的牲肉〕放在俎内行食前祭礼。

47. 君子不食圂腴[1]。

【注释】

〔1〕圂腴:圂,音hùn。猪犬。腴,猪犬肠。犬豕秽,故不食。

【译文】

君子不吃猪狗的肠子。

48. 小子走而不趋[1],举爵则坐,立饮。

【注释】

〔1〕小子:谓弟子,其位卑,不得与宾介具备礼容。

【译文】

弟子奔走供役使而不得做出快步急走的容态,举杯饮酒就要先坐下〔用酒祭先人〕,然后站起来饮酒。

49. 凡洗必盥。

【译文】

凡洗爵必先盥手。

50. 牛羊之肺,离而不提心[1]。

【注释】

〔1〕离而不提心:离,割,特指食肺的一种切割方式。提,至。案牛羊的肺,根据需要的不同,分为两种:一种是食肺,即专门用于食的肺;一种是祭肺,即专门用于祭的肺。这两种不同用途的肺切割方式也不同。食肺切割时要使被割的部分留少许使之与中央部分相系连而不断绝,这种切割方式就叫做离,即此处所谓"离而不提心"者也,因此这种肺又叫做离肺。因为古人食前皆须祭,切割时留少许不与肺体绝离,正便于食前绝(掐取)而祭之。而祭肺则当割离肺体,因此又叫切肺或刌肺。

【译文】

牛羊的肺,切割而不割到肺的中央。

51. 凡羞有湆者[1],不以齐。

【注释】

〔1〕湆:音qì,一种不加菜和盐、梅等佐料的肉汁,又叫大羹,故礼文中每称"大羹湆"。

【译文】

凡佳肴有大羹的,不加佐料调和。

52. 为君子择葱薤[1]，则绝其本末。

【注释】
〔1〕薤：音 xiè，菜名，叶中空似细葱而有棱，气亦如葱，根如小蒜，味辛。

【译文】
为君子选择葱薤，要把根部和叶的末端掐掉。

53. 羞首者，进喙，祭耳。

【译文】
所进佳肴有牲头的，要使口朝前〔向着尊者〕，行食前祭礼用牲耳。

54. 尊者，以酌者之左为上尊[1]。尊壶者面其鼻[2]。

【注释】
〔1〕以酌者之左为上：案设尊有二：一尊盛玄酒，一尊盛酒，以盛玄酒的尊为上尊。尊设于堂上房户之间（堂后中间为室，东西两侧分别为东房和西房。房户之间，是指室门与东房门之间的位置），玄酒尊设在西边而酒尊在东，酌酒的人面向尊，即面朝北而酌，以西为左，玄酒正在酌酒人的左边，即所谓"以酌者之左为上"。
〔2〕面其鼻：案尊与壶皆有面，面有鼻，鼻宜向尊者。案壶亦盛酒器。

【译文】
设尊的人，要以酌酒人的左边为设上尊的位置。设尊、设壶的人都要使尊、壶的鼻向着尊长者。

55. 饮酒者、沐者、醮者[1],有折俎不坐[2]。

【注释】

〔1〕饮酒者、沐者、醮者:饮酒者,谓凡参与燕饮者。沐者,谓沐而饮酒者。醮者,谓冠而饮酒者。案行冠礼的正礼是向加冠者授醴,叫做醴冠者。如果不用醴而用酒,就叫做醮(参见《曾子问第七》第6节)。

〔2〕有折俎不坐:折俎,即俎上盛有按骨节折解成块的牲肉的俎。案折俎于肴馔为尊,凡席前设有折俎的,饮酒者皆不得坐,撤俎而后才敢坐饮。

【译文】

闲暇时饮酒、洗头之后饮酒、行冠礼加冠后饮酒,如果席前设有折俎,都不坐饮。

56. 未步爵[1],不尝羞。

【注释】

〔1〕步:行。

【译文】

未饮酒,不尝菜肴。

57. 牛与羊、鱼之腥,聂而切之为脍[1]。麋、鹿为菹,野豕为轩[2],皆聂而不切。麇为辟鸡,兔为宛脾[3],皆聂而切之。切葱若薤实之,醯以柔之。

【注释】

〔1〕聂而切之为脍：聂而切，谓先切成薄片，再细切之。《内则》曰："肉腥，细者为脍。"（第29节）与此句意略同。

〔2〕麋、鹿为菹，野豕为轩：菹、轩，皆谓切成大片（参见《内则第十二》第29节）。

〔3〕麇为辟鸡，兔为宛脾：辟鸡、宛脾，皆谓细切（参见同上）。

【译文】

牛与羊、鱼的生肉，先切成薄片再细切成为脍。麋、鹿肉切成在大片状，野猪肉也切成大片状，都是切成片状而不再细切。獐肉切成细碎状，兔肉切成细碎状，都是先切成薄片再细切。切葱或薤，和肉一起放入醋中，加以拌和。

58. 其有折俎者，取祭肺，反之，不坐。燔亦如之。尸则坐。

【译文】

席前设有折俎的，取俎上的肺行食前祭礼，以及祭毕再把肺放回俎上，都立而不坐。取俎上的烤肉行食前祭礼也这样。如果是尸就坐着。

59. 衣服在躬而不知其名为罔[1]。

【注释】

〔1〕罔：犹罔罔，无知貌。

【译文】

衣服穿在身上而不知所穿衣服的名义，就是无知。

60. 其未有烛而后至者，则以在者告。道瞽亦然。

【译文】
〔天已黑〕尚未点火把而有后到来的客人，主人就要把在坐的客人一一告诉后来者。引导盲人也是这样。

61. 凡饮酒为献主者[1]，执烛抱燋，客作而辞，然后以授人。执烛不让，不辞，不歌。

【注释】
[1] 献主：指主人，因主人当向宾客献酒，故称。

【译文】
凡饮酒做主人的，〔到天黑时〕就要拿着点燃的火把，并抱着未点燃的火把〔来劝酒〕，客人起身告辞，然后把火把交给手下的人。当主人拿着火把的时候，就不同客人行辞让之礼，也不赋诗唱和。

62. 洗盥、执食饮者，勿气。有问焉，则辟、咡而对。

【译文】
〔为尊长者〕奉进洗盥的水，以及拿饮食的，不可使口气直冲尊长者。如果〔尊长者〕有事问己，要侧转头、面朝尊长者口耳之间的地方回答。

63. 为人祭曰"致福"[1]。为己祭而致膳于君子曰"膳"[2]。祔、练曰"告"[3]。

【注释】

〔1〕为人祭曰"致福":为人祭,谓为人代理祭主,其归胙(即将所余的祭肉送人)时致命之词曰"致福"。

〔2〕曰"膳":意思是不敢云福,而言"致膳"。膳,善,谓致膳味。

〔3〕曰"告":意思是报告君子,使知己祔、祥。

【译文】

代别人做主祭人,〔祭后将所余的祭肉送人时〕致词说"送祭祀之福"。为自己祭祀而把所余的祭肉送给君子说"送美味"。举行祔祭或小祥祭〔而把所余的祭肉送给君子〕就说"向君子报告"。

64. 凡膳、告于君子[1],主人展之[2],以授使者于阼阶之南,南面再拜稽首送。反命,主人又再拜稽首。其礼,大牢则以牛左肩、臂、臑折九个[3];少牢则以羊左肩七个[4];牺豕则以豕左肩五个。

【注释】

〔1〕凡膳、告于君子:膳,谓自祭而后致膳于君子;告,谓祔、练祭后告于君子,皆谓祭后致胙于君子。

〔2〕展:省视。

〔3〕以牛左肩、臂、臑:案牲的前体叫前胫骨,前胫骨分三部分:上端叫做肩,肩下叫做臂,臂下叫做臑。周人牲体尚右,右边已用于祭祀,故以牲体的左边献给君子。

〔4〕羊左肩:案这里不云臂、臑,乃省文。案下"豕左肩"义仿此。

【译文】

凡自祭或祔祭、练祭之后送所余的祭肉给君子,主人要亲自察看祭肉,然后在阼阶南边授给使者,并且要面朝南行再拜稽首礼为使者送行。使者回来向主人报告，主人又要行再拜稽首礼。所送的祭肉，如果祭祀时用太牢，就把牛左边的肩、臂、臑分折成九段送给君子；如果祭祀时用少牢，就把羊左边的肩、臂、臑分折成七段送给君子；如果祭祀时用一头猪，就把猪左边的肩、臂、臑分折成五段送给君子。

65. 国家靡敝，则车不雕几[1]，甲不组縢[2]，食器不刻镂，君子不履丝屦，马不常秣。

【注释】
〔1〕几：谓沂鄂，即凹纹和凸纹。
〔2〕縢：音 téng，谓紟带，即系衣带。

【译文】
　　国家因侈靡而导致财物凋敝，那就车不雕刻凹凸的花纹，甲衣不用丝绳做系带，食器不刻镂花纹，君子不穿丝质的鞋，马不常喂谷物。

学记第十八

1. 发虑宪[1]，求善良，足以谀闻[2]，不足以动众。就贤体远，足以动众，未足以化民。君子如欲化民成俗，其必由学乎。

【注释】
〔1〕宪：法。
〔2〕谀：音义皆同于"小"。

【译文】
考虑问题符合法度，招求贤能的人，足以取得小名声，不足以感动民众。亲访贤人，并体察关系疏远的臣民之心，足以感动民众，不足以教化民众。君子想要教化民众，形成良好的风俗，大概必须从办学兴教着手吧。

2. 玉不琢，不成器。人不学，不知道。是故古之王者，建国君民，教学为先。《兑命》曰[1]："念终始典于学。"其此之谓乎。

【注释】
〔1〕《兑命》："兑"是"说"字之误。说，音yuè，《说命》，《尚书》佚篇名，《伪古文尚书》有《说命》上、中、下三篇，不可据信。

【译文】
玉不雕琢，不能成为器物。人不学习，不懂得道理。因此古代做君王的人，建立国家，治理民众，都把兴教办学放在首位。《兑命》说："要始终想着经常学习。"就是说的这个意思吧。

3. 虽有嘉肴，弗食，不知其旨也。虽有至道，弗学，不知其善也。是故学然后知不足，教然后知困。知不足，然后能自反也。知困，然后能自强也。故曰教学相长也。《兑命》曰："学学半[1]。"其此之谓乎。

【注释】
〔1〕学学半：上"学"，音 xiào，教。谓学（教）人乃益己学之半。

【译文】
虽有好菜，不吃，不知道它的美味。虽有最好的道理，不学，不知道它好在哪里。因此，学习了然后才知道自己的不足；教育别人然后才发现自己的困惑。知道不足，然后能反省自己；知道困惑，然后能加强自己。因此说教和学是互相促进的。《兑命》说："教别人，一半也是增长自己的知识。"就是说的这个意思吧。

4. 古之教者，家有塾[1]，党有庠，术有序[2]，国有学。比年入学，中年考校。一年视离经辨志，三年视敬业乐群，五年视博习亲师，七年视论学取友，谓之小成。九年知类通达，强立而不反，谓之大成。夫然后足以化民易俗，近者说服，而远者怀之，此大学之道也。《记》曰："蛾子时术之[3]。"其此之谓乎。

【注释】
〔1〕家有塾：据《周礼》，百里之内，二十五家为闾，同共一巷，巷

首有门，门边有塾，谓民在家之时，朝夕出入，常受教于塾。案塾与下"庠"、"序"、"学"，皆学校名。

〔2〕术：是"遂"字之误。据《周礼》，五百家为党，万二千五百家为遂。党属于乡，遂则在远郊之外。

〔3〕蛾子时术：蛾，即蚁。古"蛾"、"蚁"同音，本一字。术，是"衔"字之误。

【译文】

古代的教育，民众在家有塾，党中有庠，遂中有序，国都有学。人们每年入学校学习，隔一年考试一次。入学一年的考察他读经断句的能力并辨别他的学习志趣，入学三年的考察他是否专心学业并与同学和乐相处，入学五年的考察他是否能广泛地学习并亲敬老师，入学七年的考察他谈论学问和结交什么样的朋友，通过七年的学习就叫做学业小成。入学九年的人已经可以触类旁通，有独立的见解而又不违反师教，这就叫做学业大成。学业大成然后可以教化民众，改变风俗，使近处的人心悦诚服，而远方的人前来归附，这就是大学教育的宗旨。《记》说："蚂蚁之子时时衔土〔也能造成土堆〕。"就是说的这个意思吧。

5. 大学始教，皮弁祭菜[1]，示敬道也。《宵雅》肄三[2]，官其始也[3]。入学，鼓，箧，孙其业也[4]。夏、楚二物[5]，收其威也。未卜禘不视学[6]，游其志也[7]。时观而弗语，存其心也。幼学听而弗问，学不躐等也。此七者[8]，教之大伦也。《记》曰："凡学，官先事，士先志。"其此之谓乎。

【注释】

〔1〕皮弁祭菜：皮弁，谓皮弁服。祭菜，谓行释菜礼祭先圣、先师（参见《文王世子第八》第7节）。

〔2〕《宵雅》肄三：宵，小。肄，习。习《小雅》之三，谓《鹿

鸣》、《四牡》、《皇皇者华》三诗。

〔3〕官其始也：案此三诗皆君臣燕乐相劳苦之辞，盖以居官受任之美，诱谕其初志，故曰"官其始也"。

〔4〕孙：犹恭顺。

〔5〕夏、楚：夏，指榎木。榎木是槚树的一种，又叫山槚，或曰山楸。案夏在这里是指用榎木做的教鞭。楚，则是指用荆条做的教鞭。

〔6〕视学：谓考校优劣。

〔7〕游其志：谓优游学者之志，不欲急切其成。案上文说"未卜禘不视学"，禘在此指夏祭（参见《王制第五》第29节）。据说入学在春季，而视学在夏禘之后，所以宽其期限，使学者不至于迫蹙。

〔8〕七者：是指自"皮弁祭菜"至"听而弗问"之七事。

【译文】

大学开学，要穿皮弁服用菜祭祀先圣、先师，以表示敬重道术。教学生学习《小雅》中的三首诗，开始诱导学生树立做官入仕的志向。学生入学，学官击鼓招集学生，打开书箱发给书籍，以使学生用恭顺的态度对待自己的学业。用夏、楚两种教鞭笞罚不听教的学生，以收到整肃校风的效果。〔天子、诸侯〕没有通过占卜举行禘祭之前，不到学校考察学生的学业，使学生能够从容地做好应考的准备。老师时时观察学生的学习而不轻易开口解说，使学生存疑问于心〔而激励独立钻研的精神〕。年幼的学生只听〔年长的学生向老师请教问题〕而自己不发问，这是因为学习〔应当循序渐进〕而不逾越等级。以上七项，就是教学的大原则。《记》说："凡教学，学官要先安排好有关学校管理的事项，学生要先树立学习的志向。"就是说的上面的意思吧。

6. 大学之教也时，教必有正业，退息必有居。学，不学操缦[1]，不能安弦；不学博依[2]，不能安诗；不学杂服[3]，不能安礼；不兴其艺[4]，不能乐学。故君子之于学也，藏焉[5]，修焉，息焉，游焉，夫然故，安其学而亲其师，乐其友而信其道，是以虽离师辅而不反[6]。

《兑命》曰:"敬,孙,务,时,敏[7],厥修乃来[8]。"其此之谓乎。

【注释】
〔1〕操缦:缦,琴弦。案操缦非乐之正,然不先学操缦,则不能练就指法。
〔2〕博依:谓博通鸟兽草木天时人事之情状。依,犹譬,谓依彼以显此。
〔3〕杂服:服,事。杂服,谓洒扫应对投壶沃盥等琐细之事。
〔4〕兴:喜,歆。
〔5〕藏:谓怀抱之。
〔6〕辅:即友。
〔7〕敏:疾。
〔8〕厥修乃来:谓其所修之业乃来,即所学得成。

【译文】
大学的教学必须按季节安排教学内容,所教的内容必须是先王的经典,课后休息必须有一定的处所。学习〔当循序渐进〕,不练习指法,就不能演奏乐曲;不广博地学习比兴的表现手法,就不能学会作诗;不学习各种杂事之礼,就不能学好礼仪;不喜欢所学的技艺,就不能好学。因此君子对于学习,心怀学习之志,不断地进修学业,休息时,游观时〔也不忘学习〕,能够这样,才能学习得好而又亲爱老师,喜欢学友而笃信所学的道理,因此即使离开师友也不违反师道。《兑命》说:"敬重道术,恭顺地对待学业,努力学习,时刻不忘学习,学过的道理就迅速去实行,所进修的学业就会取得成功。"就是说的上面的意思吧。

7. 今之教者,呻其占毕[1],多其讯[2],言及于数[3],进而不顾其安[4],使人不由其诚[5],教人不尽其材[6],其施之也悖,其求之也佛[7]。夫然故,隐其学而疾其师,苦其难而不知其益也。虽终其业,其去之必速。教之不刑[8],其此之由乎。

【注释】

〔1〕呻其占毕:呻,吟。占,视。毕,简。此谓今之为师者,不晓经义,但诈作长声吟咏之状以视篇简而已。

〔2〕多其讯:讯,问难。既自不晓义理,而又不肯默然,故假作问难,作出很有见解的样子。

〔3〕言及于数:谓所言不止一端。

〔4〕进而不顾其安:谓只强调诵习之多,而不考虑是否理解。

〔5〕使人:及下"教人",皆谓师之施教。

〔6〕不尽其材:材,道。谓师有所隐,即有所保留。

〔7〕佛:通"拂"。

〔8〕刑:犹成。

【译文】

当今的老师,只会照本宣科,又多向学生提问〔来掩盖自己的空虚〕,解说又无定见,只顾赶进度而不顾学生理解与否,教育学生不出于诚心,不能把自己的知识毫无保留地传授给学生,教授学生的内容本身就错误百出,向学生提问自然答非其解。这样,学生学得不明不白,而怨恨自己的老师,又苦于所学的课程太难而不知道学了有什么好处。虽然毕业了,但忘记得一定很快。教育的不成功,就是由此造成的吧。

8. 大学之法,禁于未发之谓"豫",当其可之谓"时",不陵节而施之谓"孙",相观而善之谓"摩"。此四者,教之所由兴也。

【译文】

大学的教育方法,在学生的邪念尚未萌发的时候就加以防禁叫做"预防",当学生可以教育的时候及时进行教育叫做"适时",不超越阶段而循序渐进地施行教育叫做"顺序",互相观察学习而提高叫做"观摩"。以上四条,就是使教育兴盛的方法。

9. 发然后禁,则扞格而不胜。时过然后学,则勤苦而难成。杂施而不孙,则坏乱而不修。独学而无友,则孤陋而寡闻。燕朋逆其师[1]。燕辟废其学[2]。此六者,教之所由废也。

【注释】
　〔1〕燕:犹亵。
　〔2〕燕辟:燕游邪僻。

【译文】
　　坏事发生了然后加以禁止,就抵触而难以奏效。过了学习的年龄然后学习,就勤苦而难有成就。杂乱地进行教学而不循序渐进,就会搞坏、搞乱教学秩序而不可整饬。独自学习而没有朋友互相切磋,就会学识褊狭浅薄而见识不广。不尊敬朋友就违背师教。闲逛不学好就荒废学业。以上六个方面,就是造成教育失败的原则。

10. 君子既知教之所由兴,又知教之所由废,然后可以为人师也。故君子之教喻也,道而弗牵,强而弗抑,开而弗达。道而弗牵则和,强而弗抑则易,开而弗达则思。和、易以思[1],可为善喻矣。

【注释】
　〔1〕和、易:和,谓无抵触。易者,谓不勤苦。

【译文】
　　君子既懂得促使教育兴盛的方法，又知道导致教育失败的原因，然后可以做人的老师。因此君子教育学生，加以诱导而不强牵着学生走，加以鼓励而不制抑学生的进取精神，加以开导而不把话说透。诱导而不强牵着学生走就能使学生无抵触情绪，鼓励而不抑制学生的进取精神学生就会感到容易接受，开导而不把话说透就能启发学生思索。能使学生无抵触情绪，易于接受而又勤于思索，可以称为善于教育了。

　　11. 学者有四失，教者必知之。人之学也，或失则多，或失则寡，或失则易，或失则止。此四者，心之莫同也。知其心，然后能救其失也。教也者，长善而救其失者也。

【译文】
　　学生易犯四种过失，老师必须了解。学生的学习，有的失于贪多，有的失于过狭，有的失于见异思迁，有的失于浅尝辄止。犯这四种过失的学生，心理各不相同。了解这些学生的心理，然后才能挽救他们的过失。从事教育的人，就是发扬人的长处而挽救人的过失的。

　　12. 善歌者，使人继其声。善教者，使人继其志。其言也约而达，微而臧[1]，罕譬而喻，可谓继志矣。

【注释】
　　[1]臧：善。

【译文】
　　善于歌唱的人，能使别人跟着他唱。善于教育的人，能使人继承他的治学志向。老师的语言简约而明达，含蓄而精妙，少用比喻而明白易晓，可算是能使人继承他的志向了。

13. 君子知至学之难易，而知其美恶，然后能博喻[1]。能博喻然后能为师，能为师然后能为长，能为长然后能为君。故师也者，所以学为君也[2]。是故择师不可不慎也。《记》曰："三王四代唯其师[3]。"此之谓乎。

【注释】
〔1〕博喻：谓因学者之材质而告之。
〔2〕故师也者，所以学为君也：师既有君德，则弟子就师可学为君之德。
〔3〕三王四代：三王，谓夏商周。四代，三王再加上虞。

【译文】
君子知道进入学问之途的深浅难易，而又瞭了学生天资的高低差异，然后能广泛地因材施教。能广泛地因材施教然后能做老师，能做老师然后能做官吏，能做官吏然后能做国君。因此从师学习，就是学习做君长。所以选择老师不可不慎重。《记》说："三王四代〔的君主之所以圣明〕，就因为能够慎重地选择老师。"就是说的这个意思。

14. 凡学之道，严师为难。师严然后道尊，道尊然后民知敬学。是故君之所不臣于其臣者二：当其为尸则弗臣也，当其为师则弗臣也。大学之礼，虽诏于天子，无北面，所以尊师也。

【译文】
凡从师学习的原则，尊敬老师是最难做到的。老师被尊敬然后道术才会被尊重,道术被尊重然后人们才会严肃认真地对待学习。因此国君不敢把臣当作是自己的臣来对待的情况有两种:当臣充当尸的时候不敢把他看作是臣,当臣做自己老师的时候不敢把他看作是臣。按照大学的礼,即使向天子讲授,老师也不面朝北,这样来体现尊敬老师。

15. 善学者,师逸而功倍,又从而庸之[1]。不善学者,师勤而功半,又从而怨之。善问者如攻坚木,先其易者,后其节目,及其久也,相说以解。不善问者反此。善待问者如撞钟,叩之以小者则小鸣,叩之以大者则大鸣,待其从容然后尽其声。不善答问者反此。此皆进学之道也。

【注释】
〔1〕庸:功。

【译文】
　　善于学习的学生,老师省力而事半功倍,又从而归功于老师。不善于学习的学生,老师辛苦而事倍功半,又从而怨恨老师。善于提问的人,如同解劈坚硬的木材,先从较容易的部位开始,然后再解树节坚硬处,时间长了,各部分就相互脱离分解开了。不善于提问的人正好与此相反。善于回答问题的人如同撞钟,用小槌叩击就发出小的鸣声,用大槌叩击就发出大的鸣声,待钟声从容鸣响而散尽,〔问题也就迎刃而解了〕。不善于回答问题的人就正好与此相反。这些都是增进学识的道理。

16. 记问之学,不足以为人师。必也其听语乎,力不能问然后语之[1];语之而不知,虽舍之可也。

【注释】

〔1〕力不能问：谓学生的才力不能应对提问。

【译文】

预先记诵书中的内容〔以备学生提问〕，这样的学问不足以做老师。必须待学生提问而后加以解说，或者学生的才力不能回答老师的问题然后再加以解说；解说了而仍然不理解，即使先放一放〔等以后再说〕也是可以的。

17. 良冶之子必学为裘[1]。良弓之子必学为箕[2]。始驾马者反之，车在马前[3]。君子察于此三者，可以有志于学矣。

【注释】

〔1〕良冶之子必学为裘：谓善冶之家，其子弟见其父兄世业冶铸金铁，使之糅合以补治破器，皆令完好，故此子弟从中领会而能学为裘袍，补续兽皮，片片相合，以至完好。

〔2〕良弓之子必学为箕：谓善为弓之家，使干角挠屈调和而成其弓，故其子弟亦观其父兄世业，从中领会而能学用柳条等编制成箕。案冶与裘，弓与箕，其道绝不相同，而能从中领悟，这是强调学者贵在善悟，举一反三，触类而旁通。

〔3〕车在马前：这是说用大马驾车在前，而将马驹系在车后，这样天天见车之行，而后用之驾车，则不复惊。

【译文】

优秀的冶铸工的子弟一定能学会补缀皮袍。优秀的弓匠的子弟一定能学会编制畚箕。开始让马驹学习驾车位置正好相反，让车走在马驹前边。君子明白了这三件事的道理，就可以树立学习的志向了。

18. 古之学者比物丑类[1]。鼓无当于五声[2]，五声弗得不和。水无当于五色[3]，五色弗得不章。学无当于五官[4]，五官弗得不治。师无当于五服[5]，五服弗得不亲。

【注释】
〔1〕丑：犹比。
〔2〕五声：宫、商、角、徵、羽。
〔3〕五色：青、赤、黄、白、黑。
〔4〕五官：泛指政府的各级官吏。
〔5〕五服：谓斩衰、齐衰、大功、小功、缌麻。

【译文】
古代的学者善于模拟各种事物。鼓与五声并不相关，五声没有鼓的节奏而不能和谐。水与五色并不相关，五色没有水的调和不能鲜明。学习与各级官吏的职事并不相关，各级职吏不通过学习就不能掌管好自己的职事。老师与五服之亲并不相关，五服亲属不通过老师的教育就不知道怎样相亲和。

19. 君子[1]："大德不官，大道不器，大信不约，大时不齐。察于此四者，可以有志于学矣。"

【注释】
〔1〕君子：下脱"曰"字。

【译文】
君子说："具有大德行的人不拘于一官之任，掌握大道理的人不偏于一器之用，讲求大信用的人无须订立盟约，把握大时机的人不要求一切行动都整齐划一。懂得以上四方面的道理，就可以明确学习的志向了。"

20. 三王之祭川也，皆先河而后海，或源也，或委也[1]，此之谓务本。

【注释】
〔1〕或源也，或委也：源指河，委指海。

【译文】
三王祭祀河流，都先祭河而后祭海，河是海的水源，海是河的汇聚，这就叫做致力于根本。

乐记第十九

一

1. 音之起[1]，由人心生也。人心之动，物使之然也。感于物而动，故形于声[2]。声相应，故生变。变成方[3]，谓之音。比音而乐之，及干戚羽旄谓之乐[4]。

【注释】
〔1〕音：今之歌曲，包括有词的歌和无词的曲。
〔2〕声：犹今声音。案《乐记》中"音"和"声"是两个概念：宫、商、角、徵、羽五声相杂而按一定的规律排列曰音；单出曰声。但这两个概念的区别在《乐记》中并不十分严格，其内涵每每相混，如第二节的"音"就当理解为"声"，此类例子不少，细心的读者自能辨析。
〔3〕成方：犹言成曲调。
〔4〕及干戚羽旄谓之乐：干戚羽旄，都是古代的舞具，即舞蹈时手里拿的东西。干，盾牌。戚，斧头。羽，野鸡毛。旄，旄牛尾。拿干戚的舞蹈叫做武舞，拿羽旄的舞蹈叫做文舞。乐，在《乐记》中是音乐和舞蹈（有时还包括诗歌）相结合的总称。

【译文】
歌曲的起因，产生于人心。人心的萌动，是事物影响的结果。心受事物的影响而萌动，因此表现为声音。不同的声音相互应和，因此产生变化。变化而成为曲调，就叫做歌曲。按照歌曲进行演唱，并拿着干戚羽旄进行舞蹈就叫做乐。

2. 乐者，音之所由生也，其本在人心之感于物也。是故，其哀心感者，其声噍以杀[1]；其乐心感者，其声啴以缓[2]；其喜心感者，其声发以散[3]；其怒心感者，其声粗以厉；其敬心感者，其声直以廉；其爱心感者，其声和以柔。六者非性也，感于物而后动。是故先王慎所以感之者。故礼以道其志，乐以和其声[4]，政以一其行，刑以防其奸。礼、乐、刑、政，其极一也，所以同民心而出治道也。

【注释】
　　[1] 噍以杀：噍，音 jiào，急促。杀，音 shài，衰微。
　　[2] 啴：音 chǎn，宽。
　　[3] 发：扬。
　　[4] 声：当作"性"。

【译文】
　　乐，是由声音产生的，它的根源在于人心对事物的感受。因此，有感而产生悲哀之心的，发出的声音就急促而低沉；有感而产生快乐之心的，发出的声音就宽舒而徐缓；有感而产生喜悦之心的，发出的声音就昂扬而爽朗；有感而产生愤怒之心的，发出的声音就粗犷而严厉；有感而产生崇敬之心的，发出的声音就亢直而廉正；有感而产生爱恋之心的，发出的声音就和悦而温柔。以上六种情感并不是人的本性，是感受事物而后发生的。因此先王十分注意能对人心产生影响的事物。所以用礼来引导人们的志向，用乐来调和人们的性情，用政令来统一人们的行动，用刑罚来防止人们做坏事。礼、乐、刑、政，它们的根本作用是一致的，都是用来统一民心而把社会治理好。

3. 凡音者，生人心者也。情动于中，故形于声。

声成文[1],谓之音。是故治世之音安,以乐其政和。乱世之音怨,以怒其政乖。亡国之音哀,以思其民困[2]。声音之道与政通矣。

【注释】
〔1〕成文:意同"成方",参见第1节。
〔2〕"是故"至"民困":这几句话有三种读法:第一种是普通的读法,读为"治世之音安以乐:其政和;乱世之音怨以怒:其政乖;亡国之音哀以思:其民困"。第二种是在安字、怨字、哀字下断读,在乐字、怒字、思字下再断读。第三种便是我们现在的读法。当以第三种读法较为合理。

【译文】
凡歌曲,都产生于人心。感情激动于心中,所以表现为音声。音声变化而成曲调,就叫做歌曲。所以太平时代的歌曲显得安详,用以表示对平和政治的欢乐。动乱时代的歌曲显得怨恨,用以表示对混乱政治的愤怒。亡国时候的歌曲显得悲哀,用以表示对人民困苦的忧思。音乐的道理,是和政治相通的。

4. 宫为君[1],商为臣,角为民,徵为事,羽为物,五者不乱,则无怗懘之音矣[2]。宫乱则荒,其君骄。商乱则陂[3],其官坏。角乱则忧,其民怨。徵乱则哀,其事勤。羽乱则危,其财匮。五者皆乱,迭相陵,谓之"慢",如此,则国之灭亡无日矣。

【注释】
〔1〕宫:及下文的商、角、徵、羽,构成我国古代的五声音阶,依次相当于现代音乐简谱上的1(do)、2(re)、3(mi)、5(suo)、6(la)。
〔2〕怗懘:音 zhān chì,敝败不和貌。

〔3〕陂：倾。

【译文】
　　宫声为君，商声为臣，角声为民，徵声为事，羽声为物，这五声不发生混乱，就没有敝败不和的歌曲了。宫声乱了就显得荒散，象征着国君的骄横。商声乱了就显得倾颓，象征着官吏的堕落。角声乱了就显得忧愁，象征着人民的怨恨。徵声乱了就显得哀苦，象征着事役繁重。羽声乱了就显得危困，象征着财物匮乏。五声都发生混乱，互相陵越，就叫做"慢音"，要是这样，国家的灭亡就要不了多久了。

　　5. 郑卫之音^[1]，乱世之音也，比于慢矣。桑间濮上之音^[2]，亡国之音也，其政散，其民流，诬上行私而不可止也。

【注释】
　　〔1〕郑卫之音：是指春秋时期郑、卫两国的民间音乐。孔子曾指斥"郑声淫"（靡曼淫秽），并提出要"放（舍弃）郑声"。
　　〔2〕桑间濮上之音：桑间，地名，在濮阳（今属河南省）。濮上，濮水之上，传说亡国之音于此水出。据说殷纣王曾命一个名叫延的乐师作长夜靡靡之乐，殷纣亡国的时候，乐师延带着乐器投濮水而死。到春秋时候，晋国的乐师涓夜过此水，闻水中作此乐，便记录下来，后来便把这首乐曲演奏给晋平公听。晋平公的乐师旷没等他演奏完，就按着他的乐器说："此亡国之音也，得此必于桑间濮上乎？纣之所由亡也。"

【译文】
　　郑卫一带的音乐，是乱世的音乐，类似于慢音。桑间濮上的音乐，是亡国的音乐，有这种音乐的国家一定政治荒散，民众流离，欺上行私成风而不可遏止。

6. 凡音，生于人心者也。乐者，通伦理者也。是故知声而不知音者，禽兽是也。知音而不知乐者，众庶是也。唯君子为能知乐，是故审声以知音，审音以知乐，审乐以知政，而治道备矣。是故不知声者，不可与言音。不知音者，不可与言乐。知乐，则几于礼矣。礼乐皆得，谓之有德。德者，得也。是故乐之隆，非极音也。食飨之礼[1]，非致味也[2]。《清庙》之瑟[3]，朱弦而疏越[4]，壹倡而三叹，有遗音者矣。大飨之礼尚玄酒而俎腥鱼[5]。大羹不和[6]，有遗味者矣。是故先王之制礼乐也，非以极口腹耳目之欲也，将以教民平好恶[7]，而反人道之正也。

【注释】
〔1〕食飨之礼：指食礼和飨礼，用于宗庙祭祀或招待宾客。食礼和飨礼所用牲皆太牢（牛羊豕三牲具备），二者的区别在于，食礼以饭为主，有牲而无酒；飨礼则有牲又有酒。《仪礼》有《公食大夫礼》一篇，还保存着古代食礼的礼仪。飨礼久亡，今已不知其详。
〔2〕致：犹极。
〔3〕《清庙》：《诗·周颂》中的一篇，是周人祭祀文王演奏的乐章。
〔4〕朱弦而疏越：案丝或布帛用水煮就叫做练。这里是指用经过水煮并染成红色的熟丝做的琴弦，据说这样的弦弹奏出来的声音较低沉，而不练之丝弦则体劲而声清。越，指瑟底面上的小孔。孔疏则发出的声音迟缓。
〔5〕大飨之礼尚玄酒：大飨之礼，是诸侯王在宗庙里祭祀祖先所用的礼，又叫祫祭。祫祭，谓合祭诸父祖之神（参见《王制第五》第30节）。
〔6〕大羹：是一种不用盐菜等佐料调和的肉湇（肉汁。参见《少仪第十七》第51节）。
〔7〕平好恶：谓使知好恶。

【译文】

凡歌曲,都产生于人心。乐,是和伦理相通的。所以只懂得声音而不懂得歌曲的,是禽兽;只懂得歌曲而不懂得乐的,是普通人。只有君子才能懂得乐的意义,所以能够辨别声音进而懂得歌曲,辨别歌曲进而懂得乐,辨别乐进而懂得政教,从而具有完备的治国之道。因此不懂得声音的人,不可以和他谈论歌曲;不懂得歌曲的人,不可以和他谈论乐。懂得了乐,也就差不多懂得礼了。礼和乐都懂得,称为有德。德,就是得到的意思。所以音乐的隆重,不是为了极尽对音声的享受。举行食礼和飨礼,不是为了极尽对食物的享受。演奏《清庙》所用的瑟,安有朱红色的弦而底部有疏朗的孔眼,一人领唱而三人和,演唱完毕还有余音值得回味。举行大飨礼的时候把玄酒放在上位而俎上盛着生鱼,大羹也不加放佐料调和,吃过之后还留有余味。因此先王制定礼乐,不是为了极度满足人们口腹耳目的欲望,而是用来教导人们懂得爱好什么、憎恶什么,从而反回到做人的正道上来。

7. 人生而静〔1〕,天之性也。感于物而动,性之欲也。物至知知〔2〕,然后好恶形焉。好恶无节于内,知诱于外,不能反躬,天理灭矣〔3〕。夫物之感人无穷,而人之好恶无节,则是物至而人化物也。人化物也者,灭天理而穷人欲者也。于是有悖逆诈伪之心,有淫泆作乱之事。是故强者胁弱,众者暴寡,知者诈愚,勇者苦怯,疾病不养,老幼孤独不得其所,此大乱之道也。

【注释】

〔1〕静:谓人初生未有情欲,故静。案下文"动"字义与此相反,谓人产生了情欲。

〔2〕知知:谓知而又知,即不断地去了解、认识,不断地接受外界事物的影响。

〔3〕理:郑犹性。

【译文】

人初生而无情欲,这是天赋的本性。受到事物的影响而产生情欲,这是本性中的欲望所致。事物不断地来影响人而人对事物的知识不断地增多,然后产生好恶。好恶之情在内心得不到节制,事物又不断从外界来诱惑人,使人不能反回自身的本性,人所禀赋的天性就灭绝了。事物对人的影响没有穷尽,而人对自己的好恶没有节制,那就是随着事物对人的影响而人被事物所迁化。人被事物所迁化,就是灭绝天性而穷极个人的欲望。于是就会有叛逆诈伪的心理产生,有淫佚作乱的事情出现。因此强者胁迫弱者,多数欺压少数,聪明人诈骗老实人,胆大的人坑害怯懦的人,有病的人得不到疗养,老幼孤寡得不到应有的照顾,这是大乱的形势呀。

8. 是故先王之制礼乐,人为之节。衰麻哭泣[1],所以节丧纪也。钟鼓干戚,所以和安乐也。婚姻冠笄,所以别男女也。射乡食飨[2],所以正交接也。礼节民心,乐和民声,政以行之,刑以防之。礼、乐、刑、政四达而不悖,则王道备矣[3]。

【注释】

[1] 衰麻哭泣:衰麻,在此指代丧服制度。哭泣,指活人哭死者,何时该哭,何时不该哭,以及用何种哭法,都有规定。
[2] 射乡:射,指射箭比赛之礼,《仪礼》中有《乡射礼》、《大射》,可参看。乡,指乡饮酒礼,详可参看《仪礼·乡饮酒礼》。
[3] 王道:儒家主张以仁义治天下,称为王道,这是儒家理想的治国之道。

【译文】

所以先王制定礼乐,使人们用来节制自己的情欲。制定丧服制度和有关哭泣的礼仪,用来节制人们的丧事活动。设置钟鼓干戚等乐器和舞具，用来调节人们对安乐的享受。制定婚礼、冠礼和加笄礼，用来区别男女。制定射礼、乡饮酒礼、食礼和飨礼，用来使人们的社交活动正常化。用礼来节制人心，用乐来调和人的声音，用政来推行治理国家的政策措施，用刑来防止不轨行为。礼、乐、刑、政畅通四方而不违背，王道政治的要求就具备了。

二

9. 乐者为同[1]，礼者为异。同则相亲，异则相敬。乐胜则流[2]，礼胜则离。合情饰貌者[3]，礼乐之事也。礼义立，则贵贱等矣。乐文同，则上下和矣。好恶著，则贤不肖别矣。刑禁暴，爵举贤，则政均矣。仁以爱之，义以正之，如此则民治行矣[4]。

【注释】
〔1〕同：谓协调好恶。
〔2〕流：谓流慢而无尊卑之敬。
〔3〕合情饰貌：合情，谓感情和合融洽，这是乐的作用。饰，当作"饬"。饬貌，谓人知检点，重仪表，这是礼的作用。案乐和内，是合情；礼检迹，是饰（饬）貌。
〔4〕民治行：谓以此治民而民无不治。

【译文】
乐起和同的作用，礼起区别的作用。和同使人互相亲近，区别使人互相尊敬。乐强调得过分会使人们过于随便而不知敬，礼强调得过分会造成人与人之间的距离而不相亲。使人与人之间感情融合而仪表庄重，就是礼乐的功用。礼义确立了，贵贱等级才能区分。乐的形式统一了，上下关系才能和睦。好坏的标准明确了，贤良的人和无德无能的人才分得清。用刑罚禁止暴虐，用爵位表彰贤能，政治就清明合理了。用仁来爱护百姓，用义来端正百姓，这样民众就能治理好了。

10. 乐由中出，礼自外作。乐由中出故静[1]，礼自外作故文[2]。大乐必易，大礼必简。乐至则无怨，礼至则不争。揖让而治天下者，礼乐之谓也。暴民不作，诸侯宾服，兵革不试，五刑不用[3]，百姓无患，天子不怒，如此则乐达矣。合父子之亲，明长幼之序，以敬四海之内，天子如此，则礼行矣。

【注释】
〔1〕静：欣喜欢爱之和出于中，和则情意安舒，谓之静。
〔2〕文：威仪交错，谓之文。
〔3〕五刑：指墨、劓、剕、宫、大辟五者（参见《王制第五》第40节）。

【译文】
乐从内心发出，礼从外貌上表现。乐从内心发出因此使人安和平静，礼从外貌上表现因此有种种仪节规定。大乐一定是平易的，大礼一定是简朴的。乐教达到要求就没有怨恨，礼教达到要求就没有争纷。能使人们互相谦让而天下得到治理的，就是礼乐。违法作乱的人不出现，诸侯服从天子，武器无须使用，刑罚无须施行，百姓无灾患，天子不专横，这样乐教的目的就达到了。使父子融合相亲，使长幼关系明确，使天下的人都互相尊敬，天子能做到这样，就是礼教得到推行了。

11. 大乐与天地同和[1]，大礼与天地同节。和故百物不失，节故祀天祭地，明则有礼乐，幽则有鬼神，如此则四海之内合敬同爱矣。礼者殊事，合敬者也。乐者异文，合爱者也。礼乐之情同[2]，故明王以相沿也[3]，故事与时并，名与功偕[4]。

【注释】
〔1〕大乐：儒家理想中最完美的乐。下"大礼"义仿此。
〔2〕礼乐之情同：谓礼之事异，而敬之情则同；乐之文殊，而爱之情则同。礼乐之文与事是其末，而爱敬之情是其本。
〔3〕沿：同"沿"。
〔4〕事与时并，名与功偕：事、名，分指礼、乐。谓礼有质文损益，当据时宜以定；乐有《韶》、《夏》、《濩》、《武》，当随事功而立名。

【译文】
　　大乐与天地自然地和谐，大礼与天地具有自然的秩序。大乐能与天地自然地和谐因此可以保持万物的本性而不丧失，大礼能与天地具有自然的秩序因此可以运用来祭祀天地。明处有礼乐对人进行教化，暗中有鬼神助人成事，这样就能使全天下的人都互相尊敬、互相亲爱了。礼用来区别事物，目的在于使人们互相尊敬。乐具有不同的歌舞，目的在于使人互相亲爱。礼和乐的目的都在于使人相敬相爱，所以圣明的君王都相继沿用，因此礼能因时制宜，乐能因功而作。

12. 故钟鼓管磬[1]，羽籥干戚，乐之器也。屈伸俯仰，缀兆舒疾[2]，乐之文也。簠簋俎豆，制度文章，礼之器也。升降上下，周还裼袭，礼之文也。故知礼乐之情者能作，识礼乐之文者能述。作者之谓"圣"，述者之谓"明"。"明圣"者，述作之谓也。

【注释】

〔1〕管：竹制乐器名（参见《月令第六》第43节）。
〔2〕缀兆：缀，指舞蹈者的位置。兆，指舞蹈活动的范围。

【译文】

所以钟鼓管磬，羽籥干戚，都是乐的器具。弯腰、伸体、俯身、仰面，舞蹈者的行列位置和活动范围以及动作的快慢，都是乐的表现。簠簋俎豆，各种仪节装饰，都是礼的器具。上堂下堂，绕圈转体和袒衣掩衣，都是礼的表现。所以懂得礼乐功用的人能够制作礼乐，懂得礼乐表现形式的人能够传授礼乐。制作礼乐的人称作"圣"，传授礼乐的人称作"明"。所谓"明圣"，就是传授和制作礼乐的意思。

13. 乐者，天地之和也；礼者，天地之序也。和，故百物皆化[1]；序，故群物皆别。乐由天作，礼以地制[2]。过制则乱，过作则暴[3]。明于天地，然后能兴礼乐也。

【注释】

〔1〕化：犹生。
〔2〕乐由天作，礼以地制：谓礼乐法天地。
〔3〕过制则乱，过作则暴：过犹误。暴，谓失文武之意。所谓失文武之意，谓文乐武乐相杂乱。

【译文】

乐，表现天地间的和谐；礼，表现天地间的秩序。因为和谐，所以能够化生万物；因为有秩序，所以万物都有所区别。乐依照天的道理而作，礼依照地的道理而制。礼制定得有错误就会引起各种秩序的混乱，乐制作得有错误就会导致文乐和武乐不分。懂得天地的道理，然后才能兴起礼乐。

14. 论伦无患[1]，乐之情也；欣喜欢爱，乐之官也[2]。中正无邪，礼之质也；庄敬恭顺，礼之制也。若夫礼乐之施于金石[3]，越于声音，用于宗庙社稷，事乎山川鬼神[4]，则此所与民同也。

【注释】
〔1〕论伦无患：论伦无患，谓玲珑而不漶漫。"论伦"是双声联语，与下"中正"相对为文，故当读为"玲珑"。玲珑而不漶漫，就是"和而不流"的意思(参见第9节)。
〔2〕官：犹事。案事在此是功用的意思。
〔3〕金石：指钟磬等乐器。
〔4〕用于宗庙社稷，事乎山川鬼神：用、事，在此都是祭祀的意思。

【译文】
和谐而又不丧失原则，是乐的精神；使人欣喜欢爱，是乐的功用。中正无邪，是礼的本质；庄敬恭顺，是礼对人的节制。至于把礼乐通过金石等器物表现出来，通过声音传播出来，用于宗庙社稷以及山川鬼神的祭祀，这些是天子与庶民都一样的。

三

15. 王者功成作乐，治定制礼。其功大者其乐备，其治辩者其礼具[1]。干戚之舞，非乐备也；孰亨而祀[2]，非达礼也[3]。五帝殊时，不相沿乐。三王异世，不相袭礼。乐极则忧，礼粗则偏矣。及夫敦乐而无忧，礼备而不偏者，其唯大圣乎。

【注释】
〔1〕辩:通"遍"。
〔2〕孰亨:即熟烹。
〔3〕达:具。

【译文】
　　帝王功业成就了才作乐,社会治理安定了才制礼。功业大的乐也完备,天下治理得周遍的礼也周全。拿着干戚进行歌舞,不算完备的乐;用煮熟的牲肉来祭祀,不算完备的礼。五帝和三王所处时代不同,所施用的礼乐都不互相沿袭。乐过分了就会生忧,礼制定得粗略不周就会发生偏差。至于能够重视乐而又无忧,礼制定得完备而无偏差,大概只有大圣人才做得到吧。

16. 天高地下,万物散殊,而礼制行矣。流而不息,合同而化,而乐兴焉。春作夏长,仁也;秋敛冬藏,义也。仁近于乐,义近于礼。乐者敦和,率神而从天;礼者别宜,居鬼而从地[1]。故圣人作乐以应天,制礼以配地。礼乐明备,天地官矣。

【注释】
〔1〕居鬼:犹循神。鬼谓先贤。

【译文】
　　天高在上而地在下,万物散布在天地间而又千差万别,因此用礼制来表示它们的区别。天地二气流动不息,互相融合而化生万物,因此有体现这种融合的乐兴起。春生夏长,体现天地的仁;秋收冬藏,体现天地的义。仁和乐的道理相近,义和礼的道理相近。乐促万物亲和,遵循神的意旨而顺从天的道理;礼辨别万物所宜,依照鬼的意旨而顺从地的道理。所以圣人作乐以和天的道理相适应,制礼以和地的道理相配合。礼乐制定得明确而完备,天地间万物就各得其所了。

17. 天地尊卑，君臣定矣。卑高已陈[1]，贵贱位矣。动静有常，小大殊矣[2]。方以类聚，物以群分[3]，则性命不同矣[4]。在天成象，在地成形，如此，则礼者天地之别也。

【注释】
〔1〕卑高：谓山泽。
〔2〕动静有常，小大殊矣：动静，谓阴阳用事。小大，案原文误作"大小"，谓万物。
〔3〕方以类聚，物以群分：方、物，泛指万物。群，也是类的意思。
〔4〕性命：性，生，各有嗜好谓之为性。命，谓长短寿夭。

【译文】
　　天尊而地卑，君臣之间的关系也就由此而确定了。高低不同的地形已陈列，贵贱的名位也就由此而确定了。阴阳的动静有一定的规律，万物之间的差别也就由此而确定了。万物同类相聚，异类相分，才显出各自的特性和长短不同的生命来。万物在天的有在天的现象，在地的有在地的形体，这样，就有必要用礼来体现天地万物的差别。

18. 地气上齐[1]，天气下降，阴阳相摩，天地相荡，鼓之以雷霆，奋之以风雨，动之以四时，暖之以日月，而百化兴焉。如此，则乐者天地之和也。

【注释】
〔1〕齐：通"跻"，升。

【译文】
地气上升,天气下降,阴阳二气相摩擦,天地之气相激荡,再加上雷霆的震荡,风雨的吹淋,四时的变化,以及日月的温暖照耀,于是万物便化生而兴起了。这样,就有必要用乐来体现天地万物化生的和谐。

19. 化不时则不生,男女无辨则乱升[1]:天地之情也。

【注释】
[1] 升:成。

【译文】
不能适时化育万物,万物就不能生长;男女无别,就会造成社会的混乱:这是天地的情理。

20. 及夫礼乐之极乎天而蟠乎地[1],行乎阴阳而通乎鬼神,穷高极远而测深厚。乐著大始,而礼居成物[2]。著不息者[3],天也。著不动者,地也。一动一静者,天地之间也。故圣人曰"礼乐云"。

【注释】
[1] 极乎天而蟠乎地:极,至。蟠犹委。委,托。
[2] 乐著大始,而礼居成物:大始,即太始,指天。成物,指地。著,处。这两句犹云"乐处天,而礼处地。"
[3] 著:犹明白。

【译文】
礼乐上达于天而下托于地,行于阴阳二气之间而和鬼神相通,要测度它道理的深厚真是极高深而又幽远。乐与天为一体，礼与地为一体。显著地运行不息的，是天。显著地静止不动的，是地。有动有静的，是天地间的万物。所以圣人〔谈论天地间的人和事〕动不动就说"礼怎么说，乐怎么说"。

四

21. 昔者舜作五弦之琴[1]，以歌《南风》[2]。夔始制乐[3]，以赏诸侯。故天子之为乐也，以赏诸侯之有德者也。德盛而教尊，五谷时熟，然后赏之以乐。故其治民劳者，其舞行缀远[4]；其治民逸者，其舞行缀短。故观其舞知其德，闻其谥知其行也。

【注释】

〔1〕五弦之琴：传说琴原是神农所作，而舜在琴上去掉文、武二弦，留下宫商角徵羽五根弦，成为五弦琴。
〔2〕《南风》：古佚诗名，据说是一首孝子诗。
〔3〕夔：音 kuí，人名，据说是舜时掌乐者。
〔4〕行缀：舞蹈的行列位置（参见第 12 节）。

【译文】

从前舜制作五弦琴，用来弹奏《南风》而歌唱。开始〔为舜〕制乐，用来赏赐给诸侯。因此天子制乐，是用来赏赐给诸侯中有德行的人。诸侯德行隆盛而尊崇教化，五谷都按季节丰收，然后天子赏赐给他乐。因此诸侯治民而使民劳苦的，所赏赐的舞蹈〔人数就少而〕行列的间隔就疏而远；诸侯治民而使人民安逸的，所赏赐的舞蹈〔人数就多而〕行列的间隔就密而短。因此观看诸侯的舞蹈，就知道他的德行，就像听到某人的谥号就知道他生前的行为一样。

22.《大章》[1]，章之也。《咸池》，备矣。《韶》，继也。《夏》，大也。殷周之乐尽矣[2]。

【注释】
〔1〕《大章》：及下《咸池》、《韶》、《夏》，皆古佚乐名，据说分别是尧、黄帝、舜、禹时代的乐曲。
〔2〕殷周之乐尽矣：据说殷乐就是《周礼》中所说的《大濩》，周乐就是《周礼》中所说的《大武》。尽，谓尽人事。

【译文】
《大章》，是用来表彰尧的德行的。《咸池》，是用来歌颂黄帝的德行完备的。《韶》，是用来颂扬舜能继承尧的德政的。《夏》，是用来赞美禹能把尧舜的德政发扬光大的。殷周两代的乐都是赞扬能够尽到人为的努力。

23. 天地之道：寒暑不时则疾，风雨不节则饥。教者，民之寒暑也，教不时则伤世；事者，民之风雨也，事不节则无功。然则先王之为乐也，以法治也[1]，善则行象德矣。

【注释】
〔1〕以法治：谓以乐为治之法。

【译文】
天地间的规律是：寒暑不适时交替就会发生疾病，风雨不适时调节就会发生饥荒。教育，对于人民犹如天气的寒暑，不及时对人民进行教育就会有伤世风；事功，对于人民犹如自然界的风雨，不加节制就会劳而无功。然而先王制乐，正是为了提供一种治理人民的方法，乐教施行得好就能使人民的行为符合德行的要求了。

24. 夫豢豕为酒，非以为祸也，而狱讼益繁，则酒之流生祸也。是故先王因为酒礼[1]。壹献之礼，宾主百拜[2]，终日饮酒而不得醉焉，此先王之所以备酒祸也。故酒食者，所以合欢也。乐者，所以象德也。礼者，所以缀淫也。是故先王有大事，必有礼以哀之；有大福，必有礼以乐之：哀乐之分，皆以礼终。乐也者，圣人之所乐也，而可以善民心，其感人深，其移风易俗[3]，故先王著其教焉[4]。

【注释】
〔1〕先王：王，原误作"生"。
〔2〕壹献之礼，宾主百拜：壹献之礼，参见《文王世子第八》第9节。案在一献之礼的献、酢、酬的每一个仪节进行当中，主人和宾还要进行取爵、下堂洗爵、辞降、辞洗、奠爵、执爵、或坐或兴等许多具体细小的仪节，每一个细小的仪节宾主都须互行拜礼，所以一献之礼的进行过程中宾主要行许许多多的拜礼，故曰"宾主百拜"。详可参看《仪礼·乡饮酒礼》。
〔3〕其移风易俗：案"俗"下脱"易"字。
〔4〕著：犹立，谓立司乐以下使教国子（贵族子弟）。

【译文】
养猪酿酒，不是用来制造祸害的，而打官司的却越来越多，这就是饮酒无度生出的祸害。所以先王为此制定了饮酒礼。行一献之礼，宾主也要互行许许多多的拜礼，因此整天饮酒也不会醉了，这就是先王用来防止酗酒闹事的方法。酒食，本是用来使人们融合感情而相欢乐的。乐,是用来象征德行的。礼,是用来制止人们的越轨行为的。因此先王有丧亡等大事,一定有相应的礼来表示哀悼;有大喜庆的事,一定有相应的礼来表示欢乐:悲哀和欢乐的程度,最终都要符合礼。乐这种东西,是圣人所喜欢的,它可以使人心向善,它感动人心很深,用它改变社会风俗很容易,因此先王设置专门的官吏来施行乐教。

五

25. 夫民有血气心知之性,而无哀乐喜怒之常,应感起物而动,然后心术形焉[1]。是故志微、噍杀之音作[2],而民思忧;啴谐、慢易、繁文、简节之音作,而民康乐;粗厉、猛起、奋末、广贲之音作,而民刚毅;廉直、劲正、庄诚之音作,而民肃敬;宽裕、肉好[3]、顺成、和动之音作,而民慈爱;流辟、邪散、狄成、涤滥之音作[4],而民淫乱。

【注释】
〔1〕心术:指心所产生的各种感情。
〔2〕志微、噍杀:志微,谓音细。案志亦微。噍杀,参见第2节。
〔3〕肉好:肉,玉璧的边。好,音hào,玉璧中间的圆孔。这里是用璧之肉好喻音之圆转而润泽。
〔4〕狄成、涤滥:"狄"与"逖"通,远。成,乐之一终。狄成言其一终甚长,在此是淫泆之意。涤滥,谓如水之涤荡放滥,往而不返。

【译文】
人有血气和用心感知事物的本性,而哀乐喜怒等感情却没有一定，都是因感受事物的影响而发，然后各种感情才表现出来。所以有细小、急促而又衰微的乐曲产生，就会引起人的忧思；有宽舒和谐、缓慢平易、形式虽繁而节奏宽简的乐曲产生，就会使人感到康乐；有粗犷、开头刚猛、结尾亢奋、广大而愤怒的乐曲产生，就会使人刚毅；有廉洁直率、刚劲正直、庄重真诚的乐曲产生，就会使人肃敬；有宽畅、圆润、流利、和顺的乐曲产生，就会使人慈爱；有流于怪辟、邪恶散乱、曲段滥长而又浪荡放纵的乐曲产生，就会使人淫乱。

26. 是故先王本之情性，稽之度数[1]，制之礼义。合生气之和[2]，道五常之行，使之阳而不散，阴而不密[3]，刚气不怒，柔气不慑。四畅交于中而发作于外[4]，皆安其位而不相夺也。然后立之学等，广其节奏，省其文采[5]，以绳德厚。律小大之称，比终始之序，以象事行，使亲疏、贵贱、长幼、男女之理，皆形见于乐，故曰"乐观其深矣"。

【注释】

〔1〕度数：指十二律的度数。案律本是用来确定音高的竹管，古人用十二个长度不同的竹管（即律管），吹出十二个高低不同的标准音，用以确定乐音的高低，这十二个标准音就叫做十二律。据说古人律管的长度，是以黄钟律（相当于现代西乐的 C 音）为标准的，先确定黄钟管的长度，然后按"三分损益法"，来定其余各律管的长度。如黄钟管据说长九寸，减三分之一得六寸，为林钟（相当于西乐的 G 音），林钟管长加三分之一得八寸，则为太簇（相当于西乐的 D 音），等等，这就是所谓度数（参见《礼运第九》第 14 节）。

〔2〕生气：生气，谓阴阳之气。案古人认为天地间的万物都是阴阳二气相互作用变化而生成的，故称之为"生气"。

〔3〕阳而不散，阴而不密：案古人的观念，以为阳主动，阴主静，故阳喻乐作，阴喻乐止。

〔4〕四畅：四，谓上述阴、阳、刚、柔四者。畅，通。
〔5〕广其节奏，省其文采：广，谓广泛地学习。省，犹审。文采，谓节奏和合。

【译文】
因此先王〔制乐〕根据人的性情，考察音律的度数，并用礼义来加以节制。这样乐就能合乎化生万物的阴阳二气的和谐，遵循金木水火土五行运转的规律，使得乐作声扬而不散漫，乐终静止而不郁结，体现阳刚之气而不粗暴，含有阴柔之气而不畏缩。以上四种精神贯通交融在乐中而演奏出来，宫商角徵羽就都能得到准确的表达而不相互侵夺。然后分级设立学校，广泛地学习乐的节奏，研究乐的表现形式，并以乐的精神作为德行修养的准绳而使德逐渐深厚。调整声调的高低使之相称，排比好乐章开头结尾的次序，使之能够很好地表现人的事功和德行，从而使有关亲疏、贵贱、长幼、男女的道理，都能通过乐表现出来，所以说"通过乐可以深刻地观察社会"。

27. 土敝则草木不长，水烦则鱼鳖不大〔1〕，气衰则生物不遂〔2〕，世乱则礼慝而乐淫。是故其声哀而不庄，乐而不安，慢易以犯节，流湎以忘本，广则容奸，狭则思欲〔3〕，感条畅之气〔4〕，而灭平和之德，是以君子贱之也。

【注释】
〔1〕水烦：谓泽梁之入无时。
〔2〕气：谓生气，即阴阳之气（参见上节）。
〔3〕广则容奸，狭则思欲：广，谓声缓。狭，谓声急。
〔4〕感条畅之气：条畅，读为"涤荡"。涤荡之气，谓逆气。这里的"逆"谓逆乱，"气"指人的思想、情绪。

【译文】

地力衰竭就不能生长草木，不按时节而频繁地捕捞鱼鳖就不能长大，生气衰竭生物就不能发育成长，社会动乱就礼废而乐淫。因此乐曲就悲哀而不庄重，快乐而不安定，散漫多变而节奏紊乱，流连缠绵而无所归宿，宽缓而包含着邪恶，急促而挑动情欲，感发起人们逆乱的情绪，灭绝人们平和的德性，所以君子鄙视这种音乐。

六

28. 凡奸声感人，而逆气应之。逆气成象，而淫乐兴焉。正声感人，而顺气应之。顺气成象，而和乐兴焉。倡和有应，回邪曲直各归其分，而万物之理，各以类相动也。是故君子反情以和其志，比类以成其行，奸声乱色不留聪明，淫乐慝礼不接心术，惰慢邪辟之气不设于身体，使耳目鼻口心知百体，皆由顺正，以行其义。

【译文】

凡是邪恶的声音影响人，逆乱的情绪就跟着产生。逆乱的情绪形成逆乱的事实，淫乐就兴起了。凡是纯正的声音影响人，和顺的情绪就跟着产生。和顺的情绪形成和顺的事实，和乐就兴起了。就像唱的与和的互相呼应，邪曲和正直各归其类一样，世间万物的道理，都是同类相应而动的。所以君子复返人的本性来安和人的心志，比从善类来成就人的行为，使耳朵和眼睛不接触奸邪的声音和秽乱的形色，使淫乱的音乐和违礼的言行不侵入内心，使惰怠侮慢邪辟的习气不沾染身体，使耳目鼻口和内心理智以及身体的各部分，都和顺纯正，这样来实行道义。

29. 然后发以声音，而文以琴瑟，动以干戚，饰以羽旄，从以箫管，奋至德之光，动四气之和，以著万物之理。是故清明象天，广大象地，终始象四时，周还象风雨[1]，五色成文而不乱[2]，八风从律而不奸[3]，百度得数而有常[4]，小大相成，终始相生，倡和清浊，迭相为经。故乐行而伦清，耳目聪明，血气和平，移风易俗，天下皆宁。故曰"乐者，乐也"。君子乐得其道[5]，小人乐得其欲。以道制欲，则乐而不乱；以欲忘道，则惑而不乐。是故君子反情以和其志，广乐以成其教。乐行而民乡方[6]，可以观德矣。

【注释】
〔1〕"是故"至"风雨"：清明，谓人声。广大，谓钟鼓。周还（音xuán），谓舞。
〔2〕五色：此谓五声。因五声配于五行之色，故可以五色代五声。案古人的观念，以为颜色和声音都分别是和五行相应的，即：土为黄色，宫声；金为白色，商声；木为青色，角声；火为赤色，徵声；水为黑色，羽声。
〔3〕八风：谓八音。所谓八音，指上古的八类器材所制作的乐器发出的声音，即金石土革丝木匏竹。金指钟镈，石指磬，土指埙，革指鼓鼗，丝指琴瑟，木指柷敔，匏指笙，竹指箫。
〔4〕百度：此谓乐之节奏。乐之节奏非一，故曰百度。
〔5〕道：谓仁义。
〔6〕方：犹道。

【译文】
然后用声音来表现，用琴瑟等乐器来演奏，用干戚作舞具来表演武舞，用羽旄作舞具来装饰文舞，用箫管来配合演奏，这样来发扬最美好德行的光辉，调动四季的和谐之气，以显示支配万物的规律。因此歌声清明像天，钟鼓声宏大像地，乐章周而复始像四时，舞姿往复回旋像风雨，五声组织严密而不乱，八音都合乎音律而不相凌犯，所有节奏都合乎应有的度数而不失常规，低音和高音相辅相成，前歌后曲相继起落，唱的与和的、清音和浊音，都能交替错综而形成一定的规律。因此乐得到推广人伦关系就清楚了，人的听觉和视觉也变得灵敏了，性情也变得平和了，从而能够移风易俗，使天下都得到安宁。所以说"乐这种东西，是使人快乐的"。君子因为从中求得了道而快乐，小人因为从中满足了感情的欲望而快乐。能够用道来节制情欲，那就快乐而不迷乱；只顾情欲的满足而忘记了道，那就只会受到蛊惑而得不到真正的快乐。所以君子复返人的本性来安和人的心志，推广乐来完成对人们的教化。乐得到推广就会人心向道，这样人们就会有可观的德行了。

30. 德者，性之端也。乐者，德之华也。金石丝竹，乐之器也。诗言其志也，歌咏其声也，舞动其容也，三者本于心，然后乐器从之。是故情深而文明，气盛而化神。和顺积中，而英华发外[1]，唯乐不可以为伪。

【注释】
〔1〕英华：本指草木之美者，在此形容乐之美。

【译文】
德行，是人的正性的表露。乐，是德行的花朵。金石丝竹，是演奏乐的器具。诗表达乐的意旨，歌唱出乐的声调，舞表现乐的姿容，诗、歌、舞三者都出于内心，然后乐器跟着配合演奏。所以乐的感情深切而形象明白，气氛浓厚而变化神妙。有和顺的感情蓄积在心中，才会产生出美妙的乐作为它的外在表现，只有乐是来不得虚伪的。

31. 乐者，心之动也。声者，乐之象也。文采节奏[1]，声之饰也。君子动其本，乐其象，然后治其饰。是故先鼓以警戒[2]，三步以见方，再始以著往，复乱以饬归[3]。奋疾而不拔[4]，极幽而不隐[5]。独乐其志[6]，不厌其道，备举其道[7]，不私其欲。是故情见而义立，乐终而德尊，君子以好善，小人以听过[8]，故曰"生民之道，乐为大焉"。

【注释】
〔1〕文采：指音乐的组织结构及其变化。
〔2〕是故先鼓以警戒：案这以下是举《武》乐为例（参见第44节）。
〔3〕复乱以饬归：乱，终。舞者之终，从末表（段）复于第一表，以整饬其归。归，谓舞毕而退就原位。
〔4〕不拔：谓不至于大疾（过快）。
〔5〕极幽：谓歌者。
〔6〕独乐：谓人各忻悦。
〔7〕备举其道：广其教化而被之于民。
〔8〕听过：谓听之而知过。

【译文】
乐，是内心活动的表现。声音，是乐的表象。文采节奏，是声音的装饰。君子内心有所感动，而又高兴用乐来表现，然后加上文采节奏〔制作出乐来〕。因此〔演奏《武》乐〕先要击鼓引起大家的注意，舞蹈开始时要先前进三步以表示舞列行进的方向，第一段舞毕、第二段开始时也要先前进三步以表示舞列所往，舞蹈结束时又要整饬舞列回到开始时的位置。舞蹈的动作迅速而不过快，歌唱的含义深刻而不隐晦。观众各自都欣赏它的内容，而不厌弃它所表现的道义，并能充分利用乐所表现的道义〔来进行教化〕，而不会只为满足个人享受的欲望。因此这样的乐使感情得到表现而道义也得到确立，乐演奏结束而德行受到尊崇，君子因此更乐行善道，小人因此发现自己的过失，所以说"抚育人民的方法，没有比乐教更重要的了"。

32. 乐也者，施也；礼也者，报也。乐，乐其所自生；而礼反其所自始[1]。乐章德，礼报情反始也。

【注释】
〔1〕乐，乐其所自生；而礼反其所自始：谓王者正乐，欢乐己之所由生。如武王，民乐其武德，武王由武功而生王业，即以《武》为乐名。又，王者制礼，必追反其所由始之祖。如周以后稷为始祖，即追祭后稷，报其王业之所由兴（参见《丧服小记第十五》第8节）。反，犹报。

【译文】
乐的作用，在施予；礼的作用，在报答施予。乐，是用来欢乐它自身所由产生的原因；礼，要求人一直追溯到自己所由产生的始祖〔都要报答〕。乐表彰德行，礼报答恩情而追溯到始祖。

33. 所谓大辂者，天子之车也；龙旂九旒[1]，天子之旌也；青黑缘者[2]，天子之宝龟也；从之以牛羊之群：则所以赠诸侯也[3]。

【注释】
〔1〕龙旂九旒：旂，音qí。龙旂，绘有龙的旗。旒，旗饰（参见《郊特牲第十一》第24节）。
〔2〕青黑缘：据说千年之龟其甲边缘作青黑色，这样的龟甲用于占卜非常灵验。
〔3〕赠诸侯：谓诸侯来朝将去，赠之以礼，这是说明礼报之事。案诸侯守土，奉其土地所出来朝见天子，故天子以此等之物报之。

【译文】

叫做大辂的，本是天子的车；龙旂下边缀着九条旒的，本是天子的旗；有青黑色边缘的，本是天子的宝龟甲；再加上成群的牛羊：这些就是天子赠送给来朝诸侯的礼物。

七

34. 乐也者，情之不可变者也；礼也者，理之不可易者也。乐统同，礼辨异，礼乐之说，管乎人情矣[1]。

【注释】

〔1〕管：通"贯"。

【译文】

乐，表现确定的感情；礼，表现不可变易的道理。乐和同人心，礼区别尊卑，礼乐的道理，贯通着人情。

35. 穷本知变，乐之情也[1]；著诚去伪，礼之经也。礼乐偩天地之情[2]，达神明之德，降兴上下之神[3]，而凝是精粗之体[4]，领父子君臣之节[5]。

【注释】

〔1〕穷本知变，乐之情也：谓乐本出于人心，心哀则哀，心乐则乐，是乐可以原穷极本。也就是说，通过乐的变化，可以探究人的内心感情的变化。

〔2〕偩天地之情：偩，音fù，犹依象。案天尊地卑，天主和同，地主别异，是所谓天地之情（参见第11、13节）。

〔3〕降兴上下之神：降，下也。兴，犹出。此谓礼乐用之于祭祀，可以感至鬼神。

〔4〕凝是精粗之体：凝，成。精粗，谓万物大小。是，谓正。谓礼乐能成就而正其万物大小之体，亦即谓礼乐能使天地万物都遵守其固有的秩序，故下文归之于"父子君臣之节"。

〔5〕领：犹理，治。

【译文】

探究人的本心而了其解感情的变化，是乐的功能；彰明诚信而抛弃虚伪，是礼的作用。礼乐依照天地的情性，通达神明的德性，〔用于祭祀〕可以使天神降而地神出，〔用于万物〕可使其大小精粗等各种不同的形体都得成就而端正，〔用于人伦〕可理顺父子君臣的关系。

36. 是故大人举礼乐[1]，则天地将为昭焉。天地欣合[2]，阴阳相得，煦妪覆育万物[3]，然后草木茂，区萌达[4]，羽翼奋，角觡生[5]，蛰虫昭苏[6]，羽者妪伏[7]，毛者孕鬻[8]，胎生者不殰[9]，而卵生者不殈[10]，则乐之道归焉耳。

【注释】

〔1〕大人：此指圣人。

〔2〕欣合：欣，通"熹"，蒸动、蒸腾。此谓乐感动天地之气，是使二气蒸动，则天气下降，地气上腾而欣合。

〔3〕煦妪：妪，音yǔ，育也。煦妪，抚育长养。

〔4〕区萌达：区，音gōu，曲也。达，犹出。曲出曰区，如菽豆之属；直出曰萌，如稻稷之属。

〔5〕角觡：觡，音gé。角中有内骨的，如牛羊之角，叫做角；角中无内骨的，如麋鹿之角，叫做觡。案角觡在此泛指兽类。

〔6〕昭：晓。

〔7〕妪伏：谓鸟孵卵。

〔8〕鬻：通"育"，生。
〔9〕殰：音dú，谓动物未出生而死。
〔10〕殈：音xù，裂。谓鸟卵未孵化出雏鸟而开裂。

【译文】
所以圣人实行礼乐，天地都将跟着光明。天地之气相融合，阴阳相辅相成，以抚育万物成长，然后草木茂盛，种子发芽，禽类奋翅，兽类繁生，蛰虫苏醒，鸟类孵育雏鸟，兽类怀孕生养，胎生的没有死胎，而卵生的卵不破裂，这些都要归于乐的功效呀。

37. 乐者，非谓黄钟、大吕[1]、弦歌、干扬也[2]，乐之末节也，故童者舞之。铺筵席，陈尊俎，列笾豆，以升降为礼者[3]，礼之末节也，故有司掌之。乐师辨乎声诗，故北面而弦[4]。宗、祝辨乎宗庙之礼，故后尸[5]。商祝辨乎丧礼，故后主人[6]。是故德成而上，艺成而下；行成而先，事成而后[7]。是故先王有上有下有先有后，然后可以有制于天下也。

【注释】
〔1〕黄钟、大吕：皆乐律名，在此指代十二律。
〔2〕扬：也是一种舞具，一名戉，即大斧。
〔3〕升降：上堂和下堂，在此泛指宾主之间升降跪拜等礼仪。
〔4〕北面而弦：案古代乐工的席位，是设在堂上堂的前廉处（即堂的前边），乐工面朝北而坐，弹瑟歌唱，以乐宾主，故曰"北面而弦"（参见《仪礼》之《乡饮酒礼》、《乡射礼》等篇）。
〔5〕宗、祝辨乎宗庙之礼，故后尸：宗，谓宗人，是为主人（诸侯以下至士）掌礼事的官。祝，是为主人掌接神（即宗庙祭祀）之官。天子之祝则曰大祝。后尸，谓站在尸的后边相赞祭礼。
〔6〕商祝辨乎丧礼，故后主人：商祝，周代祝官名。案周代有夏祝，有商祝，都是主丧礼的官。商祝谓祝习商礼者，夏祝谓祝习夏礼者。后

主人，谓跟在主人后边助主人行丧礼。

〔7〕行成而先，事成而后：先，谓位在上；后，谓位在下。

【译文】

　　乐这种东西，不单是指乐律、弹瑟唱歌、手执干扬而舞等等，这些对于乐来说都是次要的，所以让儿童来表演舞蹈。铺设筵席，陈设酒器和牲俎，摆列笾豆，升降跪拜等礼仪，对于礼来说都是次要的，所以让专门的官吏来执掌这些事。乐师只懂得声和诗，所以只是面朝北坐在那里演奏。宗人和祝只懂得宗庙祭祀的礼仪，所以站在尸的后边相礼。商祝只懂得丧事的礼仪，所以跟在主人的后边行礼。所以成就德行是主要的，懂得技艺是次要的；成就德行的在上位，成就事功的在下位。所以先王使人们有了上下尊卑的区别，然后才制定礼乐颁行天下。

八

　　38. 魏文侯问于子夏曰[1]："吾端冕而听古乐[2]，则唯恐卧。听郑卫之音，则不知倦。敢问古乐之如彼何也？新乐之如此何也？"子夏对曰："今夫古乐，进旅退旅[3]，和正以广，弦匏笙簧[4]，会守拊鼓[5]，始奏以文，复乱以武[6]，治乱以相，讯疾以雅[7]，君子于是语[8]，于是道古，修身及家，平均天下[9]，此古乐之发也。今夫新乐，进俯退俯，奸声以滥，溺而不止，及优、侏儒，獶杂子女[10]，不知父子，乐终不可以语，不可以道古，此新乐之发也。今君之所问者乐也，所好者音也。夫乐者与音相近而不同。"

【注释】

〔1〕魏文侯问于子夏：魏文侯，名都（一说名斯），战国初期魏国的创始者，公元前446—396年在位。子夏，孔子的学生（参见《檀弓上第三》第41节），魏文侯曾尊以为师。

〔2〕端冕而听古乐：端，指玄端服（参见《文王世子第八》第23节）。古乐，谓先王之正乐。

〔3〕进旅退旅：旅，犹俱。俱进俱退，言其动作齐一。

〔4〕弦匏笙簧：弦，指琴瑟。匏，同笙一样，也是一种利用簧管发声的乐器，比笙大，据说有六十四支簧管，而笙一般只有十三至十九支簧管。簧，本指安在管端用以振动发声的小薄片，在此泛指利用簧管发声的乐器。

〔5〕会守拊鼓：会，合。守，待。拊，即拊搏，一种打击节奏的乐器（参见《明堂位第十四》第17节）。如果想让堂上奏乐就击拊，想让堂下奏乐就击鼓，弦匏笙簧的演奏都听从拊鼓指挥。

〔6〕始奏以文，复乱以武：文，谓鼓。武，谓金，即铙。案铙是一种打击乐器，青铜制，体短而阔，似钟而小，有中空的短柄，插入木柄后可执，以槌击之而鸣，三个或五个一组。

〔7〕治乱以相，讯疾以雅：相，即拊，因拊中填以糠，糠一名相，故拊亦名相。雅，亦乐器名，其形制，如漆桶而口小，大二围，长五尺六寸，以熟羊皮绷在口上，有两纽以便系带，器体上画有稀疏的花纹。讯，通"迅"。乱，谓乐终。

〔8〕语：谓乐终合语，即大家在一起议论。

〔9〕平均：平，谓无上下之偏。均，谓无远近之异。案所谓无上下之偏，谓上下各安其分；无远近之异，谓统治者对华夏与四夷皆一视同仁。这是古人理想的政治局面。

〔10〕优、侏儒，獶杂子女：优，即俳优，指古代以乐舞谐戏为业的艺人。侏儒，即侏儒，身材矮小的人。獶，猕猴。子女，在此指男子和妇女。言舞者如猕猴相戏，男女相杂而乱尊卑。

【译文】

魏文侯问子夏说："我穿着玄端服戴着冕恭敬地听古乐，生怕打瞌睡。听郑卫的音乐，就不知道疲倦。请问古乐为什么使人那样？新乐为什么使人这样？"子夏回答说："那古乐，舞蹈者同进同退动作整齐，乐的气象中和平正而又宽广，弦匏笙簧等乐器，都同时合奏而听从拊和鼓的节制。舞蹈开始时击鼓，结束时击铙，舞蹈结尾时击相以整齐行列，舞蹈动作快速时击雅以为节奏，〔舞蹈结束时〕君子们在一起议论乐的意义，谈论古代的事迹，内容都是有关通过修身达到和睦家庭，以至于安定天下的，这就是演奏古乐的意义。现在那些新乐，舞蹈者进退都弯腰屈体参差不齐，歌和曲的声音淫邪放纵，引诱人们沉溺其中而不可禁止，又有俳优和侏儒，表演者像猕猴一样男女混杂，父子不分，演奏完毕没有什么意义可谈论，也无法联系古代的事迹，这就是演奏新乐的结果。现在君所问的是有关乐的道理，而所喜欢的实际是音的享受。要知道乐和音相近而并不相同。"

39. 文侯曰："敢问何如？"子夏对曰："夫古者天地顺而四时当，民有德而五谷昌，疾疢不作[1]，而无妖祥，此之谓'大当'[2]，然后圣人作，为父子君臣，以为纲纪。纲纪既正，天下大定。天下大定，然后正六律[3]，和五声，弦歌诗颂，此之谓德音，德音之谓乐。《诗》云[4]：'莫其德音，其德克明。克明克类，克长克君。王此大邦，克顺克俾[5]。俾于文王[6]，其德靡悔。既受帝祉，施于孙子。'此之谓也。今君之所好者，其溺音乎[7]？"

【注释】
〔1〕疢：音 chèn，病。
〔2〕大当：谓天地之间无不得其当。
〔3〕六律：指黄钟、太簇、姑洗、蕤宾、夷则、无射等六律，分别相当于今西乐的 C、D、E、F、G、A 六个固定的音（参见第 26 节）。
〔4〕《诗》云：案以下所引诗出自《大雅·皇矣》。所引的部分是赞美周文王的父亲王季之德的。
〔5〕克顺克俾："俾"是"比"字之误。顺，谓慈和而遍服。比，

谓上下相亲。

〔6〕俾于：即比于，犹言至于。

〔7〕溺音：即下节所说郑、宋、卫、齐四国之音。

【译文】

魏文侯问道："请问这是怎么一回事？"子夏回答说："古时候天地和顺而四季运行正常，人民有德行而五谷丰登，不生疾病，也没有灾异，这样的时代称为'大当'。然后有圣人出来，规定了父子君臣的关系，作为大家遵守的纲纪。纲纪确定了，天下才大安定。天下大安定了，然后制定六律，调和五声，弹奏琴瑟演唱诗歌来颂扬，这就叫做德音，德音才叫做乐。《诗》说：'他的德音天下无不和应，他的美德在于是非能明。能明是非又能区别善类恶类，因此能做师长、能做人君。他领导着这个大国，能使人们都慈和顺从而又上下相亲。他的德行影响到他的儿子文王，他的德行没有可悔恨的地方。他已经受到上帝所降的福祉，又把福祉延续到子孙身上。'这就是说的德音的意义。现在君所喜欢的，恐怕是溺音吧。"

40. 文侯曰："敢问溺音何从出也？"子夏对曰[1]："郑音好滥淫志，宋音燕女溺志[2]，卫音趋数烦志[3]，齐音敖辟乔志。此四者，皆淫于色而害于德，是以祭祀弗用也。《诗》云[4]：'肃雍和鸣，先祖是听。'夫肃，肃敬也。雍，雍和也。夫敬以和，何事不行？为人君者，谨其所好恶而已矣。君好之，则臣为之。上行之，则民从之。《诗》云[5]：'诱民孔易。'此之谓也。

【注释】

〔1〕子夏对曰：案自此以下至第42节，都是子夏回答魏文侯的话。

〔2〕燕女溺志：燕，安。溺，没。谓宋音所安唯女子，所以使人意

志消沉。

〔3〕趋数：是"促速"之误。

〔4〕《诗》云：案以下所引诗句出自《周颂·有瞽》。

〔5〕《诗》云：案以下所引诗句出自《大雅·板》。

【译文】

魏文侯问道："请问溺音是从什么地方产生出来的？"子夏回答说："郑国的音乐好淫滥而使人意志放纵，宋国的音乐只能投女人所好而使人意志消沉，卫国的音乐太急促而使人意志烦劳，齐国的音乐傲狠而怪僻使人意志骄逸。这四国的音乐，都是满足人对声色的享受而损害人的德行修养，所以祭祀的时候都不用它们。《诗》说：'肃敬雍和地合奏共鸣，先祖的神灵于是来听。'肃，是肃敬的意思。雍，是雍和的意思。能够肃敬而雍和，什么事情做不到呢？做国君的人，能谨慎地对待自己的好恶就行了。君喜好什么，臣就会去做什么；在上位的人做什么，人民就会跟着去做什么。《诗》说：'诱导人民很容易。'就是说的这个意思。

41."然后圣人作为鞉鼓椌楬壎箎[1]，此六者，德音之音也。然后钟磬竽瑟以和之[2]，干戚旄狄以舞之[3]，此所以祭先王之庙也，所以献酬酳酢也，所以官序贵贱[4]、各得其宜也，所以示后世有尊卑长幼之序也。

【注释】

〔1〕鞉鼓椌楬壎箎：鞉，即鼗，一种鼓名（参见《王制第五》第22节）。椌楬，音 qiāng qià，即柷敔（参见《王制第五》第22节及《月令第六》第43节）。壎，即埙，古代的吹奏乐器，陶制，大如鹅卵，形似秤锤，上尖下平中空，顶上一孔为吹口，另外前有四孔，后有两孔，吹奏时可按孔变音。箎，音池 chí，乐器名，竹制，形似横笛，有一吹孔，另有六个音孔。

〔2〕竽：音 yú，古代的簧管类乐器，形似笙而大，据说竽长四尺二寸，由三十六支簧管组合而成。1972年长沙马王堆汉墓出土的竽有二十二管，分为前后两排。

〔3〕干戚旄狄：参见第1节。"狄"通"翟"，即野鸡毛，也就是第1节所说的羽。

〔4〕官序贵贱：官序，犹言序官，即序列官位的高低贵贱。高低贵贱不同，乐器列数有差次。

【译文】

"然后圣人制作了鼗鼓椌楬埙箎等乐器，这六种乐器，都是用来演奏德音的乐曲的。然后用钟磬竽瑟和以上六种乐器配合演奏，并拿着干戚旄狄来舞蹈，这样的乐就可以用来在宗庙里祭祀先王，可以用来配合宾主之间献酬酳酢的礼仪，可以用来区别官位的尊卑、使不同官位的人所拥有的乐和他们的身份相称，这样就可以用来向后世的人显示有尊卑长幼的次序。

42."钟声铿，铿以立号，号以立横[1]，横以立武，君子听钟声，则思武臣。石声磬[2]，磬以立辨[3]，辨以致死，君子听磬声，则思死封疆之臣。丝声哀，哀以立廉，廉以立志，君子听琴瑟之声，则思志意之臣。竹声滥[4]，滥以立会，会以聚众，君子听竽笙箫管之声，则思畜聚之臣。鼓鼙之声讙[5]，讙以立动，动以进众，君子听鼓鼙之声，则思将帅之臣。君子之听音，非听其铿锵而已也，彼亦有所合之也[6]。"

【注释】

〔1〕横：充，谓气充满。

〔2〕石声磬：石，谓磬。末"磬"字为象声词。

〔3〕辨：谓分明节义。

〔4〕滥：会，谓会诸音。
〔5〕鼙：一种小鼓（参见《月令第六》第43节）。
〔6〕彼亦有所合之：彼，谓众声。合之，谓契合于心。

【译文】

"钟声铿铿，铿铿的声音好像发出号令，号令表示气势充沛，气势充沛表示威武，君子听到钟声，就会想到武臣。磬发出磬磬的声音，磬磬的声音表示节义分明，节义分明表示人忠心耿耿视死如归，君子听到磬声，就会想到死守疆土之臣。弦乐声哀怨，哀怨的声音使人廉正，廉正才能意志坚定，君子听到琴瑟声，就会想到立志守义之臣。竹制乐器发出的声音如同融会了各种乐器的声音，融会之声使人团结，能团结就能聚集民众，君子听到竽笙箫管之声，就会想到善于聚集民众之臣。鼓和鼙发出的声音听起来很欢快，欢快的声音使人好动，好动就能促使人前进，君子听到鼓鼙之声，就会想到将帅之臣。君子听音，不单是为了欣赏乐器发出的铿锵的声音就算了，要知道各种乐器的声音都是和人心相契合的。"

九

43. 宾牟贾侍坐于孔子[1]。孔子与之言及乐，曰："夫《武》之备戒之已久[2]，何也？"对曰："病不得其众也[3]。""咏叹之，淫液之[4]，何也？"对曰："恐不逮事也[5]。""发扬蹈厉之已蚤[6]，何也？"对曰："及时事也。""《武》坐致右宪左[7]，何也？"对曰："非《武》坐也。""声淫及商[8]，何也？"对曰："非《武》音也。"子曰："若非《武》音，则何音也？"对曰：

"有司失其传也[9]。若非有司失其传,则武王之志荒矣[10]。"子曰:"唯。丘之闻诸苌弘[11],亦若吾子之言是也。"

【注释】

〔1〕宾牟贾:姓宾牟,名贾(音 jiǎ)。
〔2〕《武》之备戒:案欲作《武》乐之前,当先击鼓以为备戒。
〔3〕病不得其众:病,忧。谓武王伐纣之时,忧病不得士众之心。
〔4〕淫液:谓声音连延流液不绝貌。
〔5〕不逮事:逮,及。事,戎事。如武王伐纣恐诸侯不至,即恐诸侯不逮事。
〔6〕发扬蹈厉之已蚤:蹈,以足顿地。厉,猛也。蚤,通"早"。案初舞时,即手足发扬,蹈地而猛厉,是舞乐的演进太早。
〔7〕《武》坐致右宪左:坐,谓以膝至地,实即今之跪。宪,通"轩"。
〔8〕淫:贪。
〔9〕有司失其传:谓有司传授之误而失其本。
〔10〕武王之志荒:谓武王之志荒乱,有意于黩武。案古人的观念,以为商声主杀伐,故谓武王贪商声是有意于黩武。
〔11〕苌弘:周大夫。

【译文】

宾牟贾陪坐在孔子的身边。孔子和他谈话谈到了乐,孔子问:"《武》乐开始前要击鼓很久,以作准备,是为什么呢?"宾牟贾回答说:"这是象征武王伐纣时担心不得士众之心。"〔孔子问〕:"舞蹈开始之前先要慢声长歌,歌声连延不绝,是为什么呢?"宾牟贾回答说:"这是象征武王担心伐纣的事不能取得成功。"〔孔子问〕:"舞蹈开始后一早就猛力地扬手顿脚,是为什么呢?"宾牟贾回答说:"这是象征武王及时行伐纣之事。"〔孔子问〕:"《武》舞中舞蹈者做出右膝跪地而左腿伸开的动作,是为什么呢?"宾牟贾回答说:"《武》舞是没有跪的动作的。"〔孔子问〕:"《武》乐中杂有很多商声,是为什么呢?"宾牟贾回答说:"这不是《武》乐中应有的声音。"孔子问:"如果不是《武》乐中应有的声音,那又是什么声音呢?"宾牟贾回答说:"这种说法是乐官们的传授有错误。如果不是乐官们传授有错误,那就说明武王的意志已经荒乱〔而想要穷兵黩武〕了。"孔子说:"是啊。我从苌弘那里听说的,也和您说的一样。"

44. 宾牟贾起,免席而请曰[1]:"夫《武》之备戒之已久,则既闻命矣[2]。敢问迟之,迟而又久[3],何也?"子曰[4]:"居,吾语汝。夫乐者,象成者也。揔干而山立[5],武王之事也[6]。发扬蹈厉,大公之志也。《武》乱皆坐,周、召之治也。且夫《武》始而北出;再成而灭商;三成而南;四成而南国是疆;五成而分[7],周公左,召公右;六成复缀以崇[8]。天子夹,振之而驷伐[9],盛威于中国也。分夹而进,事蚤济也。久立于缀,以待诸侯之致也。

【注释】
〔1〕免席:谓避席。
〔2〕既闻命矣:案上节孔子问宾牟贾关于"《武》之备戒之已久"之义,宾牟贾回答后,孔子说苌弘也是这样说的,这等于是肯定了宾牟贾的说法,所以宾牟贾说"既闻命矣"。
〔3〕迟之,迟而又久:案《武》舞六成(舞乐一段叫做一成),每成皆久而后终,故重言之以见其意也。
〔4〕子曰:案自此以下直至第46节,都是孔子说的话。
〔5〕揔:同"总",持。
〔6〕武王之事:谓像武王持盾正立,以待诸侯。
〔7〕分:谓周公与召公分陕而治。陕,今河南陕县。自陕而东(左)周公主之,自陕而西(右)召公主之。
〔8〕复缀以崇:复缀,谓返位而止。崇,谓充备。
〔9〕天子夹,振之而驷伐:谓王(天子)与大将夹(参加)舞者,振铎

以为节奏。"驷"是"四"字之误。《武》是战象,故每个节奏四伐;一击一刺为一伐。

【译文】

宾牟贾站起来,离开坐席向孔子请教说:"关于《武》舞开始前总要击鼓准备很久的意义,我的说法已经得到您的肯定了。请问《武》乐的每段都很长,一套《武》乐长而又长,是为什么呢?"孔子说:"你坐下,我告诉你。所谓乐,是象征事业成功的。将要开始舞蹈时舞者拿着盾牌像山一样屹立不动,这是象征武王等待诸侯的到来。舞者奋力扬手顿足,这是象征太公的威武鹰扬之志。《武》舞终了时舞者都跪下,这是象征周公和召公将用文德治理天下。〔再说《武》舞的结构〕:第一段舞队向北进〔象征武王开始出兵伐纣〕;第二段象征灭商;第三段象征武王〔灭商后〕又向南用兵;第四段象征南方各国都收入版图;第五段象征周公和召公分陕而治,周公治理陕以东,召公治理陕以西;第六段舞者又都回到开始时的位置上以象征《武》乐已经完备。如果天子也来夹在舞队中参加舞蹈,就敲响木铎而以每做四个〔一击一刺的〕动为一个节奏,用以向中国显示周的强大和威武。〔在天子参加舞蹈时〕舞者分成两队前进,以表示伐商的事业早获成功。至于舞蹈开始前舞者长久地站在规定的位置上,这也是象征武王等待着诸侯的到来。

45. "且女独未闻牧野之语乎[1]?武王克殷,反商[2],未及下车,而封黄帝之后于蓟,封帝尧之后于祝,封帝舜之后于陈;下车而封夏后氏之后于杞,投殷之后于宋[3],封王子比干之墓[4],释箕子之囚[5],使之行商容而复其位[6],庶民弛政,庶士倍禄[7];济河而西,马散之华山之阳而弗乘,牛散之桃林之野而弗服,车甲衅而藏之府库而弗复用[8],倒载干戈包之以虎皮[9]，将帅之士使为诸侯，名之曰'建櫜'[10]。然后天下知武王之不复用兵也。

【注释】
〔1〕牧野：地名，在商都朝歌（今河南淇县）城南七十里，是武王伐纣大败纣军之地。
〔2〕反：是"及"字之误。
〔3〕投：谓迁徙之。所徙者，微子也。案微子是商纣的庶兄，当时的贤臣。
〔4〕封王子比干之墓：积土为封。封比干墓，以示崇贤。案比干是商纣王的叔父，商的贤臣，相传因多次劝谏纣，被纣剖心而死。
〔5〕箕子：商纣王的诸父，商的贤臣，因劝谏纣而被纣所囚禁。
〔6〕行商容：行，犹视。商容，商的贤臣，据说因劝谏纣而被废为庶人。
〔7〕庶士：庶，众。士，指商的下级官吏们。
〔8〕衅：谓以牲血涂之。
〔9〕倒载干戈：案凡载兵器，出则刃向前，入则刃向后，今战还镐京而刃向前，有似于倒，故云倒载。
〔10〕建櫜：建，通"鞬"，是藏弓之器；櫜（音 gāo），是藏箭之器。案这里是借"建櫜"以喻息武不用。

【译文】
"再说你难道没有听说过流传在牧野地方的故事吗？武王打败了商纣王，到达商的都城，没有等到下车，就封黄帝的后裔于蓟，封帝尧的后裔于祝，封帝舜的后裔于陈；下车后又封夏禹的后裔于杞，迁商的后裔于宋，封修王子比干的墓，把箕子从监狱里放出来，派人去看望商容并恢复他的官位，废除商纣王虐待庶民的苛政，对商的下级官吏增加一倍俸禄；渡过黄河到西边以后，把马散放在华山的南边而不再骑着它们去打仗，把牛散放在桃林地方的原野上而不再用它们为战争服役，把战车和铠甲涂上血收藏在库房里而不再使用，把干戈等武器倒放过来用虎皮包裹好，把军队的将帅都封为诸侯，以上做法就叫做'建櫜'。然后全天下的人都知道武王不再用兵打仗了。

46. "散军而郊射[1]，左射《狸首》，右射《驺虞》[2]，而贯革之射息也[3]；裨冕搢笏，而虎贲之士说剑也；祀乎明堂[4]，而民知孝；朝觐[5]，然后诸侯知所以臣；耕藉[6]，然后诸知所以敬。五者，天下之大教也。食三老、五更于大学[7]，天子袒而割牲，执酱而馈，执爵而酳，冕而摠干，所以教诸侯之弟也。若此，则周道四达，礼乐交通。则夫《武》之迟久，不亦宜乎。"

【注释】
〔1〕郊射：古礼名，是天子或诸侯国君所举行的一种射箭比赛之礼，其详今已不可知。该礼因在国都郊外的射宫举行，故名郊射。所谓射宫，即大学，以射于此，故名。
〔2〕左射《狸首》，右射《驺虞》：左，谓东学。右，谓西学。《狸首》，古逸诗名。《驺虞》，《国风·召南》中的一篇。演唱诗歌的目的，在于射箭时"以歌为节"。
〔3〕贯革之射：贯，穿。革，即皮侯（用皮革做的射箭的靶子）。贯革之射，即习武之射。案古代的射箭比赛有两种：一为习礼之射，如此处所谓郊射，以及《仪礼》所记之乡射礼、大射礼等皆是；一为习武之射。习礼之射所张的射侯是布侯或兽侯（布做的靶子上画有兽头），习武之射则以皮革为射侯；习礼之射重在习礼而不以射中为优，习武之射则以射中而且矢贯皮革为优。
〔4〕明堂：谓文王之庙。
〔5〕朝觐：案古代诸侯去朝见天子，不同的季节名称也不相同：春天叫做朝，夏天叫做宗，秋天叫做觐，冬天叫做遇。这里"朝觐"连文，泛指朝见天子之礼。
〔6〕耕藉：即耕种藉田。案藉田的收获物主要用于祭祀天帝和鬼神（参见《月令第六》第 7 节）。

〔7〕食三老、五更：食，谓食礼（参见第6节注〔1〕）。食三老、五更于大学，谓以食礼养老于大学。

【译文】

"解散军队而举行郊射礼，郊射礼在东学中进行就演奏《狸首》来配合射箭的动作，在西学中进行就演奏《驺虞》来配合射箭的动作，这样以习武为目的的射箭就停止了；大臣们都穿裨服而戴冕、腰间插着笏板，勇猛的武士们就可以解脱战剑而不用了；在明堂里祭祀祖先，而使民众知道孝道；定期朝见天子，然后诸侯知道怎样做天子的臣；天子亲耕藉田，然后诸侯知道敬事天帝鬼神。以上五件事，是教化天下的重大措施。在大学里用食礼款待三老、五更，天子亲自袒衣为他们切割牲肉，拿肉酱送给他们吃，端杯向他们进酳酒，还亲自戴着冕拿着盾牌〔为老人们舞蹈〕，以教导诸侯懂得尊敬长上。这样，就使周的教化传播四方，礼乐通行天下。〔武王的功业既如此伟大〕，表现武王功业的《武》乐表演起来时间比较长，不也是很自然的事吗？"

十

47. 君子曰："礼乐不可以斯须去身。"致乐以治心〔1〕，则易、直、子、谅之心〔2〕，油然生矣。易、直、子、谅之心生则乐，乐则安，安则久，久则天，天则神。天则不言而信，神则不怒而威：致乐以治心者也。

【注释】

〔1〕致：犹深审。
〔2〕易、直、子、谅：易，谓和易。直，谓正直。子，谓子爱。谅，谓诚信。

【译文】

君子说:"礼乐一会儿也不能离身。"研究乐而用它来提高内心修养,那么平易、正直、慈爱、诚信之心,就会自然而然地产生了。平易、正直、慈爱、诚信之心产生了就能心情愉快,心情愉快就能使内心安定,内心安定就能长久地自我修养不息,长久地修养不息就能体达天理,体达天理进而就可与神明相通。体达天理就可以不说话而值得尊信,与神明相通就可以不发怒而有威严:这就是研究乐而用它来提高内心修养的结果。

48. 致礼以治躬则庄敬,庄敬则严威。心中斯须不和不乐,而鄙诈之心入之矣;外貌斯须不庄不敬,而易慢之心入之矣。故乐也者动于内者也,礼也者动于外者也。乐极和,礼极顺,内和而外顺,则民瞻其颜色而弗与争也,望其容貌而民不生易慢焉[1]。故德辉动于内[2],而民莫不承听;理发诸外[3],而民莫不承顺。故曰致礼乐之道,举而错之天下,无难矣。

【注释】

〔1〕慢:原误作"僈"。
〔2〕辉:谓颜色润泽。
〔3〕理:在此指符合于礼的仪表举止。

【译文】

研究礼而用它来端正外貌就庄重恭敬,庄重恭敬就有威严。心里只要有一会儿不和不乐,鄙诈之心就会侵入;外貌只要有一会儿不庄敬,轻率怠慢之心就会侵入。所以乐是影响人的内心的,礼是影响人的外貌的。乐能使人的内心十分平和,礼能使人的外貌十分恭顺,内心平和而外貌恭顺,人们看到他的面色就不和他相争了,望到他的容貌就不会产生轻率怠慢之心了。因此德润泽于内心，人民就没有不听他的话的；理从外貌上表现出来，人民就没有不顺从他的。因此说研究礼乐的道理，拿来施行到天下，天下的治理也就不难了。

49. 乐也者，动于内者也。礼也者，动于外者也。故礼主其减[1]，乐主其盈。礼减而进[2]，以进为文[3]。乐盈而反[4]，以反为文。礼减而不进则销，乐盈而不反则放。故礼有报，而乐有反。礼得其报则乐，乐得其反则安。礼之报，乐之反，其义一也。

【注释】
〔1〕减：简。案礼繁则人易倦，故当主减。
〔2〕进：谓自勉强。
〔3〕文：犹美、善。
〔4〕反：谓反于本。

【译文】
　　乐，是影响人的内心的。礼，是影响人的外貌体的。所以礼应该简单，乐应该丰富。礼简单了人们就会努力遵循，人努力遵循礼人就会变得美善；乐丰富了人们就会受陶冶而反回本性，反回本性人就会变得美善。礼简单了人们还不努力遵循就会消灭，乐丰富了人们不能反回本性就会放纵。因此礼要求回报，而乐要求反本。礼得到应有的回报人就会感到快乐，乐使人反回本性就会安定。礼的回报，乐的反本，二者的意义都是一样的。

50. 夫乐者，乐也，人情之所不能免也。乐必发于声音，形于动静，人之道也[1]。声音动静，性术之变尽于此矣[2]。故人不耐无乐[3]，乐不耐无形，形而不为道不耐无乱。先王耻其乱，故制《雅》《颂》之声以道之[4]，使其声足乐而不流[5]，使其文足论而不息[6]，使其曲直、繁瘠廉肉[7]、节奏，足以感动人之善心而已矣，不使放心邪气得接焉，是先王立乐之方也[8]。

【注释】
〔1〕人之道：是指人的自然之常道。
〔2〕术：指表达方式或手段。
〔3〕耐：是古"能"字。
〔4〕《雅》《颂》之声：此指配合《诗》中的《雅》诗和《颂》诗演唱的乐歌。
〔5〕流：谓淫放。
〔6〕文足论而不息：文，歌词。息，犹销。谓乐德深远，论量义理而不可销尽。
〔7〕繁瘠廉肉：谓声之鸿杀。
〔8〕方：道。

【译文】
乐，是使人快乐的，希望求得快乐是不可避免的人之常情。乐一定要发出声音，表现为动作，这对人来说是很自然的。声音和动作，人表达情性的方式的变化，都超不出这二者。所以人不能没有乐，乐不能没有表现，表现而不符合于道义就不能不发生混乱。先王以乐引起混乱为耻，所以制定《雅》《颂》等音乐来引导人们，使乐的声音足以使人快乐而不淫邪放纵，使乐的歌词足以使人议论而回味无穷，使乐曲的曲直、声音的洪大或细小、节奏的变化，都足以感发人的善心罢了，而不使放纵之心和邪恶的习气对人发生影响，这就是先王制定乐的宗旨。

51. 是故乐在宗庙之中，君臣上下同听之，则莫不和敬；在族长乡里之中[1]，长幼同听之，则莫不和顺；

在闺门之内，父子兄弟同听之，则莫不和亲。故乐者，审一以定和[2]，比物以饰节[3]，节奏合以成文[4]，所以合和父子、君臣，附亲万民也：是先王立乐之方也。

【注释】
〔1〕族长：在此亦为基层组织名，皆乡党之属，故与乡里并言，在此即指家族。
〔2〕审一：谓审其人声，即人的声音的高低和不同的感情、情绪。
〔3〕比物以饰节：比、饰，在这里都是配合的意思。物，谓乐器。
〔4〕节奏合以成文：谓奏作其乐或节止其乐，使音声和合，以成其五声之文。

【译文】
所以乐在宗庙里演奏，君臣上下同听，没有不相亲和而尊敬国君的；在乡党邻里之间演奏，老少同听，没有不和谐而孝顺老人的；在家门中演奏，父子兄弟同听，没有不和睦而亲爱父兄的。所以乐，先审定人声然后确定适当的乐调，再用各种乐器来配合节奏，按照一定的节奏和合五声构成乐曲，用以融合父子和君臣之间的关系，使万民亲附：这就是先王制定乐的宗旨。

52. 故听其《雅》《颂》之声，志意得广焉；执其干戚，习其俯仰诎伸，容貌得庄焉；行其缀兆，要其节奏[1]，行列得正焉，进退得齐焉。故乐者，天地之命[2]，中和之纪[3]，人情之所不能免也。

【注释】
〔1〕要：犹会。
〔2〕命：犹教。
〔3〕中和：谓不邪辟。

【译文】

所以听了《雅》《颂》的音乐，人们的心境就能宽广了；拿着干戚，学习了俯身仰面屈体伸肢等各种舞姿，人们的容貌就能庄重了；按照舞蹈的行列位置行进，并体会了音乐的节奏，就能使人们的行列整齐，进退一致了。所以乐，体现了天地对人的教化，是使人性保持中和的纲纪，是满足人的情感需要所不可缺少的。

53. 乐者，先王之所以饰喜也。军旅铁钺者[1]，先王之所以饰怒也。故先王之喜怒，皆得其侪焉。喜，则天下和之；怒，则暴乱者畏之。先王之道，礼乐可谓盛矣。

【注释】

〔1〕铁钺：古代军法行刑用的斧子，在此指代武器。

【译文】

乐，是先王用来表现内心喜悦的。军队和武器，是先王用来表现内心愤怒的。因此先王的喜和怒，都有相应的方式来表现。先王喜悦，天下人就跟着和乐；先王愤怒，暴乱的人就畏惧。先王治理天下的办法，礼乐可以说是最重要的了。

十一

54. 子赣见师乙而问焉曰[1]："赐闻声歌，各有宜也。如赐者，宜何歌也？"师乙曰："乙，贱工也，何足以问所宜？请诵其所闻，而吾子自执焉。爱者宜歌

《商》[2],温良而能断者宜歌《齐》。夫歌者,直己而陈德也。动己而天地应焉,四时和焉,星辰理焉,万物育焉。故《商》者,五帝之遗声也[3]。宽而静,柔而正者,宜歌《颂》;广大而静,疏达而信者,宜歌《大雅》;恭俭而好礼者,宜歌《小雅》;正直而静,廉而谦者,宜歌《风》。肆直而慈爱,商之遗声也,商人识之[4],故谓之《商》。《齐》者,三代之遗声也,齐人识之,故谓之《齐》。明乎《商》之音者,临事而屡断;明乎《齐》之音者,见利而让。临事而屡断,勇也;见利而让,义也。有勇有义,非歌,孰能保此?故歌者,上如抗,下如队,曲如折,止如槁木,倨中矩[5],句中钩[6],累累乎端如贯珠。

【注释】

〔1〕子赣见师乙:子赣,即子贡。师乙,乐师,名乙。

〔2〕自"爱者宜歌《商》"至"故谓之《齐》":这一部分多处错简。据学者校订这一部分文字当如下:"宽而静,柔而正直者宜歌《颂》;广大而静,疏达而信者宜歌《大雅》;恭俭而好礼者宜歌《小雅》;正直而静,廉而谦者宜歌《风》;肆直而慈爱者宜歌《商》;温良而能断者宜歌《齐》。夫歌者,直己而陈德也,动己而天地应焉,四时和焉,星辰理焉,万物育焉。故《商》者,五帝之遗声也,商人识之,故谓之《商》。《齐》者,三代之遗声也,齐人识之,故谓之《齐》。"案下面译文即据此。又所谓《商》《齐》,皆古逸歌名,其词、曲今皆不可考。

〔3〕五帝:说法不一,据《史记·五帝本纪》,是指黄帝、颛顼、帝喾、唐尧、虞舜。

〔4〕商人:指周代的宋人,因为宋人是商的后裔。

〔5〕倨:指雅曲。雅,正。正曲,盖直转之意。

〔6〕句:同"勾"。

【译文】

　　子赣见师乙向他问道:"我听说唱歌,各人有各人所适宜唱的歌。像我这样的人,适宜于唱什么样的歌呢?"师乙回答说:"我,是个微贱的乐工,哪里敢当您来问适宜唱什么歌呢?请让我陈述我曾经听到过的说法,您自己斟酌吧。宽厚而沉静,温柔而正直的人适宜歌唱《颂》;心胸宽广而沉静,通达而诚信的人适宜歌唱《大雅》;恭顺节俭而注重礼仪的人适宜歌唱《小雅》;正直而沉静,廉洁而谦虚的人适宜歌唱《国风》;率直而慈爱的人适宜歌唱《商》;温良而善于决断的人适宜歌唱《齐》。唱歌,是用来直抒胸臆和陈述功德的。歌唱者内心激动而与天地相应,能使四时调和,星辰的运行都有规律,并促使万物生长发育。《商》,是五帝流传下来的,商人还能熟悉它,所以叫做《商》。《齐》,是三代时期流传下来的,齐人还能熟悉它,所以叫做《齐》。懂得《商》这种歌曲的人,临事每每能决断快;懂得《齐》这种歌曲的人,能够见利而让。临事而每每能决断,是勇敢的表现;见利而让,是重义气的表现。既勇敢而又有义气,不是通过歌曲来加以涵养,有谁能永保这种品质呢?所以歌唱,歌声高昂如抗举,歌声低沉如坠落,歌声回曲如折断,歌声停止如枯木,歌声直转如曲尺,歌声曲转如弯钩,歌声连续不断好像用线贯穿的一串珍珠。

55. "故歌之为言也,长言之也。说之,故言之;言之不足,故长言之;长言之不足,故嗟叹之;嗟叹之不足,故不知手之舞之,足之蹈之也。"《子贡问乐》。

【译文】

　　"所以用歌唱来表达思想感情,就是把说话的声音拉长些。心中有了高兴的事,因此就想说出来;语言不足以表达,因此就拉长了声音用歌唱来表达;拉长了声音歌唱还不足以表达,因此要加上感叹;加上感叹还不足以表达,因此就不知不觉地手舞足蹈起来。"以上是《子贡问乐》篇。

杂记上第二十

1. 诸侯行而死于馆，则其复如于其国[1]。如于道，则升其乘车之左毂，以其绥复。其輤有裧，輲布裳帷，素锦以为屋而行[2]。至于庙门[3]，不毁墙遂入[4]，适所殡[5]，唯輤为说于庙门外。

【注释】
〔1〕复如于其国：案如果诸侯死于本国，就拿着他的衮衣、冕服、爵弁服登上屋脊挥动着为他招魂（参见第10节）。
〔2〕"其輤"至"而行"：輤，音 qiàn。裧，音 chān。案輤是载尸车饰的总名。若分而言之，则盖于上者为輤，属于輤而四垂者为裧，周于四旁者为裳帷，在輲之内而周于尸者为屋。
〔3〕庙：此谓殡宫。
〔4〕墙：即指柩车的裳帷。
〔5〕适所殡：所殡在两楹（即堂上两柱）之间，亦即堂上正中间的位置。

【译文】
诸侯外出而死在别国的宾馆中，行招魂礼就如同在本国一样。如果死在半路上，就登上所乘车左边的轴头，用诸侯上车时所抓的绳子〔挥动着〕招魂。诸侯柩车上面的顶盖周围有垂饰，柩车四周围有用輲布做的裳帷，而在紧挨着棺柩的周围还有用白色的锦做的如屋状的帷罩。柩车来到殡宫门前，不撤去裳帷就进去，将棺柩运到殡处，〔进门前〕只把柩车上的顶盖解脱在殡宫门外。

2. 大夫、士死于道，则升其乘车之左毂，以其绥复。如于馆死，则其复如于家[1]。大夫以布为輤而行，至于家而说輤，载以輲车[2]，入自门，至于阼阶下而说车，举自阼阶，升适所殡。士輤，苇席以为屋，蒲席以为裳帷。

【注释】
〔1〕其复如于家：案大夫死于家用玄冕招魂，士则用爵弁服招魂。案爵弁服是配合戴爵弁穿的服装。士的爵弁服为纁（浅绛色）裳，纯（丝）衣，缁带，韎韐（赤黄色的蔽膝）。又士的招魂礼《仪礼·士丧礼》有较详细有记载，可参看。
〔2〕輲车：輲，音 chuán。輲车是一种迫地而行的四轮车，轮以木制而无辐。又名辁（音 quán）。

【译文】
大夫、士死在外出的路上，就登上所乘车左边的车轴头，用上车时所抓的绳子〔挥动着〕招魂。如果死在别国的宾馆中，招魂就像死在家里时一样。大夫的柩车装饰着布做的顶盖而行，到家就解脱顶盖，换用輲车载棺柩，从殡宫门而入，来到阼阶下，将棺柩从輲车上搬下，再抬着从阼阶上堂，放置在殡处。士的柩车也有顶盖，在棺柩周围用苇席棚成屋状，而柩车四周用蒲席做裳帷。

3. 凡讣于其君，曰："君之臣某死[1]。"父、母、妻、长子，曰："君之臣某之某死[2]。"君讣于他国之君，曰："寡君不禄，敢告于执事[3]。"夫人，曰："寡小君不禄。"大子之丧，曰："寡君之适子某死[4]。"大夫讣于同国适者曰[5]："某不禄[6]。"讣于士亦曰："某不禄。"讣于他国之君，曰："君之外臣、寡大夫某死。"讣于适者，曰："吾子之外私[7]、寡大夫某不禄，使某实[8]。"讣于士亦曰："吾子之外私、寡大夫某不禄，使某实。"士讣于同国大夫，曰："某死。"讣于士亦曰："某死。"讣于他国之君，曰："君之外臣某死。"讣于大夫，曰："吾子之外私某死。"讣于士亦曰："吾子之外私某死。"

【注释】
〔1〕某：代臣名。
〔2〕某之某：上"某"代臣名；下"某"代父、母、妻、长子，如"某之父"、"某之母"等等。
〔3〕寡君不禄，敢告于执事：寡君，向别国国君自称其君的谦词，犹言"寡（少）德之君"。下"寡大夫"义仿此。案《曲礼下》曰"诸侯死曰薨"，"士死曰不禄"（第38节）。此处诸侯死而曰"不禄"，是向他国讣告的谦词。又，不说"敢告于君"而说"敢告于执事"，则是表示尊敬他国之君而不敢直接向他报告的意思。
〔4〕某：代太子名。
〔5〕适：通"敌"，谓爵位相同者。
〔6〕某不禄："某"代大夫名。案《曲礼下》曰"大夫死曰卒"，而此处曰"不禄"，同于士死之称，亦报丧之谦词。下"某不禄"之义仿此。
〔7〕吾子之外私：吾子，对人的尊称。外私，别国而私有恩好，故称。
〔8〕实：是"告"字之误。

【译文】
凡〔臣死而〕向国君报丧，说："君的臣某死了。"如果是臣的父、母、妻、长子死了，〔向国君报丧〕说："君的臣某的某死了。"国君死了而向别国的国君报丧，说："寡君不禄，谨向您的手下人报告。"如果是国君夫人死了〔而向别国的国君报丧〕，就说："寡小君不禄。"如果是报太子之丧，就说："寡君的嫡子某死了。"大夫死了而向本国爵位相同的人报丧，说："某不禄。"向士报丧也说："某不禄。"向别国的国君报丧，说："君的外臣、寡大夫某死了。"向别国爵位相同的人报丧，说："您的国外好友、寡大夫某不禄，使某来向您报告。"向别国的士报丧也说："您的国外好友、寡大夫某不禄，使某来向您报告。"士死了而向本国的大夫报丧，说："某死了。"向本国的士报丧也说："某死了。"向别国的国君报丧，说："君的外臣某死了。"向别国的大夫报丧，说："您的国外好友某死了。"向别国的士报丧也说："您的国外好友某死了。"

4. 大夫次于公馆以终丧[1]，士练而归[2]。士次于公馆[3]。大夫居庐，士居垩室[4]。

【注释】
〔1〕大夫次于公馆：这是指君丧而大夫守丧之处。次，舍。公馆，谓公宫之舍。
〔2〕士练而归：案此士谓大夫的邑宰，非朝廷之士。
〔3〕士：此谓朝廷之士。
〔4〕垩室：是用砖垒的小草屋，屋草上不涂泥，不加任何修饰，仅用白垩土涂墙，故名。

【译文】
　　大夫住在国君的宫中〔为君守丧〕一直到丧期结束，大夫的邑宰到小祥祭之后就回去了。士也住在国君的宫中〔为君守丧〕。大夫住在宫中搭起的草庐中，士住在宫中垒起的垩室中。

5. 大夫为其父母兄弟之未为大夫者之丧，服如士服。士为其父母兄弟之为大夫者之丧，服如士服。大夫之适子，服大夫之服。大夫之庶子为大夫，则为其父母服大夫服，其位与未为大夫者齿。

【译文】
　　大夫为他的不是做大夫的父母兄弟的丧事，以士的身份服丧。士为他的做大夫的父母兄弟的丧事，也以士的身份服丧。大夫为他的嫡长子，以大夫的身份服丧。大夫的庶子做了大夫，就以大夫的身份为他的父母服丧，他的哭位却按年龄长幼同他的未做大夫的家人来排列。

6. 士之子为大夫，则其父母弗能主也，使其子主之，无子则为之置后。

【译文】
　　士的儿子做了大夫，他的父母就不能为他主丧，使他的儿子主丧，如果没有儿子就为他安置一个后继人。

7. 大夫卜宅与葬日，有司麻衣[1]，布衰[2]，布带，因丧屦，缁布冠不蕤[3]。占者皮弁[4]。如筮[5]，则史练冠、长衣以筮[6]。占者朝服。

【注释】
　　[1] 有司麻衣：有司，谓卜人。麻衣，白布做的深衣。案上衣与下裳连为一体为深衣。
　　[2] 布衰：此衰是指一片缀于胸前的长六寸、宽四寸的粗麻布。与前胸的衰相对，在后背上还有一块长一尺六寸、宽四寸的粗麻布，叫做负版。
　　[3] 缁布冠不蕤：蕤，同"緌"。緌，谓冠缨下的緌饰（参见《檀弓上第三》第11节）。案缁布冠本无蕤（緌），此特言之者，恐人疑此因事变服，或与始冠（行冠礼第一次加冠）之礼异。
　　[4] 占者皮弁：因为占者尊于有司。案占者是"公有司"，即国君派来助办丧事的官吏，而负责占卜的有司则是大夫的私臣。皮弁，谓皮弁服。

〔5〕筮：谓用蓍草进行占筮。这是指筮宅，即筮墓地。
〔6〕练冠、长衣：练冠，参见《檀弓上第三》第19节。长衣，即深衣。

【译文】
　　为大夫占卜葬地和葬日，占卜的官吏身穿白布深衣，胸前缀着粗布衰，腰系布带，脚穿丧鞋，头戴缁布冠而不加緌饰。占者身穿皮弁服。如果占筮葬地，负责占筮的史官就头戴练冠、身穿深衣而筮。占者就穿朝服。

8. 大夫之葬，既荐马〔1〕，荐马者哭踊出〔2〕，乃包奠〔3〕，而读书〔4〕。

【注释】
　　〔1〕荐马：荐，进。此所荐之马，是为死者驾柩车的马。案启殡后、出葬前，要行三次荐马礼（即将马牵入庙中陈列），这里是指最后一次。
　　〔2〕哭踊：案此二字当在"既荐马"之下。
　　〔3〕包奠：即"苞牲"，也就是用苞包取为奠祭死者所陈的牲肉，而且只包取牲的下体，将用以随葬。
　　〔4〕读书：谓主人的史官宣读赗书（参见《檀弓上第三》第95节）。

【译文】
　　大夫的丧事，马牵入庙中之后人们当哭踊，牵马的人〔又将马牵〕出庙门之后，才包裹好奠祭死者用的牲肉，而宣读赗书。

9. 大夫之丧，大宗人相，小宗人命龟〔1〕，卜人作龟〔2〕。

【注释】
　　〔1〕大宗人相，小宗人命龟：大宗人、小宗人，案凡相礼事者皆曰宗人，此处二宗人皆大夫之私臣而助主人行礼事者，盖宗人有尊卑之异，

故分大小。命龟，即告龟以所当卜问之事项。

〔2〕作龟：谓以火灼龟而出兆象。案这是为卜葬地及葬日而作龟。

【译文】

大夫的丧事，大宗人佐助主人行丧礼，小宗人告龟所要占卜的事项，卜人灼龟以出兆象。

10. 内子以鞠衣褒衣，素沙[1]，下大夫以襢衣[2]，其余如士[3]。复，诸侯以褒衣，冕服，爵弁服[4]。夫人税衣，揄狄[5]，狄、税素沙。复西上[6]。

【注释】

〔1〕内子以鞠衣褒衣，素沙：内子，谓卿之嫡妻。褒衣，谓始命为内子时所褒赐之衣，而所褒赐之衣正是则鞠衣，故称鞠衣为褒衣。鞠衣，是一种颜色像初生的桑叶那样嫩黄色的礼服（参见《月令第六》第25节）。素沙，是以素沙（白纱布）为里。案这是指为内子招魂所用衣。

〔2〕下大夫以襢衣：下大夫，此谓下大夫之妻。襢衣，一种洁白而无文采的衣（参见《玉藻第十三》第26节）。

〔3〕其余如士：谓士之妻复用褖衣（褖衣，参见同上），内子与下大夫之妻亦兼用褖衣。又，自"内子以鞠衣"至此，当在"夫人税衣、揄狄，狄、税素沙"之下，而错简于此。

〔4〕褒衣，冕服，爵弁服：褒衣，这是始命为诸侯上朝觐见所加赐的衣。冕服，即戴冕而穿裨服。案裨服有衮服、鷩服、毳服、绣服、玄服五种（参见《曾子问第七》第1节），而诸侯分公、侯、伯、子、男五等，公招魂五种裨服都可以用，侯伯可用鷩服以下的四种，子男可用毳服以下的三种。爵弁服，参见第2节。案诸侯既用褒衣，又用冕服、爵弁服而复。

〔5〕税衣，揄狄：税衣，即褖衣，"税"通"褖"。揄狄，即摇翟，是一种青底而绘有五彩野鸡图案的衣服（参见《玉藻第十三》第24节）。

〔6〕复西上：案招魂皆登上屋脊面朝北而招之，西谓屋脊的西端。

【译文】

　　为卿的嫡妻招魂用所褒赐的、白纱里子的鞠衣,为下大夫的妻招魂用襢衣,其余〔可兼用的衣服〕如同为士妻招魂所用的衣。招魂,诸侯先用天子所褒赐的衣,然后用冕服和爵弁服。为诸侯夫人招魂用税衣和揄狄,税衣和揄狄都用白纱做里子。凡招魂都以屋脊的西端为上位。

11. 大夫不揄绞属于池下[1]。

【注释】

　　[1]揄绞属于池下:揄,谓翟雉,即野鸡。绞,青黄色的缯。揄绞,谓画雉于绞。池,枢车上的车饰,以象征死者生前宫室檐下的承溜(参见《檀弓上第三》第104节)。诸侯的枢车,其池下缀有揄绞,即画有野鸡图案的青黄色的缯,大夫以下则无。

【译文】

　　大夫的枢车不绘制揄绞系在池的下边。

12. 大夫附于士,士不附于大夫[1],附于大夫之昆弟[2]。无昆弟,则从其昭穆[3],虽王父母在亦然。妇附于其夫之所附之妃[4],无妃,则亦从其昭穆之妃[5]。妾附于妾祖姑[6],无妾祖姑,则亦从其昭穆之妾。男子附于王父则配,女子附于王母则不配。公子附于公子[7]。

【注释】

　　[1]大夫附于士,士不附于大夫:附,通"祔",即祔祭。大夫祔于士,因不敢以己尊自殊于其祖。士不祔于大夫,因自卑下而别于尊者。祔祭,参见《檀弓下第四》第33节。

〔2〕附于大夫之昆弟：谓附于做大夫之祖的兄弟而为士者。

〔3〕无昆弟，则从其昭穆：谓祖为大夫，无昆弟为士，则从其昭穆，谓袝于高祖为士者。若高祖为大夫，则袝于高祖昆弟之为士者。

〔4〕妇附于其夫之所附之妃：其夫之所附，谓祖父。其夫之所附之妃，即祖父之妃，于夫为祖母辈，于妇则为祖姑。

〔5〕无妃，则亦从其昭穆之妃：无妃，谓夫所附之妃尚在（即还活着）。从其昭穆之妃，谓无祖姑则亦从其昭穆之妃，即间隔一辈而上袝于高祖之妃。

〔6〕妾祖姑：谓夫的祖父的妾。

〔7〕公子附于公子：这是说身为公子而非国君，就不敢上附于做国君的祖父，而只能附于祖父辈的公子，即所谓祖之兄弟为公子者。

【译文】

大夫可以附于做士的祖父进行袝祭，士不可以附于做大夫的祖父进行袝祭，而可以附于大夫的做士的兄弟进行袝祭。如果做大夫的祖父没有兄弟，那就依照昭穆的次序上附于高祖进行袝祭。祖父母还活着，也依昭穆的次序上附于高祖进行袝祭。妇附于她的丈夫所附的祖父的配偶进行袝祭，如果祖父的配偶还活着，就也依照昭穆的次序上附于高祖的配偶进行袝祭。妾附于妾祖姑进行袝祭，如果妾祖姑还活着，就也依照昭穆的次序上附于高祖的妾进行袝祭。男子附于祖父进行袝祭就用祖母配祭，女子附于祖母进行袝祭就不用祖父配祭。公子只能附于祖辈的公子进行袝祭。

13. 君薨，大子号称"子"〔1〕，待犹君也。

【注释】

〔1〕大子号称"子"：这是指君死尚未满一年，如满一年，则称君。

【译文】

国君死，太子号称为"子"，但仍按国君一样对待。

14. 有三年之练冠，则以大功之麻易之，唯杖屦不易[1]。

【注释】
〔1〕唯杖屦不易：大功丧本无杖，故三年之丧所拄之杖无可易；三年之丧小祥后与大功初丧时的丧屦都是绳屦，故亦无须易。

【译文】
有三年之丧在身，〔行过小祥祭除去丧冠和首绖〕而戴练冠，〔又遭遇大功之丧〕，就用大功丧的麻首绖替换练冠，只有丧杖和丧鞋不改变。

15. 有父母之丧，尚功衰[1]，而附兄弟之殇，则练冠附于殇[2]，称"阳童某甫"[3]，不名，神也。

【注释】
〔1〕功衰：功，谓大功。衰，在此指为父母所服的丧服。功，谓大功。案父母之丧，小祥之后当变服而服大功初丧之服，故谓之"功衰"。
〔2〕练冠：为父母丧小祥后戴练冠，已见上节。
〔3〕阳童某甫：阳童，男童也。某，殇死者的字。案男子本当行冠礼而后取字，此殇死者而有字，是临时为他造的。甫，对男子的美称，与"某"一起构成字。

【译文】
有父母之丧在身，〔小祥祭后〕还穿着如同大功丧的丧服，这时有殇死的兄弟须要附庙举行祔祭，就戴着练冠参加殇者的祔祭，祭时的祝词称"阳童某甫"，不称呼名，是表示把死者当作神来尊重。

16. 凡异居，始闻兄弟之丧，唯以哭对可也[1]，其始麻散带绖[2]。未服麻而奔丧，及主人之未成绖也[3]，疏者与主人皆成之[4]，亲者终其麻带绖之日数[5]。

【注释】
〔1〕唯以哭对可也：案初闻其丧，则怛恻之情重，不暇问其余的事，唯哭对使者。
〔2〕散带绖：谓散垂其腰绖。这是指大功亲以上的兄弟，如果亲在小功以下，则"纠垂不散"，即将腰绖多余的部分纠缠于腰间而不散垂。
〔3〕主人之未成绖：谓主人尚未为死者小殓，而主人服绖带在小殓之后。案这是指与死者的家路近，闻丧即来，故来到后主人尚未成绖。
〔4〕疏者与主人皆成之：疏者，谓服小功以下者。成，谓成服（即按照亲疏关系服所当服的丧服），成服在大殓殡棺之后。
〔5〕亲者终其麻带绖之日数：亲者，谓服大功以上者。绖带之日数，小殓后始绖，至大殓成服，是服绖带依礼当满三日。

【译文】
凡与兄弟分居的，刚听说兄弟的丧讯，只哭对前来报丧的人即可，闻丧后开始服麻绖带的时候，使腰绖带多余的部分散垂着。如果听说了丧讯还没有服麻绖带就前往奔丧，赶在主人也还没有服麻绖带的时候来到丧家，关系疏远的就与主人同时成服，关系亲近的，必须先服满麻绖带的日数〔而后成服〕。

17. 主妾之丧[1]，则自袝至于练祥，皆使其子主之，其殡、祭不于正室[2]。

【注释】
〔1〕主妾之丧：这是指君为妾主丧。案妾的地位卑贱，君本不得为之主丧，而之所以主之者，是因为女君（国君的嫡妻）死，而该妾摄（代理）女君。

〔2〕其殡、祭不于正室：案该妾虽摄女君，地位仍低于女君，故殡之与祭皆不得在正室。正室，谓夫之正寝，即路寝。

【译文】
　　君为妾主丧，从祔祭一直到小祥、大祥之祭，都使妾的儿子主持，殡和祭都不得在正室中。

18. 君不抚仆、妾[1]。

【注释】
　　〔1〕君不抚仆、妾：抚，谓抚摸死者的尸体，表示与死者告别。案若大夫或女君死，殡前君有为之哭而抚其尸之礼，然仆、妾贱，故君不抚之。

【译文】
　　国君不为仆和妾行抚尸礼。

19. 女君死，则妾为女君之党服。摄女君，则不为先女君之党服。

【译文】
　　如果女君已经死了，做妾的还要为女君娘家亲属服丧。如果由妾代理女君，就不为已死的女君娘家亲属服丧了。

20. 闻兄弟之丧，大功以上，见丧者之乡而哭。适兄弟之送葬者弗及，遇主人于道[1]，则遂之于墓。凡主兄弟之丧，虽疏亦虞之[2]。

【注释】

〔1〕遇主人于道：主人是死者之孝子。谓孝子葬亲毕而还，而此送葬之人与孝子于路相逢。

〔2〕虽疏亦虞之：因丧事至行虞祭、祔祭后始毕。

【译文】

听到兄弟的丧讯，如果亲属关系在大功以上，〔前往奔丧时〕看见兄弟所住的乡就开始哭。前往为兄弟送葬而未能及时赶到，与〔葬毕而归的〕丧主人在途中相遇，也要独自前往墓地。凡为兄弟主持丧事，即使关系疏远，也要主持到进行完虞祭〔和祔祭〕。

21. 凡丧服未毕，有吊者，则为位而哭，拜，踊。

【译文】

凡丧事服期未满，有人前来吊唁，就要排列哭位而哭，向吊者行拜礼致谢，并三踊以表极哀之情。

22. 大夫之哭大夫弁绖，大夫与殡亦弁绖。大夫有私丧之葛[1]，则于其兄弟之轻丧则弁绖[2]。

【注释】

〔1〕私丧之葛：私丧，妻子之丧。葛，谓妻子之丧至卒哭祭而以葛代麻之后，即以葛腰绖代替原来的麻腰绖（参见《丧服小记第十五》第25节）。

〔2〕于其兄弟之轻丧则弁绖：轻丧，谓缌麻。大夫又降一等，仅服吊服而往，即去其私丧之服而着弁绖往吊之。

【译文】

大夫前往哭吊大夫时头戴皮弁而加麻首绖，大夫参加大夫的殡礼也头戴皮弁而加麻首绖。大夫家有私丧而已经变麻腰绖为葛绖，这时要去吊唁当服轻丧的兄弟，就〔脱去私丧的丧服〕而戴皮弁加麻首绖前往。

23. 为长子杖，则其子不以杖即位。为妻，父母在不杖，不稽颡[1]。母在，不稽颡；稽颡者，其赠也拜[2]。

【注释】
〔1〕稽颡：以头触地以表极哀，其礼甚于拜（参见《檀弓上第三》第5节）。
〔2〕稽颡者，其赠也拜：赠，谓衣衾钱财之属，所以助办丧事。

【译文】
　　为嫡长子服丧拄杖，嫡长子的儿子就不拄杖即哭位。为妻服丧，如果父母都健在就不拄杖，〔只向来吊的宾客行拜礼而〕不稽颡。如果只有母健在，也不向宾客稽颡，只对有所馈赠的宾客才行拜礼而又稽颡。

24. 违诸侯之大夫不反服[1]，违大夫之诸侯不反服。

【注释】
〔1〕违：犹去。

【译文】
　　离开诸侯而到大夫手下任职的，〔如果诸侯死了〕不返回来为诸侯服丧；离开大夫而到诸侯手下任职的，也不返回来为大夫服丧。

25. 丧冠条属，以别吉凶[1]。三年之练冠，亦缲属，右缝[2]。小功以下左[3]。缌冠缲缨[4]。

【注释】
〔1〕丧冠条属，以别吉凶：这是说丧冠与吉冠的区别。所谓条属，就是用一根绳或一条布带子，屈绕成一圈算作丧冠的武，两端多余的部分就任其垂下以作冠缨，也就是说，丧冠的冠缨与武是连属为一体的，而吉冠的武和冠缨则各用不同的材料做成，故曰"吉冠则缨、武异材焉"。案冠形制和各部分的名称可参看《檀弓上第三》第35节。
〔2〕缝：指冠梁上前后纵向排列的褶绉（参见同上）。
〔3〕小功以下左：案吉冠左缝，小功以下丧冠之缝同吉冠。案小功以下服轻，故缝同吉冠而向左。
〔4〕缲缨：缲，是"澡"字之误。澡缨，是说用作缨的布，是加灰捶洗过的，即所谓澡治过的。

【译文】
丧冠是屈绕一条绳或布做成而使冠武与冠缨连属为一体的，这样来使凶冠与吉冠相区别。三年之丧过了小祥祭之后所戴的练冠，也是冠缨与冠武连属为一体的，而冠梁上的褶绉是倒向右边的。小功以下的冠梁上的褶绉是倒向左边的。缌麻的冠缨是用经过加灰捶洗的麻布做的。

26. 大功以上散带[1]。

【注释】
〔1〕大功以上散带：这是指初丧小殓之后、成服之前所服绖带。大功以上亲，故散带。小功以下则不散，而绞缠于腰间。大功以上待成服之后才绞之。

【译文】
服大功丧以上的人所系麻腰绖要使多余的部分散垂着。

27. 朝服十五升[1]，去其半而缌[2]，加灰锡也[3]。

【注释】
〔1〕朝服十五升：这是指朝服所用布的细密程度。案布八十缕为升（参见《丧服小记第十五》第1节），十五升，则一千二百缕，是一种较细密的布。
〔2〕去其半而缌：谓去十五升之半，为七升半，即六百缕，是为缌服所用布。是缌服所用纱缕的粗细与朝服同，而升数则减半，因此是一种细而疏的布。
〔3〕锡：谓锡衰，是一种吊服。锡有柔软光滑的意思，此吊服既用锡然滑易之布做成，故名为锡衰。

【译文】
朝服用十五升布做成，抽去十五升的一半纱缕就是缌麻的丧服所用布，再加灰捶洗使之柔软光滑就是锡衰所用布。

28. 诸侯相襚[1]，以后路与冕服[2]，先路与褒衣不以襚[3]。

【注释】
〔1〕襚：在此泛指助丧送葬之物。
〔2〕后路与冕服：后路，即贰车，贰车行在后，亦即副车。冕服，参见第10节。
〔3〕先路：即上路，亦即诸侯的正车。

【译文】
诸侯互相赠送助丧送葬之物，可以赠送副车以及冕和裨服，正车和天子所褒赐的衣不用来赠送。

29. 遣车视牢具[1]。疏布輤，四面有章[2]。置于四隅，载粻[3]，有子曰[4]："非礼也。丧奠，脯醢而已[5]。"

【注释】
〔1〕遣车视牢具：遣车，送葬载牲体之车。案所谓牲体，即出葬前设遣奠（为打发亲人上路而设的奠祭之礼）的奠祭物，出葬时要用苞包取牲体载于遣车而行。牢具，谓所包牲体的个数。案遣奠，天子太牢包九个（案一包曰一个，九个即九包，下仿此），诸侯亦太牢包七个，大夫亦太牢包五个，士少牢包三个。然大夫以上乃有遣车。
〔2〕章：通"障"。
〔3〕置于四隅，载粻：粻，米粮。谓载粻于车之四隅，此是倒文。
〔4〕有子：孔子的学生。
〔5〕丧奠，脯醢而已：谓丧奠除牲牢而外，惟有脯醢而无黍稷，不当载粻。

【译文】
送葬所用遣车数，比照包装遣奠牲体的个数。遣车上有粗布顶盖，四周设有障蔽灰尘的帷帐。把米粮放在遣车的四角装载着，有子说："这不符合礼。丧礼所设遣奠的奠祭物，〔除牲体外〕只有脯醢罢了。"

30. 祭称孝子、孝孙，丧称哀子、哀孙[1]。

【注释】
〔1〕丧：谓丧祭，有别于上之吉祭。案丧礼自虞祭以前之祭皆为丧祭。

【译文】
祭祀父祖时自称孝子、孝孙，丧祭时自称哀子、哀孙。

31. 端衰、丧车皆无等[1]。

【注释】
〔1〕端衰、丧车皆无等：端衰，指丧服的上衣。端，正。丧服的上衣身长与袖长相等，都是二尺二寸，故曰端。衰，本指缀于上衣胸前的布衰(参见第7节)，故丧服的上衣即以衰名。丧车，又名恶车，是孝子乘以送葬之车。

【译文】
凡孝子所穿的衰衣、所乘的丧车都不分贵贱等级。

32. 大白冠，缁布之冠，皆不蕤[1]。委武玄、缟而后蕤[2]。

【注释】
〔1〕不蕤：参见第7节。案这是意在说明上古之人尚质。
〔2〕委武玄、缟而后蕤：委、武，皆指冠的武(即冠圈)。案古人因方言不同，秦人称之为委，齐人称之为武，故委、武实指一物。玄，谓玄冠。缟，谓缟冠(白布冠)。丧冠的武和缨本连为一体，即所谓"丧冠条属"(第25节)，故不加缕饰。而这里是说玄、缟二冠的武、缨为二物，即不连为一体，冠缨下就可以加缕饰了。

【译文】
上古的白布冠，缁布冠，冠缨下都不加缕饰。玄冠、缟冠如果另有武，而后冠缨下可加缕饰。

33. 大夫冕而祭于公，弁而祭于己。士弁而祭于公，冠而祭于己[1]。士弁而亲迎[2]，然则士弁而祭于己可也。

【注释】

〔1〕"大夫"至"于己"：案大夫以冕为尊，以弁（谓爵弁）为卑；士以弁为尊，以冠（谓玄冠）为卑。故祭于公与祭于己，尊卑不同，所服亦异。

〔2〕亲迎：即迎亲，是古代婚礼的最后一道程序（参见《昏义第四十四》第1节）。

【译文】

大夫戴冕而参加国君的祭祀，戴爵弁而祭祀自己的宗庙。士戴爵弁而参加国君的祭祀，戴玄冠而祭祀自己的宗庙。士既然可以戴爵弁迎亲，然而士戴爵弁祭祀自己的宗庙也是可以的。

34. 畅臼以椈，杵以梧[1]。枇以桑[2]，长三尺，或曰五尺。毕用桑[3]，长三尺，刊其柄与末。

【注释】

〔1〕畅臼以椈，杵以梧：畅，谓郁鬯。椈，即柏。梧，即桐。案郁鬯本是用黑黍酿造，再捣煮郁金香草搀和而成的一种祭祀用的香酒，故须用白杵。

〔2〕枇以桑：枇，同"朼"，是古代的一种从镬中或鼎中捞取牲肉的器具，曲柄浅斗，类今羹匙而长大。此是丧祭所用枇，故以桑木做成，若吉祭则当用棘木（下"毕用桑"义仿此）。

〔3〕毕：也是一种取牲肉的器具，状如叉，以其形似毕星，故名。

【译文】

捣烂酿造郁鬯的郁金香草所用的臼是柏木做的，杵是桐木做的。枇是桑木做的，长三尺，一说长五尺。毕是桑木做的，长三尺，柄和末端都经过刮削。

35. 率带[1]，诸侯、大夫皆五采，士二采[2]。

【注释】

〔1〕率带：本是死者生前着于衣外的大带，死后入殓着衣毕，则用以着于衣外。

〔2〕二采：不详，或疑为朱、白二色。

【译文】

率带，诸侯和大夫的都具备五色，士的二色。

36. 醴者，稻醴也。瓮、甒、筲衡[1]，实见间[2]，而后折入[3]。

【注释】

〔1〕瓮、甒、筲衡：瓮、甒都是瓦器，筲是竹器。瓮盛醯醢，甒盛醴酒，筲盛黍稷。衡，是"桁"字之误，是支撑瓮、甒、筲的木架子，其形制若今之几，狭而长。

〔2〕实见间：见，谓棺外之饰。言实此瓮、甒、筲等于见外、椁内二者之间。案棺入墓穴后，即将运载棺柩时柩车上的棺饰加之于墓穴中的棺柩上，使人只见棺饰而不见棺柩，故名之为见。是见即原用以饰柩车之物。

〔3〕折：是用一块长方形而大如床的厚木板，在上面凿方格做成，纵三道，横五道，共为八个方格。这是下棺后封圹口用的：折置于棺椁之上，折上设席，然后填土。

【译文】

醴是用稻米酿造的。支撑瓮、甒、筲等的桁，放置在棺外的装饰物和椁之间，而后把折放入墓穴中。

37. 重既虞而埋之[1]。

【注释】

〔1〕重既虞而埋之：重，木制，人始死时所制，用以依死者之神

(参见《檀弓下第四》第 21 节)。埋之,案出葬时棺柩朝祖庙之后,重不用以随葬,而是将它依放在祖庙门的东边,虞祭后即就此处而埋之。

【译文】
重在举行虞祭之后埋掉。

38. 凡妇人,从其夫之爵位。

【译文】
凡妇人的〔丧事〕,依照她的丈夫的爵位来办。

39. 小敛、大敛、启,皆辩拜[1]。

【注释】
〔1〕"小敛"至"辩拜":案丧主人在进行小殓、大殓、启殡诸礼时,除非国君到来当止事而出拜,其他宾客到来皆不止事,须待事毕乃即堂下之位而遍拜之。

【译文】
不论小殓、大殓还是启殡,都〔等到事毕之后再下堂〕遍拜宾客。

40. 朝夕哭不帷。无柩者不帷[1]。

【注释】
〔1〕无柩:谓葬后。

【译文】

朝夕哭时不放下帷帐。〔葬后〕堂上没有棺柩了，就不设帷帐。

41. 君若载而后吊之，则主人东面而拜[1]，门右北面而踊[2]，出待[3]。反，而后奠[4]。

【注释】

[1] 主人东面而拜：谓在柩车的西边而拜。案柩车在祖庙堂下庭中，柩车的东边阼阶前是主位，因国君来吊，主人便让出主位而来到柩车西边西阶前宾位。

[2] 门右：谓庙门之西，因主人是由内向外，故以西为右。

[3] 出待：案君来则出门拜迎，君去则出门拜送。今君入临吊事竟，便应去，不敢必君之久留，故孝子先出以待君。

[4] 反，而后奠：案君使之返回来行奠祭礼。案此奠，谓设祖奠（参见《檀弓上第三》第57节）。

【译文】

国君如果在臣的棺柩已经装载到柩车上而后前来吊唁，主人就〔在柩车西边〕面朝东向国君行拜礼，又到庙门的右边面朝北而哭踊，而后出庙门等待拜送国君。国君命主人返回来，而后主人入庙设祖奠。

42. 子羔之袭也[1]：茧衣裳[2]，与税衣纁袡为一[3]，素端一[4]，皮弁一[5]，爵弁一[6]，玄冕一[6]。曾子曰："不袭妇服[7]。"

【注释】

[1] 子羔之袭：子羔，亦作子皋，孔子的学生。袭，谓以衣殓尸。

[2] 茧衣裳：茧，即纩，也就是新丝绵。衣裳，在此谓上衣与下裳

相连,故茧衣裳犹今丝绵袍。

〔3〕与税衣纁袡为一:税衣,是一种黑色的衣裳,似玄端服而衣裳相连,是用来罩在茧衣裳外边的。纁,浅绛色。袡,音rán,裳的下缘。为一,即为一称,衣裳的一套为一称。

〔4〕素端:即以素为衣裳,是素端之裳、衣皆白。

〔5〕皮弁:谓皮弁服。案礼服以其冠为名,下仿此。

〔6〕玄冕:案玄冕之服亦玄衣、纁裳,衣无文饰,而裳刺黼,大夫以上之服也。

〔7〕不袭妇服:妇服,指税衣纁袡,这里说"以纁为之缘,非也,唯妇人纁袡",这是曾子讥子羔所袭非礼。

【译文】

子羔入殓时所穿的衣服:新丝绵袍,与镶有浅绛色下缘的税衣为一套,素端为一套,皮弁服为一套,爵弁服为一套,玄冕服为一套。曾子说:"入殓不得穿妇人的服装。"

43. 为君使而死,公馆复,私馆不得。公馆者,公宫与公所为也。私馆者,自卿大夫以下之家也。

【译文】

为国君出使别国而死,死在公馆中就为他招魂,死在私馆就不得招魂。公馆,是指国君的宫室以及国君所建的离宫别馆。私馆,是指卿大夫以下的私人家。

44. 公七踊,大夫五踊,妇人居间。士三踊,妇人皆居间[1]。

【注释】

〔1〕"公七"至"居间":案诸侯死五日而殡,五日为五踊,加上小殓、大殓各一踊,凡七踊;大夫三日而殡,三日三踊,加上小殓、大殓

各一踊,凡五踊;士亦三日而殡,始死踊、小殓、大殓各一踊,凡三踊。妇人居间,谓主人(丈夫)、妇人、宾客交替而踊,妇人踊居宾主之间,即主人踊毕妇人踊,妇人踊毕宾踊。

【译文】
　　诸侯死要为他哭踊七次,大夫死要为他哭踊五次,妇人在主人之后、宾客之前哭踊。士死要为他哭踊三次,妇人都在主人之后、宾客之前哭踊。

　　45. 公袭:卷衣一[1],玄端一,朝服一,素积一[2],纁裳一[3],爵弁二[4],玄冕一,褒衣一,朱绿带申加大带于上[5]。

【注释】
　　[1] 卷衣:即衮服(参见《王制第五》第15节)。
　　[2] 素积:案因皮弁服下穿素积(一种腰间有褶绉的白色的裙),故即以指代皮弁服。
　　[3] 纁裳:是冕服之裳,亦即袆服之裳,此处之袆服,可以是鹙服或毳服,任取其一。
　　[4] 爵弁二:这是始命为诸侯时所穿之服,为表示重本,故穿两套。
　　[5] 朱绿带:这是白色的带而饰以朱绿二色。

【译文】
　　国君死入殓所穿的衣服:衮服一套,玄端服一套,朝服一套,皮弁服一套,袆服一套,爵弁服两套,玄冕服一套,天子褒赐的服装一套,衣外系朱绿带而又加著大带。

　　46. 小殓环绖[1],公、大夫、士一也。

【注释】
〔1〕环绖：谓麻做的首绖而环之于首，故名。

【译文】
小殓之后头上加环绖，诸侯、大夫、士都是一样的。

47. 公视大敛，公升，商祝铺席乃敛〔1〕。

【注释】
〔1〕公升，商祝铺席乃敛：商祝，主殓事者（参见《乐记第十九》第37节）。案主人本已做好了大殓的准备，听说国君临视，故又撤去原已铺设好的席和殓衣，待君升堂后，再重新铺设而后殓，这是因此荣君之来，而为之新。

【译文】
国君来参加臣的大殓，等到国君上堂后，商祝〔重新〕铺好陈放殓衣的席，才开始大殓。

48. 鲁人之赠也，三玄，二纁，广尺，长终幅〔1〕。

【注释】
〔1〕三玄，二纁，广尺，长终幅：幅，谓布帛的幅宽。此记是讥鲁人之赠失礼。案所谓赠，是指送给死者的随葬物，置于死者椁中。《仪礼·既夕礼》曰："赠用制币玄纁束。"丈八尺曰制。束，十制，即十八丈。制币玄纁束，即玄纁二色的帛一束。是按礼赠当用十八丈玄纁二色的帛。今鲁人仅用广尺、长终幅的帛赠之，虽三玄、二纁，然而太短、太窄，故以为失礼。

【译文】
鲁人赠送死者的随葬物，用三块黑色的帛，两块浅绛色的帛，每块宽只有一尺,长只抵得上幅宽。

49. 吊者即位于门西,东面。其介在其东南,北面,西上,西于门[1]。主孤西面[2]。相者受命曰[3]:"孤某使某请事[4]。"客曰:"寡君使某,如何不淑[5]。"相者入告,出曰:"孤某须矣。"吊者入。主人升堂,西面。吊者升自西阶,东面致命曰:"寡君闻君之丧,寡君使某,如何不淑。"子拜稽颡,吊者降,反位[6]。

【注释】
〔1〕西于门:这是不敢当门之中。
〔2〕主孤西面:孤,所死诸侯的嗣子,为丧主,故称。西面,这是在阼阶下。
〔3〕相者:谓相(助)主人传命者。
〔4〕孤某使某请事:上"某",孤名。下"某",相者名。请事,请问使者来何事。明知来吊而请,礼贵慎也。
〔5〕如何不淑:淑,善。如何不善,言痛之甚。
〔6〕反位:出返门外之位。

【译文】
来吊的使者在门外西边就位,面朝东。使者的副手们在使者的东南边,面朝北,〔从西往东站成一排〕,以西边为上位,西过门。主孤面朝西〔站在阼阶下〕。相者受主孤之命出来说:"孤某使某请问客来何事。"客人回答说:"寡君使某前来吊唁,表达对主君所遭如此不幸的痛悼之情。"相者进去报告,然后出来说:"孤某恭候。"吊者进去。主人〔从阼阶〕上堂,面朝西而立。吊者从西阶上堂,面朝东致词说:"寡君听说主君的丧讯,寡君使某前来吊唁,表达对主君所遭如此不幸的痛悼之情。"嗣子行拜礼并稽颡。吊者下堂,返回门外之位。

50. 含者执璧将命曰[1]："寡君使某含[2]。"相者入告，出曰："孤某须矣。"含者入，升堂致命。再拜稽颡。含者坐，委于殡东南，有苇席。既葬，蒲席[3]。降，出反位。宰夫朝服[4]，即丧屦，升自西阶，西面坐，取璧，降，自西阶以东。

【注释】
〔1〕含者执璧：含者，谓诸侯派来行含礼的人。案此含者是吊者之介（副手）。含礼，参见《檀弓下第四》第62节。璧，其分寸大小不详。
〔2〕某：含者名。
〔3〕既葬，蒲席：谓葬后，以蒲席承接含币。按邻国有远近，故有葬后来致含者。
〔4〕宰夫：宰为上卿，"夫"是衍字。

【译文】
含者拿着璧致词说："寡君派某前来致含礼。"相者进去报告，然后出来说："孤某恭候。"含者进去，上堂致辞。主孤行再拜礼并稽颡。含者坐下，将璧放在殡的东南边，那儿铺有苇席。如果死者已葬，就用蒲席承接含璧。含者下堂，出门返回门外之位。宰身穿朝服，脚穿丧屦，从西阶上堂，面朝西而坐，拿取璧，从西阶下堂，再从西阶向东去收藏。

51. 襚者曰："寡君使某襚。"相者入告，出曰："孤某须矣。"襚者执冕服[1]，左执领，右执腰，入，升堂致命曰："寡君使某襚。"子拜稽颡。委衣于殡东。襚者降，受爵弁服而门内溜，将命。子拜稽颡如初。受皮弁服于中庭，自西阶受朝服，自堂受玄端，将命。子拜稽颡，皆如初。襚者降，出，反位。宰夫五人举以东[2]，降自西阶，其举亦西面。

【注释】
〔1〕冕服：本指冕与裨服，此处特指配合戴冕穿的裨服，即仅指服而言。
〔2〕宰夫：宰之属吏。

【译文】
赠衣者说："寡君使某前来赠衣。"相者进去报告，然后出来说："孤某恭候。"赠衣者拿着裨服，左手拿着衣领，右手拿着衣腰，进门，上堂致词说："寡君使某前来赠衣。"嗣子行拜礼并稽颡。赠衣者把裨服放在殡的东边。赠衣者下堂，在门内屋檐下〔从随从手中〕接过爵弁服，致词。嗣子如同当初一样行拜礼并稽颡。赠衣者又在庭中央〔从随从手中〕接过皮弁服，从西阶上接过朝服，从堂上接过玄端服，一一致词相赠。嗣子行拜礼并稽颡，都如同当初一样。赠衣者下堂，出门返回门外之位。宰夫五人拿着所赠的五种服装到东边去收藏，他们是从西阶下堂，拿衣服的时候〔也同赠衣者放衣服的时候一样〕面朝西。

52. 上介赗[1]，执圭将命曰："寡君使某赗。"相者入告，反命曰："孤某须矣。"陈乘黄、大路于中庭，北辀。执圭将命。客使自下由路西[2]。子拜稽颡。坐委于殡东南隅。宰举以东。

【注释】
〔1〕上介赗：上介，来吊使者的第一副手。赗，谓赠送车马助丧家送葬。
〔2〕客使自下由路西：客使，此谓上介所役使之人，为客（上介）所使，故曰客使。自，率。下，谓马。由，在。谓客之从者率马设在车之西。案车马以车为上，故凡陈车马皆以马居下位，故以"下"指代马。

【译文】

　　上介赠送车马,拿着圭致词说:"寡君使某前来赠送车马。"相者进去报告,返回来传命说:"孤某恭候。"〔上介命人〕将四匹黄马和车陈列在庭中央,使车辕朝北。上介拿着圭向主孤致词。差役牵马陈列在车的西边。嗣子行拜礼并稽颡。上介坐下把圭放置在殡的东南角。宰拿起圭到东边去收藏。

53. 凡将命,乡殡将命。子拜稽颡。西面而坐委之。宰举璧与圭,宰夫举襚,升自西阶,西面坐取之,降自西阶。

【译文】

　　凡来宾致辞,都向殡致词。嗣子行拜礼并稽颡。来宾面朝西而坐放置所赠之物。由宰拿取璧与圭,由宰夫拿取衣服,都是从西阶上堂,面朝西坐而拿取,再从西阶下堂。

54. 赗者出,反位于门外。上客临曰[1]:"寡君有宗庙之事,不得承事,使一介老某相执绋[2]。"相者反命曰:"孤某须矣。"临者入门右[3],介者皆从之,立于其左,东上。宗人纳宾[4],升,受命于君,降曰:"孤敢辞吾子之辱[5],请吾子之复位。"客对曰:"寡君命某:'毋敢视宾客。'敢辞。"宗人反命曰:"孤敢固辞吾子之辱,请吾子之复位。"客对曰:"寡君命某:'毋敢视宾客。'敢固辞。"宗人反命曰:"孤敢固辞吾子之辱,请吾子之复位。"客对曰:"寡君命使臣某:'毋敢视宾客。'是以敢固辞。固辞不获命,敢不敬从!"客立于门西[6],介立于其左,东上。孤降自阼

阶，拜之。升哭，与客拾踊三。客出，送于门外，拜
稽颡。

【注释】
〔1〕上客临：上客，谓邻国来吊之正使。临，谓入哭。吊所以慰主人，临则使者自致其哀。
〔2〕使一介老某相执绋：一介，犹一个。某，代上客之名。绋，音fú，拉柩车的大绳。
〔3〕入门右：这有两层意思：一谓从门阈的右（东）侧进门，二谓进门后向右走并立于门内的右边。案这是客谦从臣位，而不敢以宾客自居。若宾客则当入门左。
〔4〕宗人：掌礼事者。
〔5〕辞吾子之辱：这是辞上客之谦从臣位，欲其自门左而入，以宾客之礼相待。
〔6〕客立于门西：这是上客从嗣君之命，从门右（东）退出来，然后重新以宾客的身份从门西而入，立于门内西边。其介亦随之，此处文略。

【译文】
赠送车马的上介出去，返回到门外之位。上客想进去哭丧，说："寡君有宗庙祭祀的事，不得亲自临吊，派一介老臣某前来帮助拉柩车。"相者〔进去报告之后〕返回来传话说："孤某恭候。"上客从门的右侧进去并站在门内右边，副手们都随从他而入，站在他的左边，以东边为上位。宗人接纳宾客，先上堂，接受嗣君的命令，再下堂传话说："主孤谨辞谢您屈尊自处臣位，请您回到原来的位置上。"客回答说："寡君命令某：'不敢以宾客自居。'所以不敢不推辞主君之命。"宗人〔向嗣君报告后〕返回来传话说："主孤谨再次辞谢您屈尊自处臣位，请您还是回到原来的位置上去。"客回答说："寡君命令某：'不敢以宾客自居。'不敢不再次推辞主君之命。"宗人〔向嗣君报告后〕又返回来传话说："主孤谨再次辞谢您屈尊自处臣位，请您还是回到原来的位置上去吧。"客回答说："寡君命令使臣某：'不敢以宾客自居。'因此不敢不一再推辞主君之命。一再推辞而不能获准，敢不敬从君命！"客

〔又退出来重新从门西进去〕站在门内西边,副手们站在他的左边,以东边为上位。主孤从阼阶下堂,向客行拜礼,〔主孤与客〕上堂而哭,并与客交替三踊。客出门,主孤送客到门外,向客行拜礼并稽颡。

55. 其国有君丧,不敢受吊。

【译文】
本国有君丧,〔丧亲的臣〕不敢接受别国来宾的吊唁。

56. 外宗房中南面[1]。小臣铺席[2]。商祝铺绞、紟、衾[3]。士盥于盘北[4],举迁尸于敛上[5]。卒敛,宰告。子冯之踊。夫人东面坐冯之,兴踊。

【注释】
〔1〕外宗:谓姑、姊妹之女,舅之女,及从母(姨)皆是。
〔2〕小臣铺席:这里是记大敛之礼,故席当布于阼阶上。《丧大记》曰:"大敛布席于阼。"(见彼第29节)
〔3〕绞、紟、衾:绞,束殓衣的带子。紟,单被。衾,殓衾,即被子。绞、紟、衾都是用布做的。
〔4〕士盥于盘北:士,同商祝一样,皆属所谓丧祝之属。盘,承盥水器,青铜制,其形似今面盆而浅,下有圈足。小敛的盥器设在东堂下(即东边堂下),大敛则设在西堂下(即西边堂下)。案士盥手,是为举迁尸做准备。
〔5〕举迁尸于敛上:案小敛后尸体抬放在堂上两楹之间,故现在是从两楹之间再举迁于阼阶上。敛上,即敛处,也就是布有绞、紟、衾等的殓席上。

【译文】
外宗妇女们在房中面朝南而立。小臣铺殓席。商祝把束殓衣的带、包裹尸体用的单被和被子陈放在席上。士在盘的北边盥手，把尸抬到殓处。为尸大殓穿衣完毕，宰向孝子报告。孝子〔在尸的东边面朝西〕凭尸哭踊。夫人〔在尸的西边〕面朝东坐下凭尸而哭，起身而踊。

57. 士丧有与天子同者三：其终夜燎，及乘人[1]，专道而行[2]。

【注释】
〔1〕乘人：谓使人执，即拉柩车。
〔2〕专道而行：谓柩车行于路，人皆避之。

【译文】
士的丧事有三项与天子相同：〔棺柩迁到祖庙的当天夜里〕彻夜点着火把，用人拉柩车，柩车专道而行。

杂记下第二十一

1. 有父之丧，如未没丧而母死[1]，其除父之丧也[2]，服其除服[3]，卒事，反丧服。虽诸父[4]、昆弟之丧，如当父母之丧，其除诸父、昆弟之丧也，皆服其除丧之服，卒事，反丧服。如三年之丧[5]，则既颎[6]，其练、祥皆行[7]。

【注释】
〔1〕未没丧而母死：未没丧，指父丧小祥之后，大祥除服之前。此时遭母丧，则当改父小祥之服而为母服重服。
〔2〕其除父之丧：谓当为父行除丧之祭，即当行大祥祭礼。案这是指母死既葬之后，而值父当行大祥除服之祭，如果母死尚未葬，则不得为父行祥祭而服祥服，所以然者，是因为祥祭为吉祭，母未葬尚处于凶时，不忍凶时行吉礼。
〔3〕除服：在此指祥祭之服。
〔4〕诸父：谓诸伯父、叔父。
〔5〕如三年之丧：谓先后俱遭三年之丧，如先有父母之丧，又遭嫡长子之丧，反之亦然。
〔6〕既颎：颎，音 jiǒng，草名，谓不生长葛草之乡去麻则用颎。是既颎，犹既葛，谓卒哭祭之后，当变麻绖带为葛绖带（参见《丧服小记第十五》第25节），而不产葛草的地方，就用颎草代之。这是指后丧者而言。
〔7〕其练、祥皆行：这是指前丧者而言。

【译文】
有父亲的丧事，如果丧期未满而母死，〔母亲葬后〕逢除父丧的大祥祭，就服大祥祭之服，等大祥祭完毕，再反过来服母亲的丧服。即使是诸父、兄弟的丧事，如果丧期正当父母的丧期内，〔父母葬后〕逢除诸父、兄弟之丧的大祥祭，也都服大祥祭之服，等大祥祭完毕，再反过来服父母的丧服。如果〔先后遭遇〕三年之丧，那么为后丧者变麻绖带为颖绖带之后，逢到当为先丧者举行小祥或大祥祭的时候，都照样举行。

2. 王父死，未练、祥而孙又死，犹是附于王父也。

【译文】
　　祖父死，〔已举行祔庙祭〕而尚未举行小祥或大祥之祭，孙又死，仍然附于祖父进行祔祭。

3. 有殡[1]，闻外丧[2]，哭之他室[3]。入奠[4]，卒奠出，改服即位，如始即位之礼。

【注释】
　　[1] 有殡：谓有父母丧而未葬。
　　[2] 外丧：谓兄弟丧在远方者。
　　[3] 哭之他室：案不哭于殡宫而哭于他室，是为避哭父母丧之嫌。又他室中当设远兄弟之神位，然后依尊卑排列哭位而哭，故下文有"即位"之说。
　　[4] 入奠：谓明日之朝入殡宫朝奠（参见《檀弓上第三》第110节）。

【译文】
　　有〔父母之丧〕殡而未葬，听说了外地兄弟之丧，就到别室去哭。〔第二天早晨〕入殡宫为父母设朝奠，设朝奠完毕出来，改变为父母穿的丧服〔而穿为兄弟的丧服〕到别室即位而哭，如同昨天在别室即位而哭的礼仪。

4. 大夫、士将与祭于公，既视濯而父母死[1]，则犹是与祭也，次于异宫[2]，既祭，释服出公门外，哭而归。其他如奔丧之礼。如未视濯，则使人告，告者反而后哭。如诸父、昆弟、姑、姊妹之丧，则既宿则与祭[3]，卒事，出公门，释服而后归。其他如奔丧之礼。如同宫，则次于异宫。

【注释】
〔1〕视濯：谓祭之前夕，既视涤濯祭器及甑、甗之属。案祭事始于视濯，既视濯，则不可以中辍，故虽闻父母之丧，犹当祭之。
〔2〕次于异宫：这是因为不可以吉与凶同处。
〔3〕宿：谓祭前三日斋戒。

【译文】
大夫、士将参加国君的祭祀，已经视察过洗涤祭器而父母死，就仍然要参加祭祀，而住宿在另外的宫室中，等祭祀完毕，脱去祭服出国君的宫门到外边，哭着回家。其他礼仪如同奔丧礼。如果还没有视察洗涤祭器〔而父母死〕，就使人向国君报告，等报告的人返回来而后哭。如果是诸父、兄弟、姑、姊妹的丧事，要是已经斋戒了就参加祭祀，等祭祀完毕，出国君的宫门，脱去祭服而后回家，其他礼仪如同奔丧礼。如果是同住在一起的〔诸父、兄弟、姑、姊妹死了〕，那么〔斋戒后〕就住在别的宫室中。

5. 曾子问曰："卿大夫将为尸于公，受宿矣，而有齐衰内丧，则如之何？"孔子曰："出舍乎公宫以待事，礼也。"孔子曰："尸弁冕而出，卿、大夫、士皆下之。尸必式。必有前驱。"

【译文】

曾子问道:"卿大夫中有人将为国君的祭祀充当尸,已经接受了君命独宿而斋戒了,而有同门中齐衰之丧发生,该怎么办呢?"孔子说:"那就出去住在国君的宫中,以等待祭事,这是礼的要求。"孔子说:"尸或戴皮弁,或戴冕而出,卿、大夫、士见了都要下车。尸一定要在车上行轼礼。尸出行必须有车马在前面为他开路。"

6. 父母之丧,将祭[1],而昆弟死,既殡而祭。如同宫,则虽臣妾,葬而后祭[2]。祭,主人之升降散等[3],执事者亦散等,虽虞祔亦然。

【注释】

〔1〕将祭:谓练、祥之祭。
〔2〕葬而后祭:案之所以如此,因练、祥已属吉祭,而新丧为凶事,吉凶不可相干。
〔3〕散等:散,栗。等,阶。散等即栗阶,亦作历阶,即一脚登一级台阶。这是丧祭的升降法,若吉祭,则当"拾级聚足,连步以上"(参见《曲礼上第一》第19节)。

【译文】

父母的丧事,将举行小祥或大祥祭,而这时有〔已经分居的〕兄弟死了,就等到死者殡后再祭。如果死的是同居者,即使是臣妾,也要等到葬后再祭父母。祭父母时,主人上下堂都是一脚一级台阶,属吏们也是一脚一级台阶,即使是进行虞祭或祔祭也是这样。

7. 自诸侯达诸士,小祥之祭,主人之酢也,哜之[1]。众宾、兄弟则皆啐之。大祥,主人啐之,众宾、兄弟皆饮之可也。

【注释】

〔1〕主人之酢也,哜之:主人之酢,谓正祭(在室中进行的尸祭之礼,参见《礼器第十》第35节)之后,主人向宾长(即宾客中的尊长者)献酒,而后主人接受宾长所回敬的酒,是为酢酒。哜,音 jì,与下文啐,皆谓尝酒,但有轻重程度的不同:啐之尝多于哜,而于礼则轻于哜。

【译文】

自诸侯以下到士,举行小祥祭,主人接受宾长的酢酒,只是沾一沾牙。众宾和兄弟接受献酒就都只尝一口。举行大祥祭,主人接受酢酒就尝一口,众宾和兄弟接受献酒就可以都把酒饮干。

8. 凡侍祭丧者〔1〕,告宾祭荐而不食〔2〕。

【注释】

〔1〕侍祭丧者:谓相于丧祭礼者。案此祭亦谓练、祥之祭。
〔2〕告宾祭荐而不食:荐,谓脯醢。祭荐,谓以脯醢行食前祭礼。不食,谓若行吉祭之礼,行食前祭后则可食,而丧祭不主于饮食,故但祭而不食。案这也是指正祭之后,主人款待宾客,向宾客献酒食时之礼。

【译文】

凡助行丧祭的人,只告诉宾客用脯醢行食前祭礼,而宾客却只祭而不吃。

9. 子贡问丧,子曰:"敬为上,哀次之,瘠为下。颜色称其情,戚容称其服。"请问兄弟之丧,子曰:"兄弟之丧,则存乎书策矣。"

【译文】

子贡请教〔有关父母的〕丧礼,孔子说:"以敬意为最重要，其次是哀伤，而以只有瘦瘠憔悴的外貌为最下。面色要和内心的哀情相称，悲容要和所穿的丧服相称。"子贡又请教有关兄弟的丧礼，孔子说："有关兄弟的丧礼，都记载在礼书中了。"

10. 君子不夺人之丧，亦不可夺丧也。

【译文】
君子不可剥夺别人守丧的哀情，也不可被人剥夺守丧的哀情。

11. 孔子曰："少连、大连善居丧[1]，三日不怠，三月不解，期悲哀，三年忧，东夷之子也。"

【注释】
〔1〕少连、大连：案《论语·微子篇》孔子所举逸民中有少连，并将他和柳下惠归为一类。大连其人不可考。

【译文】
孔子说："少连、大连善于守丧，三天而不懈怠，三月而不知疲倦，一年而仍然悲伤，三年而仍然忧戚。他俩都是东夷人。"

12. 三年之丧，言而不语[1]，对而不问，庐、垩室之中[2]，不与人坐焉[3]。在垩室之中，非时见乎母也，不入门。疏衰皆居垩室[4]，不庐。庐，严者也。

【注释】
〔1〕言而不语：言，谓言己事。语，谓为人说事。
〔2〕庐、垩室：庐，谓倚庐（参见《丧大记第二十二》第 45 节），

是初丧时服斩衰三年的孝子所居处。垩，谓垩室（参见上篇第 4 节），是小祥后所居处。

〔3〕坐：在此是居的意思。

〔4〕疏衰：即齐衰，因服齐衰者穿疏（粗）衰裳，故名。

【译文】

〔为父〕服三年之丧，只说自己的事而不为别人议论事情，只回答别人的问话而不向别人发问，居住在倚庐、垩室之中，而不同别人住在一起。住在垩室中时，除非按时去看望母亲，就不入寝门。服齐衰之丧的都居住在垩室中，不住倚庐。倚庐，是哀情最严重的人居住的。

13. 妻视叔父母，姑、姊妹视兄弟，长、中、下殇视成人〔1〕。

【注释】

〔1〕长、中、下殇视成人：长、中、下殇，参见《檀弓上第三》第 12 节。案对于殇死者，丧服虽降等，然哀戚之情则如同丧成人一样，故曰"视成人"。

【译文】

丧妻的哀戚之情比照丧叔父母，丧姑、姊妹的哀戚之情比照丧兄弟，对于长殇、中殇、下殇的亲属哀戚之情比照丧成人。

14. 亲丧外除，兄弟之丧内除〔1〕。

【注释】

〔1〕兄弟之丧：指齐衰期以下至缌麻之丧。

【译文】

父母之丧虽外面穿的丧服到期除去了〔而内心的哀戚之情未除〕,兄弟之丧〔虽丧期未满〕而内心的哀戚之情却渐渐消除了。

15. 视君之母与妻,比之兄弟,发诸颜色者[1],亦不饮食也。

【注释】

[1]发诸颜色者:是指醴、美酒等,食之可使人面红耳热,甚至大醉。

【译文】

对于国君的母和妻之丧,〔哀戚之情〕比照兄弟,对于那些吃喝之后会从面容上显露出来的饮食,也不去吃喝。

16. 免丧之外,行于道路,见似目瞿,闻名心瞿,吊死而问疾,颜色戚容,必有以异于人也,如此而后可以服三年之丧,其余则直道而行之是也[1]。

【注释】

[1]其余:谓齐衰以下。

【译文】

除去丧服之后到外面,走在路上,看见同自己父亲相似的人目光就会惊惧,听人说起与自己父亲相同的名字心中就会惊惧,吊唁死者或慰问病人,脸上所显出的哀戚的容色,一定有不同于别人的地方,像这样然后才可以服三年之丧,对其余齐衰以下的丧事,也可以直依丧理而行事,自得其所。

17. 祥，主人之除也。于夕为期，朝服，祥因其故服。

【译文】
大祥祭，是主人除去丧服的时候。大祥祭的前一天黄昏〔向亲友〕通告祭期，同时穿上朝服，到第二天举行大祥祭时就穿着头天黄昏穿的朝服。

18. 子游曰："既祥，虽不当缟者，必缟，然后反服[1]。"

【注释】
〔1〕"既祥"至"反服"：案从大祥释服过渡到穿纯吉服（即正常人的服装），还要经过六个阶段的变化：大祥祭时穿朝服戴缟冠一也，大祥祭之后因哀情未忘又戴缟冠而穿起镶白边的麻衣二也，禫祭时戴玄冠穿黄裳三也，禫祭后改穿朝服而戴缌（黑白二色相间曰缌）冠四也，再过一个月举行吉祭戴玄冠而穿朝服五也，祭后著玄端而居六也。这里是说大祥祭之后，已经脱去朝服而着缟冠麻衣了，有人前来赠赙，虽不当祥祭之时，主人犹当变服服祥祭之服以受之，表示重其礼，然后再反回原服。

【译文】
子游说："已经举行过大祥祭，〔有人前来赠赙〕，即使不当戴缟冠〔穿朝服〕的时候，也必须戴缟冠〔穿朝服〕，事毕然后再恢复缟冠麻衣之服。"

19. 当袒[1]，大夫至，虽当踊，绝踊而拜之，反改成踊[2]，乃袭。于士，既事成踊，袭而后拜之，不改成踊。

【注释】

〔1〕当袒：这是指大殓毕，当殓棺加盖时，主人袒。

〔2〕成踊：案主人为士，当成三踊之礼（参见《檀弓下第四》第23节）。

【译文】

〔当大殓〕主人袒露左臂的时候，有吊唁的大夫到来，即使主人正在哭踊，也停止哭踊而向大夫行拜礼，再返回原位重新成三踊之礼，然后穿好衣服。如果对于前来吊唁的士，就在殓事完毕并成三踊之礼，穿好衣服之后再向士行拜礼，不为士重新成三踊之礼。

20. 上大夫之虞也少牢，卒哭成事[1]，附，皆大牢。下大夫之虞也牺牲，卒哭成事，附，皆少牢。

【注释】

〔1〕卒哭成事：案卒哭与成事在此为同义语，因卒哭祭标志着朝夕哭（即所谓"哭寝"）礼的结束，故又谓之成事。

【译文】

上大夫的虞祭牲用少牢，卒哭祭，附庙祔祭，都用太牢。下大夫的虞祭用一头牲，卒哭祭，附庙祔祭，都用少牢。

21. 祝称卜葬、虞，子、孙曰"哀"，夫曰"乃"[1]，兄弟曰"某"[2]。卜葬其兄，弟曰"伯子某"。

【注释】

〔1〕夫曰"乃"：夫，谓丈夫，为其妻占卜。乃，语助词。

〔2〕兄弟曰"某"：某，代兄弟名。案兄弟相为卜，则称名。

【译文】

祝致词时称乎占卜葬事或虞祭之事的主人,是儿子就称"哀子某",是孙子就称"哀孙某",是丈夫就称"乃某",是兄弟就直称其名"某"。如果是为兄卜葬,弟就称"〔某卜葬兄〕伯子某"。

22. 古者贵贱皆杖。叔孙武叔朝,见轮人以其杖关毂而輠轮者[1],于是有爵而后杖也。

【注释】

〔1〕"叔孙武叔"至"輠轮者":叔孙武叔,鲁大夫,即《春秋》经所载之叔孙州仇。轮人,制造车轮的工匠。輠,音 huì,回。案以丧杖关毂而輠轮,这是大亵礼的行为。

【译文】

古时候人丧亲无论身份贵贱都执丧杖。有一次叔孙武叔去上朝时,看见轮人用他的丧杖穿进车毂中而转动车轮,于是规定有爵位的人才能执丧杖。

23. 凿巾以饭,公羊贾为之也[1]。

【注释】

〔1〕凿巾以饭,公羊贾为之:巾,谓覆盖尸体面部的布巾。饭,谓为尸行饭含礼,即向尸体口中填米。凿巾,谓于布巾当死者口处凿开一孔,由此孔向死者口中填米。公羊贾,其人已不可考。依礼,士不得凿巾饭含,而当由孝子掀开死者的面巾亲自为死者饭含。只有大夫以上的人,因为不亲自为死者饭含,而由其宾之,为怕宾见死者之面而憎秽之,故不掀开布巾,只是在当口处凿孔而含之。公羊贾身为士而亦凿巾以饭,是违礼的行为。

【译文】

〔身为士而〕在覆盖尸体面部的布巾上凿孔为死者饭含，公羊贾就是这样做的。

24. 冒者何[1]？所以掩形也。自袭以至小敛，不设冒则形[2]，是以袭而后设冒也。

【注释】

〔1〕冒：包裹尸体的布套子，按照尸身的上下体分为两截：上体叫做质，下体叫做杀。

〔2〕不设冒则形：案虽然为尸穿了殓衣，但仍然是人体的形状，人见而将恶之，故须冒之。

【译文】

冒是做什么用的？是用来遮掩尸的形体的。自开始为尸体穿衣到小殓完毕，不加设冒就仍然显现着人的形体，所以为尸穿衣以后还要加设冒。

25. 或问于曾子曰："夫既遣而包其余，犹既食而裹其余与[1]？君子既食则裹其余乎？"曾子曰："吾子不见大飨乎？夫大飨既飨，卷三牲之俎归于宾馆。父母而宾客之，所以为哀也[2]。子不见大飨乎？"

【注释】

〔1〕既食而裹其余：案古代祭祀或款待宾客，待礼毕，如果宾客位在大夫以上，要由主人派人将宾客席前俎上所剩的牲肉送到宾客家中，叫做归俎。如果宾客是士，就由士自己将俎上所余的牲肉裹带而去（参见《曲礼上第一》第55节），即此所谓"食而裹其余"之意。

〔2〕父母而宾客之，所以为哀也：谓己之父母今日既去，遂疏同宾

客，是孝子所以悲哀，为此之故包遣奠而去。

【译文】
　　有人问曾子道："〔出葬前〕已经设遣奠祭奠过死者了，而又包裹遣奠所余的牲体送葬，这不是如同宾客被招待酒食之后还要把剩余的牲肉裹带走吗？作为君子吃了别人的酒食还应该把剩余的牲肉裹带走吗？"曾子说："您没有看见过大飨宾客之礼吗？在大飨礼上款待过宾客之后，还要包裹俎上所剩的三牲之肉送到宾客的馆舍中。自己的父母而现在只能像宾客一样对待，这正是孝子所悲哀的。您难道没有看见过大飨宾客之礼吗！"

26. 非为人丧，问与？赐与[1]？

【注释】
　　[1]"非为"至"赐与"：案此上有缺文，这里只能姑据其字面意思译之。

【译文】
　　不是因为别人有丧事，去慰问他吗？或去赐物给他吗？

27. 三年之丧，以其丧拜[1]；非三年之丧，以吉拜。

【注释】
　　[1]丧拜：先稽颡而后拜曰丧拜；下文吉拜则谓先拜而后稽颡。

【译文】
　　服三年之丧〔而受人吊唁或赠赐〕，就向人行丧拜礼；如果不是服三年之丧，就向人行吉拜礼。

28. 三年之丧，如或遗之酒肉，则受之必三辞，主人衰绖而受之。如君命，则不敢辞，受而荐之。丧者不遗人。人遗之，虽酒肉受也。从父昆弟以下，既卒哭，遗人可也[1]。

【注释】
〔1〕"从父"至"可也"：从父兄弟，谓大功之服者。言此，则期（一年）丧以上者，卒哭不可遗人可知。

【译文】
服三年之丧，如果有人赠送酒肉，必须再三推辞然后才接受，接受时主人要穿着丧服系着绖带。如果是国君所命赐的酒肉，就不敢推辞，接受而后进献给死者。服丧的人不向人赠送东西。别人向服丧的人赠送东西，即使是酒肉也可以接受。叔伯兄弟以下的人，卒哭祭之后，送东西给人也是可以的。

29. 县子曰[1]："三年之丧如斩，期之丧如剡[2]。"

【注释】
〔1〕县子：鲁大夫，以知礼闻名（参见《檀弓上第三》第79节）。
〔2〕剡：用刀削，这里用以比喻痛之甚。

【译文】
县子说："服三年之丧痛如刀斩，服一年之丧痛如刀削。"

30. 期之丧，十一月而练，十三月而祥，十五月而禫[1]。三年之丧，虽功衰不吊[2]。自诸侯达诸士，如有服而将往哭之，则服其服而往。练则吊[3]。既葬，大功吊，哭而退，不听事焉[4]。期之丧未葬[5]，吊于乡人，哭而退，不听事焉；功衰吊[6]，待事不执事。小功、缌执事，不与于礼[7]。相趋也[8]，出宫而退。相揖也，哀次而退[9]。相问也[10]，既封而退。相见也，反哭而退。朋友，虞附而退。吊非从主人也，四十者执绋。乡人，五十者从反哭，四十者待盈坎。

【注释】
〔1〕"期之"至"而禫"：这是指父在为母服丧。案这几句当在下文"则服其服而往"之下，"练则吊"之上，错简于此。
〔2〕功衰：指代小祥祭。案服三年之丧者小祥祭后丧服减轻，与大功之服同，故可用之指代小祥祭。
〔3〕练则吊：谓父在为母功衰可以吊人。
〔4〕不听事：听，犹待。事，谓袭殓、拉柩车之类的事。
〔5〕期之丧：这是指为无人主丧的姑、姊妹服齐衰期之丧。案对于已出嫁的姑、姊妹，既丧夫，又无子，死后无人主丧者，为之服齐衰不杖期，即此所谓"期之丧"。
〔6〕功衰：在此指代葬后。案为无主之姑、姊妹服齐衰期者，死者葬后即改服大功之服，故即以功衰代既葬。
〔7〕小功、缌执事，不与于礼：执事，谓担任摈相（即相赞丧礼）者。礼，谓馈奠（参见《曾子问第七》第8节）。因为小功、缌麻服轻，故未葬即可出吊。
〔8〕相趋：谓与孝子本不相识，但相闻名，而来会趋丧。案这是情最轻者，以下相揖、相问、相见、朋友，是情渐重者。
〔9〕哀次：即设于丧家大门外的次舍。
〔10〕相问：谓曾相馈赠者。案此所谓相饷馈非谓亲登其门，而是指曾使人饷馈之，有别于下之"相见"。

【译文】
〔父在而为母〕服齐衰期之丧，十一个月而举行小祥祭，十三个月而举行大祥祭，十五个月而举行禫祭。服三年之丧，即使小祥祭后也不可外出吊唁别人。从诸侯以下到士〔服三年之丧的〕，如果有五服内的亲属丧亡，〔小祥祭后〕就将前往哭吊，去时应该改服所应服的丧服。〔父在而为母服齐衰期之丧的〕小祥祭后可以外出吊唁别人。死者葬后，服大功丧的人外出吊唁别人，哭过之后就退去，不等待进行某一丧事礼节。〔为已出嫁而无主丧人的姑、姊妹〕服齐衰期之丧的，死者未葬，外出吊唁同乡人家之丧，哭过之后就退去，不等待进行某一丧事礼节；如果葬后外出吊唁，就要等待某一丧事礼节进行完毕〔再退去〕而不参加这一礼节的事。服小功、缌麻之丧的人，〔外出吊唁〕可以为丧家担任傧相，但不参加奠祭礼。与丧主人互相听说过名字的人前来趋会吊唁，等到棺柩出了庙门就可以退去。与丧主人曾在某处互行揖礼见过面的人前来吊唁，等到棺柩出庙门到达设有哀次的地方就可以退去。与丧主人曾相互馈送过礼物的人前来吊唁，等到棺柩葬下入墓穴而后退去。与丧主人互相拿着见面礼登门拜见过的人前来吊唁，就等到葬后反哭的时候退去。丧主人的朋友前来吊唁，就等到进行过虞祭或附庙袝祭之后退去。前来吊唁并非为了空手跟随着丧主人，年龄在四十以下的人要帮助拉柩车。同乡的人〔来吊唁的〕，年龄在五十以上的〔等到棺柩葬后〕要随从丧主人反哭，年龄在四十以下的就要等到将墓坑填满土再回来。

31. 丧食虽恶，必充饥。饥而废事，非礼也。饱而忘哀，亦非礼也。视不明，听不聪，行不正，不知哀，君子病之。故有疾饮酒食肉，五十不致毁，六十不毁，七十饮酒食肉，皆为疑死[1]。有服，人召之食，不往。大功以下，既葬适人，人食之，其党也食之，非其党弗食也。功衰食菜果[2]，饮水浆，无盐、酪[3]。不能食食，盐、酪可也。孔子曰："身有疡则浴，首有创则沐，病则饮酒食肉。毁瘠为病，君子弗为也。毁而死，君子谓之无子。"

【注释】

〔1〕疑：犹恐。
〔2〕功衰：功衰谓小祥祭（参见上节）。
〔3〕酪：此谓乳浆。

【译文】

　　服丧期间饮食虽差，必须能充饥。饥饿而荒废丧事，不符合礼。饱食而忘记悲哀，也不符合礼。〔因过度悲伤以致〕视觉模糊，听力衰退，行走不稳，甚至麻木而不知哀伤，这是君子所担忧的。因此〔规定〕服丧期间生病可以饮酒吃肉，五十岁服丧不可因悲痛过分而毁坏身体，六十岁服丧不可毁坏身体，七十岁服丧可以饮酒吃肉，都是恐怕因哀痛过分而丧命。有丧服在身，别人请吃饭，不去。服大功以下之丧的人，死者葬后到别人家去，别人用食物招待，如果主人是自己的亲属就可以吃，不是亲属就不吃。小祥祭后可以吃菜和瓜果，饮水和汤，但没有盐和乳浆。〔因哀病而〕不能进食的人，加放盐或饮乳浆也是可以的。孔子说："身上发痒了就洗澡，头上生疮了就洗头，生病了就饮酒吃肉。因哀伤瘦瘠而生病，君子不这样做。毁坏身体而死，君子称这是使父母绝后无子。"

32. 非从柩与反哭，无免于堩[1]。

【注释】

〔1〕堩：音 gèng，道。

【译文】

　　如果不是跟从柩车送葬与葬后反哭，不可〔去冠〕著免行走在道路上。

33. 凡丧，小功以上，非虞、附、练、祥，无沐浴。

【译文】

凡服丧,小功亲以上的人,如果不是要进行虞祭、祔祭、小祥祭、大祥祭,就不洗头洗澡。

34. 疏衰之丧[1],既葬,人请见之则见,不请见人。小功请见人可也。大功不以执挚。唯父母之丧,不辟涕泣而见人。

【注释】

〔1〕疏衰:即齐衰(参见第12节)。

【译文】

服齐衰丧,死者葬后,有人请求相见就与人相见,不主动请求见人。服小功丧的〔在死者葬后〕可以请求见人。对于服大功丧的〔在死者葬后〕不可拿着见面礼请求相见。只有为父母服丧的,不回避流涕哭泣着接见来吊的人。

35. 三年之丧,祥而从政。期之丧,卒哭而从政。九月之丧,既葬而从政。小功、缌麻之丧,既殡而从政。

【译文】

服三年之丧的,大祥祭后就可从事政务了。服齐衰一年丧的,卒哭祭之后就可以从事政务了。服大功九月之丧的,死者葬后就可以从事政务了。服小功、缌麻之丧的,死者殡后就可从事政务了。

36. 曾申问于曾子曰[1]:"哭父母有常声乎?"曰:

"中路婴儿失父母焉，何常声之有！"

【注释】
〔1〕曾申：曾子之子。

【译文】
曾申问曾子道："哭父母有一定的声调吗？"曾子说："如同半路上婴儿不见了父母〔而啼哭〕，哪里有什么一定的声调！"

37. 卒哭而讳。王父母、兄弟、世父、叔父、姑、姊妹[1]，子与父同讳。母之讳，宫中讳[2]。妻之讳，不举诸其侧。与从祖昆弟同名则讳[3]。

【注释】
〔1〕"王父"至"姊妹"：都是指的父亲的亲属。
〔2〕母之讳，宫中讳：谓母之所为其亲讳，子孙于宫中不言。
〔3〕从祖昆弟：谓同曾祖的兄弟。

【译文】
卒哭祭之后而避讳说死者的名字。对于父亲的祖父母、兄弟、伯父、叔父、姑和姊妹，子与父共同避讳说他们的名字。母亲〔为她双亲〕的避讳，子孙们在家中讳而不说。妻〔为她父母〕的避讳，丈夫在她身边讳而不说。如果〔母和妻所为之避讳的亲人〕与自己的从祖兄弟同名，那就在别处也当为之避讳。

38. 以丧冠者，虽三年之丧可也。既冠于次，入哭踊三者三[1]，乃出。

【注释】

〔1〕踊三者三：即成三踊之礼（参见《曾子问第七》第1节）。

【译文】

因服丧而行冠礼，即使服三年之丧也是可以的。在守丧的庐舍中行冠礼之后，进入殡宫中哭踊而成三踊之礼。

39. 大功之末[1]，可以冠子，可以嫁子。父小功之末，可以冠子，可以嫁子，可以取妇。己虽小功，既卒哭，可以冠、取妻。下殇之小功则不可[2]。

【注释】

〔1〕大功之末：谓卒哭之后。下"小功之末"意同此。
〔2〕下殇之小功则不可：这是指本当服齐衰的亲属，因下殇降服二等而在小功，因其亲情关系密切，本当重服，故不可冠和嫁娶。

【译文】

父服大功丧而过了卒哭祭，就可以为子行冠礼，可以嫁女。父服小功丧而过了卒哭祭，可以为子行冠礼，可以嫁女，可以娶妇。自己虽服有小功之丧，过了卒哭祭，就可以行冠礼、娶妻。如果是为下殇者服小功丧，〔卒哭祭后〕就不可以〔为子行冠礼、嫁女或娶妻〕。

40. 凡弁绖，其衰侈袂[1]。

【注释】

〔1〕弁绖，其衰侈袂：侈，大。案弁绖是大夫以上所穿的吊服（即下所谓"衰"）。士的吊服，袂用宽二尺二寸的布，围而缝之为一尺二寸宽，而大夫以上的吊服，其袂不围缝，散搭在胳膊上，故曰"侈袂"。

【译文】
凡是头戴弁而加环绖,所穿的吊服袖子都是大敞开着的。

41. 父有服,宫中子不与于乐[1]。母有服,声闻焉,不举乐。妻有服,不举乐于其侧。大功将至辟琴瑟,小功至不绝乐。

【注释】
〔1〕不与于乐:谓出行见之而不得观。

【译文】
父服丧,家中子弟不可观赏音乐。母服丧,可以听乐歌之声,不可演奏音乐。妻服丧,不在她身旁演奏音乐。如果服大功丧的人将到来,就要把乐器都收拾起来。如果服小功丧的人到来,可以不停止音乐。

42. 姑、姊妹,其夫死,而夫党无兄弟,使夫之族人主丧。妻之党虽亲弗主。夫若无族矣,则前后家,东西家。无有,则里尹主之。或曰主之而附于夫之党。

【译文】
姑、姊妹,她们的丈夫死了,而丈夫的亲属中没有兄弟,就由丈夫的同族人来主丧。妻的亲属中即使很亲近的人也不出来主丧。如果丈夫已经没有同族的人了,就由前后邻居或东西邻居来主丧。邻居中如果没有适宜主丧的人,就由里长主丧。有人说〔妻的亲属〕可以主丧,而祔祭时仍附于夫的亲属之庙。

43. 麻者不绅。执玉不麻。麻不加于采。

【译文】

系麻绖带的人不系绅带。拿玉的人不系麻绖带。麻绖带不加著在彩衣上。

44. 国禁哭则止[1],朝夕之奠、即位,自因也。

【注释】

〔1〕国禁哭:案国有大祭祀则禁哭。

【译文】

国家禁哭就不哭,为死者设朝奠和夕奠以及就哭位,仍照样进行。

45. 童子哭不偯[1],不踊,不杖,不菲,不庐。

【注释】

〔1〕偯:音 yǐ,委曲之声。

【译文】

童子〔服丧〕哭声不拐弯,不踊,不拄丧杖,不穿丧鞋,不住草庐。

46. 孔子曰:"伯母、叔母疏衰,踊不绝地;姑、姊妹之大功,踊绝于地[1]。如知此者,由文矣哉[2]!由文矣哉!"

【注释】

〔1〕"伯母"至"绝于地":绝,离也。为伯、叔母之服重而情轻,

故服疏衰而踊不绝地；为姑、姊妹之服轻而情重，故虽服大功而踊绝于地。

〔2〕由文：谓能用礼文。

【译文】

孔子说："为伯母、叔母服齐衰丧，哭踊时脚不离地；为姑、姊妹服大功丧，哭踊时双脚跳起离地。如果知道这样做，真是能行礼了！真是能行礼了！"

47. 世柳之母死[1]，相者由左。世柳死，其徒由右相。由右相，世柳之徒为之也。

【注释】

〔1〕世柳：鲁穆公时的贤人。

【译文】

世柳的母亲死，〔治丧时〕相者由主人的左边相赞丧礼。世柳死，〔治丧时〕他的子弟由主人的右边相赞丧礼。由主人的右边相赞丧礼，是从世柳的子弟开始的。

48. 天子饭九贝[1]，诸侯七，大夫五，士三。

【注释】

〔1〕贝：即贝壳，人始死为死者扱米行饭含礼所用。

【译文】

为天子饭含用九只贝壳，诸侯用七只贝壳，大夫用五只贝壳，士用三只贝壳。

49. 士三月而葬，是月也卒哭。大夫三月而葬，五月而卒哭。诸侯五月而葬，七月而卒哭。士三虞[1]，大夫五，诸侯七。

【注释】
〔1〕士三虞：案虞祭而后行卒哭祭，即《仪礼·既夕礼》所谓"三虞卒哭"。下仿此。

【译文】
士殡三个月而葬，就在当月行卒哭祭。大夫殡三个月而葬，到第五个月行卒哭祭。诸侯殡五个月而葬，到第七个月行卒哭祭。士葬后举行三次虞祭，大夫葬后举行五次虞祭，诸侯葬后举行七次虞祭。

50. 诸侯使人吊，其次含、襚、赗、临，皆同日而毕事者也，其次如此也。

【译文】
诸侯派人吊唁别国亡君，接下来赠含璧、赠衣服、赠车马、使者亲临哭吊，都是在同一天进行完毕的，这几件事进行的先后次序如上所述。

51. 卿大夫疾，君问之无筭。士壹问之。君于卿大夫，比葬不食肉，比卒哭不举乐。为士，比殡不举乐。

【译文】
卿大夫有病，国君去慰问的次数没有定数。士有病去慰问一次。国君对于死去的卿大夫，到出葬的时候不吃肉，到卒哭祭的时候不演奏音乐。国君为士，在殡棺的那天不演奏音乐。

52. 升、正柩[1]，诸侯执绋五百人，四绋，皆衔枚[2]。司马执铎[3]，左八人，右八人。匠人执羽葆[4]，御柩。大夫之丧，其升、正柩也，执引者三百人，执铎者左右各四人，御柩以茅[5]。

【注释】
〔1〕升、正柩：谓葬前启殡迁柩朝祖庙时，将棺柩升、正于庙堂上两楹间的地方。
〔2〕衔枚：枚形似箸（筷子），两端有小绳，衔于口而系于颈后，则不能言，以止喧哗。
〔3〕司马执铎：司马，是主武事之官，故执金铎率众，以号令于众。
〔4〕羽葆：案葆似盖，以羽毛做成，故名。
〔5〕茅：谓编成束的白茅，用以指挥柩车出行。

【译文】
　　将棺柩〔迁运到祖庙〕搬上庙堂并放正位置，死者是诸侯拉柩绳就用五百人，四条柩绳，拉柩绳的人都口中衔枚禁止喧哗。司马手拿金铎，棺柩左边八人，右边八人。匠人手拿羽葆，指挥柩车前进。如果是大夫的丧事，将棺柩〔迁运到祖庙〕搬上庙堂并放正位置，拉柩绳的三百人，拿金铎的棺柩左右各四人，指挥柩车前进用白茅。

53. 孔子曰："管仲镂簋而朱纮，旅树而反坫，山节而藻棁。贤大夫也，而难为上也。晏平仲祀其先人，豚肩不揜豆。贤大夫也，而难为下也。君子上不僭上，下不偪下。"

【译文】

孔子说:"管仲雕饰簋,而冕、弁系红色丝带,在门道上设门屏,而在堂上设反坫,庙堂的柱头刻作斗拱形,而梁上的短柱都用彩色绘饰。管仲是贤大夫,而〔这些僭上的行为却〕使位居其上的人感到为难。晏平仲祭祀祖先,仅用还没有豆大的豚肩。晏平仲是贤大夫,而使位居其下的人感到为难。作为君子,对上不可僭上,对下不可逼下。"

54. 妇人非三年之丧[1],不逾封而吊。如三年之丧,则君夫人归。夫人其归也,以诸侯之吊礼。其待之也,若待诸侯然。夫人至,入自闱门[2],升自侧阶[3]。君在阼[4]。其他如奔丧礼然[5]。

【注释】

[1] 三年之丧:谓父母之丧。
[2] 入自闱门:闱门,宫中往来之侧门。谓进大门后,从闱门进入殡宫。
[3] 侧阶:谓北阶。侧,特。堂的南边东西皆有阶,堂的北边唯东边有阶(称为北阶),故曰"侧阶"。案侧阶在东房后,故升自侧阶,自东房而出于堂。
[4] 君在阼:谓主国之君待于阼阶之上,不降阶而迎。
[5] 其他如奔丧礼然:案谓如哭踊、髽麻(去纚而用麻束发为髻以吊,参见《檀弓上第三》第20节)。

【译文】

妇人如果不是遭逢三年之丧,就不可越过国境去吊丧。如果遭逢三年之丧,国君夫人就回国奔丧。夫人回国奔丧,对死者用诸侯吊礼。主国接待国君夫人,如同接待诸侯那样。夫人到来,从闱门进入殡宫,从侧阶上堂。嗣君站在阼阶上〔等待夫人到来〕。其他礼仪都如同奔丧礼那样。

55. 嫂不抚叔[1]，叔不抚嫂。

【注释】
〔1〕抚：谓行抚尸礼（参见上篇第18节）。

【译文】
嫂不为丈夫的弟弟行抚尸礼，丈夫的弟弟也不为嫂行抚尸礼。

56. 君子有三患：未之闻，患弗得闻也；既闻之，患弗得学也；既学之，患弗能行也。君子有五耻：居其位无其言，君子耻之；有其言无其行，君子耻之；既得之而又失之，君子耻之；地有余而民不足，君子耻之；众寡均而倍焉，君子耻之。

【译文】
君子有三件可担忧的事：没有听说过的知识，担忧没法听说它；听说了，担忧没法学会它；学会了，担忧不能实行它。君子有五件感到耻辱的事：身居其位而不能发表相应的言论，君子感到耻辱；有言论而没有行动，君子感到耻辱；行动了又半途而废，君子感到耻辱；土地绰绰有余而民众不得温饱，君子感到耻辱；与别人所役使的民众人数多少相等而别人能取得比自己加倍的功效，君子感到耻辱。

57. 孔子曰："凶年则乘驽马，祀以下牲[1]。"

【注释】
〔1〕下牲：案原该用太牢的改用少牢，用少牢的改用特豕，用特豕的改用特豚（一头小猪）。

【译文】
　　孔子说:"灾荒年就乘下等马,祭祀降低一等用牲。"

　　58. 恤由之丧,哀公使孺悲之孔子学士丧礼,士丧礼于是乎书。

【译文】
　　因为恤由的丧事,鲁哀公派孺悲到孔子那里学习有关士的丧礼,士的丧礼于是得以记载下来。

　　59. 子贡观于蜡[1]。孔子曰:"赐也[2],乐乎?"对曰:"一国之人皆若狂[3],赐未知其乐也。"子曰:"百日之蜡,一日之泽[4],非尔所知也。"

【注释】
　　[1]蜡:祭名,每年的十二月举行(参见《礼运第九》第1节)。
　　[2]赐:孔子的学生子贡之名。
　　[3]若狂:饮酒酣醉貌。案蜡祭当聚民饮酒于序,故得醉酒若狂。
　　[4]百日之蜡,一日之泽:谓农民终岁勤动,今仅使之为一日饮酒之欢,是乃人君之恩泽。

【译文】
　　子贡观看蜡祭。孔子说:"赐,你感到欢乐吗?"子贡回答说:"一国的人都像疯狂了一样,我不知道这有什么可欢乐的。"孔子说:"农民终年劳苦而得此蜡祭欢饮,是得君一日的恩泽,〔其中的意义〕不是你所能理解的。"

　　60. 张而不弛,文、武弗能也。弛而不张,文、武弗为也。一张一弛，文、武之道也。

【译文】
只知紧张地工作而不知道放松，文王、武王也不能做到。一味地放松而不知道紧张，文王、武王都不那样做。既有紧张的时候又有放松的时候，这就是文王、武王的工作方法。

61. 孟献子曰[1]："正月日至[2]，可以有事于上帝。七月日至[3]，可以有事于祖。"七月而禘，献子为之也。

【注释】
〔1〕孟献子：鲁大夫（参见《檀弓上第三》第94节）。
〔2〕正月日至：正月，指周历正月，当夏历以十一月（周历以十一月为岁首）。日至，谓冬至。
〔3〕七月日至：七月，亦谓周历七月，当夏历五月。日至，谓夏至。

【译文】
孟献子说："正月冬至，可以郊祭上帝。七月夏至，可以禘祭祖先。"七月而举行禘祭，是孟献子提出来的。

62. 夫人之不命于天子，自鲁昭公始也[1]。

【注释】
〔1〕"夫人"至"始也"：案周制，同姓百世不婚。鲁、吴都是周的同姓国，而鲁昭公娶夫人于吴，名曰吴孟子，却又不报告周天子，天子亦不命之，即不向吴孟子颁授诸侯夫人的爵命，从此以为常。

【译文】
诸侯夫人不由天子颁授爵命，是从鲁昭公开始的。

63. 外宗为君夫人，犹内宗也[1]。

【注释】
〔1〕"外宗"至"宗也"：外宗，参见上篇第56节。内宗，谓五服内的亲属之女。案内宗为国君服斩衰，为国君夫人服齐衰。

【译文】
外宗为国君夫人服丧，如同内宗〔一样都服齐衰〕。

64. 厩既焚，孔子拜乡人为火来者。拜之，士壹，大夫再，亦相吊之道也。

【译文】
马厩失火，孔子拜谢同乡中为己遭火灾而来〔慰问〕的人。拜时，对士一拜，对大夫两拜，这也是相哀吊之礼。

65. 孔子曰："管仲遇盗，取二人焉，上以为公臣，曰：'其所与游辟也，可人也。'管仲死，桓公使为之服。宦于大夫者之为之服也[1]，自管仲始也，有君命焉尔也。"

【注释】
〔1〕宦于大夫者之为之服也：宦，原文误作"官"。案依礼，仕宦于大夫，升为公（国君）之臣，则不当为大夫服。今此二人是仕宦于大夫（谓先仕于管仲），而升为公臣者，却为大夫服。

【译文】
孔子说："管仲曾遭遇盗贼，〔将盗贼捕获后〕，从中选用了两个人，又推荐给齐桓公做臣，说：'他俩因所与交往的是不走正道的人，〔因此做了盗贼〕，其实本是可以任用的人。'管仲死，齐桓公让此二人为管仲服丧。曾做大夫的私臣，〔升为国君的臣〕而又为大夫服丧，是从管仲的丧事开始的，这是因为国君命令他二人这样做的。"

66. 过而举君之讳则起。与君之讳同则称字。

【译文】
偶尔误说了国君的名讳就要起立〔表示改过〕。与国君的名讳相同的就称他的字。

67. 内乱不与焉，外患弗辟焉。

【译文】
对内乱〔如果无力阻止〕可以不参与，对外来侵略则不可避难〔而必须拼死抵抗〕。

68.《赞大行》曰[1]："圭，公九寸，侯、伯七寸，子、男五寸。博三寸，厚半寸，剡上左右各半寸，玉也。藻，三采六等[2]。"

【注释】
〔1〕《赞大行》：古礼书篇名。
〔2〕藻，三采六等：藻，是用以衬垫圭的，藻是用木板做成，外裹皮套，皮套外绘以彩饰。三采六等，谓以朱、白、苍三色相间周匝而画之，重复画两次，即朱、白、苍、朱、白、苍，凡六匝，故曰"三采六等"。

【译文】

《赞大行》说:"圭,公的长九寸,侯、伯的长七寸,子、男的长五寸。圭宽三寸,厚半寸,上端左右两边各削半寸〔作尖角状〕,是玉制的。衬垫圭的藻,用三种颜色相间而画六匝。"

69. 哀公问子羔曰:"子之食奚当[1]?"对曰:"文公之下执事也[2]。"

【注释】

[1] 子之食奚当:这是问其先人始仕食禄以何君时。

[2] 文公之下执事:文公,是比哀公早六世的国君,自文公而下依次是宣公、成公、襄公、昭公、定公,然后才是哀公。下执事,谓士。

【译文】

鲁哀公问子羔道:"您〔祖上〕当哪位国君时开始做官食俸禄的?"子羔回答说:"〔我祖上〕从文公时开始当差。"

70. 成庙则衅之[1]。其礼:祝、宗人、宰夫、雍人皆爵弁、纯衣[2]。雍人拭羊,宗人视之[3]。宰夫北面于碑南,东上[4]。雍人举羊升屋自中,中屋南面,刲羊,血流于前,乃降。门、夹室皆用鸡,先门而后夹室,其衈皆于屋下[5]。割鸡,门当门,夹室中室。有司皆向室而立,门则有司当门,北面。既事,宗人告事毕,乃皆退。反命于君曰:"衅某庙事毕[6]。"反命于寝,君南乡于门内,朝服,既反命乃退。路寝成,则考之而不衅[7]。衅屋者,交神明之道也。凡宗庙之器,其名者[8],成则衅之以豭豚[9]。

【注释】

〔1〕衅：祭名，谓以牲血祭庙，其礼详下文。

〔2〕雍人皆爵弁、纯衣：雍人，是厨宰之官。爵弁、纯衣，是士服，纯衣谓丝衣，玄色，下裳则为纁色。案此即所谓爵弁服（参见上篇第2节）。

〔3〕雍人拭羊，宗人视之：雍人拭羊在庙门外，则宗人亦当于门外视之。

〔4〕宰夫北面于碑南，东上：碑，谓庙内堂下庭中之碑，其位置当庭东西之中，将庭南北三分，则当庭北三分之二处。宰夫现处于代理主人的地位，故居于"东上"之位。案雍人拭羊后，与宗人回到庙中，与宰夫和祝一起面朝北立于碑南，而位在宰夫的西边，此处皆略而未言。

〔5〕其桓皆于屋下：桓，音 rě，为将刲割牲以衅，先拔取耳旁毛荐之。耳主听，告神欲其听之。屋，谓门屋和夹室之屋。

〔6〕某：代庙名。

〔7〕考：成，谓建筑落成。

〔8〕名者：名，大，谓器之大者。

〔9〕豭豚：豭，音 jiā。豭豚，谓牡豚。

【译文】

　　新庙落成，就要举行衅祭。衅祭的礼仪：祝、宗人、宰夫、雍人都戴爵弁、穿丝衣。雍人把羊擦拭干净，宗人察看雍人拭羊。宰夫面朝北站在碑的南边，处于〔祝、雍人和宗人〕东边的上位。雍人举着羊从庙屋的正中上到屋顶，在屋顶的正中面朝南，割杀羊，羊血流到屋前，然后下来。衅祭庙门和堂上的夹室都用鸡，先祭庙门而后祭夹室，〔割杀鸡之前〕拔取鸡耳边的毛以祭神都在门屋和夹室的屋下进行。割杀鸡，衅祭庙门就在当门处，衅祭夹室就在夹室的正中。〔衅祭夹室时〕属吏们都〔在堂下〕面向夹室而立，衅祭庙门时属吏们就〔在庙门外〕当门处，面朝北而立。衅祭之后，宗人〔向宰夫〕报告祭礼完毕，大家才都退去。宰夫回来报告国君说："衅祭某庙事已完毕。"宰夫向国君报告是在路寝，国君面朝南站在路寝门内，身穿朝服〔以听取报告〕。宰夫报告后才退去。路寝建成，就设盛宴以庆祝落成，而不用衅祭礼。衅祭庙屋，是接交神明的办法。凡宗庙中的器物，大的器物，造成后就杀公猪进行衅祭。

71. 诸侯出夫人[1]，夫人比至于其国，以夫人之礼行。至，以夫人入。使者将命曰[2]："寡君不敏，不能从而事社稷、宗庙，使使臣某敢告于执事。"主人对曰[3]："寡君固前辞不教矣[4]。寡君敢不敬须以俟命！"有司官陈器皿[5]，主人有司亦官受之。

【注释】

〔1〕诸侯出夫人：盖因夫人触犯了所谓"七出"而被遣出（参见《丧服小记第十五》第6节）。

〔2〕使者：谓送夫人归者。

〔3〕主人对曰：主人，主国之君。来使在门外，主人是使摈者传达回话。

〔4〕前辞不教：前，谓纳采之时。案古代两姓婚姻关系的确立有所谓"六礼"，纳采即其第一礼，或曰第一道程序（参见《昏义第四十四》第1节），即男家欲择此女为婚，而使媒人前往女家行纳采礼。纳采时女之父有辞曰："某之子惷愚，又弗能教。"即此所谓"前辞不教"。

〔5〕官：明付受悉依法。

【译文】

诸侯离弃他的夫人，夫人快回到母国的时候，要按照诸侯夫人的礼节行走。到达母国，要按照诸侯夫人的礼节入境。〔诸侯所派遣送夫人的〕使者致词说："寡君愚钝，不能使夫人随从自己主持社稷和宗庙的事，派使臣某前来谨向君的手下人报告。"主人〔使摈者传达〕回话说："寡君早就说过自己的女儿教得不好，寡君敢不敬候而听命！"使者的属吏依照礼法把〔夫人陪嫁的〕器皿陈列出来奉还，主人的属吏也依照礼法接受。

72. 妻出，夫使人致之曰："某不敏[1]，不能从而共粢盛[2]，使某也敢告于侍者。"主人对曰："某之子不肖[3]，不敢辟诛，敢不敬须以俟命！"使者退。主人拜送之。如舅在则称舅[4]，舅没则称兄，无兄则称夫。主人之辞曰："某之子不肖。"如姑、姊妹亦皆称之。

【注释】
〔1〕某：代夫名。下"某"则代使者名。
〔2〕粢盛：指代祭祀（参见《郊特牲第十一》第20节）。
〔3〕某：代主人名。
〔4〕如舅在则称舅：案凡遣妻必称尊者之命。舅，是夫之父，妻的公公。

【译文】
妻被弃出，丈夫派人送妻并致词说："某很愚钝，不能使妻随从自己供奉祭祀，使某前来，谨向您的侍从报告。"主人回答说："某的女儿没有德才，不敢逃避责罚，敢不敬候而听命！"使者退去，主人行拜礼相送。如果夫有父在，使者就称奉他父亲之命前来〔送女〕，父死了就称奉他兄长之命前来，没有兄长就称奉她的夫命前来。女家主人的答词说："某的女儿没有德才。"如果被弃出的是女家主人的姑或姊妹，就说"某的姑"或"某的姊妹没有德才"。

73. 孔子曰："吾食于少施氏而饱[1]。少施氏食我以礼。吾祭，作而辞曰：'疏食不足以祭也。'吾飧，作而辞曰：'疏食也，不敢以伤吾子。'"

【注释】
〔1〕少施氏：是鲁惠公的儿子施父的后人。

【译文】

孔子说:"我在少施氏家里吃饭而吃得很饱。少施氏依礼款待我。我行食前祭礼,他站起来推辞说:'饭菜很粗疏,不值得您行祭礼。'我吃饱后还要再吃上几口,他又站起来推辞说:'饭菜很粗疏,不敢用来伤害您的胃口。'"

74. 纳币一束,束五两,两五寻[1]。

【注释】

〔1〕"纳币"至"五寻":纳币,即婚礼之纳征(参见《曾子问第七》第9节)。案帛长四丈,从两端相向卷而合之,为一两,即今之一匹,五匹、二十丈则为一束。案这是婚礼所用币,若祭礼或宾礼,则一束为十八丈(参见上篇第48节)。

【译文】

行纳征礼赠送一束帛,〔其中每两卷帛合成一两〕,一束是五两,每两长八寻。

75. 妇见舅姑[1],兄弟、姑、姊妹皆立于堂下,西面,北上,是见已[2]。见诸父,各就其寝。

【注释】

〔1〕妇见舅姑:谓亲迎成婚后的第二天清早,新妇到公婆的住所去行拜见礼。

〔2〕"兄弟"至"见已":案妇见舅姑之礼是在堂上进行的,自兄弟以下都在堂下阼阶的东边,面朝西由北向南站成一排,也就算是见过了。

【译文】

妇拜见舅姑时,兄弟、姑、姊妹都站在堂下〔阼阶的东边〕,面朝西,以北边为上位,这就算已经见过了。妇拜见各位伯父、叔父,就到他们的住所去。

76. 女虽未许嫁,年二十而笄,礼之[1]。妇人执其礼[2]。燕则鬈首[3]。

【注释】
〔1〕年二十而笄,礼之:笄,谓行加笄礼,这是女子的成人礼,犹男子之冠礼。女子本当年十五即许嫁而笄,若未许嫁,则待年二十而笄(参见《曲礼上第一》第29节)。礼之,谓以成人礼视之。
〔2〕妇人执其礼:案男子冠礼由父兄主持而由男宾为之加冠,此加笄礼则由主妇主持而由女宾为之著笄,即所谓"妇人执其礼"也。
〔3〕燕则鬈首:鬈,音 quán。鬈首,谓分发而结为鬈纷。案鬈纷的具体样式不详。

【译文】
女子即使没有许嫁,到了二十岁也要行加笄礼,从此就以成人礼来对待她。加笄礼由妇人主持举行。没事时就〔不着笄而〕把头发分两边梳结。

77. 韠长三尺,下广二尺,上广一尺,会去上五寸[1],纰以爵韦六寸[2],不至下五寸,纯以素[3],紃以五采[4]。

【注释】
〔1〕会:案韠在离上端五寸处的两边相对称地各向内开了一个长、宽五寸的缺口,这个缺口就叫做会。
〔2〕纰以爵韦六寸:纰,指韠两侧的包边。爵,赤而微黑色。六寸,指包边展开后的宽度,实际六寸是对折起来做包边的,包边实宽三寸。
〔3〕纯:指韠下的镶边,宽五寸,是用生丝织成的素帛做镶边。
〔4〕紃:细丝带,施于缝中者。

【译文】
　　蔽膝长三尺，下宽二尺，上宽一尺，会距离上端五寸，纰是用六寸宽的赤而微黑色的熟牛皮做的，纰还差五寸不到蔽膝的下边，纯用白色的生丝帛做成，蔽膝上的接缝处都镶嵌有五彩丝带。

丧大记第二十二

1. 疾病，外内皆埽[1]。君、大夫彻县，士去琴瑟。寝东首于北牖下[2]，废床，彻亵衣，加新衣，体一人[3]。男女改服[4]。属纩以俟绝气[5]。男子不死于妇人之手，妇人不死于男子之手。

【注释】
〔1〕疾病，内外皆埽：病，谓疾之甚。因宾客将来问候，故埽洁所居之内外。
〔2〕寝东首于北牖下："牖"是"墉"字之误。案，这是指寝（卧）于正寝的北墉下，详下节。
〔3〕体一人：体，谓四肢，四人持之，为其不能自屈伸。
〔4〕男女改服：同"内外埽"一样，皆为将有宾客来看望病人。
〔5〕属纩以俟绝气：案人将死，气息微弱，难确知何时绝气，故用纩（新丝绵之絮）放在病人的口鼻处，以观察其绝气。

【译文】
病情严重时，要把室内外打扫干净。病人是国君或大夫，要撤去悬挂的钟磬等乐器，是士要撤去琴瑟。病人头朝东躺在〔室中〕的北墙下，去掉床，脱下脏衣，换上新衣，由四人扶持病人的四肢〔帮他脱换衣服〕。家中男子和妇女都换上新衣。将新丝绵絮放在病人的口鼻处以观察病人何时断气。男子不死在妇人手中，妇人不死在男子手中。

2. 君、夫人卒于路寝[1]。大夫、世妇卒于适寝[2]。内子未命则死于下室，迁尸于寝[3]。士之妻皆死于寝[4]。

【注释】
〔1〕卒于路寝："寝"与"室"通。死必皆于正室，也就是正寝。正寝，国君谓之路寝，大夫谓之适寝，士或谓之适室（参见《檀弓上第三》第39节）。
〔2〕世妇：即大夫的受有正式爵命的夫人。案大夫之妻曰命妇，而世妇本指诸侯的次妇，此处之所以称大夫之命妇为世妇，意在说明其尊卑与诸侯世妇相同。
〔3〕"内子"至"于寝"：内子，卿之妻。下室，即燕寝。迁尸于寝，因初死在下室，至小殓后迁尸，乃复还其正寝。案卿为上大夫，是其正寝亦当为适寝。
〔4〕士之妻："士"上脱一"士"字，即此句当作"士、士之妻"。

【译文】
国君、国君夫人死在路寝。大夫、世妇死在适寝。卿的内子未正式受爵命的死在燕寝，〔小殓后〕再把尸体迁移到正寝。士、士之妻都死在正寝。

3. 复有林麓则虞人设阶[1]，无林麓则狄人设阶[2]。

【注释】
〔1〕虞人：主林麓之官。
〔2〕狄人："狄"通"翟"，下级乐官。

【译文】
为死者招魂，如果死者的封邑中有山林的就由虞人设置上屋的梯子，没有山林的就由狄人设置上屋的梯子。

4. 小臣复[1]，复者朝服。君以卷[2]，夫人以屈狄。

大夫以玄赪[3]，世妇以襢衣。士以爵弁，士妻以税衣[4]。皆升自东荣[5]，中屋履危[6]，北面三号，卷衣投于前。司服受之[7]。降自西北荣。其为宾，则公馆复，私馆不复。其在野，则升其乘车之左毂而复。复衣不以衣尸，不以敛。妇人复不以袡[8]。凡复，男子称名，妇人称字。唯哭先复[9]，复而后行死事。

【注释】

〔1〕小臣复：小臣，君之近臣。复，为国君招魂。

〔2〕卷：即衮服。案此国君之位同上公，故用衮服招魂（参见《王制第五》第15节）。

〔3〕玄赪：服名。赪，音chēng，赤色。这种服装因其衣黑而裳赤，故名。

〔4〕税衣：一种黑色的服装（参见《杂记上第二十》第42节）。

〔5〕荣：屋檐两端向上翘起的部分，又叫屋翼，谓如鸟之张其两翼。

〔6〕危：即栋上，栋即屋脊。

〔7〕司服：掌吉凶衣服的官。

〔8〕袡：音rán，嫁时之上服，非事鬼神之衣。案依礼，女子出嫁时所穿衣为丝衣纁袡，即带有纁色镶边的黑色丝衣，盖即此所谓袡衣。

〔9〕唯哭先复：谓绝气则哭，哭而后复。

【译文】

小臣招魂，招魂的小臣穿朝服。为国君招魂用衮服，为国君夫人招魂用屈狄。为大夫招魂用玄赪，为大夫的世妇招魂用襢衣。为士招魂用爵弁服，为士妻招魂用税衣。招魂者都从屋前檐的东头上屋，到屋正中踏上屋脊，面朝北呼号三声，然后把招魂用的衣服卷起来扔到屋前地下。司服把衣服收拾起来。招魂者从屋北檐的西头下屋。在国外做宾客而死，死在公馆中就为他招魂，死在私馆就不招魂。如果死在野外，就登上死者所乘车左边的轴头而招魂。招魂衣不给尸穿，不用来殓尸。为妇人招魂不用袡衣。凡招魂，男子呼唤名，妇人呼唤字。人死先哭而后招魂，招魂而后再办丧事。

5. 始卒，主人啼，兄弟哭，妇人哭踊[1]。

【注释】
〔1〕"主人"至"哭踊"：主人，死者的嫡长子，为丧主，故称。但此处"主人"还包括其他嫡子和众庶子。兄弟，谓服齐衰期以下的同宗诸兄弟，非主人的同父兄弟。啼，哀痛之甚，呜咽而不能哭，如婴儿失母。兄弟之情稍轻，故哭而有声。妇人之踊，足不离地，即《问丧第三十五》所云"雀踊"是也。

【译文】
人始死，主人啼泣，兄弟放声哭，妇人放声哭而踊。

6. 既正尸[1]，子坐于东方，卿大夫、父兄、子姓立于东方[2]，有司、庶士哭于堂下，北面。夫人坐于西方，内命妇[3]、姑、姊妹、子姓立于西方。外命妇率外宗哭于堂上[4]，北面。

【注释】
〔1〕正尸：案人死前寝于室中北墙下（见第1节），死后将尸迁于南墙的窗下，头朝南放置，谓之正尸。
〔2〕子姓：谓众子孙。
〔3〕内命妇：谓世妇，即国君之妻而次于夫人者。
〔4〕外命妇率外宗：外命妇，谓卿大夫之妻。外宗，参见《杂记上第二十》第56节。案既言"外命妇"，又言"外宗"者，因外宗不皆为外命妇。

【译文】
将尸体放正〔在南墙窗下〕之后，太子坐在尸体东边，同姓卿大夫、父兄、众子孙们站在尸体东边，官吏和众士在堂下，面朝北而哭。国君夫人坐在尸体西边，国君的世妇、姑、姊妹和女儿、孙女们站在尸体西边。同姓卿大夫之妇率领外宗妇女们,在堂下面朝北而哭。

7. 大夫之丧,主人坐于东方,主妇坐于西方。其有命夫、命妇则坐[1],无则皆立。士之丧,主人、父兄、子姓皆坐于东方,主妇、姑、姊妹、子姓,皆坐于西方。凡哭尸于室者,主人二手承衾而哭[2]。

【注释】
〔1〕命夫、命妇:谓来哭者之同宗父兄、子孙、姑、姊妹等。
〔2〕承衾而哭:衾,是覆盖尸体的被子。

【译文】
大夫死,〔正尸后〕主人坐在尸体东边,主妇坐在尸体西边。来哭的同宗男子、妇女受有爵命的就坐〔在尸体东西两边〕,未受爵命的就都站着。士死,〔正尸后〕主人和死者的父兄、子孙们都坐在尸体的东边,主妇和死者的姑、姊妹、女儿、孙女们,都坐在尸体的西边。凡在室中哭尸,主人用两手抓着覆尸的被子而哭。

8. 君之丧未小敛,为寄公、国宾出[1]。大夫之丧未小敛,为君命出。士之丧于大夫,不当敛则出。凡主人之出也,徒跣,扱衽,拊心,降自西阶。君拜寄公、国宾于位[2]。大夫于君命,迎于寝门外,使者升堂致命,主人拜于下。士于大夫亲吊,则与之哭[3],不逆于门外。夫人为寄公夫人出[4]。命妇为夫人之命出。士妻不当敛,则为命夫出。

【注释】

〔1〕"君之"至"宾出"：寄公，谓诸侯失国而寄居于邻国者。国宾，谓他国来聘之卿大夫。出，谓出于室，下凡言"出"皆同。案为寄公、国宾出，则为其他来吊者不出可知。之所以如此，是因为父母始死，哀痛甚，故非所尊不为之出。

〔2〕君拜寄公、国宾于位：案此时寄公位在门西，国宾位在门东，皆北面，君向其位而拜之。

〔3〕与之哭：案这是在向大夫行过拜礼之后，即位于西阶上，面朝东而哭，大夫则面朝北而哭。

〔4〕出：案妇人不下堂，但出室而拜于堂上。

【译文】

国君死，还没有小殓，太子只为寄居本国的诸侯来吊唁，或他国来聘问的卿大夫前来吊唁才出迎。大夫死，还没有小殓，主人只为受君命前来吊唁的使者才出迎。士死，主人对于前来吊唁的大夫，如果不是正当殓的时候，就出迎。凡主人出迎吊者，都赤脚，把衣的前襟撩起来扱入腰带间，用手捶胸，从西阶下堂。嗣君〔在庭中〕向着寄居本国的诸侯或他国来聘问的卿大夫所在之位而拜。大夫对于受君命前来吊唁的使者，要到寝门外迎接，使者上堂致吊词，主人在堂下行拜礼。士对于亲临吊唁的大夫，就同他一起哭，不到门外迎接。国君夫人为前来吊唁的寄居本国的诸侯夫人而出迎。大夫的命妇为受国君夫人之命前来吊的使者而出迎。士妻如果不是正当殓的时候，就要为前来吊唁的大夫的命妇而出迎。

9. 小敛，主人即位于户内[1]。主妇东面。乃敛。卒敛，主人冯之踊，主妇亦如之。主人袒，说髦，括发以麻。妇人髽、带麻于房中[2]。

【注释】

〔1〕主人即位于户内：案小殓时主人位在室门内稍东，面朝西。

〔2〕带麻于房中：带，谓腰绖。房，谓西房。案室两头有房，分别叫做东、西房。

【译文】
　　将要小殓，主人在室门内〔稍东的地方面朝西〕就位。主妇〔在室门内尸体的西边〕面朝东就位。于是开始小殓。殓毕，主人凭尸哭踊。主妇也像主人那样哭踊。主人袒露左臂，脱去头上戴的髻，用麻束发。妇人在西房中用麻束发髻、系麻腰绖。

　　10. 彻帷[1]，男女奉尸夷于堂[2]，降拜。君拜寄公、国宾。大夫、士拜卿大夫于位，于士旁三拜[3]。夫人亦拜寄公夫人于堂上[4]。大夫内子[5]、士妻，特拜命妇，泛拜众宾于堂上[6]。主人即位[7]，袭[8]，带绖踊。母之丧，即位而免[9]。乃奠[10]。吊者袭裘[11]，加武带绖[12]，与主人拾踊。

【注释】
　　〔1〕彻帷：案小殓前要帷堂，因鬼神尚幽暗；小殓后则彻帷。
　　〔2〕夷于堂：夷，陈。案这是为大殓做准备，小殓在室，大殓在堂。"夷于堂"主要是由众士进行，而众孝子和妇人们则当分别捧着尸的头和脚。
　　〔3〕旁：犹面。
　　〔4〕夫人亦拜寄公夫人于堂上：句首"夫人"二字原误作"大夫"。之所以拜于堂上，因妇人无下之堂位，故夫人拜寄公妻于堂上。
　　〔5〕大夫内子：案卿之妻曰内子，大夫之妻曰命妇，此未云命妇，欲见卿妻与命妇同。
　　〔6〕众宾：谓士妻。
　　〔7〕即位：即阼阶下之位。
　　〔8〕袭：案小殓毕主人袒（见第9节），至此时拜宾毕而袭。
　　〔9〕母之丧，即位而免：这是记者插记异闻。案为父丧，主人拜宾

毕而犹"括发以麻"(见第9节),为母丧则拜宾即位时就不再括发,而代之以著免(免形制,参见《檀弓上第三》第1节)。

〔10〕乃奠:案此时之奠,因小殓后而设,名为小殓奠。所设的奠祭物,有牲肉、醴酒和脯醢等。案小殓后尸陈于堂上两楹之间,即堂正中的位置,小殓奠设在尸的东边。

〔11〕吊者袭裘:这是指小殓后来吊者。如果小殓前来吊,吊者皮裘上有裼衣,裼衣上有朝服,当开朝服前襟而露出里面的裼衣,即《檀弓上》所谓"子游裼裘而吊"也(见彼第58节)。如果小殓后来吊,就不可开朝服前襟而当掩好里面的裼衣,即《檀弓上》所谓"主人既小殓,……子游趋出,袭裘"(参见同上)之义。

〔12〕加武带绖:武,冠圈。案此所谓加,是加绖而非加武。

【译文】

把堂上的帷帐撩起来,众孝子和妇人们帮着捧尸陈放在堂上,然后主人下堂拜谢来吊的宾客。主人是嗣君就拜谢寄居本国的诸侯和他国前来聘问的卿大夫。主人是大夫、士就要到卿大夫所在的位前行拜礼,对于士则面向他们所在的方位统行三拜之礼。国君夫人也在堂上拜谢寄居本国的诸侯之夫人。卿的内子和大夫的命妇、士妻,对于〔内子和〕命妇要一一拜谢,对于众士妻则在堂上统行拜谢之礼。〔拜宾之后〕,主人就位,穿好衣服,系上首绖和腰绖,然后哭踊。如果是母亲的丧事,主人即位时就要〔去掉束发的麻而〕著免。于是设小殓奠。这时来吊丧的人就要掩好里面的皮袄,在冠圈上加首绖,并系上腰绖,与主人交替哭踊。

11. 君丧,虞人出木、角,狄人出壶,雍人出鼎,司马县之[1],乃官代哭[2]。大夫官代哭不县壶。士代哭不以官。

【注释】

〔1〕"虞人"至"县之":虞人,狄人,皆参见第3节。雍人,司马,参见《杂记下第二十一》第52节及第70节。木,即木柴。角,是

舀水用的小斗。壶，即漏壶，上有刻度，可通过滴漏以计时。鼎，供烧热水用，因冬天怕水上冻，故烧热水以供漏壶所须。县（悬），谓悬挂漏壶。案此节记代哭礼（详下注），为掌握代哭的时间，故须设漏壶以计时。

〔2〕代哭：案死者未殡之前当哭不绝声，为防孝子悲哀太甚而伤身，因此制定出代哭之礼。所谓代哭，就是由人按时轮替而哭的意思，故须为代哭者计时。

【译文】
国君的丧事，由虞人供给木柴和舀水用的角，狄人准备好计时用的漏壶，雍人准备好烧热水用的鼎，司马负责悬挂好漏壶，这才开始由官吏轮流代嗣君哭。大夫由官吏代哭而不悬挂漏壶。士〔由亲属〕代哭而不用官吏。

12. 君堂上二烛[1]，下二烛。大夫堂上一烛，下二烛。士堂上一烛，下一烛。

【注释】
〔1〕烛：为照馔而设，馔即为死者所设的奠祭物。案古未有蜡烛，此烛实为火炬。

【译文】
国君之丧堂上点两个火把，堂下点两个火把。大夫之丧堂上点一个火把，堂下点两个火把。士之丧堂上点一个火把，堂下点一个火把。

13. 宾出彻帷[1]。

【注释】
〔1〕宾出彻帷：这是指国君和大夫的丧礼，若士之丧则小殓毕而彻

帷。案第10节所谓小殓毕而"彻帷",实际是统国君以下至士之丧而言,而此处又云"宾出彻帷",盖记异闻。或疑此上盖有脱文,亦可备一说。

【译文】
宾客出去之后,再撩起堂上的帷帐。

14. 哭尸于堂上,主人在东方,由外来者在西方[1],诸妇南乡[2]。

【注释】
〔1〕由外来者:谓奔丧者。
〔2〕诸妇南乡:诸妇,谓自主妇以下者。南乡,则在尸的北边。案如无奔丧者,妇人仍然在尸的西边,面朝东。

【译文】
在堂上哭尸,主人在尸的东边,由外来奔丧的人在尸的西边,妇人们〔在尸的北边〕面朝南。

15. 妇人迎客、送客不下堂;下堂不哭[1]。男子出寝门见人不哭[2]。其无女主,则男主拜女宾于寝门内[3]。其无男主,则女主拜男宾于阼阶下[4]。子幼则以衰抱之,人为之拜。为后者不在,则有爵者辞;无爵者,人为之拜[5]。在竟内则俟之,在竟外则殡葬可也。

【注释】
〔1〕下堂不哭:案妇人对于与己地位相等的女宾就不下堂拜送;如果有尊者,如国君夫人来吊,主妇就要下堂至庭稽颡,但不哭。

〔2〕男子出寝门见人不哭：案男子所事（指丧事）之处，自堂及门；非其所事之处（指门外）则不哭，如哭则犹野哭。出门见人，谓迎宾客。

〔3〕男主拜女宾于寝门内：按女宾位在堂上，男主拜之于寝门内，是于庭中面朝北而拜。

〔4〕女主拜男宾于阼阶下：案上文云妇人"下堂不哭"，此亦妇人下堂之一例。

〔5〕"为后"至"为之拜"：为后者不在，谓主人有事外出。有爵者辞，谓不在家之主人有官爵，其摄主无官爵，则以言辞谢宾，云："己无爵而不敢拜宾。"无爵，谓不在之主人无官爵，则摄主之人为主人拜宾。

【译文】

妇人迎客、送客不下堂；必须下堂时在堂下不哭。男子出寝门〔迎、送宾客〕见人不哭。如果没有女主人，就由男主人在寝门内拜谢女宾。如果没有男主人，女主人就到阼阶下拜谢男宾。如果嫡子幼小，就用丧服包着他抱着，而由人代他向宾客行拜礼。主人外出而不在家，如果主人有官爵〔而代理主人无官爵〕，就对宾客用言词相谢而不拜；如果主人无官爵，〔代理主人〕就替他向宾客行拜礼。主人不在家而在国内，就等他回来〔再殡葬〕；主人在国外，就可以〔不等主人回来而〕按时殡葬。

16. 丧有无后，无无主。

【译文】

丧事有死者无后继人的，而没有无主丧人的。

17. 君之丧，三日，子[1]、夫人杖。五日既殡，授大夫、世妇杖。子、大夫寝门之外杖，寝门之内辑之[2]。夫人、世妇在其次则杖，即位则使人执之。子有王命则去杖，国君之命则辑杖，听卜有事于尸则去杖。

大夫于君所则辑杖[3],于大夫所则杖。

【注释】
〔1〕子:此处兼嫡子、庶子及世子而言。
〔2〕揖之:揖,殓,谓举之而不以拄地。
〔3〕君:在此指太子。案自其思慕呼亲者言之谓之子,自其统摄群臣言之则必称之曰君。

【译文】
国君死,第三天,孝子和夫人开始拄丧杖。第五天殡后,授给大夫和国君的世妇丧杖。孝子和大夫在殡宫门外就拄杖而行,在殡宫门内就举着丧杖而不拄地。夫人和世妇在她们守丧的房舍中就拄杖,〔在殡宫内堂上〕就哭位就让人替她们拿着杖。太子当有天子所命的使者前来吊唁就去掉丧杖,有邻国之君所命的使者前来吊唁就举杖而不柱地,听候占卜以决定为尸行丧礼事的时候就去掉丧杖。大夫在太子面前就举杖而不拄地,在大夫面前就拄杖。

18. 大夫之丧,三日之朝既殡,主人、主妇、室老皆杖。大夫有君命则去杖,大夫之命则辑杖。内子为夫人之命去杖,为世妇之命授人杖。

【译文】
大夫死,第三天早晨殡后,主人、主妇和家臣头子都柱丧杖。〔遭父母之丧的〕大夫有奉国君之命吊唁的使者到来就去掉丧杖,有奉大夫之命吊唁的使者到来就举杖不拄地。〔卿遭父母之丧〕,内子为奉国君夫人之命前来吊唁的使者要去掉丧杖,为奉国君的世妇之命前来吊唁的使者要把丧杖交给别人拿着。

19. 士之丧，二日而殡，三日之朝主人杖，妇人皆杖。于君命、夫人之命，如大夫。于大夫、世妇之命，如大夫。子皆杖[1]，不以即位。大夫、士哭殡则杖，哭柩则辑杖[2]。

【注释】
〔1〕子：谓诸庶子。
〔2〕哭柩：这是指启殡之后。

【译文】
　　士死，第二天殡，第三天早晨主人拄丧杖，妇人们也都拄丧杖。对于奉国君之命或奉国君夫人之命前来吊唁的使者如同大夫一样〔要去掉丧杖〕。对于奉大夫之命或奉国君的世妇之命前来吊唁的使者，也如同大夫一样〔举杖不拄地或把丧杖交给别人拿着〕。凡庶子都拄丧杖，但不拿着丧杖就哭位。大夫、士哭殡就拄丧杖，〔葬前启殡后〕哭柩就举杖不拄地。

20. 弃杖者[1]，断而弃之于隐者。

【注释】
〔1〕弃杖：谓大祥后弃之。

【译文】
　　丢弃丧杖的，要把它折断而丢弃到隐避的地方。

21. 君设大盘造冰焉[1]。大夫设夷盘造冰焉。士并瓦盘[2]，无冰。设床，襢笫[3]，有枕。含一床，袭一床，迁尸于堂又一床，皆有枕、席，君、大夫、士一也。

【注释】

〔1〕大盘造冰：造，犹内（纳）。大盘，及下夷盘，皆为仲春以后天暖遭丧，盛冰置于床下以寒尸所用，若秋凉以后遭丧就不用冰了。案大盘宽八尺，长丈二，深三尺。夷盘则小。

〔2〕士并瓦盘，无冰：案士卑，瓦盘小，并而用之，故曰并盘。案如果君赐士以冰，就可用夷盘盛冰。

〔3〕禮第：即袒簀。禮，同"袒"。第，音 zǐ，即簀，是一种竹片做的床垫，第上须再铺席。而此处所记，是为尸沐浴之后、小殓之前的事，故禮第而不设席。至沐浴后为死者饭含、小殓、迁尸之床，则皆当设席，如下文所述。

【译文】

国君之丧设大盘盛冰。大夫之丧设夷盘盛冰。士之丧并合瓦盘〔以盛水〕，无冰。盘上设床，〔不铺席而〕袒露着竹床垫，有枕头。为死者饭含时设一张床，小殓时设一张床，小殓后把尸迁移到堂上又设一张床，床上都设有枕、席，这是国君和大夫、士都一样的。

22. 始死，迁尸于床[1]，帱用敛衾，去死衣[2]。小臣楔齿用角柶，缀足用燕几，君、大夫、士一也。

【注释】

〔1〕迁尸于床：谓自室中北墙下迁至南墙下当牖处（参见第6节）。
〔2〕去死衣：病时所加新衣。

【译文】

人始死，把尸体迁到〔南墙窗下〕的床上，用殓衾覆盖尸体，脱去临死前换上的新衣。小臣用角柶楔入死者齿间，用燕几固定死者的双脚，这些事国君、大夫、士都是一样的。

23. 管人汲，不说繘，屈之[1]，尽阶不升堂，授御者[2]。御者入浴。小臣四人抗衾[3]，御者二人浴。浴水用盆，沃水用枓，浴用绤巾，挋用浴衣[4]，如它日[5]。小臣爪足。浴余水弃于坎。其母之丧，则内御者抗巾而浴。

【注释】

〔1〕管人汲，不说繘，屈之：管人，是主人的属吏中掌馆舍者。繘，音 yù，井绳。案因初丧遽促，故不脱去井索，但萦屈执之于手中。案这是为将浴尸而汲水。

〔2〕御者：此指外御，是对内御而言，若母丧则由内御侍浴。案内御由女子充任。

〔3〕小臣四人抗衾：抗衾，谓举巾以蔽尸。四人举衾，四隅各一人。

〔4〕挋：音 zhèn，擦拭。

〔5〕它日：谓平生寻常之日。

【译文】

　　管人从井中打水，不解脱井绳，把井绳屈起来握在手中，〔就提着水从西阶上堂〕，但只上到堂阶的最上一级，而不上到堂上，把水交给御者。御者进入室中为死者洗澡。洗澡时小臣四人举着殓衾以遮蔽尸体，由御者二人为死者洗澡，洗澡的水盛在盆中，用木勺舀水浇尸体，用细葛布巾为尸体洗澡，用浴衣为尸擦干身体，如同生前平日一样。小臣为尸体修剪脚指甲。如果主人的母亲死，就由内御举殓衾遮蔽尸体而洗澡。

24. 管人汲，授御者。御者差沐于堂上[1]。君沐粱，大夫沐稷，士沐粱。甸人为垼于西墙下[2]。陶人出重鬲[3]。管人受沐，乃煮之。甸人取所彻庙之西北厞[4]，薪用爨之。管人授御者沐，乃沐。沐用瓦盘，挋用巾，如它日，小臣爪手、翦须。濡濯弃于坎[5]。

【注释】
〔1〕差沐：差，犹摩，此处指淘米。淘米水谓之潘汁，是供洗头用的，故曰差沐。又此处所谓米，泛指粱、稷等。
〔2〕甸人为垼：甸人，掌供薪柴者。垼，音yì，是用土块垒的灶。垒灶的目的，是为煮潘汁。
〔3〕陶人出重鬲：陶人，作瓦器之官。重，用木斫削而成。其形制，是用一长三尺的木棍，经斫削后，在其首端凿孔，孔中贯以竹篾，竹篾两端悬鬲。鬲，音lì，是瓦瓶，可容三升，因悬于重的两侧，故曰重鬲。
〔4〕所彻庙之西北厞：庙，即正寝，亦即殡宫。厞，音féi，隐。案这里是指正寝西北的屋檐，因其处较隐蔽，故名为厞。此屋檐是招魂者所撤，目的在于示主人已死，此堂无复用。
〔5〕坎：即坑，甸人所掘，在东西两阶之间而稍西处。

【译文】
管人从井中打水，授给御者。御者在堂上用水淘米〔而取淘米水〕。死者是国君就用淘洗稻米的水洗头，是大夫就用淘洗小米的水洗头，是士也用淘洗稻米的水洗头。甸人在〔庭中〕西墙下垒灶。陶人拿出悬系在重上的鬲。管人〔从堂上御者手中〕接过淘米水，于是〔盛在鬲中放〕在灶上加温。甸人抽取〔招魂者〕所撤庙的西北屋檐的木料，用作薪柴来烧淘米水。管人把经过加温的淘米水授给堂上的御者，于是为尸洗头。洗头用瓦盆盛水，用布巾把头发擦干，如同生前平日一样。小臣为死者修剪手指甲和胡须。洗过头的水倒在堂下坑里。

25. 君之丧，子、大夫、公子、众士皆三日不食。子、大夫、公子食粥，纳财[1]，朝一溢米[2]，莫一溢米，食之无筭[3]。士疏食，水饮，食之无筭。夫人、世妇、诸妻皆疏食，水饮，食之无筭。大夫之丧，主人、室老、子姓皆食粥。众士疏食，水饮。妻妾疏食，水饮。士亦如之。既葬，主人疏食、水饮，不食菜果，妇人亦如之，君、大夫、士一也。练而食菜果，祥而食肉。食粥于盛不盥[4]，食于篹者盥[5]。食菜以醯酱。始食肉者，先食干肉。始饮酒者，先饮醴酒。

【注释】
　　[1] 纳财：谓食谷。
　　[2] 溢：二十两曰溢，为米的一又二十四分之一升。案古时升小，只相当后世的一合五勺二撮有奇，与一满把相近。如秦汉时的一升，只等于今二百毫升，即相当今升的五分之一，是其证。
　　[3] 食之无筭：案居丧困病，不能顿食，随须而食，故曰无筭。
　　[4] 盛：谓今时杯杆。
　　[5] 篹：竹筥。

【译文】
　　国君死，嗣子、大夫、众子、众士都三天不吃饭。〔三天之后〕，嗣子、大夫、众子开始吃粥，所吃的粮食，早晨一溢米，晚上一溢米，吃时也不按正顿。士吃粗粮，饮水，不按顿吃饭。国君的夫人、世妇和众妻都吃粗粮，饮水，不按顿吃饭。大夫死，主人、家臣头子、子孙们都吃粥。众士吃粗粮，饮水。妻妾们也吃粗粮，饮水。士死了〔子和妻妾吃饭〕也像这样。死者葬后，主人开始吃粗粮，饮水，不吃蔬菜瓜果，妇人们也这样，这是从国君到大夫、士都一样的。小祥祭后开始吃蔬菜瓜果，大祥祭后开始吃肉。吃盛在器皿中的粥无须盥手，吃盛在竹筐中的食物要先盥手。吃蔬菜可以就醋酱。开始吃肉的，先吃干肉。开始饮酒的，先饮醴酒。

26. 期之丧，三不食，食疏食，水饮，不食菜果，三月既葬，食肉饮酒。期，终丧不食肉，不饮酒，父在为母，为妻。九月之丧，食饮犹期之丧也，食肉饮酒，不与人乐之。五月、三月之丧，壹不食、再不食可也，比葬食肉饮酒，不与人乐之。叔母、世母、故主、宗子，食肉饮酒。不能食粥，羹之以菜可也。有疾食肉饮酒可也。

【译文】
　　服一年之丧，〔人始死时〕三顿不吃饭，然后吃粗粮，饮水，不吃蔬菜和瓜果，到第三个月死者葬后，可以吃肉饮酒。服一年之丧，一直到服满丧期都不吃肉，不饮酒，这是指父在为母或为妻服丧。服九月之丧，饮食都和服一年之丧相同，〔死者葬后〕可以吃肉饮酒，但不同别人一起吃喝欢乐。服五月或三月之丧，一顿或两顿不吃饭就可以了，将近葬期就可以吃肉饮酒，但不同别人一起吃喝欢乐。为叔母、伯母、过去的主子或宗子服丧，都可以吃肉饮酒。〔在应该吃粥的期间而因身体不好〕不能吃粥的，可在粥中加放菜煮成羹来吃。服丧期间生病了可以吃肉饮酒。

27. 五十不成丧。七十唯衰麻在身。

【译文】
　　年五十就可不遵循成套的丧礼。年七十只须穿丧服系麻绖带〔而生活起居一如平时〕。

28. 既葬，若君食之则食之，大夫、父之友食之则食之矣，不辟粱肉，若有酒醴则辞。

【译文】

　　死者葬后，如果国君赐给食物就吃，大夫或父亲的朋友馈送食物就吃，即使是细粮和肉食也不回避，如果馈赐有醴酒就要推辞。

29. 小敛于户内，大敛于阼。君以簟席，大夫以蒲席，士以苇席。

【译文】

　　小殓在室门内进行，大殓在阼阶上进行。殓时国君用竹席，大夫用蒲席，士用苇席。

30. 小敛布绞，缩者一，横者三。君锦衾，大夫缟衾，士缁衾皆一。衣十有九称。君陈衣于序东，大夫、士陈衣于房中[1]，皆西领，北上[2]。绞、紟不在列。

【注释】

　〔1〕房：谓东房。
　〔2〕北上：案殓衣有贵贱，贵者陈放在北边上位。

【译文】

　　小殓时束殓衣用布带，纵三条，横三条。国君小殓用锦面的被，大夫用白面的被，士用黑面的被，都只用一条。小殓用衣十九套。君的殓衣预先陈放在堂上东序的东边，大夫、士的殓衣预先陈放在东房中，陈放时使衣领朝西，以北边为上位。束殓衣的布带和覆尸的单被不在陈列之数。

31. 大敛布绞，缩者三，横者五，布紟，二衾，君、大夫、士一也。君陈衣于庭，百称，北领，西上。大夫陈衣于序东，五十称，西领，南上。士陈衣于序东，三十称，西领，南上。绞、纶如朝服[1]。绞一幅为三，不辟[2]。纶五幅，无紞[3]。

【注释】

〔1〕绞、纶如朝服：这是指绞、纶所用布的精粗如朝服。朝服用十五升布。

〔2〕绞一幅为三，不辟：谓一幅三析用之。不辟，谓绞的末端不撕裂开。案小殓之绞用布宽同布幅，绞的末端撕裂为三，以便系扎殓衣。大殓之绞因用布较窄，便于系扎坚牢，故其末端"不辟"。

〔3〕无紞：紞，音 dǎn，是缝缀在被端以识别上下的丝带。无紞，这是表示不同于活着时。

【译文】

大殓束殓衣用布带，纵的三条，横的五条，一条布单被，两条被子，这些从国君到大夫、士都是一样的。国君的殓衣预先陈放在堂下庭中，共一百套，陈放时使衣领朝北，以西边为上位。大夫的殓衣陈放在东序的东边，共五十套，使衣领朝西，以南边为上位。士的殓衣陈放在东序的东边，共三十套，使衣领朝西，以南边为上位。束殓衣的布带和单被所用的布如同朝服。束殓衣的布带是用一幅布析分为三条做成，带的末端不撕裂开。单被是用五幅布合成，被端不缝缀丝带做标志。

32. 小殓之衣，祭服不倒[1]。

【注释】

〔1〕祭服不倒：案小殓之衣十九称（套），不可能都给尸体穿上，穿不上的衣服就散放在尸体上用以裹尸，放时为了使衣裳平整，有些衣服就要颠倒头放置，而祭服则不可倒。

【译文】

小殓的衣服，如果是死者生前穿的祭服不可颠倒头放。

33. 君无襚。大夫、士毕主人之祭服[1]。亲戚之衣受之，不以即陈。小敛，君、大夫、士皆用复衣、复衾[2]。大敛，君、大夫、士祭服无筭，君褶衣、褶衾，大夫、士犹小敛也。

【注释】

〔1〕大夫、士毕主人之祭服：谓大夫、士尽用己之祭衣，然后用襚。
〔2〕复衣、复衾：谓衣被之表里之间填有绵纩者。

【译文】

为国君入殓不用别人赠送的衣。大夫、士入殓要把主人生前的祭服都用上，〔再用别人所赠送的衣服〕。亲戚所赠送的衣服虽接受，不拿来陈列。小殓时，国君、大夫和士都用著有丝绵的衣和被。大殓时，国君、大夫和士所用的祭服无定数，此外国君用夹衣、夹被，大夫和士则如同小殓时所用的衣被。

34. 袍必有表，不单。衣必有裳，谓之一称。

【译文】

凡袍一定有表〔有里〕，不是单层的。上衣一定配有下裳，这叫做一套。

35. 凡陈衣者实之箧，取衣者亦以箧[1]，升降者自西阶。凡陈衣不诎，非列采不入[2]，絺绤纻不入[3]。

【注释】
〔1〕者：是"皆"字之误。
〔2〕列采：谓青、赤、黄、白、黑五色。
〔3〕绤绤纻不入：绤绤纻，指暑天之衣，因皆轻而单薄，易显露尸的形体，故不用。

【译文】
凡将要陈放的殓衣都盛在竹箱中，拿殓衣给死者穿也用竹箱受取，〔陈放或拿取殓衣〕都从西阶上下堂。凡陈放殓衣都舒展开而不卷屈。不是正色的衣服不用，细葛布衣、粗葛布衣以及纻麻布衣不用。

36. 凡敛者袒，迁尸者袭。君之丧，大胥是敛[1]，众胥佐之。大夫之丧，大胥侍之[2]，众胥是敛。士之丧，胥为侍，士是敛[3]。

【注释】
〔1〕大胥："胥"是"祝"字之误。案此节中凡"胥"字皆当为"祝"。
〔2〕侍：犹临。
〔3〕士是敛：案此士是死者生前的同事（参见第38节）。

【译文】
凡为尸穿殓衣的人都要袒露左臂，迁移尸体的人要穿好衣服。国君的丧事，由太祝穿殓衣，众祝佐助他。大夫的丧事，太祝陪侍，由众祝穿殓衣。士的丧事，祝陪侍，由士穿殓衣。

37. 小敛、大敛，祭服不倒，皆左衽结绞不纽[1]。

【注释】

〔1〕左衽结绞不纽：衽，衣襟。左衽，案活人皆右衽，此则相反。结绞不纽，这也是异于活人：活人系襟的带结成活纽，便于抽开，人死则不复解，故结绞不纽。

【译文】

小殓、大殓时，祭服不能放颠倒，衣襟都向左系成死结而不留活纽。

38. 敛者既敛必哭。士与其执事则敛[1]，敛焉则为之一不食。凡敛者六人。

【注释】

〔1〕士与其执事："其"字是"共"字之误。

【译文】

为死者入殓的人殓毕一定要哭。士曾与死者生前共事的就为死者入殓，动手入殓的士要为死者一顿不吃饭。凡为死者入殓总共用六人。

39. 君锦冒黼杀[1]，缀旁七[2]。大夫玄冒黼杀，缀旁五。士缁冒赪杀，缀旁三。凡冒，质长与手齐，杀三尺。自小敛以往用夷衾[3]，夷衾质杀之，裁犹冒也[4]。

【注释】

〔1〕锦冒黼杀：冒，包裹尸体的套子（参见《杂记下第二十一》第24节）。此处所谓冒实指冒的上截，即质，下仿此。

〔2〕缀旁七：案冒形如囊，然其一侧不缝合，缀有小带子，套尸后再将小带子打结系牢。

〔3〕夷衾：覆尸之衾。
〔4〕裁：犹制。

【译文】
　　国君所用的冒，质是彩色的，杀是黑白二色相间的，旁边打七个结。大夫所用的冒，质是玄色的，杀是黑白二色相间的，旁边打五个结。士所用的冒，质是缁色的，杀是赤色的，旁边打三个结。凡帽，质的长度与尸体的手齐，杀长三尺。自小殓以后用夷衾覆盖尸体，夷衾也分为上质、下杀两截，两截的长度和颜色都和冒相同。

40. 君将大敛，子弁绖即位于序端。卿大夫即位于堂廉楹西[1]，北面，东上。父兄堂下，北面。夫人、命妇尸西，东面。外宗房中，南面。小臣铺席，商祝铺绞、纷、衾、衣。士盥于盘上[2]，士举迁尸于敛上。卒敛，宰告。子冯之踊。夫人东面亦如之。

【注释】
　　〔1〕堂廉楹西：廉，谓堂的侧边，此指南侧边。楹，堂柱，此是指东楹。
　　〔2〕士盥于盘上：即《杂记上》所谓"士盥于盘北"（参见彼第56节）。

【译文】
　　国君的尸体将大殓，嗣君头戴弁而加环绖在东序南端就位。卿大夫在堂南边东楹以西的地方就位，面朝北，以东边为上位。父兄们在堂下，面朝北就位。国君的夫人和大夫的命妇们在尸的西边，面朝东就位。外宗妇女们在西房中，面朝南就位。小臣铺设殓席，商祝在席上铺设束殓衣的带子、单被、被子和殓衣。士在盘上盥手，然后士把尸体抬放在殓席上。大殓完毕，太宰向嗣君报告。嗣君凭尸哭踊。国君夫人在尸的西边面朝东也像嗣君一样哭踊。

41. 大夫之丧，将大敛，既铺绞、纷、衾、衣，君至，主人迎，先入门右[1]。巫止于门外[2]。君释菜[3]。祝先入，升堂。君即位于序端。卿大夫即位于堂廉楹西，北面，东上。主人房外南面。主妇尸西，东面。迁尸，卒敛，宰告。主人降，北面于堂下。君抚之[4]。主人拜稽颡。君降，升主人冯之，命主妇冯之。

【注释】
〔1〕先入门右："门"是字衍。第55节"先入门右"亦仿此。
〔2〕巫止于门外：案君吊臣丧，有巫，有祝手执桃、茢以随君行，为君驱除凶邪之气（参见《檀弓下第四》第34节）。到达臣家，巫止于门外，而祝在前为君开路，故下文曰"祝先入"，亦即第55节所谓"祝代之先"。案若天子则巫、祝并在前，诸侯下天子一等，故巫止于门外。
〔3〕君释菜：这是行祭门神之礼。案这是菜释于门内（参见下第55节）。
〔4〕君抚之：即行抚尸礼（参见《杂记上第二十》第18节）。

【译文】
大夫的丧事，将要大敛的时候，已经铺设好了束殓衣的带子、单被、被子、殓衣，这时国君到来。主人出门迎接，然后先进门向右转弯〔再面朝北而立〕。〔随国君而来的〕巫停留在门外。国君在门内放菜以祭门神。〔随国君而来的〕祝先进门，上堂。国君在堂上东序南端就位。卿大夫在堂廉处东楹以西的地方就位，面朝北，以东边为上位。主人在东房门外面朝南而立。主妇在尸的西边面朝东而立。把尸抬到殓席上，大殓完毕后，宰向主人报告。主人下堂，面朝北站在堂下。国君行抚尸礼。主人在堂下行稽颡拜礼。国君下堂，让主人上堂行凭尸哭踊之礼，又命主妇行凭尸哭踊之礼。

42. 士之丧，将大敛，君不在，其余礼犹大夫也[1]。

【注释】
〔1〕其余礼：谓铺衣、列位、男女之仪事，悉如大夫之礼。

【译文】
士的丧事，将要大殓，如果没有国君在场，其余的礼仪都同大夫一样。

43. 铺绞、纻踊，铺衾踊，铺衣踊，迁尸踊，敛衣踊，敛衾踊，敛绞、纻踊。

【译文】
铺束殓衣的带子和单被的时候孝子哭踊，铺被子的时候孝子哭踊，铺殓衣的时候孝子哭踊，把尸抬到殓席上的时候孝子哭踊，为尸穿殓衣的时候孝子哭踊，为尸包裹被子的时候孝子哭踊，为尸包裹单被并用带子捆束的时候孝子哭踊。

44. 君抚大夫，抚内命妇[1]。大夫抚室老，抚侄娣[2]。君、大夫冯父母、妻、长子，不冯庶子。士冯父母、妻、长子、庶子。庶子有子，则父母不冯其尸。凡凭尸者，父母先，妻子后。君于臣抚之，父母于子执之，子于父母冯之，妇于舅姑奉之，舅姑于妇抚之，妻于夫拘之，夫于妻、于昆弟执之[3]。冯尸不当君所[4]。凡冯尸，兴必踊。

【注释】

〔1〕内命妇：谓君之世妇。

〔2〕侄娣：大夫妻的侄女和女弟（即妹），随嫁来为大夫之妾。案侄娣是大夫的贵妾，故死而为之服，且抚其尸。

〔3〕"君于臣"至"昆弟执之"：这几句是说冯尸之礼随尊卑的不同，以及与死者恩义的深浅，其仪亦有轻重之别。总言之，皆谓之冯尸；分言之，则有冯、奉、抚、拘、执五者之异：冯，谓身俯而冯之；奉，谓捧持其衣；抚，谓当尸之心胸处抚按之也；拘，谓微牵引其衣；执，谓执持其衣。皆于心胸之处。

〔4〕冯尸不当君所：冯尸必当心，而君既坐而抚之，是为君所。

【译文】

国君要为大夫行抚尸礼，为自己的世妇行抚尸礼。大夫要为家臣头子行抚尸礼，为随嫁的妻的侄娣行抚尸礼。国君、大夫要为父母、妻和嫡长子行凭尸礼，不为庶子行凭尸礼。士要为父母、妻、嫡长子和庶子行凭尸礼。士的庶子如果有儿子，父母就不为他行凭尸礼。凡行凭尸礼，父母在先，然后是妻和子。国君对臣行凭尸礼只是抚按一下尸的当心处，父母对儿子行凭尸礼要抓住尸体的衣服而哭，儿子对父母行凭尸礼要伏在尸体上哭，妇对公婆行凭尸礼要捧着尸体的衣服哭，公婆对妇行凭尸礼只是抚按一下尸的当心处，妻对丈夫行凭尸礼要轻轻地扯着尸体的衣服哭，丈夫对妻、对兄弟行凭尸礼要抓着尸体的衣服哭。行凭尸礼不敢正当国君抚摸过的地方。凡行凭尸礼，起身后一定要踊。

45. 父母之丧居倚庐[1]，不涂，寝苫枕凷[2]，非丧事不言。君为庐宫之[3]。大夫、士襢之。既葬，柱楣，涂庐[4]，不于显者。君、大夫、士皆宫之。凡非适子者，自未葬，以于隐者为庐[5]。

【注释】

〔1〕倚庐：谓于中门之外东墙下倚木为庐。案中门即寝门，外面还

有大门。倚木为庐,即以木斜倚庭院之东墙而搭庐(参见下注〔4〕)。

〔2〕凷:是"块"的本字。

〔3〕君为庐宫之:谓庐次周围设帷帐如宫墙。

〔4〕柱楣,涂庐:案倚庐的形制,是先以一木横于墙下,去墙五尺,此木就叫做楣。楣上立五根木椽,斜倚东墙,木椽上盖草苫,南北两头也用草苫遮蔽,而向北开一门,此即所谓倚庐。葬后,丧礼渐轻,庐的形制也改变了:将原先横置于地的楣两头用柱顶起来,即成一小方屋形,这就叫做柱楣。

〔5〕于隐者为庐:谓建庐于东南角。

【译文】

父母的丧事,孝子住在倚庐中守丧,倚庐上的草苫不用泥涂抹,睡草苫,枕土块,不是有关丧事的话不说。国君的倚庐周围要圈起帷帐。大夫、士的倚庐袒露着不圈帷帐。父母葬后,倚庐的楣可以用柱子顶起来,草苫也可以用泥涂抹,但只涂抹庐的里面而不涂外面显露处。这时国君、大夫和士的草庐周围都可以圈起帷帐。凡不是嫡子的,从未葬〔直到葬后〕,都在隐蔽的地方搭庐守丧。

46. 既葬,与人立,君言王事,不言国事;大夫、士言公事,不言家事。

【译文】

父母葬后,与别人站在一起,国君只谈有关天子的事,不谈自己的国事;大夫、士只谈国事,不谈家事。

47. 君既葬,王政入于国,既卒哭而服王事。大夫、士既葬,公政入于家,既卒哭,弁绖带,金革之事无辟也。

【译文】

国君葬后，天子有政令传达到诸侯国中，过了卒哭祭就去执行王的政令。大夫、士葬后，国君有政令传达到家中，过了卒哭祭，头戴弁加首绖和腰绖〔去执行国君的政令〕，即使从军作战也不回避。

48. 既练，居垩室，不与人居，君谋国政，大夫、士谋家事。既祥，黝、垩[1]。祥而外无哭者，禫而内无哭者，乐作矣故也。禫而从御[2]，吉祭而复寝[3]。

【注释】

〔1〕黝、垩：案涂地使黑谓之黝，涂墙使白谓之垩。
〔2〕从御：谓御妇人，即与妇人同房。
〔3〕吉祭而复寝：吉祭，这里是指禫祭之后，当月或逾月所遇四时之祭。复寝，谓不复宿殡宫。

【译文】

小祥祭后，孝子住在垩室中，不同别人住在一起，国君可以考虑国家的政事，大夫、士可以考虑家事。大祥祭后，平治殡宫的地使之黝黑、用白垩涂抹殡宫墙使之变白〔而居住〕。大祥祭后在家门外不哭，禫祭之后在家门内也不哭了，这是因为已经可以演奏音乐的缘故。禫祭之后可以与妇人同房，吉祭之后可以〔从殡宫〕回到自己的寝室中去住。

49. 期，居庐，终丧不御于内者，父在为母、为妻。齐衰期者，大功布衰九月者[1]，皆三月不御于内。

【注释】

〔1〕大功布衰九月：即大功九月之丧。案大功布，是一种经人功粗

略锻治（即捶洗）的布。大，在此是大略、粗略的意思。用这种布做丧服，故曰"大功布衰"。

【译文】
　　服一年之丧，〔初丧〕居住在倚庐中，直到服满丧期也不与妇人同房的，是指的父在为母、为妻服丧而言。服齐衰一年之丧，或服大功九月之丧，都三个月不与妇人同房。

50. 妇人不居庐，不寝苫，丧父母，既练而归；期九月者[1]，既葬而归。

【注释】
　　[1] 期九月：这是指本当服齐衰期之丧而降服大功者。案女子未出嫁，当为祖父母或兄弟之为父继承人者服齐衰期，出嫁后则降服大功。

【译文】
　　妇人服丧不住倚庐，不睡草苫。如果是为父母服丧，小祥祭后就回夫家；如果是本当服齐衰一年之丧而降一等服大功九月之丧的，那就等死者葬后就回夫家。

51. 公之丧，大夫俟练，士卒哭而归[1]。

【注释】
　　[1] 公之丧，大夫俟练，士卒哭而归：案《杂记上》曰："大夫次于公馆以终丧，士练而归。"（见彼第4节）与此不同者，盖记者各记所闻。

【译文】
　　为国君服丧，大夫等到过了小祥祭，士等到过了卒哭祭，就可以回家了。

52. 大夫、士父母之丧，既练而归[1]。朔月，忌日，则归哭于宗室。诸父、兄弟之丧，既卒哭而归。

【注释】
〔1〕大夫、士父母之丧，既练而归：这是指庶子为其做大夫的父母服丧，因为命士以上，父子异宫，故既练而得各归其宫。

【译文】
为做大夫、士的父母服丧，过了小祥祭就可以回家了。每逢初一，或父母的死日，就回到宗子家中去哭父母。如果为伯父、叔父或兄弟们服丧，过了卒哭祭就可以回家了。

53. 父不次于子[1]，兄不次于弟。

【注释】
〔1〕次：谓就其殡宫为次（舍）而居。

【译文】
父亲不在儿子家搭庐舍守丧，兄不在弟家搭庐舍守丧。

54. 君于大夫、世妇，大敛焉；为之赐，则小敛焉[1]。于外命妇，既加盖而君至。于士，既殡而往；为之赐，大敛焉。夫人于世妇，大敛焉；为之赐，小敛焉。于诸妻，为之赐，大敛焉。于大夫外命妇，既殡而往。

【注释】

〔1〕"君于"至"小敛焉"：案君临大夫、世妇之大殓为常礼，如特加恩赐则小殓而往。下文义仿此。

【译文】

国君对于大夫和自己的世妇的丧事，要亲临大殓礼；如果特加恩赐，就亲临他们的小殓礼。对于卿大夫之妻的丧事，到大殓加了棺盖而后国君临吊。对于士的丧事，入殡后国君才临吊；如果特加恩赐，就亲临士的大殓礼。国君夫人对于世妇的丧事，要亲临大殓礼；如果特加恩赐，就亲临小殓礼。国君夫人对于国君其他诸妇的丧事，如果特加恩赐，就亲临她们的大殓礼。国君夫人对于大夫之妻，等到入殡后才临吊。

55. 大夫、士既殡，而君往焉，使人戒之。主人具殷奠之礼[1]，俟于门外，见马首，先入门右。巫止于门外，祝代之先。君释菜于门内。祝先升自阼阶，负墉南面。君即位于阼。小臣二人执戈立于前，二人立于后[2]。主人拜稽颡。君称言[3]，视祝而踊[4]。主人踊。大夫则奠可也。士则出俟于门外[5]，命之反奠，乃反奠。卒奠，主人先俟于门外。君退，主人送于门外，拜稽颡。

【注释】

〔1〕殷奠：参见《曾子问第七》第8节。案因君将来，故具殷奠之礼以待之，以荣君之来。

〔2〕"小臣"至"于后"：案小臣执戈，亦为驱除凶邪之气（参见《檀弓下第四》第34节）。

〔3〕称言：谓致吊词。

〔4〕视祝而踊：案祝为君相礼，故君视祝踊则踊。

〔5〕士则出俟于门外：案士卑，不敢留君待奠，故先出俟君于门外，以待君离去。

【译文】

　　大夫、士入殡后，而国君前往吊唁，要先派人前去通告。主人得告要预先准备好为死者设殷奠礼，并到门外等待国君，当看见国君所乘车的马头时，就先进门向右转弯〔再面朝北而立〕。〔随国君而来的〕巫停在门外，由祝代替巫在前为国君开路。国君在门内放菜〔以祭祀门神〕。祝先从阼阶上堂，背靠〔堂后东房的〕墙面朝南而立。国君在阼阶上就位。小臣二人拿戈站在国君的前面，二人拿戈站在国君的后面。主人行稽颡拜礼。国君致吊词，看见祝哭踊的时候就哭踊。〔国君哭踊之后〕主人哭踊。〔哭踊毕〕，主人是大夫就可以为死者设殷奠了。主人是士，就到殡宫门外等待〔国君离去〕，国君命他回来设奠，才回来设殷奠。设奠完毕，主人先到门外等候。国君退去，主人在门外相送，行稽颡拜礼。

56. 君于大夫，疾三问之，在殡三往焉；士，疾壹问之，在殡壹往焉。

【译文】

　　国君对于大夫，有病要去慰问三次，死后殡棺期间要去吊唁三次；对于士，有病要去慰问一次，死后殡棺期间要去吊唁一次。

57. 君吊，则复殡服[1]。

【注释】

　　〔1〕君吊，则复殡服：案殡后，主人已成服，而君始来吊，主人则当还著殡时未成服之服，即苴麻绖，著免，布深衣。这是因为一则不敢谓君之吊后时，二则以示为君来而新其礼。

【译文】

〔殡后〕国君来吊唁，死者的亲属都要恢复殡前尚未成服时的服装。

58. 夫人吊于大夫、士，主人出迎于门外，见马首，先入门右。夫人入，升堂即位[1]。主妇降自西阶，拜稽颡于下。夫人视世子而踊[2]。奠如君至之礼。夫人退，主妇送于门内，拜稽颡。主人送于大门之外，不拜[3]。

【注释】

〔1〕升堂即位：亦升阼阶，即西向之位，如君。
〔2〕夫人视世子而踊：案夫人视世子之踊以为节，犹君吊视祝踊而踊（参见第55节）。
〔3〕不拜：案丧无二主，主妇已拜，故主人不拜。

【译文】

国君夫人去吊唁大夫、士之丧，主人要到门外迎接，等看见国君夫人所乘车的马头时，先进门向右转弯〔然后面朝北而立〕。国君夫人进入殡宫，上堂就位。主妇从西阶下堂，在堂下行拜礼而后稽颡。夫人看见〔随从而来的〕太子哭踊的时候就哭踊。〔哭踊毕〕主人为死者设殷奠的礼仪也同国君前来吊唁时一样。夫人退去，主妇送到殡宫门口，在门内行拜礼而后稽颡。主人送到大门外，不拜。

59. 大夫君[1]，不迎于门外。入即位于堂下[2]。主人北面，众主人南面[3]，妇人即位于房中。若有君命，命夫、命妇之命，四邻宾客，其君后主人而拜[4]。

【注释】

〔1〕大夫君：这是大夫的家臣称其大夫为君。
〔2〕即位于堂下：谓立于阼阶之下，西面。
〔3〕主人北面，众主人南面：案主人的位置在大夫君的南边。众主人，是指死者的庶兄弟们。南面，这是站在堂下、堂东南角的地方。
〔4〕其君后主人而拜：这是说由大夫君代主人向上述来吊宾客行拜礼，之所以这样，是因为丧礼当由尊者拜宾。大夫君虽代主人拜宾，仍不敢像国君那样可以专代丧主以拜邻国来宾，所以又使主人陪在自己身后而拜。

【译文】

大夫君〔前往吊唁家臣〕，主人不到门外迎接。大夫君进门后在堂下就位。主人面朝北而立，众主人面朝南而立，妇人们在东房中就位。这时如果有奉君命前来吊唁者，有奉国中大夫之命或大夫之妻的命令前来吊唁者，或者有奉四方邻国卿大夫之命前来吊唁的宾客，此大夫君就让主人在身后陪着自己向宾客们行拜礼。

60. 君吊，见尸柩而踊[1]。

【注释】

〔1〕见尸柩：指殡而未涂封之前。涂封，参见第64节。

【译文】

国君吊唁臣，看见尸柩而后行哭踊之礼。

61. 大夫、士，若君不戒而往，不具殷奠，君退必奠[1]。

【注释】

〔1〕君退必奠：这是设奠以告殡，以荣君之来。

【译文】

大夫、士〔入殡后〕,如果国君预先不通告就前往吊唁,主人就不设殷奠,但国君退去之后一定要设奠。

62. 君大棺八寸,属六寸,椑四寸[1]。上大夫棺八寸,属六寸。下大夫棺六寸,属四寸。士棺六寸。君里棺用朱[2],绿用杂金錾[3]。大夫里棺用玄,绿用牛骨錾。士不绿。君盖用漆[4],三衽,三束[5]。大夫盖用漆,二衽,二束。士盖不用漆,二衽,二束。

【注释】

〔1〕大棺八寸,属六寸,椑四寸:案国君之棺三重:大棺在最外,属在大棺之内,椑又在属之内。寸数是以厚薄而言。属,音 zhǔ。椑,参见《檀弓上第三》第 105 节。

〔2〕里棺:里棺,谓以缯衬贴棺里。

〔3〕绿用杂金錾:绿,当为"琢"。下"绿"字同此。琢,谓錾琢贴著于棺里的朱缯。錾,音 zān,钉。杂金,不知确指何物。理有两说,一说以为用金钉而又用象牙钉杂之;一说以为杂用黄、白、青三色铜钉。

〔4〕君盖用漆:谓棺既加盖,而用漆涂合其缝际。

〔5〕三衽,三束:衽、束,皆为固定棺盖所用(参见《檀弓上第三》第 114 节)。案束用牛皮带,当衽处,每处一束。

【译文】

国君的大棺厚八寸,属棺厚六寸,椑棺厚四寸。上大夫的大棺厚八寸,属棺厚六寸。下大夫的大棺厚六寸,属棺厚四寸。士的棺厚六寸。国君的棺用朱缯衬里,用杂钉把缯钉住。大夫的棺用玄缯衬里,用牛骨钉把缯钉住。士棺不用衬里。国君的棺用漆把盖与棺之间的缝隙涂住,〔棺两边各有〕三处设衽,〔用牛皮带〕捆束三道。大夫的棺用漆把盖与棺之间的缝隙涂住,两处设衽,捆束两道。士的棺盖与棺之间的缝隙不用漆涂,两处设衽,捆束两道。

63. 君、大夫髺[1]、爪实于绿中[2]，士则埋之。

【注释】
〔1〕髺：音 chǔn，是梳头梳下的乱发。
〔2〕绿：与"角"通，谓棺内之角。

【译文】
国君、大夫头上梳下来的乱发和剪下来的手脚指甲放在棺内四角，士的就埋掉。

64. 君殡用辁[1]，欑至于上[2]，毕涂屋。大夫殡以帱[3]，欑置于西序，涂不暨于棺[4]。士殡见衽，涂上[5]，帷之[6]。熬[7]，君四种八筐[8]，大夫三种六筐，士二种四筐。加鱼腊焉[9]。

【注释】
〔1〕辁：殡车（参见《檀弓上第三》第116节）。
〔2〕欑：犹菆，谓以木丛棺（参见同上）。
〔3〕殡以帱：帱，音 dào，覆。所覆者，亦"加斧于椁"之类（参见同上）。
〔4〕欑置于西序，涂不暨于棺：案大夫之殡不用辁，一面贴西序之壁，而欑其三面。又天子、诸侯之欑木广而去棺远，大夫欑狭而去棺近，所涂者仅仅不及于棺而已。
〔5〕士殡见衽，涂上：案士的殡法是在堂的西序前掘坑，坑的深度不埋住棺上的衽就行了，然后置棺于坑中，即此处所谓"士殡见衽"之意。棺柩露出地面的部分再丛木其上，然后用泥涂封起来。
〔6〕帷之：谓帷堂，即放下堂上的帷帐。
〔7〕熬：这里指经过焙炒的谷物，其作用，是在涂封前放置在所殡

棺柩的四周，利用其香气引开蚂蚁，使不侵食棺尸。

〔8〕四种：指黍、稷、粱、稻四种谷物。下文大夫三种，则无稻；士二种则唯有黍、稷。

〔9〕鱼腊：谓干鱼。

【译文】

　　国君的殡法用辁车载棺柩，用树枝丛集在上面，然后全部涂封起来如屋形。大夫的殡法用绣有黼纹的幕布覆盖在棺柩上，用树枝丛集在上面而贴着西序放置，涂封时不涂到棺柩。士的殡法要使棺衽以上的部分露出地面，然后〔用树枝丛集在上面〕涂封起来，再设帷帐把殡遮掩起来。〔殡时放在棺柩四周〕经过焙炒的谷物，国君是四种共八筐，大夫是三种共六筐，士是二种共四筐。筐中还要加放干鱼。

　　65. 饰棺，君龙帷[1]，三池[2]，振容[3]，黼荒[4]，火三列，黻三列[5]，素锦褚[6]，加伪荒，纁纽六[7]，齐五采，五贝[8]，黼翣二[9]，黻翣二，画翣二，皆戴圭，鱼跃拂池[10]。君纁戴六，纁披六[11]。大夫画帷，二池[12]，不振容，画荒火三列，黻三列，素锦褚，纁纽二，玄纽二，齐三采，三贝，黻翣二，画翣二，皆戴绥[13]，鱼跃拂池。大夫戴，前纁后玄，披亦如之。士布帷，布荒，一池，揄绞[14]，纁纽二，缁纽二，齐三采一贝，画翣二，皆戴绥。士戴，前纁后缁，二披用纁璪。

【注释】

　　〔1〕龙帷：是国君出葬时柩车上的棺饰。帷，指柳衣四周的部分（参见《檀弓上第三》第12节）。国君的帷上画有龙，故称龙帷。

　　〔2〕三池：池，是设在柳衣前檐处（即帷的上沿）的棺饰，以像死者

生前所居宫寝屋檐下的承溜（参见同上第 104 节）。案天子、诸侯生前所居宫寝的屋顶有四面，每面下皆有承溜。如果是天子的棺饰，则帷的四边皆设池，以像生前之四面承溜。诸侯下天子一等，故只在前帷和左右帷上设池，缺后池，故为三池。

〔3〕振容：振，动。容，饰。案国君的棺饰在池下还设有青黄色的缯，上面画有雉（野鸡）的图案，长丈余如幡，车行则幡动，以为容饰，故名振容（参见《杂记上第二十》第 11 节）。

〔4〕黼荒：荒，指柳衣的顶部，如帐篷顶者（参见《檀弓上第三》第 12 节）。荒是用白布做的，荒下边饰以黑白相间的黼纹，故曰黼荒。

〔5〕火三列，黻三列：火，指如火的图案，其形如半环相连续而成，共三行，环绕于荒。黻，原误作"黼"。这是指如两个"巳"字相背的图案，相连续为三行。

〔6〕素锦褚：素锦，白锦。褚，屋。于荒下又用白锦以为屋。案此即《杂记上第二十》所谓"素锦以为屋"之意（参见彼第 1 节）。

〔7〕加伪荒，纁纽六："伪"是"帷"字之误。帷荒，即柳衣。帷是边墙，荒是上盖。纁纽六，谓荒与帷相连接处的纽，是用纁帛做的，两旁各三，共六纽。

〔8〕齐五采，五贝：齐，是荒的尖顶上的装饰物，其形圆如华盖，高三尺，直径二尺余，是用五彩缯做成的。贝，即贝壳，用做齐上的装饰。五贝，是连贝为五行，交络于齐上。

〔9〕翣：形似扇，有障车和障柩的作用。案翣是用木做方框，宽三尺，高二尺四寸，框下有长五尺的柄，框上蒙以白布，这样做成的。出葬时由人举着在柩车两旁以为饰，即所谓障车；棺柩入葬后，则将翣放入椁内棺柩周围，即所谓障柩。

〔10〕鱼跃拂池：鱼，是铜制的，悬在池下，柩车行时鱼受振动就会跃起而上拂于池。上文说池下悬有振容，鱼则悬于池和振容之间。

〔11〕纁戴六，纁披六：纁戴，是用纁帛做的带子，可以将柳拴系在棺束上。案支撑荒帷的木框架叫做柳，系固棺盖的皮带叫做束，每条棺束两边结有纽，君棺三束则六纽，柳置于柩车上，就是用纁带将柳拴系在这六个纽上，故曰"纁戴六"。披，是系棺柩的帛带，披的一端也系在棺束的纽上，另一端出于帷外由人拉着（参见《檀弓上第三》第 51 节）。

〔12〕二池：有两说：一说帷的两边各设一池，另一说帷的前后各一池，未知孰是。

〔13〕绥：是用五彩羽毛缀合而成。

〔14〕揄绞：揄，即雉。绞，青黄色的缯（参见《杂记上第二十》第11节）。案此处揄绞非指振容，而是池上的装饰。

【译文】
棺柩上的装饰，国君的柳衣周围用龙帷，帷上三面设池，池下设有振容，柳衣的荒下边缘饰有黼纹，荒上面画有三行火的图案，又画有三行如同两个"巳"字相背的图案，在紧靠棺柩周围有用白色的锦做的如屋状的帷罩，帷罩外再加帷荒，帷与荒之间用六条缥帛做的纽带相系结，荒尖顶上的齐用五彩缯做成，齐周围挂着五串贝壳，〔柩车两边有人举着〕画有黑白二色花纹相间的翣扇两把，画有黑青二色花纹相间的翣扇两把，画有云气的翣扇两把，翣扇的两角都饰戴着圭玉，池下悬有受振动就会上跃而拂池的铜鱼。国君的柩车有六根缥帛带子〔将柳系在棺束的纽上〕，还有六条缥帛做的披带。大夫的帷上画着云气，帷上设有二池，池下不设振容，荒上画有三行火的图案，还有如两个"巳"字相背的图案三行，在紧靠棺柩周围有用白色的锦做的如屋状的帷罩，帷与荒之间用两条缥帛纽带和两条玄帛纽带相系结，荒尖顶上的齐用三彩缯做成，齐周围挂着三串贝壳，〔柩车两边有人举着〕画有黑青二色花纹相间的翣扇两把，画有云气的翣扇两把，翣扇的两角都饰戴有五彩羽毛做的绥，池下悬有受振动就会上跃而拂池的铜鱼。大夫的柩车将柳拴系在棺束的纽上所用的帛带子，前两根是缥色的，后两根是玄色的，系在棺束纽上的披的颜色也是这样。士的帷是白布做的，荒也是白布做的，前帷上设一池，池上蒙着画有野鸡图案的青黄色的缯，帷与荒之间用两条缥帛纽带和两条缁帛纽带相系结，荒尖顶上的齐用三彩缯做成，齐前挂着一串贝壳，〔柩车两边有人举着〕画有云气的翣扇两把，翣扇的两角都饰戴有五彩羽毛做的绥。士的柩车将柳拴系在棺束的纽上所用的帛带子，前面两根是缥色的，后面两根是缁色的，系在棺束的纽上的两条披带是缥帛做的。

66. 君葬用輴[1]，四绋[2]，二碑[3]，御棺用羽葆。

大夫葬用辁，二绋，无碑，御棺用茅。士葬用国车，二绋，无碑，比出宫，御棺用功布[4]。

【注释】
〔1〕辁：及下"辁"字，和"士葬用国车"的"国"字，皆当作"辁"。按辁车即辁车，是一种低而没有条辐的木轮载柩车（参见《杂记上第二十》第2节）。又案天子、诸侯以下载柩车同，皆用辁，其尊卑之差异，在于棺饰。此节所记绋、碑以及御棺用物之的差别，亦其尊卑之差异。
〔2〕绋：拉柩车的大绳，又叫做引。案在椁曰绋，行道曰引，至圹将窆（下棺于墓穴）又曰绋，是其因所用而异名。此节所记是柩车在道之时，未记及窆时，当云"引"，而云"绋"者，是因在途而连言及窆时，故以"绋"名。
〔3〕碑：用大木斫制而成，上面安有辘轳，以便系绳下棺所用，天子叫做丰碑，诸侯叫做桓楹，其形制和用法，详《檀弓下第四》第58节。
〔4〕比出宫，御棺用功布：功布，即大功布（参见第49节），缀于竿上用以指挥柩车。

【译文】
国君出葬载棺柩用辁车，拉柩车用四条大绳，下葬时设两座系绳的碑，指挥柩车前进用羽葆。大夫出葬载棺柩用辁车，拉柩车用两条大绳，下葬时设两座系绳的碑，指挥柩车前进用白茅。士出葬载棺柩用辁车，拉柩车用两条大绳，下葬时不设系绳的碑，等到柩车出了宫门，就用〔缀在竿上的〕大功布指挥柩车前进。

67. 凡封[1]，用绋，去碑负引[2]。君封以衡[3]，大夫、士以咸[4]。君命毋哗，以鼓封。大夫命毋哭。士哭者相止也。

【注释】

〔1〕凡封：凡，谓凡君和大夫，不包括士，因下文曰"负碑去引"，士无碑（见上节），故知。封，通"窆"，下棺。下两"封"字仿此。

〔2〕用绋，去碑负引：其法详《檀弓下第四》第58节。

〔3〕君封以衡：案诸侯下棺，为保持棺柩的平衡，以木贯于棺束（束棺的皮带）间，而以绋系之，下棺时视此木横平正，如同称之衡，则棺不倾斜，故名此木为衡。

〔4〕大夫、士以咸：咸，通"缄"，即棺束。案大夫、士不得用衡，而直以绋系于棺缄。

【译文】

凡〔国君和大夫〕下棺，用大绳〔一头系棺，一头缠在碑的辘轳上〕，人离开碑背着大绳〔听鼓声慢慢将棺下到墓穴中〕。国君下棺时棺束间贯有衡木以保持棺柩的平衡，大夫、士下棺就直接把大绳系在棺束上。国君下棺时命令众人不得喧哗，用击鼓来指挥众人下棺。大夫下棺时命令众人不要哭。士下棺时众人自相劝止不哭。

68. 君松椁，大夫柏椁，士杂木椁。棺椁之间，君容柷，大夫容壶[1]，士容甒[2]。君里椁、虞筐，大夫不里椁，士不虞筐[3]。

【注释】

〔1〕壶：谓漏壶，计时所用（参见第11节注〔1〕）。

〔2〕甒：陶制盛酒器，可容五斗（参见《礼器第十》第8节）。

〔3〕"君里"至"虞筐"：里椁、虞筐，义未详。或谓君之椁有物里之，而又有虞筐；大夫虽不里椁，而犹有虞筐；士则并虞筐亦无。然亦未明里郭、虞筐究系何物。

【译文】

国君的椁用松木，大夫的椁用柏木，士的椁用杂木。棺与椁之间，国君的可以放得下杭，大夫的可以放得下漏壶，士的可以放得下瓶。国君的椁里边放有随葬物和虞筐，大夫的椁里边不放随葬物〔而只放虞筐〕，士的椁里边连虞筐也不放。

祭法第二十三

1. 祭法：有虞氏禘黄帝而郊喾，祖颛顼而宗尧；夏后氏亦禘黄帝而郊鲧，祖颛顼而宗禹；殷人禘喾而郊冥，祖契而宗汤；周人禘喾而郊稷，祖文王而宗武王[1]。

【注释】

[1]"有虞氏"至"武王"：此节所记禘、郊、祖、宗，皆祭名。其中郊是祭天礼名；郊某，即祭天而以某配祭之义。禘、祖、宗则皆宗庙祭名。案对于这四种祭名，其具体的祭法和祭祀对象，以及祭祀者与祭祀对象间的关系，自来众说纷纭，迄无定论，且又杂以纬说，愈不可信，皆可姑置不论。又《国语·鲁语上》记展禽论祭祀制度，亦有此文，可参看。

【译文】

祭祀的方法：有虞氏用禘祭祭黄帝而在郊祭天时用喾配祭，用祖祭祭颛顼而用宗祭祭尧；夏后氏用禘祭祭黄帝而在郊祭天时用鲧配祭，用祖祭祭颛顼而用宗祭祭禹；殷人用禘祭祭喾而在郊祭天时用冥配祭，用祖祭祭契而用宗祭祭汤；周人用禘祭祭喾而在郊祭天时用后稷配祭，用祖祭祭文王而用宗祭祭武王。

2. 燔柴于泰坛[1]，祭天也。瘗埋于泰折[2]，祭地也。用骍犊。埋少牢于泰昭[3]，祭时也。相近于坎坛，祭寒暑也[4]。王宫[5]，祭日也。夜明，祭月也。幽宗，祭星也。雩宗，祭水旱也。四坎坛，祭四方也[6]。山林川丘谷陵能出云，为风雨，见怪物，皆曰神。有天下者祭百神。诸侯在其地则祭之，亡其地则不祭。

【注释】
〔1〕燔柴于泰坛：燔柴，周代祭天的一种祭法（参见《王制第五》第20节）。泰坛，是为祭天而设的坛。
〔2〕瘗埋于泰折：瘗埋，也是一种祭法，瘗亦埋，谓以祭物埋地发示祭。（参见《礼运第九》第17节）。泰折，是为祭地而设的坛。
〔3〕泰昭：也是坛名。
〔4〕相近于坎坛，祭寒暑也：相近，当作"祖迎"。祖，犹饯，谓其送往；迎，谓迎其来。坎坛皆祭祀之处，坎以祭寒，坛以祭暑。
〔5〕王宫：及下"夜明"、"幽宗"、"雩宗"，亦皆坛名。
〔6〕四坎坛，祭四方也：案谓四方各为一坎一坛，坛以祭山林丘陵，坎以祭川谷泉泽。

【译文】
在泰坛上架柴燔烧〔牲和玉〕，这是祭天。在泰折上掩埋〔牲和束帛〕，这是祭地。〔祭天地〕用赤色的牛犊。在泰昭上埋羊和猪，这是祭四时。在坑中或坛上举行祖礼或迎礼，这是祭寒暑。王宫，是祭日的坛。夜明，是祭月的坛。幽宗，是祭星的坛。雩宗，是祭水旱的坛。四方各设一坑一坛，是祭四方的〔山林川谷丘陵〕之神的。山林川谷丘陵能出云，能兴起风雨，能出现怪物，都叫做神。统治天下的人，要祭天下的各种神。做诸侯的，神在他的封地内的就祭，诸侯失去封地就不祭了。

3. 大凡生于天地之间者皆曰命，其万物死者皆曰折，人死曰鬼，此五代之所不变也[1]。七代之所更立者[2]，禘、郊、祖、宗，其余不变也[3]。

【注释】
〔1〕五代：指唐、虞、夏、商、周。
〔2〕七代："七"是"五"字之误。

〔3〕其余：盖指上节所记天地、日月、四时、寒暑、山川、丘谷等。

【译文】
大凡生存在天地之间的都叫做命，其中万物死去都叫作折，人死了叫做鬼，这些名称是五代都不曾改变的。五代所重新确立的，只是禘祭、配天而祭、祖祭、宗祭的对象，其余的祭祀对象都不变。

4. 天下有王，分地建国，置都立邑〔1〕，设庙、祧、坛、墠而祭之〔2〕，乃为亲疏多少之数。是故王立七庙〔3〕，一坛，一墠。曰考庙，曰王考庙，曰皇考庙，曰显考庙，曰祖考庙〔4〕，皆月祭之。远庙为祧，有二祧〔5〕，享尝乃止〔6〕。去祧为坛，去坛为墠〔7〕。坛、墠有祷焉祭之，无祷乃止。去墠曰鬼〔8〕。诸侯立五庙，一坛，一墠。曰考庙，曰王考庙，曰皇考庙，皆月祭之。显考庙、祖考庙，享尝乃止。去祖为坛，去坛为墠。坛、墠有祷焉祭之，无祷乃止。去墠为鬼。大夫立三庙，二坛。曰考庙，曰王考庙，曰皇考庙，享尝乃止。显考、祖考无庙，有祷焉为坛祭之。去坛为鬼。适士二庙〔9〕，一坛。曰考庙，曰王考庙，享尝乃止。显考无庙〔10〕，有祷焉为坛祭之。去坛为鬼。官师一庙〔11〕，曰考庙，王考无庙而祭之〔12〕。去王考为鬼。庶士〔13〕、庶人无庙，死曰鬼〔14〕。

【注释】
〔1〕置都立邑：这是指卿大夫之采地及赐士有功者之地。案都邑皆城，城大者谓之都，小者谓之邑。

〔2〕庙、祧、坛、墠：都是为先人所设的祭祀场所，其中庙所祭先人最近，亦最亲，其次为祧，再其次为坛，为墠。祧，音 tiāo，远祖之庙，故下文曰"远庙为祧"。墠，音 shàn，除地曰墠，即经过清除的整洁的地面。

〔3〕七庙：案自考庙以上至祖考庙，凡五庙，再加二祧庙为七庙，详下文。

〔4〕"曰考庙"至"祖考庙"：考庙即父庙，王考庙即祖庙，皇考庙为曾祖之庙，显考庙为高祖之庙，祖考庙则为高祖之父庙。

〔5〕二祧：实指祖考之父和祖考之祖的庙，亦即五庙所祭再往上数二代之祖的庙。

〔6〕享尝：享即享祀，也就是祭祀。尝是秋祭名（参见《王制第五》第29节）。享尝，在此泛指四时之祭。

〔7〕去祧为坛，去坛为墠：案坛、墠的祭祀对象，是二祧庙所祭之祖再往上数二代之祖。

〔8〕去墠曰鬼：案称作鬼的远祖们，即使有所祈祷也不祭祀，只有在合祭群祖的时候才祭祀。

〔9〕适士：即上士。

〔10〕显考：是"皇考"之误。

〔11〕官师：指中士和下士。

〔12〕王考无庙而祭之：王考即祖。案中士和下士之庙虽名考庙（即祢庙），实际是祖、祢共庙，祭祢时亦当祭祖。

〔13〕庶士：即庶人在官者（参见《王制第五》第3节）。

〔14〕庶人无庙，死曰鬼：案庶人既无庙，故死曰鬼。鬼亦得荐之于寝也，故《王制》云"庶人祭于寝"（见彼第28节）。又案庶人在寝中荐祭先人所用之物，参见《王制第五》第31节。

【译文】

天下立有王，王划分土地建立诸侯国，〔王和诸侯又为卿大夫和有功的士〕建置都邑，并设立庙、祧、坛、墠的祭祀制度，这样来区别亲疏关系和立庙与祭祀次数的多少。因此天子立七庙，设一坛，一墠。〔其中的五庙〕是考庙，王考庙，皇考庙，显考庙，祖考庙，都按月祭祀。远祖庙为祧庙，有两座祧庙，按季祭祀就行了。去祧庙所祭的祖先〔再往上数一代之祖祭祀时〕设坛，去设坛所祭的祖先〔再往上数一代之祖祭祀时〕设墠。为之设坛、设墠的祖先，有所祈祷就祭祀，无所祈祷就不祭祀。去设墠所祭之祖〔再往上的祖先〕就叫做鬼。诸侯立五庙，设一坛，一墠。〔其中的三庙〕是考庙，王考庙，皇考庙，都按月祭祀。诸侯对于显考庙和祖考庙，按季祭祀就行了。去祖考庙〔再往上数一代之祖祭祀时〕设坛，去设坛祭祀的祖先〔再往上数一代之祖祭祀时〕设墠。为之设坛、设墠的祖先，有所祈祷就祭祀，无所祈祷就不祭祀。去设墠所祭之祖〔再往上的祖先〕就叫做鬼。大夫立三庙，设二坛。三庙是考庙，王考庙，皇考庙，按季祭祀就行了。大夫的显考和祖考无庙，有所祈祷就设坛祭祀。去设坛所祭的祖考〔再往上的祖先〕就叫做鬼。上士立二庙，设一坛。二庙是考庙，王考庙，按季祭祀就行了。上士的皇考无庙，有所祈祷就设坛祭祀。去设坛所祭的皇考〔再往上的祖先〕就叫做鬼。中士和下士立一庙，就是考庙，王考无庙而得〔在考庙中〕祭祀。去王考以上的祖先就叫做鬼。庶士和庶人不立庙，死了就叫做鬼。

5. 王为群姓立社[1]，曰大社；王自为立社，曰王社。诸侯为百姓立社，曰国社；自侯自为立社，曰侯社。大夫以下成群立社[2]，曰置社。

【注释】
〔1〕社：是祭祀土地神之处。
〔2〕大夫以下成群立社：大夫以下，谓下至庶人。大夫不得特立社，与民族居，百家以上则共立一社，即后世之里社。

【译文】
天子为天下各种族姓的人立社，叫做太社；天子为自己立社，叫做王社。诸侯为封国内各种族姓的人立社，叫做国社；诸侯为自己立社，叫作侯社。大夫以下的人聚成百家以上就立一社，叫做置社。

6. 王为群姓立七祀[1]，曰司命，曰中霤，曰国门，曰国行，曰泰厉，曰户，曰灶[2]。王自为立七祀[3]。诸侯为国立五祀，曰司命，曰中霤，曰国门，曰国行，曰公厉[4]。诸侯自为立五祀。大夫立三祀，曰族厉[5]，曰门，曰行。适士立二祀，曰门，曰行。庶士、庶人立一祀，或立户，或立灶。

【注释】
〔1〕七祀：及下文五祀，都是指居人间的小神，能司察人的过失，并对人发出谴告。
〔2〕"曰司命"至"曰灶"：司命为宫中小神；中霤为主堂室之神；国门为主城门之神；国行为主行路之神，其神位在国门外的西边；泰厉是指古代帝王而无后者，其鬼无所依归，好为民作祸，故祀之。案此所谓七祀比《月令》的五祀（见彼第107节）多出司命和泰厉二祀，而国门和国行则与《月令》的门、行二祀相近，唯户、灶二祀与《月令》同，盖亦记者各记所闻。
〔3〕王自为立七祀：为王自祷祭而立，然不知其与上所言七祀为同一神，还是更别立七祀。下文"诸侯自为立五祀"，意亦不明。
〔4〕公厉：谓古诸侯无后者。案诸侯称公，其鬼为厉，故曰公厉。
〔5〕族厉：谓古大夫无后者之鬼。族，众也。大夫众多，其鬼无后者众，故言族厉。

【译文】
　　天子为天下各族姓的人设立对七种神的祭祀，就是司命之神，中霤之神，国门之神，国行之神，泰厉之神，门神，灶神。天子为自己也设立了对七种神的祭祀。诸侯为国人设立对五种神的祭祀，就是司命之神，中霤之神，国门之神，国行之神，公厉之神。诸侯也为自己设立了对五种神的祭祀。大夫设立对三种神的祭祀，就是族厉之神，门神，行神。上士设立对两种神的祭祀，就是门神，行神。庶士和庶人设立对一种神的祭祀：或立户神，或立灶神。

7. 王下祭殇五，适子，适孙，适曾孙，适玄孙，适来孙。诸侯下祭三。大夫下祭二。适士及庶人祭子而止。

【译文】
　　天子下祭五代未成年而死的子孙，即嫡子，适孙，嫡曾孙，嫡玄孙，嫡来孙。诸侯下祭三代。大夫下祭二代。上士和庶人只祭到嫡子为止。

8. 夫圣王之制祭祀也：法施于民则祀之，以死勤事则祀之，以劳定国则祀之，能御大患则祀之，能捍大患则祀之。是故厉山氏之有天下也[1]，其子曰农，能殖百谷，夏之衰也，周弃继之[2]，故祀以为稷[3]。共工氏之霸九州岛也[4]，其子曰后土，能平九州岛，故祀以为社。帝喾能序星辰以著众，尧能赏均刑法以义终[5]，舜勤众事而野死[6]，鲧鄣鸿水而殛死[7]，禹能修鲧之功，黄帝正名百物以明民共财，颛顼能修之，契为司徒而民成[8]，冥勤其官而水死[9]，汤以宽治民而除其虐，文王以文治，武王以武功去民之患，此皆有功烈于民者也。及夫日月星辰，民所瞻仰也；山木川谷丘陵，民所取财用也；非此族也，不在祀典。

【注释】
　　[1]厉山氏：传说中的古代帝王，即炎帝，因起于厉山，故称，或称烈山氏。
　　[2]弃：后稷之名。
　　[3]故祀以为稷：谓农及弃皆祀之，以配稷神。

〔4〕共工氏：传说中的古代帝王，据说在太皞之后，炎帝之前。

〔5〕以义终：传说尧禅位于舜，能让贤，是以义终。

〔6〕野死：传说舜死于苍梧之野。

〔7〕殛死：殛，音 jí，诛戮。传说鲧治洪水不成而被舜殛死于羽山，但也有微功于民。

〔8〕契为司徒而民成：契，音 xiè，传说是商的始祖，曾做尧的司徒。司徒是掌教化的官。

〔9〕冥勤其官而水死：案冥是契的六世孙，曾做玄冥（官名）之官，掌管水事。

【译文】

圣王制定的祭祀制度规定：能把有益于民的好办法推行到民众中去的人就祭祀他，能为勤劳国事而死的人就祭祀他，能立功劳平定国家的人就祭祀他，能为国为民抵御大灾害的人就祭祀他，能在有大患难的时候捍卫国家和民众的人就祭祀他。因此厉山氏统治天下的时候，他的儿子叫农，能播种各种谷物，到夏朝末年，周族的弃继续他的事业，因此把他们配稷神来祭祀。共工氏称霸天下的时候，他的儿子叫后土，能平治天下的水土，因此把他配社神来祭祀。帝喾能测定星辰运行的时序〔制定出历法〕颁示给民众，尧能赏赐公平、行刑有法而又守义禅位，舜为民众的事勤劳奔波而死在野外，鲧堵塞洪水〔未能成功〕而被诛杀，禹能继承鲧的事业〔而制服洪水〕，黄帝给各种事物确定了名称使民众不迷惑而共同享用天下的财物，颛顼能继承黄帝的事业，契做司徒而化民成俗，冥做水官勤劳而死，汤用宽缓的法度治理民众而废除夏桀的暴虐之政，文王用文略治理民众，武王用武功除去商纣对民众的灾害：这些都是对民众有功劳的人，〔所以要祭祀他们〕。至于说日月星辰，是民众所瞻仰的；山林川谷丘陵，是民众获取财物的地方：这些都不属于上面所说的那一类，不包括在祀典中。

祭义第二十四

1. 祭不欲数，数则烦，烦则不敬。祭不欲疏，疏则怠，怠则忘。是故君子合诸天道，春禘，秋尝。霜露既降，君子履之，必有凄怆之心，非其寒之谓也。春雨露既濡，君子履之，必有怵惕之心，如将见之。乐以迎来，哀以送往，故禘有乐而尝无乐[1]。

【注释】
〔1〕禘有乐而尝无乐：案迎来而乐，乐亲之将到来；送去而哀，哀不知亲享用祭品否。案禘祭迎亲人之来，尝祭送亲人之往。

【译文】
祭祀的次数不要太多，太多就会使人感到麻烦，感到麻烦就会丧失敬意。祭祀的次数也不要太少，太少就会使人懈怠，懈怠了就会忘记祖先。因此君子配合天道的运行，春天举行禘祭，秋天举行尝祭。秋天降下霜露，君子踩着霜露，必然产生凄怆的心情，并非因为感到霜露的寒意。春雨浸润了大地，君子踩春雨，必然产生惊动的心情，如同即将见到已故的亲人。人们用欣喜的心情迎接亲人神灵到来，用悲哀的心情送亲人神灵逝去，因此举行禘祭有舞乐而尝祭没有舞乐。

2. 致齐于内，散齐于外[1]。齐之日，思其居处，思其笑语，思其志意，思其所乐，思其所嗜。齐三日，乃见其所为齐者。

【注释】

〔1〕致齐于内，散齐于外：致齐于内，为专其内之所思；散齐于外，为防其外之所感，即防止外在干扰，要做不御（不与妻妾同房），不乐，不吊等等。

【译文】

致斋戒的诚意在内心，表现斋戒的诚意在生活起居上。在斋戒的日子里，思念亲人生前居处的地方，思念亲人的笑语，思念亲人的意志，思念亲人所高兴的事情，思念亲人所喜欢的事。斋戒三天，就可以看到所为斋戒的亲人出现。

3. 祭之日，入室僾然必有见乎其位[1]，周还出户肃然必有闻乎其容声，出户而听忾然必有闻乎其叹息之声[2]。

【注释】

〔1〕僾：音 ài，微见貌。
〔2〕忾：叹息声。

【译文】

祭祀那天，进入庙室就仿佛看见亲人在被祭祀的神位上，转身出室门时心中肃然地就像听见亲人的举动容止之声，出室门静听就像听见亲人的忾然叹息之声。

4. 是故先王之孝也，色不忘乎目，声不绝乎耳，心志嗜欲不忘乎心。致爱则存，致悫则著，著存不忘乎心，夫安得不敬乎！

【译文】

因此先王对亲人的孝敬，亲人的形象始终在眼前而不忘，声音始终在耳边而不断，心志和爱好始终记在心中而不忘。对亲人致极爱之心亲人就在心中永存，致诚敬之心亲人就显现在眼前，这样亲人就会在心中永存不忘，还怎么会对亲人不虔敬呢！

5. 君子生则敬养，死则敬享，思终生弗辱也。君子有终生之丧，忌日之谓也。忌日不用，非不祥也，言夫日志有所至，而不敢尽其私也。

【译文】
　　双亲在世君子要恭敬地赡养，死后要恭敬地祭祀，要想着终生都不可使双亲的名声受辱。君子有终生的丧事，是说不忘双亲的死日。双亲的死日不用来做别的事情，并非因为这天不吉祥，是说这天孝子的心志集中在对亲人的悼念上，而不敢尽个人的私意做别的事情。

6. 唯圣人为能飨帝[1]，孝子为能飨亲。飨者，乡也。乡之然后能飨焉，是故孝子临尸不怍[2]。君牵牲，夫人奠盎[3]，君献尸，夫人荐豆[4]。卿大夫相君，命妇相夫人。齐齐乎其敬也，愉愉乎其忠也，勿勿诸其欲其飨之也[5]！

【注释】
　　[1] 飨帝：飨，通"享"。
　　[2] 临尸不怍：尸，谓祭祀所立之尸。怍，音zuò，色不和。
　　[3] 奠盎：谓设盎齐之奠。盎齐，酒名，即《礼运》所谓盎酒（参见彼第5节）。
　　[4] 豆：谓醢，即肉酱，盛于豆中，故以豆代称。
　　[5] 勿勿：犹勉勉。

【译文】

只有圣人才能使天帝飨用祭祀,只有孝子才能使双亲飨用祭祀。飨,是向的意思。心向往神,然后才能使神飨用祭祀,因此孝子面对尸脸上没有一点不和悦的颜色。祭祀时国君牵牲,夫人把盎齐放置在尸的席前,国君向尸献酒,夫人向尸进上肉酱。卿大夫们佐助国君行祭礼,命妇们佐助夫人行祭礼。他们整齐而庄重显得多么恭敬啊,愉悦而和谐显得多么虔诚啊,他们是那样努力地想要让神飨用祭祀啊!

7. 文王之祭也,事死者如事生,思死者如不欲生。忌日必哀,称讳如见亲。祀之忠也,如见亲之所爱,如欲色然,其文王与。《诗》云:"明发不寐,有怀二人[1]。"文王之诗也[2]。祭之明日,明发不寐,飨而致之,又从而思之。祭之日,乐与哀半:飨之必乐,已至必哀。

【注释】

〔1〕明发不寐,有怀二人:这两句诗引自《诗·小雅·小宛》。明发,天亮。二人,指父母。
〔2〕诗:是"谓"字之误。

【译文】

文王的祭祀,侍奉死去的亲人如同亲人活着时一样,思念死去的亲人如同想随他们死去。每逢亲人的死日必然悲哀,提起亲人的名字就如同见到了亲人。祭祀〔奉献祭品〕时的虔诚,就像见到了亲人生平所喜爱的东西,就像看到了亲人想要得到这些东西的神色,大概只有文王能做到这样吧。《诗》说:"通宵睡不着,思念父母亲。"就是说的文王。文王在祭祀父母的第二天,通宵睡不着,举行祭祀迎父母来享用,又从而思念父母。祭祀那天,怀着一种乐与哀参半的心情:想象着父母来享用祭祀心中必乐,想到父母来后〔还得逝去〕心中必哀。

8. 仲尼尝，奉荐而进，其亲也悫，其行也趋趋以数[1]。已祭，子赣问曰："子之言祭，济济漆漆然。今子之祭，无济济漆漆，何也？"子曰："济济者，容也，远也。漆漆者，容也，自反也。容以远，若容以自反也，夫何神明之及交，夫何济济漆漆之有乎？反馈，乐成[2]，荐其荐俎[3]，序其礼乐，备其百官，君子致其济济漆漆，夫何慌惚之有乎[4]？夫言，岂一端而已？夫各有所当也。"

【注释】
〔1〕其亲也悫，其行也趋趋以数：悫与趋趋，皆言少威仪。趋，通"促"。数，速。
〔2〕反馈，乐成：案天子、诸侯之祭，或从荐血腥（牲血和生的牲肉）始，至于反馈；反馈谓进熟的祭品。乐成，谓祭礼乐至合舞而成。
〔3〕荐俎：荐，在此指盛食物的豆。
〔4〕慌惚：谓思念益深之时。

【译文】
仲尼秋季举行尝祭，捧着祭品进上，他亲自劳作显得那么虔诚质实，他行走时脚步急促而快速。祭祀完毕，子赣问道："先生谈到祭祀，说应该显出讲究威仪而又修饰整饬的样子。今天先生的祭祀，却没有显出威仪和修饰整饬的样子，这是为什么呢？"孔子说："讲究威仪，是容貌，是表示关系疏远。修饰整饬，也是容貌，是自我修饬。讲究容貌而表示疏远，或讲究容貌而自我修饬，还怎么和神明结交呢？我为什么要做出讲究威仪和修饰整饬的样子呢？〔至于说天子、诸侯的祭礼〕，到进熟食的时候，音乐和舞蹈齐作，向神进上豆和俎，人们按照礼的规定和音乐的节奏有条不紊地进退周旋，百官都来助祭而齐备，这时助祭的君子们都显出讲究威仪和自我修饬的样子，哪里还有什么深挚思亲而与神交往可言呢？我曾说过的关于祭祀的话，难道可以一概而论吗？〔对孝子和宾客〕各有各的要求。"

9. 孝子将祭，虑事不可以不豫，比时具物不可以不备[1]，虚中以治之。宫室既修，墙屋既设，百物既备，夫妇齐戒，沐浴，盛服，奉承而进之，洞洞乎，属属乎[2]，如弗胜，如将失之，其孝敬之心至也与。荐其荐俎，序其礼乐，备其百官，奉承而进之。于是谕其志意[3]，以其慌慌以与神明交。"庶或飨之，庶或飨之"，孝子之志也。孝子之祭也，尽其悫而悫焉，尽其信而信焉，尽其敬而敬焉，尽其礼而不过失焉，进退必敬，如亲听命，则或使之也。孝子之祭可知也：其立之也敬以诎，其进之也敬以愉，其荐之也敬以欲，退而立如将受命，已彻而退敬齐之色不绝于面。孝子之祭也，立而不诎固也，进而不愉疏也，荐而不欲不爱也，退立而不如受命敖也，已彻而退无敬齐之色而忘本也[4]。如是而祭，失之矣。孝子之有深爱者必有和气，有和气者必有愉色，有愉色者必有婉容。孝子如执玉，如奉盈，洞洞属属然，如弗胜，如将失之。严威、俨恪，非所以事亲也，成人之道也[5]。

【注释】
　〔1〕比时：意同"因时"。
　〔2〕洞洞乎，属属乎：洞洞，敬貌。属属，忠貌。《礼器》曰："洞

洞乎,其敬也。属属乎,其忠也。"(见彼第29节)

〔3〕谕其志意:谓使其祝官启告鬼神,以己之志意晓谕鬼神。

〔4〕而忘本:"而"是衍字。

〔5〕"严威"至"道也":这是说孝子事亲当不失其孺子之心,而不当用成人之道。

【译文】

　　孝子将举行祭祀,对于祭事不可不预先考虑周到,依照时令具备祭物不可不齐全,要排除心中一切杂念专心准备祭祀。庙室都修缮好,墙壁和房屋都布置好,各种祭祀用品都准备好,于是夫妇斋戒,洗头洗澡,穿上祭祀的盛装,捧着祭品向神进上,是那样地恭敬啊,是那样地虔诚啊,就像捧着捧不动的重物,而又生怕失落的样子,这就是孝敬之心的最高表现吧。向神进上豆和俎,人们按照礼的规定和音乐的节奏有条不紊地进退周旋,百官都来助祭而齐备,捧着祭品向神进上。于是祝官把孝子的心意报告给神,孝子用他的深挚思亲之心与神交通。"父母或许在享用祭品了吧,父母或许在享用祭品了吧",这就是孝子的心愿。孝子的祭祀,尽他的诚质之心而表现出对神的诚质,尽他的信赖之心而表现出对神的信赖,尽他的虔敬之心而表现出对神的虔敬,尽守祭祀的礼仪而没有过失,或进前,或后退,必须恭敬,如同在听取亲人的命令,就像亲人要指使自己。孝子举行祭祀的表现是可以知道的:他站立的时候恭敬而身体微屈,他进前的时候恭敬而愉悦,他进献祭品的时候恭敬而柔顺,他后退站立的时候如同即将接受亲人的命令,祭毕撤除祭品而退下的时候恭敬庄重的容色仍然保留着。孝子的祭祀,站立的时候身体不微屈就是固陋不知礼,进前的时候不愉悦就是与亲人疏远,进献祭品的时候不柔顺就是对亲人不亲爱,后退站立的时候不表现出如同接受命令的样子就是傲而不恭,撤除祭品退下的时候没有恭敬庄重的面色就是忘本。像这样进行祭祀,那就失去祭祀的意义了。孝子对亲人有深爱之心的必然有和顺的态度,有和顺态度的必然有愉悦的面色,有愉悦面色的必然有柔顺的容貌。孝子手捧祭品如同捧着美玉那样谨慎,如同捧着满杯的水酒那样小心,显出恭敬而又虔诚的样子,就像捧着捧不动的重物,而又生怕失落。威严、庄敬,不是侍奉亲人的态度,而是成人相交往的态度。

10. 先王之所以治天下者五:贵有德,贵贵,贵老,敬长,慈幼。此五者,先王之所以定天下也。贵有德何为也?为其近于道也;贵贵,为其近于君也;贵老,为其近于亲也;敬长,为其近于兄也;慈幼,为其近于子也。是故至孝近乎王,至弟近乎霸。至孝近乎王,虽天子必有父。至弟近乎霸,虽诸侯必有兄。先王之教,因而弗改,所以领天下国家也。

【译文】
先王用来治理天下的有五条原则:尊重有德的人,尊重地位尊贵的人,尊重老年人,尊敬年长的人,慈爱年幼的人。这五条,是先王用来安定天下的。为什么尊重有德的人?因为他们接近圣贤之道的要求;尊重地位尊贵的人,因为他们接近国君;尊重老年人,因为他们近似自己的双亲;尊敬年长的人,因为他们近似自己的兄长;慈爱年幼的人,因为他们近似自己的子女。因此达到孝的最高标准就接近于天子了,达到悌的最高标准就接近于霸者了。之所以说达到孝的最高标准就接近于天子,因为即使天子也必然有父母。之所以说达到悌的最高标准就接近于霸者,因为即使诸侯也必然有兄长。对于上述先王的教导沿袭而不改,就可以用来领导天下国家。

11. 子曰:"立爱自亲始,教民睦也;立教自长始,教民顺也。教以慈睦,而民贵有亲;教以敬长,而民贵用命。孝以事亲,顺以听命,错诸天下,无所不行。"

【译文】

孔子说:"确立爱心从爱自己的双亲开始,这样就可以教民和睦;确立教化从敬顺自己的长辈开始,这样就可以教民顺从。用慈爱和睦进行教化,民众就会以有亲爱之心为贵;用敬顺长上进行教化,民众就会以服从命令为贵。用孝敬来侍奉双亲,用顺从来接受命令,把孝敬和顺从推广到天下,就没有行不通的事了。"

12. 郊之祭也,丧者不敢哭,凶服者不敢入国门,敬之至也。

【译文】

举行郊祭天之礼,有丧事的人不敢哭,穿丧服的人不敢进入国都的城门,这是敬意的最高表现。

13. 祭之日,君牵牲,穆答君[1],卿大夫序从。既入庙门,丽于碑[2]。卿大夫袒,而毛牛尚耳,鸾刀以刲,取膟膋[3],乃退。爓祭,祭腥而退。敬之至也。

【注释】

〔1〕穆答君:穆,谓主祭者(国君)之嗣子。答,对。案君牵上牲,嗣子牵其次,与君相对而牵之。父为昭,子为穆,故以穆代嗣子。
〔2〕丽于碑:丽,犹系。碑,谓立于庭中之碑。
〔3〕膟膋:指肠部的脂肪(参见《郊特牲第十一》第32节)。

【译文】

举行宗庙祭祀那天,国君牵牲,嗣子与国君相对牵牲,卿大夫们依次跟随着。进入庙门后,将牲拴在庭中的碑上。卿大夫们袒露胳膊〔准备杀牲〕,而先取牛毛〔进献给神〕,以牛耳上的毛为上,然后用鸾刀杀牛,取出牛肠部的脂肪〔进献给神〕,才退下。再用沉在汤下面的半生不熟的肉祭神，用生牲肉祭神，而后退下。这些都是敬意的最高表现。

14. 郊之祭，大报天而主日，配以月。夏后氏祭其闇，殷人祭其阳，周人祭日以朝及闇。

【译文】
举行郊祭天之礼，重重地报答天上的众神而以日为祭祀的主要对象，用月来配祭。夏后氏在黄昏时举行郊祭天之礼，殷人在中午举行郊祭天之礼，周人举行郊祭天之礼从早晨一直祭到黄昏。

15. 祭日于坛，祭月于坎，以别幽明，以制上下。祭日于东，祭月于西，以别内外，以端其位。日出于东，月生于西，阴阳长短[1]，终始相巡，以致天下之和。

【注释】
〔1〕阴阳长短：阴，谓夜。阳，谓昼。夏则阳长而阴短，冬则阳短而阴长，是所谓阴阳长短。

【译文】
祭日在坛上，祭月在坑中，这样来区别明和暗，来确定上和下。祭日在东方，祭月在西方，这样来区别内和外，来端正方位。日出于东方，月出于西方，昼夜的长短，终而复始相循环，这样便导致天下万物的和谐。

16. 天下之礼，致反始也，致鬼神也，致和用也[1]，致义也，致让也。致反始，以厚其本也；致鬼神，以尊上也；致物用，以立民纪也[2]；致义，则上下不悖逆矣；致让，以去争也。合此五者，以治天下之礼也，虽有奇邪而不治者，则微矣。

【注释】
〔1〕致反始也，致和用也：致反始，谓郊祭以报天之类。致鬼神，谓宗庙祭祀之类。
〔2〕致物用，以立民纪：案民丰物用，则知礼节荣辱，故致物用可以立人纪。

【译文】
天下的礼，使人报答天，使人报答鬼神，使人和睦而财用丰足，使人遵守道义，使人讲究谦让。使人报答天，这样来厚报人的根本；使人报答鬼神，这样来尊敬长上；使人财用丰足，这样来使民众遵守礼仪纲纪；使人遵守道义，上下就不相悖逆；使人讲究谦让，用以除去争纷。综合这五个方面，就是用来治理天下的礼，即使有奇异邪恶的现象而不被治理的，也是极微少的。

17. 宰我曰[1]："吾闻鬼神之名，不知其所谓。"子曰："气也者，神之盛也。魄也者，鬼之盛也。合鬼与神，教之至也。众生必死，死必归土，此之谓鬼。骨肉毙于下，阴为野土[2]，其气发扬于上，为昭明，焄蒿，凄怆[3]，此百物之精也，神之著也。因物之精制为之极，明命鬼神[4]，以为黔首则，百物以畏，万民以服。圣人以是为未足也，筑为宫室，设为宗祧[5]，以别亲疏迩，教民反古复始，不忘其所由生也。众之服自此，故听且速也。二端既立，报以二礼[6]。建设朝事[7]，燔燎羶芗[8]，见以萧光[9]，以报气也，此教众反始也。荐黍稷，羞肝、肺、首、心，见间以侠瓶[10]，加以郁鬯[11]，以报魄也，教民相爱，上下用情[12]，礼之至也。君子反古复始，不忘其所由生也。是以致其敬，发其情，竭力从事以报其亲，不敢弗尽也。是故昔者天子为藉千亩[13]，冕而朱纮，躬秉耒。诸侯为藉百亩，冕而青纮，躬秉耒。以事天、地、山、川、社、稷、先古，以为醴酪齐盛[14]，于是乎取之，敬之至也。古者天子、诸侯必有养兽之官，及岁时，齐戒，沐浴，而躬朝之。牺、牷祭牲[15]，必于是取之，敬之至也。君召牛，纳而视之，择其毛而卜之，吉，然后养之。君皮弁，素积[16]，朔月、月半，君巡牲，所以致力，孝之至也。古者天子、诸侯，必有公桑、蚕室，近川而为之，筑宫仞有三尺[17]，棘墙而外闭之[18]。及大昕之朝[19]，君皮弁素积，卜三宫之夫人、世妇之吉者，使入蚕于蚕室。奉种浴于川，桑于公桑，风戾以食之[20]。岁既单矣[21]，世妇卒蚕，奉茧以示于君，遂献茧于夫人。夫人曰：'此所以为君服与。'遂副、袆而受之[22]，因少牢以礼之。古之献茧者，其率用此与。及良日，夫人缫，三盆手[23]，遂布于三宫夫人、世妇之吉者[24]，使缫，遂朱、绿之，玄、黄之，以为黼黻文章，服既成，君服以祀先王、先公，敬之至也。"

【注释】
〔1〕宰我：即宰予，孔子的学生。
〔2〕阴：犹掩。
〔3〕为昭明，焄蒿，凄怆：昭明，即所谓光影，是想象其如此；焄

(音xūn)蒿,是腾升的气象;凄怆,是能令人感动的模样。又昭明,是光耀的;焄蒿,是滚动而上的;凄怆,是凛然的。

〔4〕明命:犹尊名。

〔5〕宗:原误作"宫"。

〔6〕二端既立,报以二礼:二端,指气与魄,尊其名则为神鬼。二礼,即朝事之礼和荐黍稷之礼(详下文)。

〔7〕朝事:即朝践之礼,因其礼事行于早晨,故称。

〔8〕燔燎膻芗:燔燎,谓取胖脅燎于炉炭。膻,是"馨"字之误。

〔9〕见以萧光:见,是"间"字之误。萧光,萧谓萧蒿,光谓气。

〔10〕见间以侠甒:见间,此处"见"亦"间"字之误。侠甒,谓杂之两瓶醴酒。

〔11〕郁鬯:祭祀用的一种香酒(参见《礼器第十》第6节)。

〔12〕教民相爱,上下用情:报祭魄之时,参加祭祀的人上下皆交遍饮酒,以体现上以恩赐逮下,下爱上恩赐,上下用情。

〔13〕藉:即藉田(参见《月令第六》第7节)。

〔14〕齐盛:即粢盛,祭祀用粮。

〔15〕牺、牷:牺谓纯色,牷为完好。

〔16〕皮弁,素积:皮弁,是白鹿皮制的冠。素积,是腰间有褶皱的白色的裙裳。案此处只说裳,而未说衣,以衣与冠同色,故略之。

〔17〕仞:周制八尺为仞。

〔18〕外闭:户扇在外而闭则向内。

〔19〕大昕:谓季春朔日之朝。

〔20〕风戾:戾,反。风戾,谓就风前反复之,使露气干燥。

〔21〕岁既单:单,通"殚",尽。此句犹言"春既尽"。

〔22〕副、袆:副,妇人的首饰,副的形制今已不详。袆,衣名,是一种画有五彩野鸡图案的礼服。

〔23〕三盆手:是一种缫丝法。置茧于盆中,而以手三次淹之,每淹则以手振出其绪,即所谓"三盆手"。案夫人之缫,止于三盆。

〔24〕布于三宫夫人、世妇之吉者:案若就诸侯而言,夫人只有一人,当言布于世妇之吉者,而此处言"夫人、世妇之吉者",是杂互天子而言之,天子有三夫人,就其中取吉者。

【译文】

宰我说:"我听说鬼神的名称,不知是什么意思。"孔子说:

"人的气息，就是神在人体内的充盈。人的魄，就是鬼在人体内的充盈。〔人死后〕合死者的鬼与神〔加以祭祀〕，就是圣人设教的最高原则。各种生物都必然会死，死后必归于土，这就叫做鬼。骨肉腐烂在下，掩在地下而成为土壤，它们的气息却飞扬向上，显现出光影，滚腾而上，令人凛然感动，这就是各种生物的精气，是看得见的神。就生物的精气制定至高无上的名称，尊名为鬼神，作为民众信奉的准则，众人就会畏惧，万民就会慑服。圣人以为光制定尊名还不够，又建筑宫室，设立宗庙和祧庙，用来区别亲疏远近关系，教育民众追怀古代的祖先，不忘记自己所由出生的始祖。民众服从长上之心便由此产生，因此能听信教令且迅速服从。气与魄二者的尊名既立，又用两种礼来进行报祭。一是设计朝践之礼，燔烧〔牲体肠部的脂肪〕以产生馨香，又兼燃烧萧蒿的气味，用以报祭气，这是教育民众追怀原始的祖先。二是进上黍稷，同时进上牲体的肝、肺、头、心，兼用两瓯醴酒，加上郁鬯，用以报祭魄，这样来教育民众相互亲爱，上下交流感情，这是礼的最高表现。君子追怀祖先，不忘自己所由出生的始祖，因此致其敬意，发其真情，竭力从事祭祀以报答自己的亲人，不敢不尽心尽力。因此从前天子耕种千亩藉田，头戴冕而冕下系着红色丝带，亲自执耒耕作。诸侯耕种百亩藉田，头戴冕而冕下系着青色丝带，亲自执耒耕作。祭祀天、地、山、河、社稷和祖先之神，用作祭品的酒浆饭食，都取自藉田的收获，这是对鬼神敬意的最高表现。古时候天子、诸侯都一定设有豢养牲畜的官，每年到〔该祭祀的〕时节，〔天子、诸侯〕都斋戒、沐浴，而亲自视察牲畜，毛色纯净、完好而用于祭祀的牲畜，必在这当中选取，这是对鬼神敬意的最高表现。事先国君召取牛，让送进来察看，择取牛毛加以占卜，吉利，然后加以豢养。国君头戴皮弁，〔上穿白衣〕，下穿腰间有褶皱的白裳，在每月的初一和十五，国君巡视牲畜，这样来尽力〔为祭祀做准备〕，这是孝的最高表现。古时候天子、诸侯都一定设公桑园和养蚕室，设在接近河流的地方，建筑房屋高一仞三尺，墙上布置棘刺而门扇在外〔向内〕关闭。到了阳春三月初一早晨，国君头戴皮弁，〔上穿白衣〕，下穿腰间有褶皱的白裳，对三宫的夫人和世妇进行占卜，吉利的，就让她们到蚕室养蚕。捧着蚕种在河里浸一浸，又到公桑园采桑叶，就风翻动桑叶〔使上面的露水干了〕而后喂蚕。春天过完之后，世妇养蚕完毕，捧着蚕茧给国君看，接着就把茧献给国君夫人。夫人说：'这是给国君做祭服用的吧。'于是头戴副、身穿袆衣而接受所献的茧，就此用少牢之礼款待养蚕的世妇。古代献茧的，大概都是用的这种礼吧。等到吉日，夫人亲自缲丝，将手三次浸入盆中抽出丝绪，接着便分派给三宫中经过占卜而吉利的夫人和世妇们，让她们去缲丝，再把丝染成红、绿、黑、黄等颜色，织成有黼纹或黻文图案的丝绸，做成祭服之后，国君便穿着它祭祀先王和先公，这是敬意的最高表现。"

18. 君子曰："礼乐不可斯须去身。"致乐以治心，则易、直、子、谅之心，油然生矣。易、直、子、谅之心生则乐，乐则安，安则久，久则天，天则神。天则不言而信，神则不怒而威：致乐以治心者也。致礼以治躬则庄敬，庄敬则严威。心中斯须不和不乐，而鄙诈之心入之矣；外貌斯须不庄不敬，而慢易之心入之矣。故乐也者动于内者也，礼也者动于外者也。乐极和，礼极顺，内和而外顺，则民瞻其颜色而不与争也，望其容貌而众不生慢易焉。故德辉动乎内，而民莫不承听；理发乎外，而众莫不承顺。故曰致礼乐之道，而天下塞焉，举而措之无难矣。乐也者，动于内者也。礼也者，动于外者也。故礼主其减，乐主其盈。礼减而进，以进为文。乐盈而反，以反为文。礼减而不进则销，乐盈而不反则放。故礼有报而乐有反。礼得其报则乐，乐得其反则安。礼之报，乐之反，其义一也。

【译文】

君子说:"礼乐一会儿也不能离身。"研究乐而用它来提高内心修养,那么平易、正直、慈爱、诚信之心,就会自然而然地产生了。平易、正直、慈爱、诚信之心产生了就能心情愉快,心情愉快就能使内心安定,内心安定就能长久地自我修养不息,长久地修养不息就能体达天理,体达天理进而就可与神明相通。体达天理就可以不说话而值得尊信,与神明相通就可以不发怒而有威严;这就是研究乐而用它来提高内心修养的结果。研究礼而用它来端正外貌就庄重恭敬,庄重恭敬就有威严。心里只要有一会儿不和不乐,鄙诈之心就会侵入;外貌只要有一会儿不庄敬,轻率怠慢之心就会侵入。所以乐是影响人的内心的,礼是影响人的外貌的。乐能使人的内心十分平和,礼能使人的外貌十分恭顺,内心平和而外貌恭顺,人们看到他的面色就不和他相争了,望到他的容貌民众就不会产生轻率怠慢之心了。因此德润泽于内心,人民就没有不听他的话的;理从外貌上表现出来,民众就没有不顺从他的。因此说研究礼乐的道理,把它普及到全天下,拿礼乐来治理国家,也就不难了。乐,是影响人的内心的。礼,是影响人的外貌体的。所以礼应该简单,乐应该丰富。礼简单了人们就会努力遵循,努力遵循礼人就会变得美善;乐丰富了人们就会受陶冶而反回本性,反回本性人就会变得美善。礼简单了人们还不努力遵循就会消灭,乐丰富了人们不能反回本性就会放纵。因此礼要求回报,而乐要求反本。礼得到应有的回报人就会感到快乐,乐使人反回本性就会安定。礼的回报,乐的反本,二者的意义都是一样的。

19. 曾子曰:"孝有三:大孝尊亲,其次弗辱,其下能养。"公明仪问于曾子曰[1]:"夫子可以为孝乎?"曾子曰:"是何言与!是何言与!君子之所为孝者,先意承志,谕父母于道。参直养者也,安能为孝乎?"曾子曰:"身也者,父母之遗体也,行父母之遗体,敢不敬乎。居处不庄，非孝也。事君不忠，非孝也。莅官不敬，非孝也。朋友不信，非孝也。战阵无勇，非孝也。五者不遂，灾及于亲，敢不敬乎。亨孰膻芗[2]，尝而荐之，非孝也，养也。君子之所谓孝也者，国人称愿然[3]，曰：'幸哉，有子如此！'所谓孝也已。众之本教曰孝。其行曰养。养可能也，敬为难。敬可能也，安为难。安可能也，卒为难。父母既没，慎行其身，不遗父母恶名，可谓能终矣。仁者，仁此者也。礼者，履此者也。义者，宜此者也。信者，信此者也。强者，强此者也。乐自顺此生，刑自反此作。"曾子曰："夫孝，置之而塞乎天地，溥之而横乎四海，施诸后世而无朝夕，推而放诸东海而准，推而放诸西海而准，推而放诸南海而准，推而放诸北海而准。《诗》云[4]：'自西自东，自南自北，无思不服。'此之谓也。"曾子曰："树木以时伐焉，禽兽以时杀焉。夫子曰：'断一树，杀一兽，不以其时，非孝也。'孝有三：小孝用力，中孝用劳，大孝不匮[5]。思慈爱忘劳，可谓用力矣。尊仁安义，可谓用劳矣。博施备物[6]，可谓不匮矣。父母爱之，嘉而弗忘。父母恶之，惧而无怨。父母有过，谏而不逆。父母既没，必求仁者之粟以祀之[7]。此之谓礼终。"

【注释】

〔1〕公明仪：曾子的学生。
〔2〕膻芗：即馨香（参见第17节）。
〔3〕然：犹焉。
〔4〕《诗》云：案下面的诗句引自《诗·大雅·文王有声》。

〔5〕不匮：案下文曰"博施备物，可谓不匮"，则此处之不匮，当是指孝子的孝心无处不体现，到处都不匮乏、不缺少。

〔6〕博施备物：案上言伐树、杀兽皆当以时，就是行孝道而博施备物的表现。

〔7〕必求仁者之粟以祀之：粟，禄。父母既没，必仕于仁诸侯、贤大夫之朝，立身行道，以终祭祀，恐辱先人。

【译文】

曾子说："孝有三等：大孝使双亲受人尊敬，其次不使双亲的名声受辱，最下等的是仅能赡养双亲。"公明仪问曾子道："先生可以称得上孝吧？"曾子说："这是哪里话！这是哪里话！君子所称为孝的，在父母还没有指使自己之前就能预先体达父母的意思〔去做父母想让自己做的事〕，并使父母知道做事的正理。我不过能赡养父母罢了，哪里能称为孝呢？"曾子说："身体，是父母的遗体，用父母的遗体行事，怎敢不谨慎！生活起居不庄重，是不孝。侍奉国君不忠心，是不孝。做官〔办公事〕不严肃认真，是不孝。对朋友不守信用，是不孝。临战阵不勇敢，是不孝。以上五方面都不能做到，灾难就会降及双亲，敢不谨慎吗！煮熟的馨香的食物，自己先尝一尝然后进献给父母享用，这还不是孝，只是赡养。君子所称为孝的，全国的人都称赞羡慕他，说：'真有福啊，有这样的儿子！'这才是所谓孝呢。教育众人的根本就是孝。孝的基本行为就是赡养。赡养可能做到，尊敬父母却不容易。尊敬可能做到，使父母安乐却不容易。使父母安乐可能做到，能终生行孝却不容易。父母死后，谨慎自身的行事，不使父母蒙受坏名声，可以称得上能终生行孝了。所谓仁，就是以孝为仁。所谓礼，就是履行孝道。所谓义，就是合乎孝道。所谓信，就是在孝上表现出诚信。所谓强，就是在孝的方面强于人。快乐由顺行孝道而生，惩罚由违背孝道而降临。"曾子说："孝，拿它来充满天地之间，普及而遍于四海之内，施行到后世而没有一刻停止，推广到东海而为准则，推广到西海而为准则，推广到南海而为准则，推广到北海而为准则。《诗》说：'从西从东，从南从北，没有想不服从的。'就是说的这个意思。"曾子说："树木按时节砍伐，禽兽按时节捕杀。孔子说：'砍断一棵树，捕杀一头兽，不按时节，也是不孝的表现。'孝有三等：小孝用力，中孝用功劳，大孝无处不在。一心想对父母慈爱而忘记疲劳，可以称得上用力了。尊崇并安心实行仁义〔而为国立功，使父母荣耀〕，可以称得上用功劳了。广施孝心而遍及万物，可以称得上无处不在了。父母喜欢我，就高兴而不忘记。父母讨厌我，就戒惧而不怨恨。父母有过错，就劝谏而不违逆。父母死后，必须从仁君那里取得俸禄来祭祀，这就叫做能依礼把孝道实行到底。"

20. 乐正子春下堂而伤其足[1]，数月不出，犹有忧色。门弟子曰："夫子之足瘳矣，数月不出，犹有忧色，何也？"乐正子春曰："善如尔之问也！善如尔之问也！吾闻诸曾子，曾子闻诸夫子曰：'天之所生，地之所养，无人为大。父母全而生之，子全而归之，可谓孝矣。不亏其体，不辱其身，可谓全矣。故君子顷步而弗敢忘孝也[2]。'今予忘孝之道，予是以有忧色也。壹举足而不敢忘父母，壹出言而不敢忘父母。壹举足而不敢忘父母，是故道而不径，舟而不游，不敢以先父母之遗体行殆。壹出言而不敢忘父母，是故恶言不出于口，忿言不反于身，不辱其身，不羞其亲，可谓孝矣。"

【注释】
〔1〕乐正子春：曾子的学生。
〔2〕顷：是"跬"字之误。跬，音 kuǐ，半步。

【译文】
乐正子春下堂时弄伤了脚，好几个月不出门，仍有忧伤的神色。他的学生说："先生的脚已经好了，几个月不出门，仍有忧伤的神色，这是为什么呢?"乐正子春说："你问得好啊!你问得好啊!我听曾子说，曾子听孔子说：'天所生的，地所养的，没有比人更伟大的了。父母完整地生下了儿子的身体，儿子死后也完整地把身体归还父母，可以称得上孝了。不损坏父母的遗体，不使自身受辱，可以称得上完整地保存父母的遗体。因此君子半步也不敢忘记孝。'现在我忘了孝道〔而使脚受伤〕，我因此有忧伤的神色。一抬脚不敢忘父母，一说话不敢忘父母。一抬脚不敢忘父母，因此走路不走邪僻的小路，过河要乘船而不游泳，不敢拿已故父母的遗体做冒险的事。一说话不敢忘父母，因此坏话不出口，别人也不会用愤恨的话回击自己。不使自身受辱，不使双亲蒙羞，可以称得上孝了。"

21. 昔者有虞氏贵德而尚齿，夏后氏贵爵而尚齿，殷人贵富而尚齿，周人贵亲而尚齿。虞、夏、殷、周，天下之盛王也，未有遗年者。年之贵乎天下久矣，次乎事亲也。是故朝廷同爵则尚齿。七十杖于朝，君问则席。八十不俟朝[1]，君问则就之。而弟达乎朝廷矣。行肩而不并，不错则随[2]。见老者则车、徒辟。斑白者不以其任行乎道路，而弟达乎道路矣。居乡以齿，而老穷不遗，强不犯弱，众不暴寡，而弟达乎州巷矣[3]。古之道，五十不为甸徒[4]，颁禽隆诸长者，而弟达乎蒐狩矣[5]。军旅什伍，同爵则尚齿，则弟达乎军旅矣。孝弟发诸朝廷，行乎道路，至乎州巷，放乎蒐狩，修乎军旅，众以义死之，而弗敢犯也。

【注释】

〔1〕八十不俟朝：不俟朝，谓不在朝廷上俟立以待罢朝，朝见国君后即可退去。案《王制》曰"七十不俟朝"（参见彼第46节）。

〔2〕不错则随：错，谓雁行，即年少者的位置斜在长者之后，这里是指年长者为兄辈；随，谓年少者相随在后，这里是指年长者为父辈。

〔3〕州巷：案一乡五州。巷，犹间。案州巷在此乏指乡里。

〔4〕不为甸徒：案古代四井为邑，四邑为丘，四丘为甸，甸方八里，按照军法，方八里出车一乘，甲士三人，步卒七十二人，是为甸徒，或甸役，以供军赋和田猎之事。

〔5〕獀狩：獀，同"搜"。春猎为獀，冬猎为狩。

【译文】

从前有虞氏重视德行而尊敬年长的人，夏后氏重视爵位而尊敬年长的人，殷人重视财富而尊敬年长的人，周人重视血亲关系而尊敬年长的人。虞、夏、殷、周的统治者，都是天下的盛朝之王，没有不重视年龄的。年龄被天下人所重视，由来已经很久了，仅次于侍奉双亲。因此在朝廷上爵位相同的就以年长者为上。年七十可以拄杖上朝，国君有所询问就要为他设席〔请他安坐〕。年八十可以不在朝廷上俟立，国君有所询问就亲自到他家去。这样尊敬长上的德行就通行于朝廷上了。与年长者不并肩而行，不是雁行就是相随在后。在路上遇见年长者，年少者不论是乘车还是步行，都要避让。头发斑白的人不携带重物在路上行走，〔因为年少者看见了就会为他代劳〕。这样尊敬长上的德行就通行于道路了。居住乡里按年龄论尊卑，年老贫穷的人就不会被遗弃，强者就不会欺负弱者，人多的就不会欺负人少的，这样尊敬长上的德行就通行于乡里了。古代的制度，年五十就不充当甸徒，〔但打猎后〕分配猎物却给年长者多分，这样尊敬长上的德行就通行于田猎的事了。在军队部伍中，官爵相同的就让年长者居上位，这样尊敬长上的德行就通行军队中了。孝顺老人和尊敬长上的德行从朝廷上发起，通行于道路上，到达乡里间，推广到田猎上，实行在军队中，民众就都能为道义而死，而没有人敢违反道义了。

22. 祀乎明堂，所以教诸侯之孝也；食三老、五更于大学，所以教诸侯之弟也；祀先贤于西学[1]，所以教诸侯之德也；耕藉，所以教诸侯之养也[2]；朝觐，所以教诸侯之臣也：五者，天下之大教也。

【注释】
〔1〕西学：是周代的小学，盖即《王制》所谓"虞庠在国之西郊"（见彼第47节）之虞庠。
〔2〕耕藉，所以教诸侯之养也：耕藉，是为宗庙祭祀而耕种，故为事神致养之道，故曰教诸侯之养。

【译文】
天子在明堂祭祀祖先，用来教育诸侯遵守孝道；在大学用食礼款待三老、五更，用来教育诸侯尊敬长上；在小学祭祀先代的贤人，用来教育诸侯崇尚德行；亲耕藉田，用来教育诸侯祭养神明；举行朝觐礼，用来教育诸侯怎样做臣：以上五方面，是天下最大的教育。

23. 食三老、五更于大学，天子袒而割牲，执酱而馈，执爵而酳，冕而揔干，所以教诸侯之弟也[1]。是故乡里有齿，而老穷不遗，强不犯弱，众不暴寡，此由大学来者也。

【注释】
〔1〕"食三老"至"弟也"：这几句与《乐记第十九》第46节所记同，可参看。

【译文】
在大学用食礼款待三老、五更，天子亲自袒衣为他们切割牲肉，拿酱送给他们吃，端杯向他们进酳酒，还亲自戴着冕拿着盾牌为老人们舞蹈，以教育诸侯怎样尊敬长上。因此乡里按年龄论尊卑，年老贫穷的人就不会被遗弃，强者就不会欺负弱者，人多的就不会欺负人少的，这是从大学传播下来的风尚。

24. 天子设四学[1]，当入学而大子齿。

【注释】

〔1〕四学：谓周（代）四郊之庠序。

【译文】

天子在东西南北四郊设立学校，到入学的年龄太子与同学们按年龄序尊卑。

25. 天子巡狩，诸侯待于竟。天子先见百年者。八十、九十者，东行，西行者，弗敢过[1]；西行，东行者，弗敢过。欲言政者，君就之可也。

【注释】

〔1〕东行，西行者，弗敢过：意思是本欲西行，而有老者住在其东，则必迁道趋谒，不得背其居而径去。下句义仿此。

【译文】

天子巡视诸侯，诸侯要在国境上等待天子。天子到达后要先去谒见百岁老人。对于八十岁、九十岁的老人，本想东行〔而老人住在西边〕，就绕道西行〔谒见老人〕，不敢背道而过；本想西行〔而老人住在东边〕，就绕道东行〔谒见老人〕，不敢背道而过。老人如果有想谈政事的，国君可以到他家去听取。

26. 壹命齿于乡里[1]，再命齿于族，三命不齿，族

有七十者弗敢先。七十者，不有大故不入朝，若有大故而入，君必与之揖让[2]，而后及爵者。

【注释】

〔1〕壹命：及下再命，三命，参见《王制第五》第15节。

〔2〕君必与之揖让：让，犹辞。君先揖之，则辞让令退，不敢久劳之。

【译文】

一命之官与乡里民众按年龄序尊卑，二命之官与族人按年龄序尊卑，三命之官就不与族人按年龄序尊卑了，但对于族中年高七十的人，不敢在他之先。年高七十的官，没有大事不入朝，如果有大事而入朝，国君必同他行揖礼并请他回去休息，而后再按爵位高低同朝臣们行揖礼。

27. 天子有善，让德于天；诸侯有善，归诸天子；卿大夫有善，荐于诸侯；士、庶人有善，本诸父母，存诸长老[1]；禄爵、庆赏，成诸宗庙：所以示顺也。

【注释】

〔1〕存诸长老："存"是"荐"字之误，谓士、庶人有善，进之于长老。

【译文】

天子做了好事，把功德归让于天；诸侯做了好事，归功于天子；卿大夫做了好事，进功于诸侯；士、庶人做了好事，要说是根据父母的教导，进功于长辈；颁赐爵禄或有庆赏典礼，要在宗庙里完成：这些都是为了表示敬顺长上。

28. 昔者圣人建阴阳天地之情[1]，立以为《易》。易抱龟南面[2]，天子卷冕北面。虽有明知之心，必进断其志焉，示不敢专，以尊天也。善则称人，过则称己，教不伐，以尊贤也。

【注释】
〔1〕建：是"达"字之误。
〔2〕易：官名，即大卜。

【译文】
从前圣人通达天地阴阳之理，据以撰著了《易》。占卜官抱龟面朝南而立，天子身穿衮服头戴冕面朝北而立。天子即使有明哲睿智之心，遇事也必须进问鬼神以帮他做决断，表示不敢自专，而尊重天意。做了好事就归功于人，有了错误就归过于己，这样来教育臣民不自夸，而尊敬贤者。

29. 孝子将祭祀，必有齐庄之心以虑事，以具服物，以修宫室，以治百事。及祭之日，颜色必温，行必恐，如惧不及爱然。其奠之也，容貌必温，身必诎，如语焉而未之然。宿者皆出[1]，其立卑静以正，如将弗见然。及祭之后，陶陶遂遂[2]，如将复入然。是故悫善不违身，耳目不违心，思虑不违亲，结诸心，形诸色，而术省之[3]，孝子之志也。

【注释】
〔1〕宿者：谓宾助祭者。
〔2〕陶陶遂遂：陶，音 yáo。陶陶，思之结于中。遂遂，思之达于外。

〔3〕术省之："术"是"述"字之误。述，循，谓循环往复，即反复之意。省，省视，在此犹言回忆。

【译文】
孝子将举行祭祀，必须有严肃庄重的心来考虑祭事，来准备祭服和祭物，来修缮庙室，来办各种有关祭祀的事。到祭祀那天，面色必须温和，行动必须谨慎，如同生怕不能见到亲人的样子。孝子设置祭品的时候，容貌必须温顺，身体必须屈俯，如同跟亲人说话而尚未得到答复的样子。祭毕助祭的人都退出了，孝子卑恭而默然地正立着，如同就要见不到亲人的样子。祭祀之后，孝子显出深深思念的神情，如同亲人将再次进入庙中的样子。因此〔祭祀时那种〕诚挚美善的态度不离身，〔祭祀时的〕所见所闻不忘于心，思虑不离亲人，郁结在心中，显现在面色上，而反复地回忆着亲人，这就是孝子的心态。

30. 建国之神位，右社稷而左宗庙[1]。

【注释】
〔1〕右社稷而左宗庙：左右，谓路寝之左右。

【译文】
建立国家的神位，社稷的神位在右边，祖宗的神位在左边。

祭统第二十五

1. 凡治人之道，莫急于礼。礼有五经[1]，莫重于祭[2]。夫祭者，非物自外至者也，自中出生于心也；心怵而奉之以礼，是故唯贤者能尽祭之义。

【注释】
〔1〕礼有五经：指吉、凶、宾、军、嘉五礼。
〔2〕祭：属吉礼。

【译文】
凡治理人的办法，没有比礼更紧要的了。礼有五个方面，没有比祭礼更重要的了。祭祀之礼，不是借外物从表面上做出来的，而是出自人的内心，内心敬畏而依礼奉献祭物，所以只有贤德的人才能充分理解祭祀的意义。

2. 贤者之祭也，必受其福，非世所谓福也。福者，备也。备者，百顺之名也，无所不顺者谓之备。言内尽于己，而外顺于道也。忠臣以事其君，孝子以事其亲，其本一也。上则顺于鬼神，外则顺于君长，内则以孝于亲，如此之谓备。唯贤者能备，能备然后能祭。是故贤者之祭也，致其诚信与其忠敬，奉之以物，道之以礼，安之以乐，参之以时，明荐之而已矣，不求其为，此孝子之心也。

【译文】

贤德的人祭祀，必受祭祀的福，但不是世人所说的福。福，是备的意思。备，是凡事都顺利的名称，没有不顺利的事就叫做备。这就是说内能尽自己的心意，而外能顺从情理。忠臣用顺来侍奉国君，孝子用顺来侍奉双亲，二者从根本上都是一致的。上顺鬼神的意旨，外顺君长的教令，内用顺来孝敬双亲，这就叫做备。只有贤德的人能够做到备，能做到备然后能够祭祀。因此贤者的祭祀，是表达自己的诚信和忠敬之心，向神奉献祭物，用礼做指导，用乐来慰藉神，参照时节，用洁净的祭品进献给神，而不为求得神的赐予，这就是孝子的心意。

3. 祭者，所以追养继孝也。孝者，畜也[1]。顺于道，不逆于伦，是之谓畜。是故孝子之事亲也，有三道焉：生则养，没则丧，丧毕则祭。养则观其顺也，丧则观其哀也，祭则观其敬而时也。尽此三道者，孝子之行也。

【注释】

〔1〕畜：谓顺于德教。

【译文】

祭祀，是用来追养双亲而继续尽孝。孝，是顺从德教的意思。顺从道理，不违背人伦，就叫做顺从德教。因此孝子侍奉双亲，有三条原则：双亲在世就赡养，去世就服丧，服丧完毕就祭祀。赡养双亲看他是否有敬顺之心，服丧看他是否有悲哀之心，祭祀看他是否虔敬而适时。尽心遵循这三条原则，就是孝子的行为。

4. 既内自尽，又外求助，昏礼是也。故国君取夫人之辞曰："请君之玉女，与寡人共有敝邑，事宗庙、社稷。"此求助之本也。

【译文】

〔祭祀时〕既内能尽自己的心意，又外求助于异姓，举行婚礼就是为此。因此国君娶夫人时向女方之父致词说："请求君的爱女，与我共有封国，来祭祀宗庙、社稷之神。"这就是求助于异姓的根本出发点。

5. 夫祭也者，必夫妇亲之，所以备外内之官也[1]。官备则具备。水草之菹[2]，陆产之醢，小物备矣。三牲之俎，八簋之实，美物备矣。昆虫之异，草木之实，阴阳之物备矣。凡天之所生，地之所长，苟可以荐者，莫不咸在，示尽物也。外则尽物，内则尽志，此祭之心也。

【注释】

〔1〕官：犹职。
〔2〕菹：用醋腌渍的菜。

【译文】

祭祀，必须夫妇亲自举行，以此具备外内职分。职分具备，祭物就具备了。有用水草类做的菹菜，用陆产物做的酱类，小的祭物就具备了。有用俎盛上的牛羊猪肉，有用八簋盛的食物，美味就具备了。还有用不同的昆虫做的食物，以及草木的果实，这样阴阳两类祭物就都具备了。凡天所生，地所长，只要有可进献的，无不在祭物中，以示用尽所有的物品来祭祀。外表是用尽一切物品，内心是竭尽一切诚意；这就是祭祀所应有的心理。

6. 是故天子亲耕于南郊，以共齐盛。王后蚕于北郊，以共纯服[1]。诸侯耕于东郊，亦以共齐盛。夫人蚕于北郊，以共冕服。天子、诸侯非莫耕也，王后、夫人非莫蚕也，身致其诚信。诚信之谓尽，尽之谓敬，敬尽然后可以事神明，此祭之道也。

【注释】
〔1〕纯服：纯，音 zī。此纯服与下文冕服皆谓祭服。纯，是就所用缯之色言；服，谓冕服，即头戴冕而身穿祭服。

【译文】
因此天子亲自在南郊耕种藉田，以供祭祀用粮。王后亲自在北郊养蚕，以供祭服。诸侯在东郊耕种藉田，也用以供祭祀用粮。诸侯夫人在北郊养蚕，以供祭服。天子、诸侯没有不亲自耕种的，王后、夫人没有不亲自养蚕的，这样来亲身表现对祭祀的诚信。诚信就叫做尽心，尽心就叫做恭敬，能尽恭敬之心然后才可以侍奉神明，这就是祭祀的道理。

7. 及时将祭，君子乃齐。齐之为言齐也，齐不齐，以致齐者也。是以君子非有大事，非有恭敬也，则不齐。不齐则于物无防也，嗜欲无止也。及其将齐也，防其邪物，讫其嗜欲，耳不听乐，故《记》曰："齐者不乐。"言不敢散志也。心不苟虑，必依于道。手足不苟动，必依于礼。是故君子之齐也，专致其精明之德也。故散齐七日以定之[1]，致齐三日以齐之。定之之谓齐。齐者，精明之至也，然后可以交于神明也。是故先期旬有一日，宫宰宿夫人[2]。夫人亦散齐七日，致齐三日。

君致齐于外[3]，夫人致齐于内，然后会于大庙。

【注释】

〔1〕散齐：及下文致齐，参见《祭义第二十四》第2节。

〔2〕宫宰宿夫人：宫宰，守宫之官。宿，通"肃"，犹戒，戒较轻，而肃较重。

〔3〕外：指国君的正寝；下文"内"则指夫人的正寝。

【译文】

　　到将要举行祭祀的时候，国君于是斋戒。斋，就是齐的意思，使不齐一的身心都齐一，以进入斋戒状态。因此君子没有大事，没有恭敬之心，就不斋戒。不斋戒就没有什么需防备的事物，个人的嗜欲可以不加限制。等到将要斋戒的时候，就要防止邪僻的事物，停止嗜欲，耳不听音乐，所以《记》说："斋戒的人不听音乐。"是说不敢分散他的思虑。心中不乱想，思想必须依据道理。手脚不乱动，行动必须依据礼节。因此君子的斋戒，要专心地集中自己精诚纯洁的德性。所以生活起居方面要斋戒七天以稳定自己的心志，内心要斋戒三天以使心志齐一，稳定心志叫做斋。心志齐一，就是达到精诚纯洁的最高境界，然后才可以与神明交通。因此在祭期之前的第十一天，宫宰要告诫国君夫人进行斋戒。夫人也在生活起居方面斋戒七天，内心斋戒三天。国君斋戒在国君的正寝，夫人斋戒在夫人的正寝，然后国君和夫人相会在太庙进行祭祀。

　　8. 君纯冕立于阼。夫人副、袆立于东房。君执圭瓒祼尸[1]，大宗执璋瓒亚祼[2]。及迎牲，君执纼，卿大夫从，士执刍[3]。宗妇执盎从[4]，夫人荐涗水[5]。君执鸾刀羞嚌。夫人执荐豆。此之谓夫妇亲之。

【注释】

〔1〕圭瓒祼尸：圭瓒，以圭为柄的玉勺，下文璋瓒仿此（参见《郊特

牲第十一》第32节）。裸，音 guàn，谓裸祭。以圭瓒酌郁鬯之酒以献尸，尸受祭而灌于地，因奠而不饮，即所谓"裸祭"。

〔2〕大宗：主宗庙礼者。

〔3〕刍：谓藁，杀牲而用刍藉之。案此处刍盖即麦秸。

〔4〕盎：谓盎齐（参见《祭义第二十四》第6节）。

〔5〕夫人荐涗水：此处涗水即指盎齐，因盎齐浊，以涗水掺和其中以荐尸。案涗水即经过过滤的明洁的水，亦即玄酒。

【译文】

国君头戴冕而身穿祭服站在阼阶上。夫人头戴副、身穿袆衣站在东房中。国君拿圭柄的玉杓酌酒供尸行裸祭礼，大宗拿璋柄的玉杓在国君之后酌酒供尸行裸祭礼。到迎牲入庙的时候，国君牵牛，卿大夫们跟从着，士抱着麦秆。同宗的妇人端着盎齐跟从〔夫人〕，夫人将涗水〔掺入盎齐〕向尸进上。国君拿鸾刀〔割取牲肉〕进献给尸尝。夫人进上盛在豆中的食物。这就叫夫妇亲自举行祭祀。

9. 及入舞，君执干戚就舞位。君为东上，冕而揔干，率其群臣，以乐皇尸[1]。是故天子之祭也，与天下乐之。诸侯之祭也，与竟内乐之，冕而揔干，率其群臣，以乐皇尸，此与竟内乐之之义也。

【注释】

〔1〕皇尸：即扮作被祭祀的先君的尸。言皇，是表示尊敬之意。

【译文】

等到舞队进入庙中，国君拿着盾牌和大斧就舞位。国君站在舞队东边上位，头戴冕而手握盾牌，率领群臣进行舞蹈，以使皇尸快乐。因此天子举行祭祀，是表示与天下人共同使皇尸快乐。诸侯举行祭祀，是表示与国内人共同使皇尸快乐。诸侯头戴冕而手握盾牌，率领群臣进行舞蹈，以使皇尸快乐，这就是表示与国内人共同使皇尸快乐的意思。

10. 夫祭有三重焉：献之属莫重于祼[1]，声莫重于升歌[2]，舞莫重于舞于《武宿夜》[3]。此周道也。凡三道者，所以假于外，而以增君子之志也。故与志进退：志轻则亦轻，志重则亦重；轻其志而求外之重也，虽圣人弗能得也。是故君子之祭也，必身自尽也，所以明重道也。道之以礼，以奉三重，而荐诸皇尸，此圣人之道也。

【注释】
〔1〕献之属莫重于祼：献，谓向尸献酒。祼，这是为降神而祼，故重于献。案祼是献酒于尸以行祼祭（参见第8节），故亦为"献之属"。
〔2〕声莫重于升歌：声，在此泛指音乐。升歌，谓歌者升堂歌唱。升歌之所以重，是因为音乐"贵人声"。
〔3〕《武宿夜》：舞名。武王伐纣，至于商郊，停止宿，夜士卒皆欢乐歌舞以待旦，因以为名。《武宿夜》乐久佚。

【译文】
祭祀有三件重要的事：献酒之类没有比献酒给尸行祼祭礼更重要的了，音乐没有比上堂歌唱更重要的了，舞蹈中没有比《武宿夜》舞更重要的了。这些都是周人的祭祀方法。以上三件重要的事，都是借助外物，来加强表现君子敬神的心意。因此，它们直接取决于敬神心意的轻重：敬神的心意轻也就表现得轻，敬神的心意重也就表现得重；敬神的心意轻而要求外在表现重，即使圣人也不可能。因此君子的祭祀，必须全身心地投入，以表明敬神心意之重。用礼做指导，来奉行那三件事，而把它们进献给皇尸，这就是圣人祭祀的原则。

11. 夫祭有馂。馂者，祭之末也，不可不知也。是故古人有言曰曰："善终者如始。"馂其是已。是故古之君子曰："尸亦馂神之余也[1]。"惠术也，可以观政矣。是故尸谡，君与卿四人馂；君起，大夫六人馂，臣馂君之余也；大夫起，士八人馂，贱馂贵之余也；士起，各执其具以出，陈于堂下，百官进[2]，彻之，下馂上之余也。凡馂之道，每变以众，所以别贵贱之等，而兴施惠之象也[3]。是故以四簋黍，见其修于庙中也[4]，庙中者，竟内之象也。祭者，泽之大者也。是故上有大泽，则惠必及下，顾上先下后耳，非上积重而下有冻馁之民也。是故上有大泽，则民夫人待于下流，知惠之必将至也，由馂见之矣，故曰"可以观政"。

【注释】
〔1〕尸亦馂神之余：案凡祭祀，都先行阴厌之礼以飨鬼神（参见《曾子问第七》第24节），然后再行尸祭礼以飨尸，即所谓尸馂鬼神之余。
〔2〕百官进：百官，谓余士之无事于庙者，即没有参加祭祀的众士。案此众士盖下士或庶士充任小吏者，故下文曰"下馂上之余"。"进"是"馂"字之误。
〔3〕兴施惠之象："案馂之礼，初馂贵而少，后馂贱而多，皆先上而后下，施惠之道亦当然也，故云'施惠之象'。"
〔4〕修：是"遍"字之误。

【译文】
　　祭祀有吃剩余饭食的礼仪。吃剩余饭食的礼仪都在祭祀的最后进行，对于这种礼仪不可不了解。因此古人有这样的话，说："好好地结束，要像好好地开始一样。"吃剩余饭食的礼仪就是这样。因此古代的君子说："尸也要吃祭祀鬼神剩余的饭食。"这是一种施恩惠的方法，可以〔通过吃剩余饭食的礼仪〕观察一个国家的政教。因此祭毕而尸起身之后，国君和卿四人吃尸剩余的饭食；国君吃罢起身，大夫六人吃国君剩余的饭食，这是臣吃君剩余的饭食；大夫吃罢起身，士八人吃大夫剩余的饭食，这是低贱者吃尊贵者剩余的饭食；士吃罢起身，各自端着饭食出室，陈放在堂下，由众小吏们吃，吃罢把食器撤去，这是下级吃上级剩余的饭食。凡是吃剩余饭食的礼仪，每变换一次，吃的人数就增多一次，用以区别贵贱等级，而象征〔从上到下依次〕普施恩惠。因此用四簋所盛的黍〔来行吃剩余饭食之礼〕，以体现鬼神的恩惠遍施于庙中的人，而庙中就是国内的象征。祭祀〔所获神赐的恩泽〕，是最大的恩泽。因此在上位的人获得大恩泽，恩惠必须遍施到下面的臣民，只不过先施于上，后施于下罢了，而不是让在上位的人积财以致重富，下面的民众却有受冻挨饿的。因此在上位的人获得大恩泽，民众就人人都等待流施下来，知道恩惠一定会施及到自己，因为通过吃剩余饭食的礼仪就可看出来了，所以说"可以〔通过吃剩余饭食的礼仪〕观察一个国家的政教"。

12. 夫祭之为物大矣，其兴物备矣。顺以备者也，其教之本与。是故君子之教也，外则教之以尊其君长，内则教之以孝于其亲。是故明君在上，则诸臣服从；崇事宗庙、社稷则子孙顺孝。尽其道，端其义，而教生焉。是故君子之事君也，必身行之，所不安于上，则不以使下；所恶于下，则不以事上。非诸人，行诸己，非教之道也。是故君子之教也，必由其本，顺之至也，祭其是与。故曰："祭者，教之本也。"

【译文】

祭祀作为礼真是重要啊，祭祀所进献的祭品真是完备啊。顺礼进行祭祀而又兼备众物，就是教化的根本吧。因此君子对人的教育，外教人尊敬君长，内教人孝顺双亲。因此圣明的君主在上，臣下们就服从；尊敬地祭祀宗庙、社稷，子孙们就孝顺。〔君主〕能尽孝道，而又端正君臣关系的大义，政教就由此产生了。因此君子侍奉国君，必须身体力行，使君上不安的事，就不让下面的人去做；使下面的人厌恶的事，就不用来侍奉君上。责备别人做得不对，自己却照样做，不是教育人的办法。因此君子对人的教育，必须从本身做起，这才是最顺乎情理的，祭祀就是这样的方法吧。因此说："祭礼，是教化的根本。"

13. 夫祭有十伦焉：见事鬼神之道焉，见君臣之义焉，见父子之伦焉，见贵贱之等焉，见亲疏之杀焉，见爵赏之施焉，见夫妇之别焉，见政事之均焉，见长幼之序焉，见上下之祭焉。此之谓十伦。

【译文】
　　祭祀有十个方面的意义：可以体现与鬼神交通的方法，可以体现君臣关系的大义，可以体现父子关系的道理，可以体现贵贱关系的等级，可以体现亲疏关系的等差，可以体现颁爵和赏赐的施行，可以体现夫妇的区别，可以体现政事的公平，可以体现长幼的次序，可以体现上下之间的关系。这就是十个方面的意义。

14. 铺筵设同几，为依神也。诏祝于室，而出于祊[1]，此交神明之道也。

【注释】
　　[1] 祊：祭名，亦即祭后第二天之绎祭（参见《礼器第十》第29节）。

【译文】

〔为父母的神灵〕同铺一席，同设一几，使神有所凭依。祝官在室中向神祝告，〔祭祀的第二天〕又出庙在庙旁进行祊祭，这就是与神交通的方法。

15. 君迎牲而不迎尸，别嫌也。尸在庙门外则疑于臣[1]，在庙中则全于君。君在庙门外则疑于君，入庙门则全于臣，全于子。是故不出者，明君臣之义也。

【注释】

[1]尸在庙门外则疑于臣：案尸本是君的臣，未入庙则仍为臣，入庙之后，才被尊为君父的象征，国君则转而为尸的子臣；若未入庙而君即出迎，则是以君迎臣，故曰"疑于臣"。

【译文】

国君要出庙门迎接祭祀所用的牲，而不出去迎接尸，这是为了避嫌疑。因为尸在庙门外〔而国君出迎〕就有以君迎臣的嫌疑，只有尸在庙中才完全成为君父的象征。国君在庙门外〔迎接尸〕就有以充当尸的臣为君的嫌疑，只有尸入庙门之后国君才完全成为尸的臣，完全成为尸的子。因此国君不出门迎接尸，就是为了体现君臣关系的大义。

16. 夫祭之道，孙为王父尸，所使为尸者，于祭者子行也[1]，父北面而事之，所以明子事父之道也。此父子之伦也。

【注释】

[1]于祭者子行也："子"上脱"为"字。

【译文】

祭祀的办法，要用孙充当祖父的尸，因此所使充当尸的人，对于祭祀的人来说属于儿子辈，但做父亲的却要面朝北侍奉充当尸的儿子，这样来表明儿子侍奉父亲的道理。这就是所谓体现父子关系的道理。

17. 尸饮五[1]，君洗玉爵献卿[2]；尸饮七，以瑶爵献大夫[3]；尸饮九，以散爵献士及群有司[4]：皆以齿，明尊卑之等也。

【注释】

〔1〕尸饮五：及下文尸饮七、饮九，这是就死者为上公，向尸行九献之礼而言(若为侯伯则行七献之礼，子男则行五献之礼)。最初两次献酒，供尸行祼祭礼，祼毕奠而不饮(参见第8节)；行朝践之礼(参见《祭义第二十四》第17节)时献酒两次，行馈食之礼(即《祭义》第17节所谓"荐黍稷，羞肝、肺、首、心"等)时献酒两次，待尸食毕，主人又献酒以酳尸，是自朝践以下主人凡五献，而尸五饮，即所谓"尸饮五"；等主人以玉爵献卿后，主妇向尸献酳酒，接着宾长(宾中之最尊者)向尸献酒，尸又饮二，是所谓"尸饮七"；待主人以瑶爵献大夫后，长宾(宾长之下宾中之最长者)和长兄弟(兄弟中之最长者)亦分别向尸献酒，尸又饮二，并前所饮七，是所谓"尸饮九"。

〔2〕玉爵：谓爵而以玉为饰者。

〔3〕瑶爵：谓以瑶为饰者。瑶是一种似玉的美石，一说也是一种美玉。

〔4〕散爵：容五升曰散，以璧饰之。

【译文】

尸饮酒五次之后，国君洗玉爵酌酒献给卿；尸饮酒七次之后，国君用瑶爵向大夫献酒；尸饮酒九次之后，国君用散爵向士和群吏献酒：都按照年龄的长少依次而献，这样来表明尊卑关系的等级。

18. 夫祭有昭穆。昭穆者，所以别父子、远近、长幼、亲疏之序，而无乱也。是故有事于大庙，则群昭、群穆咸在，而不失其伦，此之谓亲疏之杀也。

【译文】
祭祀有昭穆的制度。昭穆制度，是用来区别父子、远近、长幼、亲疏关系的次序，而使之不发生混乱的。因此在太庙中祭祀，属于昭的序列和穆的序列的祖先神位都在，而不会发生位次的错误，这就叫做体现亲疏关系的等差。

19. 古者明君，爵有德而禄有功，必赐爵禄于大庙，示不敢专也。故祭之日，一献[1]，君降立于阼阶之南，南向。所命北面。史由君右，执策命之。再拜稽首，受书以归，而舍奠于其庙[2]。此爵赏之施也。

【注释】
[1] 一献：指国君第一次献酒酳尸。因为酳尸之前，忙于侍奉尸，无暇顾及颁爵禄之事，故知此所谓一献当指祼祭、朝践和馈食之后，尸食毕而向尸献酳酒。
[2] 奠：非时而祭，故曰奠。案这是特因受赐而设奠告祭祖先。

【译文】
古时候贤明的君主，颁赐爵禄给有功德的人，一定要在太庙中进行，表示〔听命于祖先之神〕而不敢独断专行。因此在祭祀那天，第一次向尸献酳酒之后，国君就下堂站在阼阶的南边，面朝南。所当受赐的人面朝北而立。史官由国君的右边，拿着策命书宣告国君的赐命。被赐者行再拜稽首礼，接受策命书回家，而把策命书放在家庙中进行奠祭〔以向祖先报告〕。这就是所谓体现颁爵和赏赐的施行。

20. 君卷、冕立于阼。夫人副、袆立于东房。夫人荐豆执校[1]，执醴授之执镫[2]。尸酢夫人执柄[3]，夫人授尸执足。夫妇相授受，不相袭处，酢必易爵，明夫妇之别也。

【注释】
〔1〕校：案豆形似高脚盘，校即盘下的高脚，或曰盘腿，今考古学上名之为豆柄，可握以执之。
〔2〕执醴授之执镫：执醴，谓执醴之人，因夫人向尸献醴时此人酌醴以授夫人，故称；当夫人向尸荐豆时，此人又把豆授给夫人。镫，豆下之跗，即豆足，豆柄下有圈足。
〔3〕尸酢夫人执柄：尸酢夫人，谓尸接受夫人献酒后又回敬夫人酒。柄，案爵为雀形，以尾为柄。

【译文】
国君身穿衮服、头戴冕站在阼阶上。夫人头戴副、身穿袆衣站在东房中。夫人向尸献豆时握着豆的校，执醴人把豆授给夫人时握着豆的镫。尸回敬夫人酒时握着爵的柄，夫人向尸献酒时握着爵的足部。夫妇互相敬酒时不握着爵上对方握过的地方，而回敬对方酒时必须另换一只爵，这就是表明夫妇有别。

21. 凡为俎者，以骨为主。骨有贵贱：殷人贵髀[1]；周人贵肩[2]，凡前贵于后。俎者，所以明祭之必有惠也，是故贵者取贵骨，贱者取贱骨[3]，贵者不重，贱者不虚，示均也。惠均则政行，政行则事成，事成则功立。功之所以立者，不可不知也。俎者，所以明惠之必均也。善为政者如此，故曰"见政事之均焉"。

【注释】
〔1〕髀：大腿骨。
〔2〕肩：前胫骨的上部（参见《少仪第十七》第64节）。
〔3〕贵者取贵骨，贱者取贱骨：案此即所谓归牲俎（参见《曲礼上第一》第55节及《曾子问第七》第21节）。

【译文】
凡用俎盛牲肉，以牲骨为主。牲骨有贵贱之分：殷人以牲的髀骨为贵；周人以牲的肩骨为贵，凡前骨都贵于后骨。设俎，用以表明凡祭祀必有恩惠赐给助祭者，因此祭毕助祭者地位尊贵的就拿取贵骨，地位低贱的就拿取贱骨，尊贵者不重复拿取，低贱者也不空手而回，以表示施惠的公平。施惠公平就可使政令施行，政令施行办事就会有成绩，办事有成绩就可建立功业，因此功业之所以能够建立的原因是不可以不了解的。设俎，就是用来表明施恩惠必须公平，善于治理国政的人就应该像这样，因此说"〔祭祀〕可以体现政事的公平"。

22. 凡赐爵[1]，昭为一，穆为一，昭与昭齿，穆与穆齿，凡群有司皆以齿，此之谓长幼有序。

【注释】
〔1〕赐爵：谓祭祀至行旅酬礼时赐酒。

【译文】
凡〔行旅酬礼依次递相〕赐酒时，〔参加祭祀的兄弟子孙们〕属昭列的为一排，属穆列的为一排，昭列与昭列的按长幼递相赐酒，穆列与穆列的按长幼递相赐酒，凡参加祭祀的群吏都依年龄长幼递相赐酒，这就叫做长幼有序。

23. 夫祭有畀辉、胞、翟、阍者[1]，惠下之道也。

唯有德之君为能行此，明足以见之，仁足以与之。畀之为言与也，能以其余畀其下者也。辉者，甲吏之贱者也。胞者，肉吏之贱者也。翟者，乐吏之贱者也。阍者，守门之贱者也。古者不使刑人守门。此四守者[2]，吏之至贱者也，尸又至尊，以至尊既祭之末而不忘至贱，而以其余畀之，是故明君在上，则竟内之民无冻馁者矣，此之谓上下之际。

【注释】

〔1〕畀辉、胞、翟、阍：畀，音 bì，给予，此处指行馂礼，即祭之末将剩余的饭食给下面的人吃（参见第 11 节），辉、胞、翟、阍，都是最低级的小吏名，详下文。

〔2〕守：谓职守。

【译文】

　　祭祀有〔把剩余饭食〕给辉者、胞者、翟者、阍者等小吏吃的，这是施恩惠给下人的做法。只有有德的君主才能这样做，因为他的明哲足以光顾到下人，他的仁爱足以赐予下人。畀是给予的意思，是能把剩余的饭食给予下人吃的意思。辉者，是掌制皮革的官吏中最低贱的。胞者，是掌屠宰的官吏中最低贱的。翟者，是乐官中最低贱的。阍者，是守门人中最低贱的。古时候不用受过刑的人守门。担任这四种职守的人，都是官吏中最低贱的，尸又是最尊贵的，以最尊贵者能在祭祀的最后不忘最低贱的人，而把他吃剩下的饭食给予这些人吃。因此圣明的君主在上，境内的民众就没有受冻挨饿的，这就叫做〔通过祭祀能够〕体现上下之间的关系。

24. 凡祭有四时：春祭曰礿，夏祭曰禘，秋祭曰尝，冬祭曰烝。礿、禘，阳义也。尝、烝，阴义也。禘者阳之盛也，尝者阴之盛也，故曰"莫重于禘、尝"。古者于禘也，发爵赐服，顺阳义也。于尝也，出田邑，发秋政，顺阴义也。故《记》曰："尝之日，发公室。"示赏也。草艾则墨[1]。未发秋政，则民弗敢草也。故曰禘尝之义大矣，治国之本也，不可不知也。明其义者，君也；能其事者，臣也。不明其义，君人不全；不能其事，为臣不全。夫义者，所以济志也，诸德之发也。是故其德盛者，其志厚；其志厚者，其义章；其义章者，其祭也敬；祭敬，则竟内之子孙莫敢不敬矣。是故君子之祭也，必身亲莅之，有故则使人可也。虽使人也，君不失其义者[2]，君明其义故也。其德薄者，其志轻，疑于其义而求祭，使之必敬也，弗可得已也。祭而不敬，何以为民父母矣？

【注释】

〔1〕草艾则墨：艾，通"刈"。墨，谓墨刑，属五刑之一（参见《王制第五》第40节），是五刑中最轻的。

〔2〕君不失其义：案君虽不亲自祭，祭礼无缺，亦于君德不损。

【译文】

　　凡祭祀有四季之分：春祭叫做礿，夏祭叫做禘，秋祭叫做尝，冬祭叫做烝。礿祭和禘祭，体现了依顺阳气的意义。尝祭和烝祭，体现了依顺阴气的意义。禘祭是阳气最盛的体现，尝祭是阴气最盛的体现，因此说"没有比禘祭和尝祭更重要的了。"古时候在禘祭的时候，颁授爵位，赐给车服，就是依顺阳气的意思。在尝祭的时候，颁授田邑，发布秋季所当施行的政令，就是依顺阴气的意思。因此《记》说："举行尝祭那天，拿出公家的财物来分发。"就是表示赏赐。到收割草的时候，就可以施行小的刑罚了。

没有发布秋季的政令之前，民众就不敢收割草。因此说禘祭和尝祭的意义十分重大，关系到治国的根本，不可以不了解。了解禘祭和尝祭意义的是国君，办好禘祭和尝祭事情的是臣。不了解禘祭和尝祭的意义，是做君主的缺陷；不能办好禘祭和尝祭的事情，是做臣的缺陷。所谓意义，是说〔可以通过禘祭和尝祭〕成就国君的心志，是国君各种德行的表现。因此国君的德行大的，他的心志就深厚；心志深厚的，意义就明显；意义明显的，祭祀就虔敬；祭祀虔敬，国境内的子孙们就没有敢不虔敬的了。因此君子的祭祀，必须亲身参加，除了有非常事故，可以使人代理。即使使人代理，对于国君的德行也无损，因为国君是明了祭祀的意义的。国君德薄的，心志就轻，对祭祀的意义抱怀疑态度，而要求他祭祀时必须虔敬，是不可能的。祭祀而不虔敬，怎么做民众的父母呢？

25. 夫鼎有铭。铭者，自名也，自名以称扬其先祖之美，而明著之后世者也。为先祖者，莫不有美焉，莫不有恶焉，铭之义，称美而不称恶，此孝子、孝孙之心也，唯贤者能之。铭者，论撰其先祖之有德善、功烈、勋劳、庆赏、声名，列于天下，而酌之祭器，自成其名焉，以祀其先祖者也。显扬先祖，所以崇孝也。身比焉，顺也。明示后世，教也。夫铭者，壹称而上下皆得焉耳矣。是故君子之观于铭也，既美其所称，又美其所为。为之者，明足以见之，仁足以与之[1]，知足以利之[2]，可谓贤矣。贤而勿伐，可谓恭矣。

【注释】
〔1〕仁足以与之：谓己有仁恩，故君上足以著先祖之铭赐予之。
〔2〕知足以利之：谓己有智谋足以利益于己，得上比附于先祖。

【译文】

　　鼎上有铭文。铭,是自标其名,通过自标其名而称扬他的祖先的美德,而使祖先名扬后世。做祖先的,没有无美德的,也没有无缺点的。铭文的意义,在于称扬美德而不提缺点,这体现了孝子、孝孙的心意,只有贤德的人能做到这样。铭文,是记载祖先的美德、功业、勋劳、所获的庆赏和声誉,布列于天下,而斟酌其中突出的铭刻在祭器上,又把自己的名字刻在下边,用以祭祀他的祖先。显扬祖先的功德,以崇尚孝道。把自己的名字附在下边,表明对祖先的孝顺;把这些明白地传布给后世,就是〔用孝道〕教育子孙。铭文这种东西,通过一次称扬祖先,而上使祖先得以光耀,下使自己的孝心得以表达。因此君子观看铭文,既赞美文中所称扬的祖先,又赞美刻铸铭文者的做法。刻铸铭文的人,他的明哲足以显扬祖先的功德,他的仁恩足以〔使国君〕赐予他铭文,他的智谋又足以使自己得到附名在铭文之下的好处,可以称得上贤明了。贤明而不自夸,可以称得上恭谦了。

26. 故卫孔悝之鼎铭曰[1]:"六月丁亥[2],公假于大庙[3]。公曰:'叔舅[4],乃祖庄叔,左右成公[5],成公乃命庄叔随难于汉阳[6],即宫于宗周[7],奔走无射。启右献公[8],献公乃命成叔纂乃祖服。乃考文叔[9],兴旧耆欲,作率庆士[10],躬恤卫国,其勤公家,夙夜不解。民咸曰休哉。'公曰:'叔舅,予女铭,若纂乃考服。'悝拜稽首,曰:'对扬以辟之[11],勤大命,施于烝彝鼎[12]。'"此卫孔悝之鼎铭也。古之君子,论撰其先祖之美,而明著之后世者也,以比其身,以重其国家如此。子孙之守宗庙、社稷者,其先祖无美而称之,是诬也;有善而弗知,不明也;知而弗传,不仁也。此三者,君子之所耻也。

【注释】

〔1〕孔悝：春秋后期卫国大夫。

〔2〕六月丁亥：是指鲁哀公十六年（前479年）的六月丁亥。案鲁用周历，以十一月为岁首，是六月当夏历四月，这天是卫国于初夏举行禘祭的日子（参见第24节）。

〔3〕公假于大庙：公，指卫庄公蒯聩，鲁哀公十五年（前480年）为孔悝所立。假，至。案卫庄公因孔悝之立己，故于翌年禘祭之日，至太庙褒奖之，而赐予下面的铭文。

〔4〕叔舅：国君对异姓之臣的尊称。案孔悝是其父孔圉娶蒯聩的姐姐所生，本是蒯聩的外甥，而称之为"叔舅"，盖仿周礼，同姓之臣称伯父、叔父，异姓之臣称伯、叔舅。

〔5〕乃祖庄叔，左右成公：庄叔，是孔悝的七世祖，名孔达。成公，名郑，前634年至前600年在位。成公之后，尚有穆公、定公、献公、襄公、灵公、出公，然后才是庄公。

〔6〕成公乃命庄叔随难于汉阳：案卫成公三年（当鲁僖公二十八年，前643年），晋伐卫，卫成公奔楚。汉阳，楚地，在汉水之北。

〔7〕即宫于宗周：宫，谓宫室。成公后来得返国，又坐杀弟叔武，被晋执之归于京师，置于深室之中，是所谓"即宫"。

〔8〕献公：献公，名衎，成公的曾孙，前576年立为君，前560年因内乱而出奔齐，卫人立其叔（名秋）为君，是为殇公。前546年献公在晋国的帮助下，驱逐了殇公，复入为君，至前544年卒。

〔9〕文叔：即孔悝之父孔圉。

〔10〕兴旧耆欲，作率庆士：耆欲，心志之所存。庆，善。士，事。

〔11〕对扬以辟之：对，遂。辟，明。言遂扬君命以明我先祖之德。

〔12〕彝：古代青铜礼器的通称。

【译文】

因此卫国孔悝的鼎上的铭文说："六月丁亥，公来到太庙。公说：'叔舅，你的七世祖庄叔，辅佐成公，成公命他随同逃难到汉阳，后来成公又被拘禁在周京师的深宫之中，庄叔一直为成公奔走而无厌倦。〔你的五世祖成叔〕开导和辅助献公，献公于是命成叔继承你的七世祖〔庄叔〕的事业。你的父亲文叔，能重振你祖先的心志，起来遵循〔你祖先的德行〕做善事，亲身忧虑卫国的事，为公家辛勤操劳，起早睡晚毫不懈怠，民众都称赞〔他的德行〕真是美好啊。'公说:'叔舅,给你这篇铭文,你要继承你父亲的事业。'孔悝行稽首拜礼,说:'顺从并称扬君命而显明我祖先的美德,辛勤地奉行君的大命,〔把君所赐予的铭文〕刻铸在烝祭的彝鼎上。'"这就是卫国孔悝之鼎的铭文。古代的君子记载他祖先的美德,使能清楚地流传到后世,借以附上自己的名字,并借以尊崇自己的国家,就是这样做的。子孙中负责主持宗庙、社稷的,他的祖先没有美德而加以赞扬,就是说假话;有美德而不知道,就是糊涂;知道而不加以宣传,就是不仁。以上三种情况,都是君子感到耻辱的。

27. 昔者周公旦有勋劳于天下。周公既没,成王、康王追念周公之所以勋劳者,而欲尊鲁,故赐之以重祭:外祭则郊、社是也,内祭则大尝、禘是也[1]。夫大尝、禘,升歌《清庙》[2],下而管《象》,朱干玉戚以舞《大武》,八佾以舞《大夏》[3],此天子之乐也。康周公,故以赐鲁也。子孙纂之,至于今不废,所以明周公之德,而又以重其国也。

【注释】
〔1〕"外祭"至"是也":大尝,就是大祫(参见《王制第五》第30节)。诸侯祭祀之常礼,外可以祭社,内可举行大祫祭,但外不得郊,内不得大禘,今鲁皆得特许而用之。
〔2〕《清庙》:颂文王之诗。
〔3〕八佾以舞《大夏》:八佾,是天子的舞乐规模。案古代舞蹈或演奏音乐,以八人为一行,叫做一佾。天子八佾,则六十四人。诸侯则六佾,四十八人。《大夏》本是一种文武兼备的舞蹈(参见《内则第十二》第57节),盖执干戚舞之则为武舞,执羽籥舞之则为文舞,此处为文舞。

【译文】
　　从前周公旦对天下有功劳。周公死后,成王、康王追念周公所建立的功劳，而想尊崇鲁国，因此赐给鲁国举行最隆重祭祀的权力：宗庙外的祭祀可以郊祭天、祭社神，宗庙内的祭祀可以举行大尝祭和大禘祭。在举行大尝祭和大禘祭的时候，乐人上堂歌唱《清庙》，下堂用管吹奏《象》，舞蹈者手拿红色的盾牌和玉饰的大斧表演《大武》舞，用八列舞队表演《大夏》舞，这些都是天子用的舞乐，为褒扬周公，因此赐给鲁国。周公的子孙们继续上述祭祀和舞乐，到今天也不废弃，用以表彰周公的功德，而又尊崇自己的国家。

经解第二十六

1. 孔子曰:"入其国,其教可知也。其为人也,温柔敦厚,《诗》教也;疏通知远,《书》教也;广博易良,《乐》教也;絜静精微,《易》教也;恭俭庄敬,《礼》教也;属辞比事,《春秋》教也。故《诗》之失[1],愚;《书》之失,诬[2];《乐》之失,奢;《易》之失,贼[3];《礼》之失,烦;《春秋》之失,乱[4]。其为人也,温柔敦厚而不愚,则深于《诗》者也;疏通知远而不诬,则深于《书》者也;广博易良而不奢,则深于《乐》者也;絜静精微而不贼,则深于《易》者也;恭俭庄敬而不烦,则深于《礼》者也;属辞比事而不乱,则深于《春秋》者也。"

【注释】
〔1〕失:谓不能以其教节之。
〔2〕《书》之失,诬:案《书》广知久远,若不节制,则失在于诬。
〔3〕《易》之失,贼:案《易》道精微,爱恶相攻,远近相取,则不能容人,近于伤害。
〔4〕《春秋》之失,乱:案若务属辞比事而作法,则失于犯上。案凡事务以法断是非,以至不分尊卑长幼,则易陷于犯上之乱,这在等级社会中是不允许的。

【译文】
孔子说:"进入一个国家,就可以看出这个国家对国民的教化怎样。观察他们的为人，温柔而厚道，是得力于《诗》的教化；知识通达而又了解历史，是得力于《书》的教化；豁达、平易而又善良，是得力于《乐》的教化；纯洁、文静而又细心，是得力于《易》的教化；恭谦、节俭、庄重而又恭敬，是得力于《礼》的教化；善于连缀文词、比附事实〔而判断是非〕，是得力于《春秋》的教化。《诗》的教化强调得过分，就会使人变得愚钝；《书》的教化强调得过分，就会使人的知识失实；《乐》的教化强调得过分，就会使人奢侈；《易》的教化强调得过分，就会使人相互伤害；《礼》的教化强调得过分，就会使人变得烦琐；《春秋》的教化强调得过分，就会使人乱伦犯上。如果这个国家的民众为人温柔厚道而不愚钝，这是正确施行《诗》教的结果；知识通达、了解历史而不失实，这是正确施行《书》教的结果；豁达、平易、善良而不奢侈，这是正确施行《乐》教的结果；纯洁、文静、细心而不相互伤害，这是正确施行《易》教的结果；恭谦、节俭、庄重、恭敬而不烦琐，这是正确施行《礼》教的结果；善于文词、能够列举事实〔判断是非〕而不乱伦犯上，这是正确施行《春秋》之教的结果。"

2. 天子者与天地参，故德配天地，兼利万物，与日月并明，明照四海而不遗微小。其在朝廷，则道仁、圣、礼、义之序；燕处，则听《雅》、《颂》之音；行步，则有环佩之声；升车，则有鸾和之音[1]。居处有礼，进退的度，百官得其宜，万事得其序。《诗》云[2]："淑人君子，其仪不忒。其仪不忒，正是四国。"此之谓也。

【注释】
〔1〕鸾和：皆车铃（参见《玉藻第十三》第31节）。
〔2〕《诗》云：案以下诗句引自《诗·曹风·鸤鸠》。

【译文】

天子与天地并列为三，因此天子的德行能与天地相配，能使万物都受益，光辉与日月齐明，照耀四海而无微不至。天子在朝廷上，就用仁爱、圣明和礼、义的秩序来引导臣下；闲处的时候，就听《雅》、《颂》的音乐；行走的时候，就有佩玉的节奏；上车，就有鸾和的鸣声。起居有礼仪，进退有分寸，各级官吏都安排恰当，各种事情都有条不紊。《诗》说："那位善人君子，礼仪从无差错。礼仪从无差错，端正四方国家。"就是歌颂上面那种天子的。

3. 发号出令而民说谓之和，上下相亲谓之仁，民不求其所欲而得之谓之信，除去天地之害谓之义。义与信，和与仁，霸王之器也。有治民之意而无其器，则不成。

【译文】

发出号令而民众喜悦就叫做和，上下相亲就叫做仁，民众不提出要求便能得到所希望的东西就叫做信，为民除去天地间的灾害就叫做义。义与信，和与仁，这是做霸者、王者的工具。有治理民众的意愿，而没有治理民众的工具，就不能成功。

4. 礼之于正国也，犹衡之于轻重也，绳墨之于曲直也，规矩之于方圜也。故衡诚县，不可欺以轻重；绳墨诚陈，不可欺以曲直；规矩诚设，不可欺以方圜；君子审礼，不可诬以奸诈。是故隆礼、由礼，谓之有方之士；不隆礼、不由礼，谓之无方之民。敬让之道也。故以奉宗庙则敬，以入朝廷则贵贱有位，以处室家则父子亲、兄弟和，以处乡里则长幼序。孔子曰："安上治民，莫善于礼。"此之谓也。故朝觐之礼，所以明君臣之义也；聘问之礼，所以使诸侯相尊敬也；丧祭以礼，所以明臣、子之恩也；乡饮酒礼之礼，所以明长幼之序也；昏姻之礼，所以明男女之别也。夫礼，禁乱之所由生，犹坊止水之所自来也。故以旧坊为无所用而坏之者，必有水败；以旧礼为无所用而去之者，必有乱患。故昏姻之礼废，则夫妇之道苦，而淫辟之罪多矣；乡饮酒之礼废，则长幼之序失，而争斗之狱繁矣；丧祭之礼废，则臣、子之恩薄，而倍死忘生者众矣；聘、觐之礼废，则君臣之位失，诸侯之行恶，而倍畔侵陵之败起矣。故礼之教化也微，其止邪也于未形，使人日徙善远罪而不自知也，是以先王隆之也。《易》曰："君子慎始。差若毫蹯，缪以千里。"此之谓也。

【译文】

礼对于治理国家，如同称对于轻重，墨线对于曲直，圆规和曲尺对于圆和方。因此称如果悬挂起来，是轻是重就不会有假；墨绳拉扯起来，是曲是直就不会有假；圆规和曲尺陈设出来，是圆是方就不会有假；君子审慎地运用礼，就不可用奸诈来欺瞒。因此重视礼、实行礼，就叫做有道的人；不重视礼、不实行礼，就叫做无道的人。〔所谓道〕就是指的恭敬谦让的态度。因此依礼祭祀宗庙就恭敬，依礼进入朝廷贵贱不同的官职就各得其位，依礼治家就会父子相亲、兄弟和睦，依礼治乡里就会长幼各安其分。孔子说："安定统治地位，治理民众，没有比礼更好的了。"就是说的这个意思。因此朝觐的礼仪，用以表明君臣关系的大义；聘问的礼仪，用以使诸侯相互尊敬；丧礼和祭礼，用以表明做臣、做儿子的〔报答国君和父母的〕恩情；乡饮酒的礼仪，用以明确长幼之间的秩序；婚姻的礼仪，用以表明男女有别。礼，是用来防止混乱的产生，如同防止水患的到来一样。因此认为旧的堤防无用而加以破坏的，必遭水患；认为传统的礼无用而加以废弃的，必遭祸乱之患。因此婚姻之礼废弃，夫妇关系就会破坏，而淫乱邪僻的罪恶就会多起来；乡饮酒之礼废弃，长幼的秩序就会丧失，而争斗的案件就会频繁发生；丧礼和祭礼废弃，做臣和做儿子的就会薄情寡恩，而背弃死者、忘记君父的人就会多起来；朝觐和聘问之礼废弃，君臣关系就会破坏，诸侯就会作恶，而背叛和相互侵略的祸乱就会产生。因此礼对人的教化作用很隐微，它防止邪恶于未然，使人天天向善，远离罪恶，而自己却不知不觉，因此先王都重视礼的教化作用。《易》说："君子要慎重事情的开始。如果开始相差毫厘，结果就会造成相差千里的大错。"就是说的这个意思。

哀公问第二十七

1. 哀公问于孔子曰:"大礼如何[1]?君子之言礼,何其尊也?"孔子曰:"丘也,小人,不足以知礼。"君曰:"否。吾子言之也。"孔子曰:"丘闻之,民之所由生,礼为大。非礼无以节事天地之神也,非礼无以辨君臣、上下、长幼之位也,非礼无以别男女、父子、兄弟之亲,昏姻、疏数之交也。君子以此之为尊敬然,然后以其所能教百姓,不废其会节[2]。有成事,然后治其雕镂、文章黼黻以嗣。其顺之,然后言其丧筭[3],备其鼎俎,设其豕腊,修其宗庙[4],岁时以敬祭祀,以序宗族,即安其居,节丑其衣服[5],卑其宫室,车不雕几,器不刻镂,食不贰味[6],以与民同利。昔之君子之行礼者如此。"公曰:"今之君子胡莫行之也?"孔子曰:"今之君子,好实无厌,淫德不倦,荒怠敖慢,固民是尽[7],午其众以伐有道[8],求得当欲,不以其所[9]。昔之用民者由前,今之用民者由后,今之君子莫为礼也。"

【注释】
〔1〕大礼:案礼之所用,其事广大,包含处广,故云大礼。
〔2〕会节:谓行礼之期节,如丧祭有丧祭之时,冠昏有冠昏之时等。
〔3〕丧筭:谓五服岁月之数,殡葬久近之期等。
〔4〕设其豕腊,修其宗庙:设其豕腊者,谓丧中之奠有豕有腊;修

其宗庙,谓除服之后又修庙以祭祀鬼神。

〔5〕即安其居,节丑其衣服:"节"是"即"字之误,两"即"字在此皆与"则"字同声通用。丑,类,正。《周礼·春官·小宗伯》"类社稷宗庙",此"类"即谓依其正礼而祭之,是其义。

〔6〕"卑其"至"贰味":这是教之节俭。几,谓沂鄂,即凹纹和凸纹。

〔7〕固民是尽:固,谓专固,务欲竭尽民财而后已。

〔8〕午:通"忤"。

〔9〕不以其所:谓不问其理之所在。

【译文】

鲁哀公问孔子说:"大礼是怎样的?君子说起礼,为什么那样尊敬?"孔子说:"我是个小人物,不够资格了解礼。"哀公说:"不。您还是谈谈吧。"孔子说:"我听说,人所赖以生存的,礼最重要。没有礼就无以指导祭祀天地之神,没有礼就无以分辨君臣、上下、长幼的不同地位,没有礼就无以区别男女、父子、兄弟之间的亲情,以及婚姻和社会交往的疏密关系。君子因此尊敬礼,然后尽自己的所能教育百姓,使人们不废弃所当行礼的时节。〔教育〕有了成绩,然后进行雕饰镂刻、设制黼黻文采,以使各种礼仪继续保持下去。百姓都顺从了,然后告诉人们丧礼的礼数,具备丧奠所当用的鼎俎,摆设猪肉和干兽肉,修缮宗庙,按时节虔敬地祭祀,以排列宗族的〔尊卑长幼〕秩序,〔而自己〕则安定在所居住的地方,端正衣服,房屋不求高大,车上不雕刻凹凸的花纹,器物上也不加刻饰,吃饭不同时吃两样菜,这样来体现与民众同享利益。从前的君子行礼的就是这样。"哀公说:"现在的君子为什么没有人行礼呢?"孔子说:"现在的君子,好财富而无厌,行为放荡而不倦,心荒体懒而又傲慢,务求把民财搜刮尽,违背众意而讨伐好人,只求满足自己的私欲,不择手段。从前的君子对待民众如前所述,现在的君子对待民众如后所述,所以现在的君子没有人行礼。"

2. 孔子侍坐于哀公。哀公曰:"敢问人道谁为大?"

孔子愀然作色而对曰[1]："君之及此言也，百姓之德也，固臣敢无辞而对[2]。人道政为大。"公曰："敢问何谓为政？"孔子对曰："政者，正也。君为正，则百姓从政矣。君之所为，百姓之所从也。君所不为，百姓何从？"公曰："敢问为政如之何？"孔子对曰："夫妇别，父子亲，君臣严，三者正，则庶物从之矣。"公曰："寡人虽无似也[3]，愿闻所以行三言之道，可得闻乎？"孔子对曰："古之为政，爱人为大。所以治爱人，礼为大。所以治礼，敬为大。敬之至矣，大昏为大[4]。大昏至矣。大昏既至，冕而亲迎[5]，亲之也。亲之也者，亲之也。是故君子兴敬为亲[6]，舍敬是遗亲也。弗爱不亲，弗敬不正。爱与敬，其政之本与。"公曰："寡人愿有言。然冕而亲迎，不已重乎？"孔子愀然作色而对曰："合二姓之好，以继先圣之后，以为天地、宗庙、社稷之主，君何谓已重乎？"公曰："寡人固。不固，焉得闻此言也？寡人欲问，不得其辞，请少进。"孔子曰："天地不合，万物不生。大昏，万世之嗣也，君何谓已重焉？"孔子遂言曰："内以治宗庙之礼，足以配天地之神明[7]；出以治直言之礼[8]，足以立上下之敬。物耻足以振之[9]，国耻足以兴之。为政先礼，礼其政之本与。"孔子遂言曰："昔三代明王之政，必敬其妻、子也，有道。妻也者，亲之主也，敢不敬与？子也者，亲之后也，敢不敬与？君子无不敬也。敬，身为大。身也者，亲之枝也，敢不敬与？不能敬其身，是伤其亲。伤其亲，是伤其本；伤其本，枝从而亡。三者，百姓之象也。身以及身，子以及子，妃以及妃：君行此三者，则忾乎天下矣[10]，大王之道也[11]。如此，则国家顺矣。"

【注释】
〔1〕愀然：悚动之貌。
〔2〕固：通"故"。
〔3〕无似：犹言不肖。
〔4〕大昏：指国君的婚礼。
〔5〕冕：谓冕服（参见《杂记上第二十》第10节）。
〔6〕兴敬为亲：言相敬则亲。
〔7〕足以配天地之神明：天地，谓日月，夫妇有日月之象，夫配日，妇配月。
〔8〕直言：直，犹正。正言，谓出政教。
〔9〕振：通"抁"，拭刷。
〔10〕忾：满。
〔11〕大王：犹皇王，尊称，在此承上"三代明王"之文，泛指先王。

【译文】
孔子陪坐在鲁哀公身边。哀公说："请问治理人的办法最重要的是什么？"孔子肃然改变容色而回答说："君问到这样的问题，是百姓的福气啊。因此臣怎敢不回答。治理人的办法，最重要的是行政。"哀公说："请问什么是行政？"孔子回答说："政，是正的意思。国君实行正道，百姓就服从政教了。国君所做的，就是百姓遵从的榜样。国君不做，百姓遵从什么？"哀公说："请问行政应该怎样？"孔子回答说："夫妇有别，父子相亲，君臣庄重。这三种关系端正了，各种事情都从而上正道了。"哀公说："我虽没有德才，也很愿意听听用以实行那三句话的办法，能够说给我听吗？"孔子回答说："古人行政，把爱别人看得最重要。所用以爱别人的，行礼最重要。所用以行礼的，敬意最重要。敬意的最高标准，在于重视国君的婚礼。重视国君的婚礼就是敬意的最高表现。重视国君的婚礼既然是敬意的最高表现,〔国君娶妻的时候〕就要身穿冕服前往迎亲,这是表示亲自迎娶妻。亲自迎娶妻,就是表示对妻的亲爱之情。因此君子以彼此相敬为亲,舍弃了敬也就舍弃了亲。不爱就不亲,不敬就不可能行正道。爱和敬,可以说是行政的基础吧。"哀公说:"我想插句话。身穿冕服去迎亲,不是过于隆重了吗?"孔子肃然改变容色而回答说:"婚姻是二姓结合相亲好,以继续祖先圣君的后嗣,以担当祭祀天地、宗庙、社稷的主祭人,君怎么能说〔穿冕服迎亲〕过于隆重呢?"哀公说:"我真是孤陋。不孤陋,怎么能听到这样的话呢?我想提问,还没有找到恰当的言词,请您继续讲下去吧。"孔子说:"天地二气不结合,万物就不能生长。国君的婚姻,是为了永续后嗣,君为什么说〔穿冕服迎亲〕过于隆重呢?"孔子接着说:"〔夫妇〕在内主持宗庙祭祀之礼,足以和天地神明相配;在外主持发布政教之礼,足以建立起上下相敬的关系。这样事有耻辱足以刷清,国有耻辱足以振兴。行政以行礼为先,行礼就是行政的基础吧。"孔子接着说:"从前三代贤明君王的行政,都必敬重他们的妻和子,是有道理的。妻,是祭祀双亲的主祭人〔之一〕,怎敢不敬重敬呢?子,是双亲的后继人,怎敢不敬重呢?所以君子〔对妻和子〕没有不敬重的。敬,尤其以敬重自身为最重要。自己的身体,是双亲的分枝,怎敢不敬重呢?不能敬重自身,就是伤害双亲;伤害双亲,就是伤害自身的根本;伤害了根本,分枝也就从而灭亡。〔自身、妻、子〕三者,是百姓的象征。能敬重自身以推广到百姓之身,敬重己子以推广到百姓之子,敬重自己的配偶以推广到百姓的配偶:君主能做到这三方面,就可以教化满天下了,这是先王们所实行的道理。能够做到这样,国家就理顺了。"

3. 公曰:"敢问何谓敬身?"孔子对曰:"君子过言则民作辞[1],过动则民作则。君子言不过辞,动不过则,百姓不命而敬恭,如是则能敬其身。能敬其身,则以成其亲矣。"

【注释】

〔1〕辞：言之成文曰辞，即说话既符合语法，又符合逻辑，也就是说得对的意思。

【译文】

鲁哀公说："请问怎样才叫敬重自身？"孔子回答说："君子说错了话民众仍然当作说得对，君子做错了事民众仍然当作法则。君子不说错话，不做错事，百姓不用下命令就会恭敬地服从，这样就叫做能敬重自身。能敬重自身，就能成就双亲的名声了。"

4. 公曰："敢问何谓成亲？"孔子对曰："君子也者，人之成名也。百姓归之名，谓之'君子之子'，是使其亲为君子也，是为成其亲之名也已。"

【译文】

鲁哀公说："请问怎样才叫成就双亲的名声？"孔子回答说："君子，是成名的人。〔能敬重自身的人〕百姓加给他名声，称他为'君子的儿子'，这样就使他的双亲成为君子了，这就叫成就双亲的名声。"

5. 孔子遂言曰："古之为政，爱人为大。不能爱人，不能有其身[1]。不能有其身，不能安土[2]。不能安土，不能乐天[3]。不能乐天，不能成其身。"公曰："敢问何谓成身？"孔子对曰："不过乎物。"

【注释】

〔1〕不能有其身：言人将害之。
〔2〕不能安土：因人将害之，为避祸害，故流移失业，是不能安其土。

〔3〕不能乐天：谓不知己过而怨天。

【译文】
　　孔子接着说："古代行政，把爱别人看得最重要。不能爱别人，就不能保有自身。不能保有自身，就不能安居在土地上。不能安居在土地上，就不能以天赐的命运为乐。不能以天赐的命运为乐，就不能成就自身。"哀公说："请问什么叫成就自身？"孔子回答说："凡事不逾越事理。"

6. 公曰："敢问君子何贵乎天道也？"孔子对曰："贵其不已。如日月东西相从而不已也，是天道也；不闭其久〔1〕，是天道也；无为而物成，是天道也；已成而明，是天道也。"

【注释】
　　〔1〕不闭其久：言天开生万物，不使闭塞，使能久长。

【译文】
　　鲁哀公问道："请问君子为什么尊重天的法则？"孔子回答说："尊重它使万物运行而不停息。如太阳和月亮一在东，一在西，相跟随而运行不止，就是天的法则；不闭塞而永恒地生育万物，就是天的法则；看起来不做什么而成就万物，就是天的法则；已成就的万物都清楚而分明，就是天的法则。"

7. 公曰："寡人惷愚冥烦〔1〕，子志之心也〔2〕。"孔子蹴然辟席而对曰："仁人不过乎物，孝子不过乎物，是故仁人之事亲也如事天，事天如事亲，是故孝子成身。"

【注释】

〔1〕冥烦：言不能明理。

〔2〕子志之心也：志，识、知。言不能明理，此事子之心所知，欲其要言，而使易行。

【译文】

哀公说："我愚蠢不明，您心里是知道的。"孔子恭敬地离开座席而回答说："仁爱的人不逾越事理，孝子不逾越事理。因此仁爱的人侍奉双亲如同侍奉天，侍奉天如同侍奉双亲。因此孝子能够成就自身。"

8. 公曰："寡人既闻此言也，无如后罪何？"孔子对曰："君之及此言也，是臣之福也。"

【译文】

哀公说："我既已听了这番道理，〔自当努力实行〕，恐怕今后还会有过错，怎么办呢？"孔子回答说："君说到这样的话，是臣下的福气啊。"

仲尼燕居第二十八

1. 仲尼燕居,子张、子贡、言游侍[1],纵言至于礼。子曰:"居,女三人者,吾语女礼,使女以礼周流,无不遍也[2]。"子贡越席而对曰:"敢问何如?"子曰:"敬而不中礼谓之野[3],恭而不中礼谓之给[4],勇而不中礼谓之逆[5]。"子曰:"给夺慈仁[6]。"

【注释】
〔1〕言游:即孔子的学生子游。
〔2〕以礼周流,无不遍:谓随遇而施,无不中节。
〔3〕野:鄙野无文貌。
〔4〕给:讨好逢迎貌。
〔5〕勇而不中礼谓之逆:谓勇而不节之以礼,便会无所忌惮以至陷于逆乱。
〔6〕给夺慈仁:案野与乱,犹属直情任性之行,纠之以礼,则可免其弊;给则务求取悦于人,貌似慈仁,本心之德已丧,故孔子对于给之弊又特加批评。

【译文】
仲尼没事在家,学生子张、子贡、言游陪伴着他,漫谈谈到了礼。孔子说:"你们三个坐下,我告诉你们礼是怎么回事,使你们依礼行事,没有不符合礼的地方。"子贡离席而应声说:"请问该怎样做呢?"孔子说:"表示敬意而不符合礼就叫做鄙野,一味恭顺而不符合礼就叫做巴结,好逞武勇而不符合礼就叫做逆乱。"孔子说:"巴结丧失仁慈。"

2. 子曰:"师[1],尔过,而商也不及[2]。子产犹众人之母也,能食之,不能教也[3]。"子贡越席而对曰:"敢问将何以为此中者也?"子曰:"礼乎礼,夫礼所以制中也。"子贡退。

【注释】
〔1〕师:即孔子的学生子张。
〔2〕商:即孔子的学生子夏。
〔3〕"子产"至"教也":子产,春秋时期郑国大夫。案子产慈仁多,而不矜庄。然教人须依礼矜庄严肃,子产过于仁慈,故不能教。这几句是拿子产的不足来比况子夏的"不及"于礼。

【译文】
孔子说:"师,你有点过分,而商又嫌不足。子产就像众人的母亲,能哺育人而不能教育人。"子贡离席而应声说:"请问将怎样做才适中呢?"孔子说:"礼啊礼,礼就是用来使人的言行适中的。"子贡退下。

3. 言游进曰:"敢问礼也者,领恶而好全者与[1]?"子曰:"然。""然则何如?"子曰:"郊、社之义,所以仁鬼神也;尝、禘之礼,所以仁昭穆也;馈奠之礼[2],所以仁死丧也;乡、射之礼,所以仁乡党也;食、飨之礼,所以仁宾客也。"子曰:"明乎郊、社之义,尝、禘之礼,治国其如指诸掌而已乎。是故以之居处有礼,故长幼辨也;以之闺门之内有礼,故三族和也;以之朝廷有礼,故官爵序也;以之田猎有礼[3],故戎事闲也;以之军旅有礼,故武功成也。是故宫室得其度,量鼎得其象，味得其时[4]，乐得其节，车得其式，鬼神得其飨，丧纪得其哀，辩说得其党[5]，官得其体，政事得其施，加于身而错于前，凡众之动得其宜。"

【注释】
〔1〕领恶：领，治，谓治去其恶。
〔2〕馈奠之礼：谓人之初死，所设馈食之奠（参见《檀弓上第三》第33节）。
〔3〕田猎有礼：案古代的田猎非仅为获取猎物，其主要目的还在于通过田猎来进军事训练，熟悉军礼。
〔4〕味得其时：案谓春酸、夏苦之属，皆得其时（参见《月令》）。
〔5〕辩说得其党：谓若在官言官，在府言府，在库言库，在朝言朝之类。

【译文】
言游进前说："请问所谓礼，就是治理坏事而保全好事吧？"孔子说："是这样。"〔言游问〕："那么怎样〔治理坏事而保全好事呢〕？"孔子说："祭祀天和社神的意义，在于对鬼神表示仁爱；尝祭和禘祭礼，在于对祖先表示仁爱；馈奠之礼，在于对死丧的人表示仁爱；乡饮酒礼和乡射礼，在于对乡里民众表示仁爱；食礼和飨礼，在于对宾客表示仁爱。"孔子说："明白了祭祀天和社神的意义，明白了尝祭、禘祭等礼，治国就像把手掌上的东西指给人看一样容易了吧。因此把其中的道理用于日常生活而有礼，长幼关系就分辨清楚了；用于家门之内而有礼，父、子、孙三代人就和睦了；用于朝廷而有礼，官爵的尊卑位次就井然有序了；用于田猎而有礼，军事就娴熟了；用于军队而有礼，作战就能取得胜利了。因此能使宫室的规模符合制度，量器和鼎的大小形状符合式样，滋味符合时令，音乐符合节奏，车辆符合规格，鬼神得享祭祀，丧事能得哀思，说话符合身份场合，官吏分工得当，政事得以施行。把礼施加于自身而放在面前，各种举动都能恰到好处。"

4. 子曰："礼者何也？即事之治也。君子有其事，必有其治。治国而无礼，譬犹瞽之无相与，伥伥乎其何之[1]？譬犹终夜有求于幽室之中，非烛何见？若无礼，则手足无所错，耳目无所加，进退揖让无所制。是故以之居处，长幼失其别，闺门三族失其和，朝廷官爵失其序，田猎戎事失其策，军旅武功失其制，宫室失其度，量鼎失其象，味失其时，乐失其节，车失其式，鬼神失其飨，丧纪失其哀，辩说失其党，官失其体，政事失其施，加于身而错于前，凡众之动失其宜，如此则无以祖洽于众也[2]。"

【注释】

〔1〕伥伥：无见貌。
〔2〕祖洽：祖，始。洽，合。

【译文】

孔子说："礼是什么？礼是就事所加的治理。君子有君子的事，必然有治事的礼。治理国事而不依礼，譬如盲人没有挽扶者，迷茫而不知向何处去；譬如整夜在暗室中求索，没有火把能看见什么？如果没有礼，手脚都不知放在什么地方，耳和眼也不知听什么、看什么，〔与宾客〕进退行揖礼相互谦让也没了分寸。因此这样来处理日常生活，就会长幼不分，家门中父、子、孙三代就失去和睦，朝廷上官爵尊卑失去位次，田猎军事失去谋策，军队作战不听指挥，宫室规模不合制度，量器和鼎不合样式，滋味不合时令，音乐不合节奏，车辆不合规格，鬼神失去祭祀，丧事失去哀思，说话不合身份场合，官吏分工失当，政事不得施行，没有礼施加于自身而放在面前，各种举动都会失当，这样就无法先做表率而协和天下的民众了。"

5. 子曰:"慎听之,女三人者,吾语女礼。犹有九焉,大飨有四焉[1]。苟知此矣,虽在畎亩之中,事之圣人已。两君相见,揖让而入门,入门而县兴。揖让而升堂,升堂而乐阕。下管《象》《武》[2],《夏》《籥》序兴[3],陈其荐俎,序其礼乐,备其百官,如此而后君子知仁焉[4]。行中规,还中矩[5],和鸾中《采齐》[6],客出以《雍》[7],彻以《振羽》,是故君子无物而不在礼矣。入门而金作,示情也。升歌《清庙》,示德也;下而管《象》,示事也[8]。是故古之君子,不必亲相与言也,以礼乐相示而已。"

【注释】

〔1〕犹有九焉,大飨有四焉:大飨,礼名。案飨礼有多种,而以两君相飨之礼为大,故名大飨。又此处所谓"有九"、"有四",历来众说纷纭,向无的解,故此处亦不强为之解,仅就字面意思译之。

〔2〕下管《象》《武》:《象》《武》皆武舞。

〔3〕《夏》《籥》:皆文舞。《夏》即《大夏》。《籥》,参见《檀弓下第四》第57节。

〔4〕如此而后君子知仁焉:案此即第3节所谓"食、飨之礼所以仁宾客"之义。

〔5〕行中规,还中矩:行,谓曲行。还,谓方行。

〔6〕《采齐》:乐章名。

〔7〕《雍》:及下《振羽》,皆《诗·周颂》篇名,《振羽》即《振鹭》。

〔8〕下而管《象》,示事也:案"《象》"下省略了"《武》"。《象》《武》皆歌颂武王伐纣的舞乐,是示以王业之事。

【译文】

孔子说:"仔细听着,你们三人,我告诉你们礼是怎么回事。礼还有九项,大飨礼有四项,如果明白了这些,即使田亩中的农夫，也会被侍奉为圣人。两君相见，互行揖礼相谦让而入门，入门而悬挂的钟磬开始演奏。又行揖礼相谦让而上堂，上堂钟磬就停止演奏。〔这时乐人上堂演唱《清庙》〕，又下堂用管乐伴奏跳《象》舞和《武》舞，接着又跳《大夏》舞和《籥》舞。陈设笾豆和牲俎，礼仪和舞乐都依次进行，官吏们都齐备，这样而后君子明白怎样对宾客表示仁爱。转圈而行圆如规，直行拐弯方如矩，〔出车迎宾〕鸾和的鸣声与《采齐》乐曲相协调，宾客退出时奏《雍》，撤宴席时奏《振羽》，因此君子无事不符合礼。宾客入门而演奏钟磬，是向宾客显示仁爱之情；乐人上堂歌唱《清庙》，是向宾客显示德行；又下堂用管乐伴奏跳《象》舞〔和《武》舞〕，是向宾客显示王业的大事。因此古代的君子不必亲口交谈，通过礼乐就可以相互示意了。"

6. 子曰："礼也者，理也。乐也者，节也。君子无理不动，无节不作。不能《诗》，于礼缪[1]。不能乐，于礼素。薄于德，于礼虚。"子曰："制度在礼，文为在礼[2]，行之其在人乎。"

【注释】

〔1〕不能《诗》，于礼缪：案古人往往赋《诗》言志，借《诗》表意，外交场合犹多用之，《左传》中颇多其例，不懂《诗》，则往往贻笑于人，或有辱使命，即孔子所谓"不学《诗》无以言"，"不学《诗》，无以立"，是即所谓"于礼缪"。

〔2〕文为：即文饰，泛指礼的一切外在表现。

【译文】

孔子说："礼，就是道理。乐，就是节制。君子无理不行动，无节制不妄作。不懂《诗》，行礼就会发生错谬。不懂乐，行礼就过于单调。德行寡薄，行礼就变得虚伪。"孔子说："制度包括在礼中，文饰包括在礼中，而实行礼还在于人啊。"

7. 子贡越席而对曰:"敢问夔其穷与[1]?"子曰:"古之人与?古之人也。达于礼而不达于乐谓之素,达于乐而不达于礼谓之偏。夫夔达于乐而不达于礼,是以传于此名也[2],古之人也。"

【注释】
〔1〕夔:传说是舜时的乐官,精通音乐(参见《乐记第十九》第21节)。
〔2〕是以传于此名:案夔本是古代传说中的一种奇异的动物,一足而似龙。孔子这里的意思说,夔这个人之所以名夔,就因为他达于乐而不达于礼,偏于一个方面,如同只有一足的夔一样,所以传说中就给他取了夔这个名字。

【译文】
子贡离席而应声说:"请问夔对于礼不通吗?"孔子说:"你问的是那个古代的人吧?是古代的人啊。通晓礼而不通晓乐叫做素,通晓乐而不通晓礼叫做偏。你说的那个夔通晓乐而不通晓礼,所以就流传下了夔这个名字,是个古代的人啊。"

8. 子张问政。子曰:"师乎,前,吾语女乎。君子明于礼乐,举而措之而已。"子张复问。子曰:"师,尔以为必铺几筵升、降、酌献、酬、酢,然后谓之礼乎?尔以为必行缀兆[1],兴羽、籥,作钟鼓,然后谓之乐乎?言而履之,礼也。行而乐之,乐也。君子力此二者,以南面而立,夫是以天下大平也。诸侯朝,万物服体[2],而百官莫敢不承事矣。礼之所兴,众之所洽也。礼之所废,众之所乱也。目巧之室则有奥阼[3],席则有上下,车则有左右,行则有随,立则有序,古之义也。

室而无奥阼,则乱于堂室也;席而无上下,则乱于席上也;车而无左右,则乱于车也;行而无随,则乱于涂也;立而无序,则乱于位。昔圣帝明王、诸侯,辨贵贱、长幼、远近、男女、外内,莫敢相逾越,皆由此涂出也。"三子者既得闻此言也于夫子,昭然若发矇矣。

【注释】
〔1〕缀兆:指舞蹈的位置和范围(参见《乐记第十九》第12节)。
〔2〕服体:谓从其理。
〔3〕目巧之室则有奥阼:目巧之室,谓但用巧目善意作室,不由法度。阼,是主人所立处。奥,室中的西南角,是室中的最尊处。

【译文】
　　子张问怎样行政。孔子说:"师啊,过来,我告诉你吧。君子明白礼乐是怎么回事,把它运用到行政上就是了。"子张又发问。孔子说:"师,你以为必须铺设几和席,上堂、下堂、酌酒献宾、向宾劝酒、宾又回敬主人酒,然后才叫做礼吗?你以为必须排列舞队,拿着羽毛和籥跳舞,鸣钟击鼓,然后才叫做乐吗?说了就去实行,这就是礼。实行而使天下人喜欢,这就是乐。君子努力做到这两方面,用以站在统治地位上,这样就天下太平了,诸侯都来朝拜,万事都顺从道理,而官吏们没有敢不尽职的。礼兴起的地方,就是民众被治理好的地方。礼被废弃的地方,就是民众纷乱的地方。即使只凭目测巧思建造的宫室也有阼阶和室奥,席位有上下之别,乘车有左右之分,走路有前后顺序,站立有尊卑位次,这是自古就遵循的原则。宫室而没有室奥和阼阶,宾主在堂上和室中的位置就会混乱;席位不分上下,座次就会混乱;乘车不分左右,车上的位置就会混乱;走路不分前后,路上的秩序就会混乱;站立没有次序,尊卑位次就会混乱。从前圣明的帝王和诸侯,分别贵贱、长幼、远近、男女、内外的次序,没有人敢违反,都是遵循礼乐的道理。"三个学生从孔子那里听了这番道理之后,如同盲人睁开了眼,什么都清楚了。

孔子闲居第二十九

1. 孔子闲居，子夏侍。子夏曰："敢问《诗》云'凯弟君子，民之父母'[1]，何如斯可谓民之父母矣？"孔子曰："夫民之父母乎，必达于礼乐之原，以致'五至'而行'三无'[2]，以横于天下，四方有败，必先知之，此之谓民之父母矣。"

【注释】
　　[1]凯弟君子，民之父母：这两句诗引自《诗·大雅·酌》，今传本《毛诗》"凯"作"岂"。凯弟，乐易。
　　[2]五致、三无：详下两节。

【译文】
　　孔子没事在家，子夏陪伴着他。子夏说："请问《诗》说'和乐平易的君子，他是民众的父母'，怎样才称得上是民众的父母呢？"孔子说："民众的父母嘛，必须通晓礼乐的原理，以达到'五致'而实行'三无'，并用以施行到全天下，四方将发生灾祸，必预先知道，这就称得上是民众的父母了。"

2. 子夏曰："民之父母既得而闻之矣，敢问何谓'五至'？"孔子曰："志之所至，诗亦至焉[1]；诗之所至，礼亦至焉；礼之所至，乐亦至焉；乐之所至，哀亦至焉[2]，哀乐相生。是故正明目而视之，不可得而见也；倾耳而听之，不可得而闻也[3]，志气塞乎天地。此之谓'五至'。"

【注释】

〔1〕志之所至，诗亦至焉：在心为志，发言为诗，既有忧民之心存于内，则必有忧民之言形于外，故诗亦至焉。

〔2〕乐之所至，哀亦至焉：乐至则乐民之所生而哀民之死，故曰"乐之所至，哀亦至焉"。

〔3〕"是故"至"闻也"：案上述五者，君与民上下同有感之在于心，而外无形声，故目不得见，耳不得闻。

【译文】

子夏说："怎样才称得上民众的父母我已经知道了，请问什么是'五至'？"孔子说："心里所想到的，也能用诗歌表达到；诗歌表达到的，也能通过行礼体现到；礼体现到的，乐也能表现到；乐能表现到的，哀情也能表达到，哀和乐是相依而生的。因此〔以上五方面〕睁大眼睛看不见，侧着耳朵听不见，只是一种志气充满天地之间，这就叫'五至'。"

3. 子夏曰："'五至'既得而闻之矣，敢问何谓'三无'？"孔子曰："无声之乐，无体之礼，无服之丧，此之谓'三无'〔1〕。"子夏曰："'三无'既得略而闻之矣，敢问何诗近之？"孔子曰："'夙夜其命宥密'〔2〕，无声之乐也〔3〕。'威仪逮逮，不可选也'〔4〕，无体之礼也〔5〕。'凡民有丧，匍匐救之'〔6〕，无服之丧也〔7〕。"

【注释】

〔1〕此之谓"三无"：谓行之在心，外无形状，故称无。

〔2〕夙夜其命宥密：此句引自《诗·周颂·昊天有成命》。其，通"基"，谋。密，静。言夙夜谋为政教以安民。

〔3〕无声之乐也：谓君夙夜谋为政教以安民，则民乐之，此非有钟鼓之声。

〔4〕威仪逮逮，不可选也：这两句引自《诗·邶风·柏舟》。逮逮，安和之貌。

〔5〕无体之礼：谓君之威仪安和逮逮然，则民效之，此非有升降揖让之礼。

〔6〕凡民有丧，匍匐救之：这两句引自《诗·邶风·谷风》。

〔7〕无服之丧也：谓凡民非与己有亲属，然闻其丧则匍匐而往救，此即无服之丧之意。

【译文】

子夏说："'五至'的道理我已经知道了，请问什么是'三无'？"孔子说："没有声音的乐，没有仪节的礼，没有服饰的丧，这就叫'三无'。"子夏说："'三无'的意思已经大体知道了，请问什么诗句与'三无'的意思相近？"孔子说："'早晚谋划出政教以安民'，体现了无声的乐。'威仪安娴和顺，无可挑剔'，体现了无仪节的礼。'凡是别人有死丧，我便努力去救助'，体现了无服饰的丧。"

4. 子夏曰："言则大矣，美矣，盛矣！言尽于此而已乎？"孔子曰："何为其然也？君子之服之也，犹有五起焉[1]。"子夏曰："何如？"孔子曰："无声之乐，气志不违；无体之礼，威仪迟迟；无服之丧，内恕孔悲。无声之乐，气志既得；无体之礼，威仪翼翼；无服之丧，施及四国。无声之乐，气志既从；无体之礼，上下和同；无服之丧，以畜万邦。无声之乐，日闻四方；无体之礼，日就月将[2]；无服之丧，纯德孔明。无声之乐，气志既起；无体之礼，施及四海；无服之丧，施于孙子。"

【注释】

〔1〕君子之服之也，犹有五起焉：服，犹行，谓行此"三无"。起，犹发，言君子行此"三无"，由内以发于外，由近以及于远，其次第有五。

〔2〕日就月将：谓渐兴进。

【译文】

子夏说："先生这番话说得真是伟大啊，美好啊，充分啊！话说到这里已经说彻底了吧？"孔子说："怎么能这样说呢？君子实行'三无'，还有五层意义。"子夏说："是怎样的？"孔子说："没有声音的乐，说明意志不违民心；没有仪节的礼，说明仪态从容；没有服饰的丧，说明内心十分同情而又悲伤，〔这是第一〕。没有声音的乐，说明意志得到实现；没有仪节的礼，说明仪态恭敬；没有服饰的丧，说明把仁爱施行到四方，〔这是第二〕。没有声音的乐，说明意志已从；没有仪节的礼，说明上下和睦同心；没有服饰的丧，说明用仁爱抚育各国，〔这是第三〕。没有声音的乐，天天传播到四方；没有仪节的礼，日益完善；没有服饰的丧，说明纯粹的德行十分明显，〔这是第四〕。没有声音的乐，说明意志已经盛行；没有仪节的礼，施行全天下；没有服饰的丧，说明仁爱施及子孙后代，〔这是第五〕。"

5. 子夏曰："三王之德[1]，参于天地。敢问何如斯可谓参于天地矣？"孔子曰："奉'三无私'以劳天下。"子夏曰："敢问何谓'三无私'？"孔子曰："天无私覆，地无私载，日月无私照。奉斯三者以劳天下，此之谓三无私。其在《诗》曰[2]：'帝命不违，至于汤齐。汤降不迟，圣敬日齐[3]。昭假迟迟[4]，上帝是祗。帝命式于九围[5]。'是汤之德也。天有四时，春秋冬夏，风雨霜露，无非教也。地载神气，神气风霆，风霆流行，庶物露生，无非教也。清明在躬，气志如神。嗜欲将至，有开必先[6]，天降时雨，山川出云。其在《诗》曰[7]：'嵩高惟岳[8]，峻极于天。惟岳降神，生甫及申[9]。惟申及甫，惟周之翰[10]。四国于蕃，四方于宣[11]。'此文、武之德也。三代之王也，必先令闻。《诗》云'明明天子，令闻不已[12]。'三代之德也。'弛此文德，协此四国[13]。'大王之德也[14]。"子夏蹶然而起[15]，负墙而立，曰："弟子敢不承乎！"

【注释】
〔1〕三王：谓禹、汤、文王。
〔2〕《诗》曰：案以下诗句引自《诗·商颂·长发》。
〔3〕齐：通"跻"，升。
〔4〕假：至。
〔5〕帝命式于九围：式，用。九围，九州岛之界。
〔6〕有开必先：谓圣人欲王天下，有神开导，必先预为生贤知之辅佐。
〔7〕《诗》曰：案以下诗句引自《诗·大雅·嵩高》。
〔8〕嵩高惟岳：嵩，高貌。岳，四岳：东岳岱，南岳衡，西岳华，北岳恒。
〔9〕生甫及申：甫，通"吕"，国名，故城在今河南南阳县西三十里，国君姓姜。申，国名，故城在今河南南阳县北二十里，国君也姓姜。
〔10〕翰：干。
〔11〕四国于蕃，四方于宣：谓四国有难，则往扞御之，为之蕃屏；四方恩泽不至，则往宣畅之。
〔12〕明明天子，令闻不已：案这两句引自《诗·大雅·江汉》。明明，通"勉勉"，谓其在公尽力。
〔13〕弛此文德，协此四国：这两句亦引自《诗·大雅·江汉》。
〔14〕大王：即太王，指文王的祖父古公亶父，武王灭商后追尊之为太王。
〔15〕蹶然：喜跃貌。

【译文】

子夏说:"三王的德行,可以参配天地。请问德行怎样才可以称作参配天地呢?"孔子说:"奉行'三无私'以抚慰天下。"子夏说:"请问什么叫做'三无私'?"孔子说:"天无私地覆盖大地,地无私地载承万物,日月无私地照耀天下,奉行这三种精神以抚慰天下,这就叫做'三无私'。这在《诗》中有诗句说:'不违背上帝的命令,到商汤与天心齐一。汤的降生适时不迟,圣明恭谨德行日增。德行光明至于永远,只把上帝加以崇敬。上帝命汤治理九州岛。'这是说商汤的德行。天有四季,春秋冬夏,并用风雨霜露〔无私地化育万物〕,这些无不是对人的教化。地载神妙之气,神妙之气化生出风雷,风雷〔无私地〕流布,于是众物显露而生长,这些无不是对人的教化。〔圣人〕有清明的德行在身,有如神的意志。〔统治天下的〕愿望将实现,有神开导而必先降生贤佐,就像天将下及时降雨,山川先吐出云气。这在《诗》中有诗句说:'高大的山是四岳,高峻已到了天空。四岳降下神灵,生下甫侯和申侯。甫侯和申侯,是周的骨干。四国靠他们去保卫,四方要他们去宣抚。'这是说文王、武王的德行。三代的王,必先有美名传天下。《诗》说:'勤勉不倦的天子,美名传播不止。'这就是三代王者的德行。'宽施他的文德,和洽四方各国。'这是说太王的德行。"〔听罢这番话〕,子夏高兴地跳起来,背靠墙而立,说:"学生敢不接受教导吗?"

坊记第三十

1. 子言之："君子之道，辟则坊与[1]，坊民之所不足者也。大为之坊，民犹逾之。故君子礼以坊德，刑以坊淫，命以坊欲。"

【注释】
〔1〕辟则坊与：辟，通"譬"。坊，同"防"。

【译文】
孔子说："君子治理人的办法，就像防水的堤防吧，是用来防止人们德行不足的。严加防范，人们还有越轨的。因此君子用礼教来防止人们失德，用刑罚来防止人们淫乱，用政令来防止人们的贪欲。"

2. 子云："小人贫斯约[1]，富斯骄。约斯盗，骄斯乱。礼者，因人之情而为之节文，以为民坊者也。故圣人之制富贵也，使民富不足以骄，贫不至于约，贵不慊于上[2]，故乱益亡。"

【注释】
〔1〕约：犹穷。
〔2〕慊：恨不满之貌。

【译文】
孔子说："小人贫了就穷困，富了就骄奢。穷困就会做盗贼，骄奢就会淫乱。礼，是因人之常情而加以节制，以对人们加以防范的。因此圣人节制富贵，使人们富不足以骄奢，贫不至于穷困，贵不恨比上不足，这样违法作乱的事就愈益减少了。"

3. 子云："贫而好乐，富而好礼，众而以宁者[1]，天下其几矣。《诗》云[2]：'民之贪乱，宁为荼毒。'故制国不过千乘[3]，都城不过百雉[4]，家富不过百乘。以此坊民，诸侯犹有畔者。"

【注释】

〔1〕众而以宁：谓家族众多，易生争纷以致祸乱，而能安宁，是很难得的。
〔2〕《诗》云：案下面的诗句引自《诗·大雅·桑柔》。
〔3〕制国不过千乘：案古者方十里，其中六十四井，出兵车一乘，此兵赋之法也。据此则千乘为方万里之国。
〔4〕雉：城高一丈，长三丈为雉。

【译文】

孔子说："贫而自得其乐，富而谦恭好礼，家族众多而相安无事的，天下很少见呢。《诗》说：'人们的好乱，宁愿为灾祸。'因此制度规定诸侯国的军赋不得超过千辆兵车，国都的城墙不得超过百雉的规模，卿大夫家富足的军赋不得超过百辆兵车。这样来对人们加以防范，诸侯还有反叛的。"

4. 子云："夫礼者，所以章疑别微，以为民坊者也。故贵贱有等，衣服有别，朝廷有位，则民有所让。"子云："天无二日，土无二王，家无二主，尊无二上，示民有君臣之别也。《春秋》不称楚、越之王丧[1]。礼，君不称天[2]，大夫不称君，恐民之惑也。《诗》

云：'相彼盍旦，尚犹患之[3]。'"子云："君不与同姓同车，与异姓同车不同服，示民不嫌也。以此坊民，民犹得同姓以弑其君。"

【注释】
〔1〕《春秋》不称楚、越之王丧：案楚、越之君僭号称王，不称其丧，谓不书葬，以避其僭号。
〔2〕君不称天：案称天子为"天王"，称诸侯则不言"天公"，这是为避王。
〔3〕相彼盍旦，尚犹患之：这两句是逸《诗》。盍旦，鸟名，是一种夜鸣求旦(天亮)之鸟。夜而求旦，欲反昼夜，是求其所不可得，故人恶之，以喻臣下僭上者之可恶。

【译文】
孔子说："礼，是用来辨明嫌疑而区别细微，以对人们加以防范的。因此贵贱有等级，衣服有差别，朝廷有位次，人们就会有所谦让。"孔子说："天上没有两个太阳，地上没有两个君王，家中没有两个主人，最受尊敬的对象不能有两个，这是向人们显示君臣有别。《春秋》不记载楚、越二国之王的丧葬。依礼，对诸侯国君不得称天，对大夫不得称君，恐怕人们发生误会。《诗》说：'看那盍旦鸟，尚且厌恶它。'"孔子说："国君不和同姓的人同乘一辆车，和异姓同车不同服装，以向人们显示区别而不至误解。这样来对人们加以防范，人们还有同姓而弑杀国君的。"

5. 子云："君子辞贵不辞贱，辞富不辞贫，则乱益亡。故君子与其使食浮于人也[1]，宁使人浮于食。"

【注释】
〔1〕食浮于人：食，禄。浮，过。人，谓己之才能品质。

【译文】

孔子说:"君子推辞尊贵而不推辞低贱,推辞富裕而不推辞贫穷,〔这样就可使人们不争富贵而安处贫贱〕,祸乱就日益减少了。因此君子与其使俸禄高于自己的德才,宁可使自己的德才高于所受的俸禄。"

6. 子云:"觞酒[1],豆肉,让而受恶[2],民犹犯齿。衽席之上[3],让而坐下,民犹犯贵。朝廷之位,让而就贱,民犹犯君。《诗》云[4]:'民之无良,相怨一方。受爵不让,至于己斯亡。'"

【注释】

[1]觞:音 shāng,古代盛酒器。
[2]让而受恶:案酒有厚薄,肉有膳羞,是其美恶不同,人当谦让而受恶者。
[3]衽席:为享宴所设之席。
[4]《诗》云:案以下诗句引自《诗·小雅·角弓》。

【译文】

孔子说:"哪怕一杯酒,一豆肉,都要〔教育人们〕相推让而接受较差的一份,即使这样人们还有侵犯年长者的。宴席之上,〔教育人们〕相谦让而后就坐,即使这样人们还有侵犯尊贵者的。朝廷上的位次,〔教育臣下〕相谦让而就下位,即使这样臣下还有侵犯君主的。《诗》说:'人们有的不善良,相互抱怨在一方。接受杯酒不相让,以至自己身丧亡。'"

7. 子云:"君子贵人而贱己,先人而后己,则民作让。故称人之君曰君,自称其君曰寡君。"

【译文】

孔子说:"君子尊重别人而贬抑自己,让别人在先而自己在后,民众就会兴起谦让的风尚。因此称别国的国君为君,对别国自称己君为寡君。"

8. 子云:"利禄先死者而后生者,则民不偝;先亡者而后存者〔1〕,则民可以篡。《诗》云:'先君之思,以畜寡人〔2〕。'以此坊民,民犹偝死而号无告。"

【注释】

〔1〕亡:谓身为国事亡在外,盖谓如狐偃、赵衰、先轸等随晋公子重耳出亡在外者。

〔2〕先君之思,以畜寡人:这两句诗引自《诗·邶风·燕燕》,以明不背弃死者之义。

【译文】

孔子说:"利禄当先颁赐给为国事而死去的人,而后颁赐给活着的人,这样人们就不会背弃死者;先颁赐给为国事出亡在外的人,而后颁赐给在国内的人,这样人们就〔会变得仁厚而〕可以托付大事。《诗》说:'对先君的思念,勉励着寡人。'这样来对人们加以防范,人们还有背弃死者、致使死者的家人呼号而无处控告的。"

9. 子云:"有国家者,贵人而贱禄,则民兴让〔1〕;尚技而贱车,则民兴艺〔2〕。故君子约言,小人先言。"

【注释】

〔1〕则民兴让:谓人知爵禄之不可无德而受,故皆兴起于礼让。

〔2〕则民兴艺:谓人知车服之不可无能而得也,故皆兴起于技艺。

【译文】

孔子说:"掌管国家的人,尊重人才而不吝惜爵禄,人们就会兴起礼让之风;尊重有技艺的人而不吝惜车马衣服,民众就会兴起学习技艺之风。因此君子少说多做,小人没做就先夸口。"

10. 子云:"上酌民言,则下天上施。上不酌民言,则犯也;下不天上施,则乱也。故君子信让以莅百姓,则民之报礼重。《诗》云:'先民有言:询于刍荛[1]。'"

【注释】

[1]先民有言,询于刍荛:这两句诗引自《诗·大雅·板》。刍荛,砍柴人。

【译文】

孔子说:"君上采纳民众的意见,民众就会把君上施行的政令当作天的命令一样来尊重。君上不采纳民众的意见,民众就会违反君上的政令;民众不把君上施行的政令当作天的命令一样来尊重,国家就会混乱。因此君子用诚信谦让的态度来对待百姓,民众就会用重礼来报答他。《诗》说:'古人有句话:请教砍柴人。'"

11. 子云:"善则称人,过则称己,则民不争。善则称人,过则称己,则怨益亡。《诗》云:'尔卜尔筮,履无咎言[1]。'"子云:"善则称人,过则称己,则民让善。《诗》云:'考卜惟王,度是镐京。惟龟正之,武王成之[2]。'"子云:"善则称君,过则称己,则民作忠。《君陈》曰[3]:'尔有嘉谋嘉猷[4],入告尔君于内,女乃顺之于外,曰:此谋此猷,惟我君之德。於乎[5],是惟良显哉!'"子云:"善则称亲,过则称己,则民作孝。

《大誓》曰[6]:'予克纣,非予武,惟朕文考无罪。纣克予,非朕文考有罪,惟予小子无良。'"

【注释】

〔1〕尔卜尔筮,履无咎言:这两句诗引自《诗·卫风·氓》。引此诗者,是用无咎之兆明不争不怨之意。

〔2〕"考卜"至"成之":这四句诗引自《诗·大雅·文王有声》,引此诗者,意在说明臣下归美于君之意。

〔3〕《君陈》:《尚书》篇名,已逸,伪孔传本《古文尚书》有此篇,不可据信。君陈,是周公之子、伯禽之弟。

〔4〕猷:道。

〔5〕於乎:於,音wū。

〔6〕《大誓》:《尚书》篇名,已逸。其内容,是记武王誓众以伐纣之词。今《伪古文尚书》有《泰誓》上、中、下三篇,不可据信。

【译文】

孔子说:"有好事就归功于别人,有过错就归咎于自己,这样人们就不会争执。有好事就归功于别人,有过错就归咎于自己,仇怨就会日益减少。《诗》说:'你又占卜来又占筮,卦兆都无不吉利。'"孔子说:"有好事就归功于别人,有过错就归咎于自己,人们就会推让功劳名誉。《诗》说:'求卜是武王,定居这镐京。龟卜定方案,武王建成它。'"孔子说:"有好事就归功于国君,有过错就归咎于自己,人们就会兴起忠君之心。《君陈》说:'你有好主意好办法,进去告诉你的国君,你再在外边顺从国君的命令去做,说:这主意这办法,体现了我君的德才。啊,这只有良臣才使国君显扬于世!'"孔子说:"有好事就归功于双亲,有过错就归咎于自己,人们就会兴起孝心。《太誓》说:'我战胜纣,并非我的武功,是因为我的先父无罪〔而有德〕。纣打败我,并非我的先父有罪〔而无德〕,只是我这做儿子的无能。'"

12. 子云:"君子弛其亲之过而敬其美[1]。"《论语》曰[2]："三年无改于父之道，可谓孝矣。"高宗云[3]："三年其惟不言[4]，言乃讙[5]。"子云："从命不忿，微谏不倦，劳而不怨，可谓孝矣。《诗》云[6]：'孝子不匮。'"子云："睦于父母之党，可谓孝矣。故君子因睦以合族。《诗》云[7]：'此令兄弟，绰绰有裕。不令兄弟，交相为愈[8]。'"子云："于父之执，可以乘其车，不可以衣其衣，君子以广孝也[9]。"子云："小人皆能养其亲，君子不敬，何以辩？"子云："父子不同位，以厚敬也。《书》云：'厥辟不辟，忝厥祖[10]。'"子云："父母在，不称老，言孝不言慈[11]。闺门之内，戏而不叹。君子以此坊民，民犹薄于孝而厚于慈。"子云："长民者，朝廷敬老则民作孝。"子云："祭祀之有尸也，宗庙之有主也[12]，示民有事也。修宗庙，敬祀事，教民追孝也。以此坊民，民犹忘其亲。"

【注释】

〔1〕弛：犹弃忘。

〔2〕《论语》曰：上文既有"子云"，此又引《论语》曰，不应孔子自言，因知皆后人所为。故此篇盖记礼者杂引孔子之言，而以诸经并引于内。

〔3〕高宗曰：高宗，即殷王武丁，其父是盘庚之子、殷王小乙。"曰"下面的话引自《尚书·无逸》。案《无逸》所记乃周公告诫成王的话，话中言及高宗的事。

〔4〕三年其惟不言：这是指有父小乙丧之时。

〔5〕讙：这是引的《今文尚书》，古文"讙"作"雍"。

〔6〕《诗》云：案下面的诗句引自《诗·大雅·既醉》。

〔7〕《诗》云：案下面的诗句引自《诗·小雅·角弓》。

〔8〕愈：病。

〔9〕"于父"至"广孝也"：执，谓与父执志同者。就与人身体的关

系而言，衣贴身而车稍远，因此儿子为孝敬其父，虽可乘父的车而不可穿父的衣，对于父之执亦然，这是把孝敬父亲之心推及父之执，故曰"广孝"。

〔10〕厥辟不辟，忝厥祖：辟，君。忝，辱。案这两句引自《尚书·太甲》篇，已逸，《伪古文尚书》有《太甲》上、中、下三篇，不可据信。引《书》者，说明处君位不可与臣相袭，亦犹父子不可同位。

〔11〕不言慈：案慈是上辈施于下辈，若为子而言慈，有怨望双亲不慈于己之嫌。

〔12〕主：谓神主，即祖先的牌位。

【译文】

孔子说："君子忘记双亲的过错而崇敬他们的美德。"《论语》说："〔父亲死后〕三年不改变父亲的主张，可以称得上孝了。"高宗说："三年不发布政令〔而继承先父的政教〕，一发布政令臣民都喜欢。"孔子说："遵从父母的命令从无不满，〔父母有过错〕委婉地劝谏而不厌倦，〔为父母〕劳而无怨，可以称得上孝了。《诗》说：'孝子的孝心永不匮乏。'"孔子说："能够同父母辈的人和睦相处，可以称得上孝了。因此君子能靠和睦来团结族人。《诗》说：'这对要好的兄弟，丰足而宽裕。那对不好的兄弟，相互坑害呢。'"孔子说："对于父亲的志同道合的朋友，可以乘他的车子，不可以穿他的衣服，君子这样来推广孝心。"孔子说："小人都能赡养他的双亲，君子〔如果也只能赡养而〕不能尊敬，用什么同小人相区别呢？"孔子说："父与子不处在同等位置上，以增厚对父亲的敬意。《书》说：'身为君而不像君，辱及祖先。'"孔子说："父母在世，不自称老，说孝顺而不说慈爱的话。在家门内可以游戏而不叹息。君子这样来对人们加以防范，人们还是孝敬父母的少而慈爱子女的多。"孔子说："治理民众的人，在朝廷上尊敬老人，人们就会兴起孝道。"孔子说："祭祀立有尸，宗庙有神主，这是向人们表示有敬事的对象。修建宗庙，尊敬地进行祭祀，以教育人们追孝祖先。这样来对人们加以防范，人们还有忘记自己亲人的。"

13. 子云："敬则用祭器[1]。故君子不以菲废礼，不以美没礼。故食礼，主人亲馈则客祭[2]，主人不亲馈则客不祭。故君子苟无礼，虽美不食焉。《易》曰[3]：'东邻杀牛，不如西邻之禴祭实受其福。[4]'《诗》云[5]：'既醉以酒，既饱以德。'以此示民，民犹争利而忘义。"

【注释】
〔1〕祭器：谓如笾、豆、簋、铏之属。
〔2〕祭：谓食前祭礼（参见同上第30节）。
〔3〕《易》曰：案下面的话引自《周易·既济》九五爻辞。
〔4〕禴：祭名，即礿祭，据《明堂位》为夏祭（见第5节），据《王制》则为春祭（见第29节），是一种薄祭。
〔5〕《诗》云：案下面的诗句引自《诗·大雅·既醉》，引此诗的用意，言君子飨燕，非专为酒肴，亦以观威仪，讲德美。

【译文】
孔子说："对客人恭敬，款待客人时就使用祭器。因此君子不因为物品菲薄〔达不到礼的要求〕而废弃礼，也不因物品丰美而超过礼的规定。因此用食礼款待客人，主人亲自向客人进食客人就行食前祭礼，主人不亲自向客人进食客人就不行食前祭礼。因此君子如果受到不符合礼的接待，即使食物丰美也不吃。《易》说：'东边邻国杀牛祭祀，还不如西边邻国举行禴祭更能切实地受到神赐的福泽。'《诗》说：'酒已酣饮，德已饱享。'这样来教育人们，人们还有争夺利益而忘记道义的。"

14. 子云："七日戒[1]，三日齐，承一人焉以为尸，过之者趋走，以教敬也。醴酒在室，醍酒在堂，澄酒在下[2]，示不淫也[3]。尸饮三，众宾饮一[4]，示民有上下也。因其酒肉，聚其宗族，以教民睦也。故堂上观乎室，堂下观乎上[5]。《诗》云：'礼仪卒度，笑语卒获[6]。'"

【注释】

〔1〕戒：谓散齐(参见《祭义第二十四》第2节及《祭统第二十五》第7节)。

〔2〕"醴酒"至"在下"：案醴酒薄于醍酒，醍酒薄于澄酒，以薄者为尊。又《礼运》曰"醴、酏在户，粢醍在堂，澄酒在下"，与此文义同(参见彼第5节)。

〔3〕示不淫也："示"下脱"民"字。

〔4〕尸饮三，众宾饮一：案依礼，尸九饭(吃了九口饭)之后，主人、主妇和宾长要依次向尸各一献酒，是所谓"尸三饮"；接着主人向众宾各一献酒，是所谓"宾饮一"。

〔5〕堂上观乎室，堂下观乎上：案祭祀时最尊者在室中，其次在堂上，卑者在堂下，卑者观尊者行礼以为则。

〔6〕礼仪卒度，笑语卒获：这两句诗引自《诗·小雅·楚茨》。卒，尽。获，得。言在庙中者不失其礼仪，皆欢喜而得其节也。

【译文】

孔子说："〔生活起居方面〕斋戒七天，〔内心〕斋戒三天，以侍奉一个被立为尸的人，经过尸的面前要小步快走，这样来教育人们知道恭敬。醴酒放在室中，醍酒放在堂上，澄酒放在堂下，以向人们表示〔祭祀重在虔敬而〕不贪求酒味醇美。尸饮三次献酒，宾饮一次献酒，以向人们表示尊卑有别。就祭祀时的酒肉，聚会同宗族的人，以教育人们和睦相处。因此堂上的人看室中的人怎样行礼，堂下的人看堂上的人怎样行礼。《诗》说：'礼仪尽合制度，笑语尽得分寸。'"

15. 子云："宾礼每进以让[1]。丧礼每加以远：浴于中霤[2]，饭于牖下，小敛于户内，大敛于阼，殡于客位[3]，祖于庭[4]，葬于墓，所以示远也。殷人吊于圹，周人吊于家，示民不偝也。"子云："死，民之卒事也。吾从周。以此坊民，诸侯犹有薨而不葬者。"

【注释】
〔1〕宾礼每进以让：案主人迎宾，每行至拐弯处，宾主都要互行揖礼并谦让一番；进入庙门后，宾主还要三揖三让然后登阶上堂，是所谓"宾礼每进以让"。
〔2〕中霤：犹言室中。
〔3〕客位：案主人迎宾上堂，宾就西阶上之位，因谓西阶上为客位。
〔4〕祖：谓设祖奠（参见《檀弓上第三》第57节）。

【译文】
孔子说："行迎宾礼每前进一段宾主都要相互谦让。行丧礼每进行一个阶段而离家愈远：为死者沐浴在室中央，饭含在室窗下，小殓在室门内〔当门处〕，大殓在阼阶上，殡棺在西阶上，〔出葬前〕祖奠设在庭中，葬在墓地，这样来表示亲人逐渐远去。殷人在墓穴前吊丧，周人在死者家中吊丧，以向人们表示不背弃死者。"孔子说："死，是人终结的事。我遵从周的丧礼。这样来对人们加以防范，诸侯还有死了而不得安葬的。"

16. 子云："升自客阶，受吊于宾位[1]，教民追孝也。未没丧，不称君，示民不争也。故《鲁春秋》记晋丧曰：'杀其君之子奚齐，及其君卓[2]。'以此坊民，子犹有弑其父者。"

【注释】
〔1〕升自客阶，受吊于宾位：谓既葬之后，孝子犹不由阼阶升堂，为不忍即父位。案父死之后子为主人，本当由阼阶上堂以就主人之位，

但因父新葬,心犹不忍。

〔2〕杀其君之子奚齐,及其君卓:鲁僖公九年(前651)九月,晋献公死,其子奚齐立为君,十月奚齐即被大夫里克所杀。因献公之死尚未逾年,故《鲁春秋》记奚齐之死不称君。奚齐被杀后,其弟卓子(《史记》作"悼子")被立为君,第二年十一月,里克又杀了卓子。因献公死已逾年,故《鲁春秋》记卓子之死称君。案由《鲁春秋》所记,学者颇疑上文"未没丧,不称君"之记有误,而当云"未逾年,不称君"。

【译文】

孔子说:"〔葬后回来〕从西阶上堂,在宾位上接受吊唁,这是教育人们追孝已故的亲人。丧期未满,嗣子不称君,以向人们表示不争夺〔父亲的名位〕。因此《鲁春秋》记载晋国的丧事说:'〔里克〕杀了他国君的儿子奚齐,以及他的国君卓子。'这样来对人们加以防范,儿子还有杀他父亲的。"

17. 子云:"孝以事君,弟以事长,示民不贰也。故君子有君不谋仕[1],唯卜之日称二君[2]。丧父三年,丧君三年,示民不疑也。父母在,不敢有其身,不敢私其财,示民有上下也。故天子四海之内无客礼,莫敢为主焉。故君适其臣,升自阼阶,即位于堂,示民不敢有其室也。父母在,馈献不及车马[3],示民不敢专也。以此坊民,民犹忘其亲而贰其君。"

【注释】

〔1〕故君子有君不谋仕:君子,在此指国君之子。不谋仕,是为了避急于从政掌权之嫌。

〔2〕二:当为"贰"。

〔3〕馈献不及车马:因为车马是家物之重者。

【译文】

孔子说:"用孝顺父母之心来侍奉国君,用敬顺兄长之心来侍奉长上,以向人们表示没有二心。因此国君之子有君父在就不谋求做官,只有在占卜的时候才自称君的副手。为父服三年丧,为君也服三年丧,以向人们表示君的至尊无可置疑。父母在世,不敢把身体看作属于自己的,不敢把财产看作个人私有的,以向人们表示有上下之别。因此天子在全天下都不行客礼,因为没有人敢做天子的主人。因此君到他的臣那里,从阼阶上堂,就堂上之位,以向民众表示不敢把家庭看作个人私有的。父母在世,向人馈赠礼物不敢馈赠车马,以向人们表示不敢专有家庭财产。这样来对人们加以防范,人们还有忘记双亲而不忠于君的。"

18. 子云:"礼之先币帛也[1],欲民之先事而后禄也。先财而后礼则民利,无辞而行情则民争。故君子于有馈者,弗能见,则不视其馈[2]。《易》曰[3]:'不耕获,不菑畬,凶。'以此坊民,民犹贵禄而贱行。"

【注释】

〔1〕礼之先币帛:礼,此指相见礼。币帛,即束帛(参见《曲礼下第二》第1节),此指拜访别人所执的挚(即见面礼)。
〔2〕不视:犹不纳。
〔3〕《易》曰:案以下引文出自《周易·无妄》六二爻辞,原文无"凶"字,翁方纲疑"凶"字为《坊记》作者所增。引文中的菑,音 zī,谓耕种一年的田;畬,音 yú,谓耕种了三年的熟田。

【译文】

孔子说:"行相见礼先于赠送币帛,这是希望人们以国事为先而利禄为后。先赠送财物而后行礼人们就会贪利,不辞让而任情以行人们就会争夺。因此君子对于馈赠礼物的人,如因故不能亲自相见行礼,就不接受馈赠。《易》说:'不耕种不收割〔而获〕,

不开垦土地〔而得〕,不吉利。'这样来对人们加以防范,人们还有重视利禄而轻视德行的。"

19. 子云:"君子不尽利以遗民。《诗》云:'彼有遗秉,此有不敛穧,伊寡妇之利[1]。'故君子仕则不稼,田则不渔,食时不力珍,大夫不坐羊,士不坐犬[2]。《诗》云[3]:'采葑采菲,无以下体[4]。德音莫违,及尔同死。'以此坊民,民犹忘义而争利,以亡其身。"

【注释】

〔1〕"彼有"至"之利":这三句引自《诗·小雅·大田》。穧,音jì,谓禾之铺而未束者。

〔2〕大夫不坐羊,士不坐犬:案古者杀牲食其肉,坐其皮。不坐犬羊,是不无故杀之。

〔3〕《诗》云:案下面的诗句引自《诗·邶风·谷风》。

〔4〕采葑采菲,无以下体:这两句诗用比喻说明不可尽利的道理。谓"采葑、菲之菜者,采其叶而可食,无以其根美则并取之,并取之就是尽利"。

【译文】

孔子说:"君子不把利益占尽而要遗留一部分给民众。《诗》说:'那儿有遗留的禾把,这儿有未捆束的禾铺,是遗留给寡妇的利益。'因此君子做官就不种庄稼,种田的就不打鱼,四季吃饭不务求珍肴,大夫不无故杀羊,士不无故杀狗。《诗》说:'采大头菜采萝卜〔只采叶〕,勿连根茎都采取。说过的好话不违背,就愿与你同生死。'这样来对人们加以防范,人们还有忘记道义而争夺利益以至亡身的。"

20. 子云："夫礼坊民所淫，章民之别，使民无嫌，以为民纪者也。故男女无媒不交[1]，无币不相见[2]，恐男女之无别也。以此坊民，民犹有自献其身[3]。《诗》云[4]：'伐柯如之何？匪斧不克。取妻如之何？匪媒不得。''麻如之何？横从其亩。取妻如之何？必告父母。'"

【注释】
〔1〕交：谓交相知名。
〔2〕币：指纳征之币（参见《曾子问第七》第9节）。
〔3〕自献其身：谓不经过媒人而自由恋爱。
〔4〕《诗》云：案下面的诗，前四句引自《诗·豳风·伐柯》，后四句引自《齐风·南山》。

【译文】
孔子说："礼是用来防止人们淫乱，向人们表明男女有别，使人们男女之间不生嫌疑，以作为人们的纲纪的。因此男女之间不经过媒人就不通姓名，不先行聘礼不得相见，就是怕男女无别。这样来对人们加以防范，人们还有自献其身以求异性的。《诗》说：'砍个斧柄怎么办？没有斧头就不能。讨个老婆怎办？没有媒人就不成。''种麻怎么办？横的直的开田亩。讨个老婆怎么办？必须先告诉父母。'"

21. 子云："取妻不取同姓，以厚别也。故买妾不知其姓，则卜之。以此坊民，《鲁春秋》犹去夫人之姓曰'吴'[1]，其死曰'孟子卒'[2]。"

【注释】
〔1〕《鲁春秋》犹去夫人之姓曰"吴"：案鲁、吴皆姬姓之国，鲁娶

吴女，依《春秋》之例当曰"夫人姬氏至自吴"，为避讳娶同姓，故去夫人之姓。引此例在于承上文以说明人们犹有同姓相婚的。

〔2〕其死曰"孟子卒"：案孟子是夫人的字，若不讳同姓，当记曰"夫人姬氏薨"，为讳娶同姓，故不称夫人及其姓而仅称其字，且不书"薨"而曰"卒"。

【译文】

孔子说："娶妻不娶同姓的女子，用以加强血缘的区别。因此买妾如果不知道女子的姓，就用占卜来决定吉凶。这样来对人们加以防范，《鲁春秋》〔记载鲁侯娶吴侯之女为夫人〕还要去掉夫人的姓而说'夫人娶自吴'，记载夫人死说'孟子卒'。"

22. 子云："礼，非祭，男女不交爵[1]。以此坊民，阳侯犹杀缪侯，而窃其夫人[2]。故大飨废夫人之礼。"

【注释】

〔1〕交爵：此谓相献酢。案依礼，主人向尸献酒之后，主妇要向尸献酒，并与尸相酬酢，是祭时男女交爵之例。

〔2〕阳侯犹杀缪侯，而窃其夫人：案其事不详。所可知者，阳、缪皆谥号，二者为同姓诸侯，然其国不详。又案古时候接待贵宾，必皆夫妇亲之，故天子飨诸侯，以及诸侯相飨，王后、诸侯夫人都要向宾献酒。此处所记，盖缪侯飨阳侯，夫人出为阳侯献酒，阳侯悦夫人之色，于是灭其国而夺其夫人。

【译文】

孔子说："依礼，不是在祭祀的时候，男女不相互献酒酬酢。这样来对人们加以防范，还发生了阳侯杀死缪侯，而窃夺缪侯夫人的事。因此后来诸侯行大飨礼就不让夫人参加了。"

23. 子云："寡妇之子，不有见焉，则弗友也，君子以辟远也。故朋友之交,主人不在,不有大故,则不入其门。以此坊民,民犹以色厚于德。"子云:"好德如好色[1]。诸侯不下渔色[2]。故君子远色以为民纪。故男女授受不亲。御妇人则进左手[3]。姑、姊妹、女子子已嫁而反,男子不与同席而坐。寡妇不夜哭[4]。妇人疾,问之,不问其疾[5]。以此坊民,民犹淫泆而乱于族[6]。"

【注释】
〔1〕好德如好色:案此句似有脱文,《论语》曰"未见好德如好色",疾时人厚于色之甚而薄于德也。此句盖亦如之,而脱"未见"二字。
〔2〕不下渔色:谓不内取于国中也。内取于国中为下渔色。婚礼始纳采,谓采择其可者。国君而内取,象捕鱼然,中网取之,是无所择。
〔3〕御妇人则进左手:案妇人乘车在左,御者在右,御者左手进在前则微背妇人,这是一种避嫌的表示。
〔4〕寡妇不夜哭:这是为避思男人之嫌。
〔5〕不问其疾:谓不问其疾所委曲,若问其委曲,嫌似媚。
〔6〕乱于族:即乱伦。

【译文】
孔子说:"寡妇的儿子,如果不是见识出众的,就不和他交朋友,君子这样来远避嫌疑。因此朋友间的交往,如果主人不在家,没有疾病死丧等大的事故,就不进入朋友的家门。这样来对人们加以防范,人们还有好女色甚于好美德的。"孔子说:"〔我还没有发现〕像好女色那样好美德的。诸侯不下娶本国的女子。因此君子远避女色以为人们做榜样。男女之间不亲手传递东西。为妇人驾车就要使左手伸在前边。姑、姐妹、女儿已经出嫁而又回家的,家中男子就不和她们同席而坐。寡妇不在夜里哭。妇人有病,去慰问她,但不问她的具体病情。这样来对人们加以防范,人们还有荒淫放纵而乱伦的。"

24. 子云:"昏礼,婿亲迎,见于舅姑。舅姑承子以授婿[1],恐事之违也[2]。以此坊民,妇犹有不至者[3]。"

【注释】
〔1〕承:进。
〔2〕恐事之违也:案《士昏礼·记》记父送女时命之曰:"戒之敬之,夙夜毋违命。"母亦命之曰:"勉之敬之,夙夜毋违宫事。"是即所谓"恐事之违也"。
〔3〕不至:犹云做不到。

【译文】
孔子说:"举行婚礼,婿去女家迎亲,见女方父母。女方父母把女儿进授给婿,〔并对女儿进行告诫〕,生怕她违背妇道。这样来对人们加以防范,妇还有不守妇道的。"

中庸第三十一

1. 天命之谓性，率性之谓道，修道之谓教。道也者，不可须臾离也，可离非道也。是故君子戒慎乎其所不睹，恐惧乎所其不闻，莫见乎隐，莫显乎微，故君子慎其独也。喜怒哀乐之未发谓之中，发而皆中节谓之和。中也者，天下之大本也；和也者，天下之达道也。致中和，天下位焉，万物育焉。

【译文】
　　天所赋予人的就叫做性，循性而行就叫做道，使人修养道就叫做教。道，一会儿也不可以离开，可以离开的就不是道。因此君子在没有人看见的时候也谨慎守道，在没有人知道的时候也生怕离道，即使在隐避之处，或在细微的事情上，也没有离道的表现，所以君子在独自一人的时候也十分谨慎。喜怒哀乐没有表现出来的时候就叫做中，表现出来而都符合节度就叫做和。中，是天下各种感情和道理的本源；和，是天下一切事物的通理。达到中和的境界，天地间一切事物的位置就摆正了，万物都能生长繁育了。

2. 仲尼曰："君子中庸[1]，小人反中庸。君子之中庸也，君子而时中。小人之中庸也[2]，小人而无忌惮也。"

【注释】
　　[1]中庸：中，谓适中，不偏不倚，无过无不及。庸，常，谓以中

为常道。

〔2〕小人之中庸也:"中"上脱一"反"字。

【译文】

仲尼说:"君子常守中道,小人违反中道。君子的常守中道,表现为君子随时随地恪守中道。小人的违反中道,表现为小人的无所畏忌。"

3. 子曰:"中庸其至矣乎,民鲜能久矣。"子曰:"道之不行也,我知之矣:知者过之,愚者不及也。道之不明也,我知之矣:贤者过之,不肖者不及也。人莫不饮食也,鲜能知味也。"子曰:"道其不行矣夫!"

【译文】

孔子说:"常守中道的德行大概是最完美的吧,人们很少能长久地实行它。"孔子说:"守中的道理不实行,我知道它的原因了:聪明的人做过了头,愚蠢的人达不到要求。守中的道理不能彰明,我知道它的原因了:才高的人做过了头,低能的人达不到要求。这就像人们没有不进饮食的,而很少能懂得饮食滋味的。"孔子说:"守中的道理大概不能实行了吧!"

4. 子曰:"舜其大知也与。舜好问而好察迩言,隐恶而扬善,执其两端,用其中于民,其斯以为舜乎。"

【译文】

孔子说:"舜可以称得上大智了吧。舜好请教别人而又善于分辨身边人的言论,为别人隐匿短处而宣扬长处,拿着过激和不足两方面的意见,加以折中而施行到民众中,这就是舜之所以成为舜的原因吧。"

5. 子曰："人皆曰予知，驱而纳诸罟、擭、陷阱之中[1]，而莫之知辟也。人皆曰予知，择乎中庸，而不能期月守也。"

【注释】
〔1〕罟、擭：罟，音 gǔ，是网的总名。擭，音 huò，装有机关的捕兽木笼。

【译文】
孔子说："人们都说自己聪明，把他驱赶到捕兽的网、笼、陷阱中还不知道躲避。人们都说自己聪明，选择了常守中道，却不能坚持一个月。"

6. 子曰："回之为人也，择乎中庸，得一善，则拳拳服膺而弗失之矣[1]。"子曰："天下国家可均也，爵禄可辞也，白刃可蹈也，中庸不可能也。"

【注释】
〔1〕拳拳服膺：奉持之貌。服，犹著。膺，胸。

【译文】
孔子说："颜回的为人，选择常守中道，得到一条好道理，就把握在胸中而不使它丧失。"孔子说："天下国家可以平治，爵禄可以辞去，利刃可以踩踏，常守中道却不可能。"

7. 子路问强[1]。子曰："南方之强与？北方之强与？抑而强与？宽柔以教，不报无道，南方之强也[2]，君子居之[3]。衽金革[4]，死而不厌，北方之强也，而强者居之。故君子和而不流,强哉矫[5]!中立而不倚,强哉矫!国有道,不变塞焉[6],强哉矫!国无道,至死不变,强哉矫!"

【注释】
　　〔1〕子路问强:案子路好勇,故问强。
　　〔2〕"宽柔"至"强也":案南方的风气柔弱,故以含忍之力胜人为强。
　　〔3〕君子居之:案和柔为君子之道,故曰"君子居之"。
　　〔4〕衽:犹席。
　　〔5〕矫:强貌。
　　〔6〕国有道,不变塞焉:塞,充也。谓处清平之世,不以安荣易其充实之德。

【译文】
　　子路问强〔中是否兼有守中的德行〕。孔子说:"你问的是南方的强?北方的强?还是你的那种强呢?教育人们宽缓柔和,不报复不讲道义的人,这是南方所崇尚的强,君子就持守这种强。以武器铠甲为席而卧,到死也不厌倦,这是北方所崇尚的强,强梁的人就持守这种强。因此君子柔和而不丧失原则,这才是真正的强啊!恪守中道而无偏倚,这才是真正的强啊!国家治理有方,不〔安处荣禄而〕改变自己充实的德行,这才是真正的强啊!国家治理无方,至死也不改变自己的正确主张,这才是真正的强啊!"

8. 子曰:"素隐行怪,后世有述焉,吾弗为之矣。君子遵道而行,半途而废,吾弗能已矣。君子依乎中庸,遁世不见知而不悔,唯圣者能之。"

【译文】
　　孔子说:"一向隐居而行为怪僻,后世虽有所称述,我不做那样的事。君子遵循道义而行，〔有人〕半途而废，我却不能停止。君子靠常守中道，隐居而不被人所知也不后悔，这只有圣人才能做到。"

9. "君子之道，费而隐。夫妇之愚，可以与知焉，及其至也，虽圣人亦有所不知焉；夫妇之不肖，可以能行焉，及其至也，虽圣人亦有所不能焉。天地之大也，人犹有所憾[1]。故君子语大[2]，天下莫能载焉；语小[3]，天下莫能破焉。《诗》云[4]：'鸢飞戾天，鱼跃于渊。'言其上下察也。君子之道，造端乎夫妇，及其至也，察乎天地。"

【注释】

〔1〕天地之大也，人犹有所憾：案如风雨之不时，每有灾异，皆人之所憾。这两句以天地尚有所憾，说明对圣人不可求全责备。

〔2〕语大：所说大事，谓先王之道。

〔3〕语小：所说小事，谓若愚、不肖夫妇之知行。

〔4〕《诗》云：案下面的诗句引自《诗·大雅·旱麓》。引此诗的目的，在于进一步说明"君子之道费而隐"的道理。

【译文】

"君子的道理广大而隐微。愚蠢的夫妇，也有一些知识，至于他们的全部知识，即使圣人也有不知道的；低能的夫妇，也有他们所能做的事，至于他们的全部技能，即使圣人也有不能的。以天地之大，人们还有所怨恨呢。因此君子说起大事来，天下没有人能承担其任；说起小事来，天下没有人能再加剖分。《诗》说：'鹞儿飞到天空，鱼儿跃在水中。'这是比喻君子的道理昭著于天上地下。君子的道理，发端于夫妇的见闻，至于他的全部道理，昭著于天地万物。"

10. 子曰:"道不远人[1],人之为道而远人,不可以为道。《诗》云[2]:'伐柯伐柯,其则不远。'执柯以伐柯,睨而视之,犹以为远。故君子以人治人,改而止。忠恕违道不远,施诸己而不愿,亦勿施于人。君子之道四,丘未能一焉:所求乎子以事父,未能也;所求乎臣以事君,未能也;所求乎弟以事兄,未能也;所求乎朋友先施之,未能也。庸德之行,庸言之谨,有所不足不敢不勉,有余不敢尽[3],言顾行,行顾言,君子胡不慥慥尔[4]!君子素其位而行[5],不愿乎其外。素富贵行乎富贵,素贫贱行乎贫贱,素夷狄行乎夷狄,素患难行乎患难:君子无入而不自得焉。在上位不陵下,在下位不援上,正己而不求于人,则无怨:上不怨天,下不尤人。故君子居易以俟命,小人行险以徼幸。"

【注释】
〔1〕道不远人:此谓道是人之性情的体现,本就是众人所能知能行者,故不远于人。
〔2〕《诗》云:案下面的诗句引自《诗·豳风·伐柯》。
〔3〕有余不敢尽:谓己才行有余于人,而常持谦退,不敢尽其才行以过于人。
〔4〕慥慥:慥,音 zào。慥慥,勉不敢缓之意,犹言汲汲。君子胡不慥慥尔,言君子何事不汲汲然自勉乎。
〔5〕素:犹见在。

【译文】
孔子说:"道离人不远。如果人遵循的道而远离人,那就不可以成为道了。《诗》说:'砍斧柄啊砍斧柄,斧柄的样式并不远。'拿着斧柄砍斧柄,只用斜眼看一下手中斧柄的样式,就这还嫌远呢。因此君子用人来治理人，〔有过错的人〕改了就行。忠厚宽恕的态度离道不远，不愿意施加在自己身上的事情，也不要施加在别人身上。君子遵循的道有四条，〔像下面这样〕我一条也不能做到：〔自己不行孝道而〕要求儿子孝事自己，我不能做到；〔假如自己是诸侯而不尽忠于天子却〕要求臣下忠事自己，我不能做到；〔自己不敬顺兄长而〕要求弟弟敬顺自己，我不能做到；〔自己不先施恩惠而〕要求朋友先施恩惠于自己，我不能做到。常依德而行，常说话谨慎，有不足的地方不敢不努力弥补，有长于别人的地方不敢完全显露，说话要考虑到是否能实行，行为要考虑到是否与言论相符，君子什么事不努力自勉呢！君子在现在的位置上而做他应该做的事，不羡慕本位以外的事情。现在富贵就做富贵者应做的事，现在贫贱就做贫贱者应做的事，身在夷狄就做夷狄之人应做的事，身处患难就做患难中应做的事：君子无处不安然自得。在上位不欺陵下面的人，在下位不巴结上级，端正自身，不求他人，就不会有怨恨之心：上不怨恨天，下不责怪人。因此君子居处平易以等待机遇，小人却冒险以图徼倖。"

11. 子曰："射有似乎君子：失诸正鹄，反求诸其身。君子之道，辟如行远必自迩，辟如登高必自卑。《诗》曰[1]：'妻子好合，如鼓瑟琴。兄弟既翕，和乐且耽[2]。宜尔室家，乐尔妻帑。'"子曰："父母其顺矣乎！"

【注释】
〔1〕《诗》曰：案下面的诗句引自《诗·小雅·常棣》。
〔2〕耽：亦乐。

【译文】
孔子说："射箭有同君子相似之处：没有射中靶心，应该反过来检查自身。君子所当遵循的道，就像到远处去必从近处开始，就像登高必从低处开始。《诗》说:'同妻子相爱相合,就好像弹奏琴瑟。兄弟们既然合作,和睦乐而又乐。搞好你的家庭,喜爱你的妻儿。'"孔子说:"〔能做到这样〕,父母大概能顺心了吧!"

12. 子曰:"鬼神之为德,其盛矣乎!视之而弗见,听之而弗闻,体物而不可遗,使天下之人齐明盛服,以承祭祀,洋洋乎如在其上[1],如在其左右。《诗》曰[2]:'神之格思,不可度思,矧可射思!'夫微之显,诚之不可揜,如此夫!"

【注释】
〔1〕洋洋:仿佛貌。
〔2〕《诗》曰:案下面的诗句引自《诗·大雅·抑》。

【译文】
孔子说:"鬼神的德行,真是盛大啊!看它看不见,听它听不见,万物都体现着它而无可遗漏,使天下人都穿上整齐洁净的盛装,以奉行祭祀,仿佛鬼神如在人的上面,如在人的左右。《诗》说:'神的来到哟,不可测度哟,况可厌恶哟!'鬼神幽微而又显著,真实而不可掩没,就是像这样啊!"

13. 子曰:"舜其大孝也与。德为圣人,尊为天子,富有四海之内,宗庙飨之,子孙保之[1]。故大德必得其位,必得其禄,必得其名,必得其寿。故天之生物,必因其材而笃焉[2]。故栽者培之,倾者覆之。《诗》曰[3]:'嘉乐君子,宪宪令德[4]。宜民宜人[5],受禄于天。保佑命之,自天申之[6]。'故大德者必受命。"

【注释】

〔1〕子孙保之：谓子孙承保祭祀，周时陈国即是舜之后裔。
〔2〕必因其材而笃焉：言善者天厚其福，恶者天厚其毒。
〔3〕《诗》曰：案下面的诗句引自《诗·大雅·假乐》。
〔4〕宪宪：今传本《毛诗》作"显显"。
〔5〕宜民宜人：民，庶民。人，在位之官。
〔6〕申：重。

【译文】

孔子说："舜可以称得上大孝了吧。他具有圣人的德行，天子的尊贵，富有整个天下，宗庙祭祀他，子孙后代永保祭祀他。因此有大德的人必能获得相应的地位，必能获得相应的俸禄，必能获得相应的名声，必能获得长寿。因此天生育万物，必因万物材质的善恶而厚加回报。因此该栽植的就加以培育，该倾覆的就让它覆没。《诗》说：'美好快乐的君子，显耀美善的德行。适于民又适于官，受取福禄于天神。保佑他而授命他，从天神那里看重他。'因此有大德的人必授天命。"

14. 子曰："无忧者，其唯文王乎。以王季为父，以武王为子，父作之，子述之。武王缵大王、王季、文王之绪，壹戎衣而有天下，身不失天下之显名，尊为天子，富有四海之内，宗庙飨之，子孙保之。武王末受命，周公成文、武之德，追王大王、王季[1]，上祀先公以天子之礼[2]。斯礼也，达乎诸侯、大夫，及士、庶人：父为大夫，子为士，葬以大夫，祭以士；父为士，子为大夫，葬以士，祭以大夫；期之丧达乎大夫[3]，三年之丧达乎天子，父母之丧无贵贱一也。"

【注释】

〔1〕追王大王、王季：谓追尊古公为太王，公季为王季。古公即武王之曾祖亶父，公季即武王之祖季历。

〔2〕先公：指太王以上周族的历代祖先。

〔3〕期之丧达乎大夫：这是就为旁亲服齐衰期而言。案所谓旁亲，即所谓旁尊，指伯父、叔父。依礼，为伯父、伯母和叔父、叔母当服齐衰不杖期，是所谓"期之丧达乎大夫"。只不过因大夫位尊，故降一等而服大功。如果是天子、诸侯，就不为这样的旁亲服齐衰期之丧了。至于正尊（自己的亲父母、亲祖父母等）而当服齐衰期的，则自天子、诸侯以至大夫，皆服之而不降也。

【译文】

孔子说："没有忧虑的，大概只有文王吧。父亲是王季，儿子是武王，父亲兴起的事业，儿子加以继承。武王继承曾祖太王、祖父王季、父亲文王的事业，一穿军装〔伐纣〕而据有天下，身不失天下显赫的名声，尊贵为天子，富有整个天下，宗庙祭祀他，子孙永保王业。武王晚年受天命〔平定天下〕，周公成就文王、武王的德行，追尊太王、王季的王号，用天子之礼上祭先公。这种礼法，向下通行到诸侯、大夫，以及士和庶人中：父亲是大夫，儿子是士，就用大夫之礼安葬，用士礼祭祀；父亲是士，儿子是大夫，就用士礼安葬，用大夫之礼祭祀；〔为旁亲〕服齐衰期之丧通行到大夫，为父母服三年之丧通行到天子，为父母服三年之丧不分贵贱都是一样的。"

15. 子曰："武王、周公其达孝矣乎[1]。夫孝者，善继人之志，善述人之事者也。春秋修其祖庙，陈其宗器，设其裳衣[2]，荐其时食[3]。宗庙之礼，所以序昭穆也；序爵，所以辨贵贱也；序事，所以辨贤也[4]；旅酬下为上[5]，所以逮贱也；燕毛[6]，所以序齿也。践其位，行其礼，奏其乐，敬其所尊，爱其所亲，事死如事生，事亡如事存，孝之至也。郊社之礼，所以事上帝也。宗庙之礼，所以事乎其先也。明乎郊社之礼，禘尝之义，治国其如示诸掌乎。"

【注释】
　　〔1〕达孝：达，通。言天下之人通谓之孝。
　　〔2〕设其裳衣：案为尸者当穿其所扮装的祖先之衣以受祭。
　　〔3〕时食：谓四时之祭，各有其物，如春行羔、豚、膳、膏、香之类是也。
　　〔4〕序事，所以辨贤也：事，谓荐羞。以辨贤，谓以其事辨其所能，若司徒羞牛，宗伯共鸡牲之类。
　　〔5〕旅酬下为上：旅酬，谓祭祀之末众人从上到下依次递相劝酒。旅酬都是由卑者先饮一杯酒，然后向尊者进酒，尊者饮后，旅酬便正式开始了（参见《曾子问第七》第 7 节）。因旅酬开始之前，是卑者先饮酒，故云"下为上"。
　　〔6〕燕毛：燕，谓祭毕宴饮，以款待参加祭祀的人。

【译文】
　　孔子说："武王、周公，可以称为通孝了吧。孝，是指善于继承先人的遗志，善于赞述先人的业绩。春秋时节修缮祖庙，陈列祭器，陈设祖先穿过的衣裳，进上按季节所当进献的祭品。宗庙的礼仪，是用来排列昭穆次序的；〔助祭者〕按爵位排列，是用来区别贵贱的；〔进献祭品者〕按职事排列，是用来区别才能的高低；旅酬礼开始前卑下者先饮酒，用以表明恩惠先施及下人；宴饮时按头发的颜色就坐，用以排列长幼次序。〔孝子〕登先王之位，行祭先王之礼，奏先王的音乐，尊敬先王所尊敬的人，亲爱先王所亲爱的人，侍奉死者如同活着时一样，侍奉亡者如同在世时一样，这是孝的最高表现。举行郊祭和社祭，是用来侍奉上帝〔和地神的〕；宗庙的礼仪，是用来侍奉祖先的。懂得郊祭和社祭之礼，明白禘祭和尝祭的意义，治理国家就像把手掌上的东西指示给人看一样容易了吧。"

16. 哀公问政。子曰:"文、武之政,布在方策。其人存则其政举,其人亡则其政息。人道敏政[1],地道敏树。夫政也者,蒲卢也[2],故为政在人。取人以身,修身以道,修道以仁。仁者,人也,亲亲为大;义者,宜也,尊贤为大。亲亲之杀,尊贤之等,礼所生也。在下位不获乎上,民不可得而治矣[3]。故君子不可以不修身,思修身不可以不事亲,思事亲不可以不知人,思知人不可以不知天。天下之达道五,所以行之者三,曰:君臣也,父子也,夫妇也,昆弟也,朋友之交也,五者天下之达道也;知、仁、勇三者,天下之达德也,所以行之者一也[4]。或生而知之,或学而知之,或困而知之;及其知一也。或安而行之,或利而行之,或勉强而行之,及其成功一也。"

【注释】
〔1〕敏:犹勉。
〔2〕夫政也者,蒲卢也:蒲卢即蜾蠃,也就是土蜂(亦称细腰蜂),自己不能生子,必取桑虫之子去而变化之以为己子(案这是古人缺乏科学知识的说法)。案孔子以蒲卢喻政,盖以文、武之政不能自举,而必待其人,犹蒲卢不能自生,而必待桑虫之子。
〔3〕在下位不获乎上,民不可得而治矣:案下节有此二句,是误而重出在此。
〔4〕所以行之者一也:"一"字是衍文。

【译文】
　　鲁哀公问有关行政的道理。孔子说:"文王、武王的政教,都记载在方版和简策上了。有贤人在,这些政教就能被施行;没有贤人,这些行政教就废弃了。治理人的办法是努力行政,就像治理土地的办法是努力种植。政事,就像土蜂〔必借桑虫之子来变化生成〕一样,因此行政在于得人才。获取人才要靠自身正,修正自身要靠道德,修养道德要靠仁义。仁,是出于人的天性,以亲爱亲人为最大的仁;义,是应该做的事,以尊敬贤人为最大的义。亲爱亲人而区分远近差别,尊敬贤人而区分贵贱等级,礼就由此而产生。臣在下位而不能得到君上的信任,民众就不可能治理好。因此君子不可以不修正自身,想修正自身不可以不侍奉双亲,想侍奉双亲不可以不了解人,想了解人不可以不知天理。天下的通理有五条,所用来实行这五条通理的有三德,就是:君臣关系之理,父子关系之理,夫妇关系之理,兄弟关系之理,朋友交结之理,这五条就是天下的通理;智慧、仁爱、勇敢,这三项是天下的通德,是用来实行五理的。〔对这五理三德〕有的人生来就知道,有的人通过学习而知道,有的人遇到困难〔再去学习〕而知道:〔这几种人当初虽有差别〕,等到他们都知道了以后也就一样了。〔对于这五理三德〕有的人心安理得地去实行,有的人为贪慕荣利去实行,有的人勉强地去实行:〔这几种人当初的动机虽不同〕,等到他们都实行成功之后也就一样了。"

17. 子曰:"好学近乎知,力行近乎仁,知耻近乎勇。知斯三者则知所以修身,知所以修身则知所以治人,知所以治人则知所以治天下国家矣。凡为天下国家有九经,曰修身也,尊贤也,亲亲也,敬大臣也,体群臣也,子庶民也,来百工也[1],柔远人也,怀诸侯也。修身则道立,尊贤则不惑,亲亲则诸父、昆弟不怨,敬大臣则不眩,体群臣则士之报礼重,子庶民则百姓劝,来百工则财用足,柔远人则四方归之,怀诸侯则天下畏之。齐明盛服,非礼不动,所以修身也;去谗远色,贱货而贵德,所以劝贤也;尊其位,重其禄,同其好恶,所以劝亲亲也;官盛任使[2],所以劝大臣也;忠信重禄，所以劝士也；时使薄敛，所以劝百姓也；日省月试，既廪称事[3]，所以劝百工也；送往迎来，嘉善而矜不能，所以柔远人也；继绝世，举废国，治乱持危，朝聘以时，厚往而薄来，所以怀诸侯也。凡为天下国家有九经，所以行之者一也[4]：凡事预则立，不预则废。言前定则不跲[5]，事前定则不困，行前定则不疚[6]，道前定则不穷。在下位不获乎上，民不可得而治矣；获乎上有道，不信乎朋友，不获乎上矣；信乎朋友有道，不顺乎亲，不信乎朋友矣；顺乎亲有道，反诸身不诚，不顺乎亲矣；诚身有道，不明乎善，不诚乎身矣。诚者，天之道也；诚之者，人之道也。诚者不勉而中，不思而得，从容中道，圣人也。诚之者，择善而固执之者也。博学之，审问之，慎思之，明辨之，笃行之。有弗学，学之弗能，弗措也；有弗问，问之弗知，弗措也；有弗思，思之弗得，弗措也；有弗辨，辨之弗明，弗措也；有弗行，行之弗笃，弗措也。人一能之，己百能之；人十能之，己千之。果能此道矣，虽愚必明，虽柔必强。"

【注释】
　〔1〕来：读如"劳来"之"来"，谓劝勉之。
　〔2〕官盛任使：谓属官盛众，足令任使。
　〔3〕既廪：既，通"饩"。饩廪，谓稍食，亦即禄禀。
　〔4〕所以行之者一也：一，一致，一样，谓当豫（预）。详下文。
　〔5〕跲：音 jiá，即踬，绊倒。
　〔6〕疚：病。

【译文】

孔子说:"喜欢学习接近于智慧,努力实行接近于仁爱,知道廉耻接近于勇敢。知道这三方面就知道怎样修正自身,知道怎样修正自身就知道怎样治理人,知道怎样治理人就知道怎样治理天下国家了。凡治理天下国家有九条原则,就是修正自身,尊敬贤人,亲爱亲人,敬重大臣,体恤群臣,爱护民众,鼓励工匠,安抚边远的人,抚慰诸侯。修正自身就可以树立楷模,尊敬贤人就不疑事理,亲爱亲人就可使长辈和兄弟不怨恨,敬重大臣就遇事不迷,体恤群臣士人就会以重礼相回报,爱护民众百姓就会努力效力,鼓励工匠就会使财用充足,安抚边远的人四方就会归顺朝廷,抚慰诸侯天下的人就会敬畏朝廷。穿整齐洁净的盛装,不符合礼的事就不做,这样来修正自身;去逸佞而远女色,轻财物而重德行,这样来鼓励贤人;使亲人地位尊贵,俸禄优厚,与亲人的好恶保持一致,这样来鼓励人们亲爱亲人;为大臣设置众多的属官以供任用指使,这样来鼓励大臣;对忠诚可靠的臣给予重禄,这样来鼓励众士;使用民力不违农时而又薄收赋税,这样来鼓励百姓;天天察看而月月检查,使授予的禄粮同事工相称,这样来鼓励工匠;回去时相送而来时迎接,嘉奖长处而怜惜短处,这样来安抚边远的人;继续已断绝的后代,恢复已废弃的国家,有混乱就帮助治理,有危险就加以扶持,按时接受朝聘,厚礼相送而薄收贡品,这样来抚慰诸侯。凡治理天下国家有九条原则,实行这些原则的办法都是一样的:凡事预先计划好就能成功,不预先计划就将失败。说话先考虑好就不会发生窒碍,做事先考虑好就不会遭遇困阻,行动先考虑好就不会出差错,道路预先确定就不会走投无路。臣在下位而不能获得君上的信任,民众就不可能治理好;臣要获得君上的信任有途径,〔即先须获得朋友的信任〕,不能获得朋友的信任,就不能获得君上的信任;要获得朋友的信任有途径,〔即须先孝顺双亲〕,不孝顺双亲,就不能获得朋友的信任;孝顺双亲有途径,〔即须先自身真诚〕,加顾自身不真诚,就不可能孝顺双亲;使自身真诚有途径,〔即须先明确善道〕,不明确善道,就不能使自身真诚。真诚,是天的德性;使自身真诚,是人的德性。真诚的人不用费劲就能符合善道,不费思虑就能获得善道,从容悠闲之间都能符合善道,这就是圣人了。使自身真诚的人，是选择了善道就紧抓着不放的人。广博地学习，审慎地提问，慎重地思考，明确地辨别，踏实地行动。有不曾学过的知识，学习了还不能通晓，就不放弃；有不曾问过的疑问，问了还不明了，就不放弃；有不曾考虑过的问题，考虑了还不得其解，就不放弃；有不曾辨别的问题，辨别了还不明晰，就不放弃；有不曾实行过的善道，实行了还不踏实，就不放弃。别人付出一分努力就能学会，自己付出百分努力；别人付出十分努力就能学会，自己付出千分努力：如果能这样做，即使愚蠢的人也一定会变得聪明，即使柔弱的人也一定会变成强者。"

18. 自诚明，谓之性；自明诚，谓之教。诚则明矣，明则诚矣。

【译文】
由真诚而明道理，叫做天性；由明道理而真诚，叫做教化。真诚就会明道理，明道理就会变得真诚。

19. 唯天下至诚，为能尽其性；能尽其性，则能尽人之性；能尽人之性，则能尽物之性；能尽物之性，则可以赞天地之化育；可以赞天地之化育，则可以与天地参矣。

【译文】
只有天下最真诚的人，才能彻底发挥自己的天性；能彻底发挥自己的天性，才能彻底发挥他人的天性；能彻底发挥他人的天性，才能彻底发挥万物的天性；能彻底发挥万物的天性，就可以助天地变化繁育万物；可以助天地变化繁育万物，就可以与天地相参配了。

20. 其次致曲[1]。曲能有诚，诚则形，形则著，著则明，明则动，动则变，变则化。唯天下至诚为能化。

【注释】
〔1〕其次致曲：其次，谓自明诚者。致，至也。曲，犹小之事。

【译文】
其次是将真诚推至细小的事情上。在细小的事情上都能够真诚，真诚就会表现出来，表现出来就会逐渐显著，逐渐显著就会彰明，彰明就会感动众人，感动众人就会改变人，改变人就会化恶为善。只有天下最真诚的人才能化恶为善。

21. 至诚之道，可以前知。国家将兴，必有祯祥；国家将亡，必有妖孽。见乎蓍龟，动乎四体，祸福将至，善必先知之，不善必先知之。故至诚如神。

【译文】
具有最真诚的德性，可以预知未来。国家将兴盛，必然有瑞征；国家将灭亡，必然有灾异。表现在占筮和占卜的结果上，表现在身体的动作仪态上，祸福将到来，是福必然预先知道，是祸也必然预先知道。因此最真诚的人如同神明一样。

22. 诚者自成也，而道自道也[1]。诚者物之终始[2]，不诚无物。是故君子诚之为贵。诚者非自成己而已也，所以成物也[3]。成己，仁也；成物，知也。性之德也，合外内之道也，故时措之宜也。故至诚无息，不息则久，久则征[4]，征则悠远，悠远则博厚，博厚则高明。博厚所以载物也，高明所以覆物也，悠久所以成物也。博厚配地，高明配天，悠久无疆。如此者，不见而章，不动而变，无为而成。天地之道可壹言而尽也：其为物不贰，则其生物不测。天地之道博也，厚也，高也，明也，悠也，久也。

【注释】
〔1〕道自道也：道，即"率性之道"之"道"（见第1节）。
〔2〕诚者物之终始：此处之诚，又广其义而指贯穿于一切事物的实理，也就是事物的本性或规律。案此论实谓理在物先，属客观唯心主义。
〔3〕所以成物也：谓使万物皆合于实理而无虚妄，是使万物皆得以成就。
〔4〕征：是"彻"字之误。彻，达。

【译文】
真诚是人的自我完善，而道是人自己所遵循。真诚贯穿于一切事物的始终，没有真诚就没有事物，因此君子以真诚为贵。真诚的德性不是自我完善了就算了，还要用来成就事物。自我完善，是仁爱的体现；成就事物，是智慧的体现。出于天性的真诚的德性，是一种内外结合的德性，因此时时运用而无不适宜。因此最真诚的德性永不止息，不止息就会长久，长久就会通达，通达就会悠久，悠久就会广博深厚，广博深厚就会高大光明。广博深厚用以负载万物，高大光明用以覆盖万物，悠久用以成就万物。广博深厚与地相配，高大光明与天相配，悠久而无边无际。像这样的德性，不用表现就会彰明，不用行动就会变化万物，不需做什么就能成就万物。天地的德性可用一句话概括尽：真诚不二，就生出数不清的事物。天地的德性真是广博啊，深厚啊，高大啊，光明啊，悠远啊，永久啊。

23. 今夫天，斯昭昭之多[1]，及其无穷也，日月星辰系焉，万物覆焉。今夫地，一撮土之多，及其广厚，载华岳而不重，振河海而不泄[2]，万物载焉。今夫山，一卷石之多[3]，及其广大，草木生之，禽兽居之，宝藏兴焉。今夫水，一勺之多，及其不测，鼋、鼍、鲛、龙、鱼、鳖生焉[4]，货财殖焉。《诗》曰："惟天之命，於穆不已[5]。"盖曰天之所以为天也。"於乎不显[6]，文王之德之纯。"盖曰文王之所以为"文"也，纯亦不已。

【注释】

〔1〕昭昭之多：昭昭，犹耿耿，小明。之多，犹言就那么多，就那么一点。下义仿此。

〔2〕振：犹收。

〔3〕卷：犹区，小。

〔4〕鼋、鼍、鲛：鼋、鼍，参见《月令第六》第54节。鲛，即鲨鱼。

〔5〕惟天之命，於穆不已：这两句以及下面两句诗，皆引自《诗·周颂·维天之命》。天命，即天道。於，音wū。穆，深远。

〔6〕不：通"丕"，大。

【译文】

现在这个天，它当初也只有狭小的一点光明，等到它成为无穷的天空，日月星辰都系属在上面，万物都由它覆盖着。现在这个地，当初也只有一撮土那么一点，等到它成为广阔深厚的大地，负载华山而不嫌重，收纳河海而不泄漏，万物都由它负载着。现在这个山，当初也只有一小块石头那么大，等到它成为广大的山，草木生长在上面，禽兽居住在上面，宝藏产生在里面。现在这个水，当初也只有一勺那么多，等到它汇聚成为深广不可测的大水，鼋、鼍、鲛、龙、鱼、鳖都生长在里面，各种物产资财都靠它而生殖。《诗》说："想起天的道理，啊，真是深远无穷！"这大概是说天之所以成为天吧。"啊啊,多么光明啊,文王那纯粹的德行!"这大概是说文王之所以谥号为"文",是由于他修养自己纯粹的德行而不停止。

24. 大哉,圣人之道!洋洋乎[1],发育万物,峻极于天。优优大哉[2]!礼仪三百,威仪三千,待其人然后行。故曰"苟不至德,至道不凝焉"[3]。故君子尊德性而道问学,致广大而尽精微,极高明而道中庸,温故而知新,敦厚以崇礼。是故居上不骄,为下不倍,国有道其言足以兴国,无道其默足以容。《诗》曰[4]:"既明且哲,以保其身。"其此之谓与。

【注释】
〔1〕洋洋:充满之貌。
〔2〕优优:宽裕之貌。
〔3〕凝:犹成。
〔4〕《诗》曰:案下面的诗句引自《诗·大雅·烝民》。

【译文】
多么伟大啊,圣人的道理!它充满天地之间啊,它发生出万物,它极崇高而上达到天。它多么宽裕而广大啊!它的礼仪有三百条之多,具体仪节有三千条之多,有待于贤人然后实行。因此说"如果没有完美的德行,完美的道理就不能实行成功"。因此君子尊崇德性,而通过勤问好学,使自己的知识达到广大而深入精微,使自己的德行极高尚光明而常守中道,温习旧知识而能有新见解,为人敦厚而崇尚礼。因此君子处上位而不骄傲,做臣下而不违背君命,国君治国有方时他的言论足以使国家兴盛,国君治国无方时他静默自守足以容身自保。《诗》说:"既高明又智慧,足以保全他自身。"就是说的这种处世态度吧。

25. 子曰："愚而好自用，贱而好自专，生乎今之世反古之道，如此者，裁及其身者也。"非天子不议礼，不制度，不考文。今天下车同轨，书同文，行同伦。虽有其位，苟无其德，不敢作礼乐焉。虽有其德，苟无其位，亦不敢作礼乐焉。

【译文】
　　孔子说："愚蠢而好刚愎自用，卑贱而好自作主张，生活在当今社会而要复返古代的治国办法，这样的人，灾祸将降到他的身上。"不是天子就不议论礼，不确立制度，不考正文字。当今天下车的辙迹同宽，书写用同一种文字，言行遵循同一道德标准。虽然有天子的地位，假如没有圣人的德行，不敢制作礼乐制度；虽然有圣人的德行，假如没有天子的地位，也不敢制作礼乐制度。

26. 子曰："吾说礼，杞不足征也[1]。吾学殷礼，有宋存焉[2]。吾学周礼，今用之，吾从周。"王天下有三重焉[3]，其寡过矣乎。上焉者[4]，虽善无征，无征不信，不信民弗从；下焉者[5]，虽善不尊，不尊不信，不信民弗从。故君子之道，本诸身，征诸庶民，考诸三王而不缪，建诸天地而不悖，质诸鬼神而无疑，百世以俟圣人而不惑。质诸鬼神而无疑[6]，知天也；百世以俟圣人而不惑，知人也。是故君子动而世为天下道，行而世为天下法，言而世为天下则，远之则有望，近之则不厌。《诗》曰[7]："在彼无恶，在此无射，庶几夙夜，以永终誉。"君子未有不如此而蚤有誉于天下者也。

【注释】

〔1〕杞：古国名，周初所封，其君相传为夏禹的后裔，初封时国都在雍丘（今河南杞县）。

〔2〕宋：古国名，周初所封，其君为商汤的后裔，建都于商丘（今河南商丘县南）。

〔3〕三重：谓三王之礼。

〔4〕上焉者：谓时王以前，如夏商之礼。

〔5〕下焉者：谓圣人在下，如孔子虽善于礼，而不在尊位。

〔6〕质诸鬼神：谓通过占卜、占筮而验之以鬼神之意。

〔7〕《诗》曰：案下面的诗句引自《诗·周颂·振鹭》。

【译文】

孔子说："我谈夏礼，杞国不足以作证。我学殷礼，有宋国还保存着它。我学周礼，现在正在运用，我遵从周礼。"统治天下的人能把握夏商周三代的礼，就可以少犯错误了吧。前代的礼，虽然很好而不能证明，不能证明民众就不相信，不相信民众就不遵从；在野的人，虽然很懂得礼而不在尊位，不在尊位民众就不相信，不相信民众就不遵从。因此君子要实行的道理，先从自身做起，证明给民众看，并拿三代圣王的教诲来考校而没有错误，立于天地之间〔与天地之理相合〕而不违背，在鬼神面前验证也无可怀疑，百世之后待圣人出来检验也无疑惑。在鬼神面前验证无可怀疑，是了解天意；百世之后待圣人出来检验也无疑惑，是瞭了人意。因此君子有举动而世世代代成为天下的楷模，行事而世世代代成为天下的榜样，出言而世世代代成为天下的法则。人们远离君子就企慕向往，接近君子而不厌倦。《诗》说："在那里没有怨恨，在这里没有厌恶。几乎早晚都谨慎，以永保美好的名声。"君子没有不像这样，而一早就在天下赢得美誉的。

27. 仲尼祖述尧、舜，宪章文、武，上律天时，下袭水土。辟如天地之无不持载、无不覆帱，辟如四时之错行，如日月之代明。万物并育而不相害，道并行而不相悖，小德川流，大德敦化，此天地之所以为大也。

【译文】
　　仲尼继承尧、舜，效法文王、武王，上遵天时的运行规律，下循水土的自然之理。如同天地的无所不负载、无所不覆盖，如同四季的交错运行，如同日月的更替照耀，万物都繁育而不相妨害，遵循各自的规律而不相违背，小德如河水流浸，大德敦厚而化育万物，这就是天地之所以伟大的原因。

　　28. 唯天下至圣，为能聪明睿知足以有临也，宽裕温柔足以有容也，发强刚毅足以有执也，齐庄中正足以有敬也，文理密察足以有别也。溥博渊泉，而时出之。溥博如天，渊泉如渊，见而民莫不敬，言而民莫不信，行而民莫不悦。是以声名洋溢乎中国，施及蛮貊，舟车所至，人力所通，天之所覆，地之所载，日月所照，霜露所队，凡有血气者，莫不尊亲，故曰配天。

【译文】
　　只有天下最圣明的人，才能聪明睿智足以临察万物，宽厚温柔足以包容万物，发挥坚强刚毅足以决断事物，庄重公正足以使人敬佩，思虑周密细致足以鉴别事物。博大深沉，而能适时表现出来。博大如天，深沉如渊，表现而人们没有不敬佩的，说话而人们没有不信任的，行为而人们没有不喜欢的。因此名声充满中国，传播到异族，船车所到，步行所通，天所覆盖，地所负载，日月所照耀，霜露所降落到的地方，凡有血脉气息的人，没有不尊敬亲爱他的，因此说〔圣人的德行〕可与天相配。

　　29. 唯天下至诚，为能经纶天下之大经，立天下之大本,知天地之化育。夫焉有所倚?肫肫其仁[1]!渊渊其渊!浩浩其天!苟不固聪明圣知达天德者,其孰能知之[2]?

【注释】
〔1〕肫肫:肫,音 zhūn,诚恳貌。
〔2〕"苟不"至"知之":言唯圣人乃能知圣人。

【译文】
　　只有天下最真诚的人,才能制定天下的纲纪,确立天下的根本,通晓天地的化育之功。他哪里有什么偏倚?多么诚恳啊他的仁爱之心!多么深厚啊他的如渊的智慧!多么广大啊他的如天的德行!假如不是本来就聪明圣智通达天的德行的人,谁能理解他呢?

　　30.《诗》曰:"衣锦尚䌹[1]。"恶其文之著也。故君子之道闇然而日章[2],小人之道的然而日亡[3]。君子之道淡而不厌,简而文,温而理,知远之近,知风之自[4],知微之显,可与入德矣。《诗》云[5]:"潜虽伏矣,亦孔之昭。"故君子内省不疚,无恶于志。君子所不可及者,其唯人之所不见乎。《诗》云:"相在尔室,尚不愧于屋漏[6]。"故君子不动而敬,不言而信。《诗》曰:"奏假无言,时靡有争[7]。"是故君子不赏而民劝,不怒而民威于鈇钺。《诗》曰[8]:"不显惟德,百辟其刑之。"是故君子笃恭而天下平。《诗》曰[9]:"予怀明德,不大声以色。"子曰:"声色之于化民,末也。"《诗》曰:"德輶如毛[10]。"毛犹有伦[11],"上天之载,无声无臭"〔12〕，至矣。

【注释】
〔1〕衣锦尚䌹：这句诗引自《诗·卫风·硕人》。䌹，单衣。
〔2〕闇然：喻君子之道深远莫测。
〔3〕的然：显著貌，喻小人之道浅近易知。
〔4〕知风之自：言其睹末察本，探端知绪。
〔5〕《诗》云：案下面的诗句引自《诗·小雅·正月》。
〔6〕相在尔室，尚不愧于屋漏：这两句诗引自《诗·大雅·抑》。屋漏，室西北隅谓之屋漏。案此处屋漏实指司掌屋漏之神。
〔7〕奏假无言，时靡有争：这两句诗引自《诗·商颂·烈祖》。假，大。奏假，谓奏大乐于宗庙之中。
〔8〕《诗》曰：案下面的诗句引自《诗·周颂·列文》。
〔9〕《诗》曰：案下面的诗句引自《诗·大雅·皇矣》。
〔10〕德輶如毛：这句诗引自《诗·大雅·烝民》。輶，轻。言化民常以德，德之易举而用，其轻如毛。
〔11〕毛犹有伦：伦，比。这句的意思是说，至德本无体，而犹可比之于毛，是尚非至德，故下文又引诗以形容至德。
〔12〕上天之载，无声无臭：这两句诗引自《诗·大雅·文王》。载，通"栽"，谓生物。

【译文】
　　《诗》说："穿锦衣上加单罩衣。"这是嫌锦衣的花纹太显著。因此君子的道德深远而日益彰明，小人的道德浅近而日益消亡。君子的道德恬淡而令人不厌，简质而有文采，温和而达理，由近而知远，由末而知本，由显而知微，可以进入〔圣人的〕道德境界了。《诗》说："虽然潜伏，也很明显。"因此君子自我反省而无愧疚，没有什么可以损害心志。君子〔对于一般人来说〕所不可企及的，大概就是在没有人看见的时候〔也能严格要求自己〕吧。《诗》说："瞧你独自在室中，还不愧于屋漏神。"因此君子不行动而能受尊敬，不说话而能被信任。《诗》说："奏大乐时不说话，此时没有争喧声。"因此君子不行赏民众就会努力，不发怒却比行刑的大斧更能使民众畏惧。《诗》说："大显耀的是有德的人,诸侯们都要效法他。"因此君子笃实谦恭而天下太平。《诗》说:"我归向那有明德行的人,他从不疾声厉色威吓人。"孔子说:"用疾声厉色教化民众,是最下策。"《诗》说:"用德教民轻易得如同举毫毛。"这里说的德还可用毫毛来比拟,"上天生万物,无声又无臭",这才是德的最高境界呢。

表记第三十二

1. 子言之："归乎[1]！君子隐而显，不矜而庄，不厉而威，不言而信。"子曰："君子不失足于人，不失色于人，不失口于人。是故君子貌足畏也，色足惮也，言足信也。《甫刑》曰[2]：'敬忌而罔有择言在躬。'"

【注释】
〔1〕归乎：此孔子行，应聘诸侯，莫能用己，心厌倦之词。
〔2〕《甫刑》：即《吕刑》，《尚书》篇名。

【译文】
孔子说："回去吧！君子隐退而德行昭著，不骄矜而庄重，不疾声厉色而有威严，不说话而能取信于人。"孔子说："君子不在人前丧失进退的节度，不在人前丧失容色的矜庄，不在人前丧失说话的分寸。因此君子外貌足以使人敬畏，容色足以使人畏惮，言论足以使人信任。《甫刑》说：'心怀敬戒而不要有可挑剔的言论在你身上。'"

2. 子曰："裼、袭之不相因也[1]，欲民之毋相渎也[2]。"

【注释】
〔1〕裼、袭之不相因：以其或以裼为敬，或以袭为敬：礼盛者以袭为敬，礼不盛者以裼为敬（参见《曲礼下第二》第1节）。
〔2〕欲民之毋相渎：盖礼以变为敬，若相因则渎，渎则不敬矣。

【译文】

孔子说:"〔行礼时〕或袒露裼衣、或掩好正服前襟,不以一种服式因循到底,这是教育人们不要相互亵渎。"

3. 子曰:"祭极敬不继之以乐,朝极辨不继之以倦[1]。"

【注释】

[1] 辨:治。

【译文】

孔子说:"祭祀要竭尽虔敬之心而不要在终了时寻乐,朝政要竭尽努力治理而不可在最后表现出倦怠。"

4. 子曰:"君子慎以辟祸,笃以不揜[1],恭以远耻。"子曰:"君子庄敬日强,安肆日偷[2]。君子不以一日使其躬儳焉[3],如不终日。"子曰:"齐戒以事鬼神,择日月以见君,恐民之不敬也。"子曰:"狎侮死焉而不畏也。"子曰:"无辞不相接也,无礼不相见也[4],欲民之毋相亵也。《易》曰[5]:'初筮告,再三渎,渎则不告。'"

【注释】

[1] 揜:犹困迫。
[2] 偷:薄。
[3] 儳焉:儳,音 chán,可轻贱之貌。
[4] 礼:谓挚,即见面礼。
[5] 《易》曰:案下面的话引自《周易·蒙卦》卦辞。

【译文】

　　孔子说:"君子用谨慎来避祸,用笃行善道来使自己不困窘,用谦恭来远避耻辱。"孔子说:"君子庄重恭敬德业日益增强,安乐放肆德业就日益浅薄。君子一天也不可使自己表现出轻浮不庄的样子,就像遑遑不可终日那样。"孔子说:"斋戒而后祭祀鬼神,选择日期而后朝见国君,就是怕人们失去恭敬之心。"孔子说:"〔小人〕轻狎侮慢以至死到临头也不知畏惧。"孔子说:"〔朝聘时〕不通过言词就不相交接,不拿见面礼就不相见,就是希望人们不相亵渎。《易》说:'初次占筮以吉凶相告,一而再、再而三地占筮就是亵渎神灵,亵渎神灵就不相告。'"

　　5. 子言之:"仁者天下之表也,义者天下之制也,报者天下之利也[1]。"

【注释】

　　[1] 报:谓礼。礼尚往来,故当相报。

【译文】

　　孔子说:"仁爱是天下行为的仪表,道义是天下事物的尺度,报施是天下行礼的好处。"

　　6. 子曰:"以德报德则民有所劝,以怨报怨则民有所惩。《诗》曰[1]:'无言不雠,无德不报。'《大甲》曰[2]:'民非后无能胥以宁[3],后非民无以辟四方[4]。'"子曰:"以德报怨则宽身之仁也[5],以怨报德则刑戮之民也。"

【注释】

〔1〕《诗》曰：案下面的诗句引自《诗·大雅·抑》。
〔2〕《大甲》：《尚书》佚篇名，今伪《古文尚书》有《太甲》上、中、下三篇，不可据信。下所引《太甲》的话，在于说明君、民相报之义。
〔3〕胥：相。
〔4〕辟：君。
〔5〕仁：通"人"。

【译文】

孔子说："用恩惠来报答恩惠人们就会努力做好事，用仇怨来报复仇怨人们就会有所惩戒。《诗》说：'没有言语无反应，没有恩德无回报。'《太甲》说：'民众没有国君就不能相安宁，国君没有民众就不能统治四方。'"孔子说："用恩惠来报答仇怨是求宽身息祸的人，用仇怨来报答恩惠是该受惩罚的人。"

7. 子曰："无欲而好仁者，无畏而恶不仁者，天下一人而已矣[1]。是故君子议道自己，而置法以民。"子曰："仁有三，与仁同功而异情。与仁同功，其仁未可知也；与仁同过[2]，然后其仁可知也。仁者安仁，知者利仁，畏罪者强仁。仁者右也，道者左也；仁者人也，道者义也。厚于仁者薄于义，亲而不尊；厚于义者薄于仁，尊而不亲。道有至，义，有考[3]。至道以王，义道以霸，考道以为无失。"

【注释】

〔1〕一人而已：喻少。
〔2〕过：谓利之与害。
〔3〕道有至，义，有考：案"义"上缺一"有"字。考，谓尽稽考

之道，而事不轻举。

【译文】
　　孔子说："无私欲而好施仁爱，无畏惧而憎恶不仁，天下只有很少数人罢了。因此君子议论道理要自己先实行，设施法度要依据民情。"孔子说："实行仁爱有三种，同样收到仁爱的效果而动机各异。从同样收到仁爱的效果上，实行仁爱的动机还看不出来；在实行仁爱中当同样遇到利害抉择时，然后他们实行仁爱的动机就可以看出来了。仁爱的人安心行仁，聪明的人为求利而行仁，害怕犯罪的人勉强行仁。仁如同人的右手，道如同人的左手；仁出于人的天性，道就是义理。偏重于仁爱的人不太重视义理，亲爱别人而缺乏尊敬；偏重于义理的人不太重视仁爱，尊敬别人而缺乏爱心。道有兼备仁义而最完美的，有偏重于义理的，有善于考稽〔而谨慎行事〕的。实行最完美的道可以为王，实行义理之道可以称霸，实行考稽之道可以避免过失。"

　　8. 子言之："仁有数，义有长短小大。中心憯怛，爱人之仁也[1]。率法而强之，资仁者也[2]。《诗》云[3]：'丰水有芑，武王岂不仕？诒厥孙谋，以燕翼子。武王烝哉[4]！'数世之仁也[5]。《国风》曰[6]：'我今不阅，皇恤我后[7]。'终身之仁也。"

【注释】
　　〔1〕中心憯怛，爱人之仁也：憯，同"惨"。惨怛，忧伤，痛悼。这两句是说出于天性的仁。
　　〔2〕资仁者也：这是说并非出于天性，而是直取仁道行之者。
　　〔3〕《诗》云：案下面的诗句引自《诗·大雅·文王有声》。引此诗，明行仁度数之长。
　　〔4〕烝：君。
　　〔5〕仁：原误作"人"。

〔6〕《国风》曰：案下面的诗句引自《诗·邶风·谷风》。引此诗，明行仁度数之短。前后两次引《诗》，皆为说明"仁之有数"之义。

〔7〕皇：通"遑"。

【译文】

孔子说："施行仁爱度数有多少，施行义理有长短大小。〔对于别人的不幸〕内心伤悼，这是出于天性爱人的仁；循法而努力行仁，这是拿取仁道来加以实行。《诗》说：'丰水里还有芑菜，武王难道就没事？留给他子孙好谋策，用来安保辅助后嗣。武王真是位好君啊！'这是施及好几代人的仁爱。《国风》说：'我自身还不能见容，何暇忧虑到我以后？'这是只能终止于一身的仁爱。"

9. 子曰："仁之为器重，其为道远，举者莫能胜也，行者莫能致也。取数多者，仁也[1]。夫勉于仁者，不亦难乎？是故君子以义度人则难为人，以人望人则贤者可知已矣。"

【注释】

〔1〕取数多者，仁也：言于万种善事之中，论利益于物，取数最多者是仁。

【译文】

孔子说："仁就像贵重的器物，就像遥远的道路，没有人能整个举起它，没有人能走到尽头。有益于事物数量最多的，就是仁了。〔由此看来〕那些努力实行仁的人，不也是很难得的吗？因此君子用义理衡量人，就很难做人；用人比人，就可以知道谁贤能了。"

10. 子曰："中心安仁，天下一人而矣。《大雅》曰[1]，'德輶如毛，民鲜克举之。我仪图之，唯仲山甫举之[2]，爱莫助之。'《小雅》曰[3]：'高山仰止[4]，景行行止。'"子曰："《诗》之好仁如此。乡道而行，中道而废[5]，忘身之老也，不知年数之不足也，俛焉日有孳孳[6]，毙而后已。"

【注释】
　　[1]《大雅》曰：案下面的诗句引自《诗·大雅·烝民》。
　　[2]仲山甫：周宣王的大臣，封樊侯，故又称樊仲山甫，或樊穆仲。
　　[3]《小雅》曰：案下面的诗句引自《诗·小雅·车舝》。引此诗的目的，是为证古昔圣贤能行仁道，则后世之人瞻仰慕行。
　　[4]止：是"之"字之误，下句同。
　　[5]废：喻力极疲，不能复行则止。
　　[6]俛：通"勉"。

【译文】
　　孔子说："内心安于行仁的，天下只有很少数人罢了。《大雅》说：'德行看似轻如毛，很少有人举动它。我揣想着这种事，只有仲山甫举起它，可惜无人帮助他。'《小雅》说：'高山人们仰望它，大路人们顺它行。'"孔子说："《诗》就是像这样地喜欢仁。向着仁道而行，中途精疲力竭才停下，忘记自身已衰老，不考虑自己能活的年数已不多，努力而每日孜孜不倦地行仁，死而后止。"

11. 子曰："仁之难成久矣！人人失其所好。故仁者之过，易辞也[1]。"

【注释】
　　[1]辞：犹解说。

【译文】

孔子说:"行仁难有成就已经很久了!人们都丧失了所当爱好的仁。因此行仁的人有过失,也容易解释。"

12. 子曰:"恭近礼,俭近仁,信近情。敬让以行,此虽有过,其不甚矣。夫恭寡过,情可信,俭易容也,以此失之者,不亦鲜乎?《诗》曰[1]:'温温恭人,惟德之基。'"

【注释】

〔1〕《诗》曰:案下面的诗句引自《诗·大雅·抑》。

【译文】

孔子说:"恭敬近于礼,节俭近于仁,诚信近于真情。恭敬谦让而行,这样即使有过失,也不至于严重。恭敬少过失,真情可信赖,节俭易为人接纳,这样做而犯过失的,不是很少吗?《诗》说:'温和恭敬的人,是德的根基。'"

13. 子曰:"仁之难成久矣,惟君子能之。是故君子不以其所能者病人,不以人之所不能者愧人。是故圣人之制行也,不制以己[1],使民有所劝勉、愧耻,以行其言。礼以节之,信以结之,容貌以文之,衣服以移之,朋友以极之,欲民之有壹也。《小雅》曰[2]:'不愧于人,不畏于天。'是故君子服其服,则文以君子之容;有其容,则文以君子之辞;遂其辞,则实以君子之德。是故君子耻服其服而无其容,耻有其容而无其辞,耻有其辞而无其德,耻有其德而无其行。是故君子衰、经则有哀色，端[3]、冕则有敬色，甲、胄则有不可辱之色。《诗》云[4]：'惟鹈在梁[5]，不濡其翼。彼记之子[6]，不称其服。'"

【注释】

〔1〕不制以己：谓当以中人（一般人）为制。

〔2〕《小雅》曰：案下面的诗句引自《诗·小雅·何人斯》。

〔3〕端：谓玄端服（参见《文王世子第八》第23节）。

〔4〕《诗》云：案下面的诗句引自《诗·曹风·候人》。

〔5〕惟鹈在梁：鹈，音 tí，即鹈鹕，一种水鸟，形如鹗而大，喙长尺余，直而阔，口中正赤，颔下胡大如数升之囊，是一种食鱼之鸟。梁，渔梁，水中拦鱼的堰。

〔6〕记：今传本《毛诗》作"其"。

【译文】

孔子说："行仁难有成就已经很久了，只有君子能行仁。因此君子不用自己所能而责备人，不用人所不能而讥笑人。因此圣人制定行为标准，不按照自己的标准来制定，使一般人能够有所努力，知道惭愧羞耻，以实行圣人的教诲。用礼来节制人，用诚信来团结人，教人容貌来使人文明，教人服制来改变人的心志，教朋友怎样相处以尽真情：这些都是希望人们一心向善。《小雅》说：'对人能够不惭愧，对天也就不惧畏。'因此君子穿君子的衣服，就文饰以君子的仪容；有君子的仪容，就文饰以君子的言词；成就君子的言词，就充实以君子的道德。因此君子耻于穿君子的衣服而没有君子的仪容，耻于有君子的仪容而没有君子的言词，耻于有君子的言词而没有君子的道德，耻于有君子的道德而没有君子的行为。因此君子穿上丧服、系上绖带就有哀伤的容色，穿玄端服、戴冕就有庄敬的容色，穿甲衣、戴头盔就有不可辱的容色。《诗》说：'鹈鹕在渔梁上，不沾湿它的双翼。他们那样的人，不称他们的衣服。'"

14. 子言之："君子之所谓义者，贵贱皆有事于天下[1]。天子亲耕，粢盛秬鬯[2]，以事上帝，故诸侯勤以辅事于天子。"

【注释】

〔1〕有事：谓有所尊事。
〔2〕粢盛秬鬯：粢盛，指祭祀用粮。秬，音jù，黑黍。秬鬯，用黑黍酿造的香酒，即郁鬯（参见《礼器第十》第6节）。

【译文】

孔子说："君子所说的义，是说天下的人不论贵贱都有所当恭敬而行的事。如天子要亲耕藉田，生产粮食、酿造香酒，用来祭祀上帝，因此诸侯也就勤于辅助、侍奉天子。"

15. 子曰："下之事上也，虽有庇民之大德，不敢有君民之心，仁之厚也。是故君子恭俭以求役仁[1]，信让以求役礼，不自尚其事，不自尊其身，俭于位而寡于欲，让于贤，卑己而尊人，小心而畏义，求以事君[2]，得之自是，不得自是，以听天命。《诗》云[3]：'莫莫葛藟[4]，施于条枚。凯弟君子，求福不回。'其舜、禹、文王、周公之谓与[5]。有君民之大德，有事君之小心。《诗》云[6]：'惟此文王，小心翼翼。昭事上帝，聿怀多福[7]。厥德不回，以受方国。'"

【注释】

〔1〕役：为。
〔2〕求以事君：谓欲求以忠诚事君。
〔3〕《诗》云：案下面的诗句引自《诗·大雅·旱麓》。引此诗，欲

证君子听天命，虽求福禄，不为邪僻之行。

〔4〕莫莫葛藟，施于条枚：葛，一种蔓生植物。藟，葛藤。施，音yì，延。

〔5〕其舜、禹、文王、周公之谓与：案传说舜、禹在做君主之前，皆竭忠勤以事其君；文王则三分天下有其二而犹服事殷；周公辅成王以安天下：是皆有庇民之大德，而不敢有君民之心。

〔6〕《诗》云：案下面的诗句引自《诗·大雅·大明》。

〔7〕聿怀：聿，语词。怀，至。

【译文】

孔子说："臣下侍奉君上，即使有庇护民众的大功德，也不敢有君临民众的想法，这是仁爱之心深厚的表现。因此君子恭敬节俭以求行仁，诚信谦让以求行礼，不自己抬高自己做的事，不自己尊大自己的身份，在官位上节俭而寡欲，见贤就让，自我谦卑而尊敬别人，小心谨慎生怕违背道义，以求忠心侍奉君上，得到君上信任这样做，得不到君上信任也这样做，以听从天命的安排。《诗》说：'繁盛茂密的葛藤，蔓延到树的枝条。和乐平易的君子，求福不用邪道。'这大概就是说的舜、禹、文王、周公吧。他们都有治理民众的大功德，又有侍奉君上的谨慎之心。《诗》说：'这个文王，小心翼翼。明白怎样侍奉上帝，于是招来许多福气。他的德行不邪僻，因此受到方国归附。'"

16. 子曰："先王谥以尊名，节以壹惠〔1〕，耻名之浮于行也。是故君子不自大其事，不自尚其功，以求处情；过行弗率，以求处厚；彰人之善，美人之功，以求下贤。是故君子虽自卑而民敬尊之。"子曰："后稷天下之为烈也〔2〕，岂一手一足哉？唯欲行之浮于名也，故自谓'便人'〔3〕。"

【注释】

〔1〕惠：犹善。
〔2〕后稷：周的始祖，教民稼穑，有功于天下。
〔3〕便人：谓避圣人之名，而自便习于此事之人。

【译文】

孔子说："先王通过赐给谥号以尊崇死者的名声，是选取死者生前最突出的一项善行来赐谥，而以名声超过行为为耻。因此君子不自己夸大所做的事，不自己抬高所立的功劳，以求符合实情；有过错就改而不再遵循，以求处于仁厚之道；表彰别人的好处，赞美别人的功劳，以求尊贤。因此君子虽然自我贬抑而民众尊敬他。"孔子说："后稷为天下立有大功业，〔受福于他的功业的〕难道只是极个别人吗？只是他想使自己的行为超过名声，因此他自称'便人'。"

17. 子言之："君子之所谓仁者，其难乎。《诗》云[1]：'凯弟君子，民之父母。'凯以强教之，弟以说安之。乐而毋荒，有礼而亲，威庄而安，孝慈而敬，使民有父之尊，有母之亲，如此，而后可以为民父母矣。非至德，其孰能如此乎？今父之亲子也，亲贤而下无能；母之亲子也，贤则亲之，无能则怜之。母亲而不尊，父尊而不亲。水之于民也，亲而不尊，火尊而不亲；土之于民也，亲而不尊，天尊而不亲；命之于民也，亲而不尊，鬼尊而不亲。"

【注释】

〔1〕《诗》云：案下面的诗句引自《诗·大雅·酌》。

【译文】

孔子说:"君子所说的仁,实行起来是很难的吧。《诗》说:'和乐平易的君子,他是民的父母。'和乐,是用乐于自强的精神教育民众;平易,是使民众高兴安守本分。快乐而不荒淫,有礼而又亲切,威严庄重而又安和,孝顺慈爱而又恭敬,使民众感到既有父亲般的尊严,又有母亲般的亲切,这样,而后可以做民众的父母。不是德行最完美的人,谁能做到这样呢?现在做父亲的亲爱儿子,亲爱能干的而轻视无能的;做母亲的亲爱儿子,对能干的就亲,对无能的就怜惜。母亲亲切而不尊严,父亲尊严而不亲切。就像水对于人,亲切而不尊严,火尊严而不亲切;土地对于人,亲切而不尊严,天尊严而不亲切;命运对于人,亲切而不尊严,鬼神尊严而不亲切。"

18. 子曰:"夏道尊命[1],事鬼敬神而远之,近人而忠焉,先禄而后威,先赏而后罚,亲而不尊。其民之敝,惷而愚,乔而野[2],朴而不文。殷人尊神,率民以事神,先鬼而后礼,先罚而后赏,尊而不亲。其民之敝,荡而不静,胜而无耻。周人尊礼尚施,事鬼敬神而远之,近人而忠焉,其赏罚用爵列,亲而不尊。其民之敝,利而巧,文而不,贼而蔽。"子曰:"夏道未渎辞,不求备,不大望于民[3],民未厌其亲。殷人未渎礼,而求备于民。周人强民,未渎神,而赏、爵、刑罚穷矣。"

【注释】

〔1〕尊命:谓尊上之政教。
〔2〕乔:通"骄"。
〔3〕不求备,不大望于民:谓其政宽,贡税轻。

【译文】

孔子说:"夏代的治国原则是尊崇君主的政教,侍奉鬼神但敬而远之,亲近人而待人忠厚,重俸禄而轻威严,重奖赏而轻刑罚,亲切而不尊严。这种政教给民众造成的弊病,就是愚蠢少知,骄傲粗野,拙朴而无文饰。殷人尊崇鬼神,领导人民侍奉鬼神,重鬼神而轻礼,重刑罚而轻奖赏,尊严而不亲切。这种政教给民众造成的弊病,就是放荡而不安分,好胜而无廉耻。周人尊重礼而好施惠,尊奉鬼神但敬而远之,亲近人而忠厚待人,用爵位等级〔的升降〕来对人进行赏罚,亲切而不尊严。这种政教给民众造成的弊病,就是贪利而取巧,重文饰而不知惭愧,相残害而不明事理。"孔子说:"夏的政教不繁饰文词,对民征税不求充备,不多责求于民,民众不厌弃尊君亲上之心。殷人的政教不繁饰礼仪,而对民征税力求充备。周人强行〔对民施行教化〕,不烦渎鬼神,而奖赏、爵禄和刑罚等手段已经用尽了。"

19. 子曰:"虞、夏之道寡怨于民,殷、周之道不胜其敝。"子曰:"虞、夏之质,殷周之文,至矣。虞、夏之文不胜其质,殷、周之质不胜其文。"子言之曰:"后世虽有作者,虞帝弗可及也已矣。君天下,生无私,死不厚其子[1],子民如父母,有憯怛之爱,有忠利之教,亲而尊,安而敬,威而爱,富而有礼,惠而能散。其君子尊仁畏义,耻费轻实[2],忠而不犯,义而顺,文而静,宽而有辩。《甫刑》曰:'德威惟威[3],德明惟明[4]。'非虞帝,其孰能如此乎?"

【注释】

〔1〕死不厚其子:案虞帝舜之子名商均,据说舜死后既不传位给他,又没有给他留下丰厚的财产,故云"不厚其子"。

〔2〕实:谓财货。

〔3〕德威惟威：下"威"，训畏。
〔4〕德明惟明：下"明"，训尊。

【译文】

　　孔子说："虞、夏的治国办法，民众很少怨恨；殷、周的治国办法，弊病使民众受不了。"孔子说："虞、夏政教的简质，殷、周政教的文饰，都达到极点了。虞、夏的文饰比不上简质，殷、周的简质比不上文饰。"孔子说："后世有兴起善政的君主，也不可能比得上虞帝了。虞帝统治天下，活着的时候无私，死了也不厚待他的儿子，爱护民众就像父母爱子一样，对民众有出自天性的爱心，有忠厚而利民的教诲，亲切而有尊严，安详而恭敬，庄重而慈爱，使民众富庶而有礼貌，有恩惠能普施于民。虞帝的臣下尊崇仁而慎守义，以靡费为耻而又不看重财物，忠诚而不犯上，守义而顺理，温文而沉静，宽厚而有原则。《甫刑》说：'道德的威严使人敬畏，道德的光辉使人尊重。'除了虞帝，还有谁能做到这样呢？"

20. 子言之："事君先资其言，拜自献其身，以成其信。是故君有责于其臣，臣有死于其言。故其受禄不诬，其受罪益寡。"子曰："事君大言入则望大利，小言入则望小利。故君子不以小言受大禄，不以大言受小禄。《易》曰[1]：'不家食，吉。'"

【注释】

　　〔1〕《易》曰：案下面的话引自《周易·大畜》之《彖》辞。

【译文】

　　孔子说："想侍奉国君先凭借自己的主张〔以取得国君的赏识〕，受命拜官就献身于朝廷，以成就自己的主张而证明其可信。因此国君有权责成臣下，臣下有责任为实践自己的主张而献身。

因此臣下接受俸禄与能力相称，他们遭受罪责就愈来愈少。"孔子说："侍奉国君而进献大的主张就希望获得大的酬报，进献小的主张就希望获得小的酬报。因此君子不以小的主张而接受大的酬报，不以大的主张而接受小的酬报。《易》说：'〔国君有大积畜〕不与家人享受〔而用以畜养贤人〕，这样就吉利。'"

21. 子曰："事君不下达，不尚辞，非其人弗自[1]。《小雅》曰[2]：'靖共尔位[3]，正直是与。神之听之，式谷以女[4]。'"

【注释】
〔1〕弗自：谓不身与相亲。
〔2〕《小雅》曰：案下面的诗句引自《诗·小雅·小明》。
〔3〕靖共尔位：犹敬。共，奉。位，犹职。
〔4〕式谷：式，犹乃。谷，善。

【译文】
孔子说："侍奉国君不把私下的事自通于国君，不说浮夸的话，不是正直的人就不和他亲近。《小雅》说：'恭敬地奉行你的职责，正直的人就和他相处。神听到你的所作所为，就会把好处降赐给你。'"

22. 子曰："事君，远而谏，则谄也[1]；近而不谏，则尸利也[2]。"子曰："迩臣守和，宰正百官，大臣虑四方。"子曰："事君欲谏不欲陈。《诗》云[3]：'心乎爱矣，瑕不谓矣[4]？中心藏之，何日忘之？'"

【注释】
〔1〕远而谏，则谄：谄本亦作"谄"，是"陷"的假借字。陷，谓

"陷谏"，也就是为义、为君，不避丧生之祸，不怕陷于罪之谏。案与君疏远，越级犯分而谏，弄不好是要遭杀身之祸的，故名之为"陷谏"。

〔2〕尸利：尸，谓祭祀时所立之尸。案尸不言而受享祭祀，臣食利禄而不谏则似之，故曰"尸利"。

〔3〕《诗》云：案下面的诗句引自《诗·小雅·隰桑》。

〔4〕瑕：胡。

【译文】

孔子说："侍奉国君，与国君关系疏远而进谏，是不怕陷于罪；与国君关系亲近而不进谏，就是白食俸禄。"孔子说："近臣的职守是〔助君〕协调国事，冢宰治理百官，大臣谋虑天下四方的事。《诗》说：'心中喜爱他，怎不相劝告？心中想着他，哪天忘过他？'"

23. 子曰："事君难进而易退，则位有序[1]；易进而难退，则乱也[2]。故君子三揖而进，一辞而退，以远乱也[3]。"

【注释】

〔1〕难进而易退，则位有序：案国君当衡量、考察人臣的才能和政绩而后决定任用或提升，是难进；不称职者则罢退之，是易退。位有序，谓贤愚有别。

〔2〕易进而难退，则乱：案国君不辨贤愚，使小人以谗佞而得进，是易进；小人进而恃君宠以固其位，是难退。乱，谓贤愚不别。

〔3〕三揖而进，一辞而退，以远乱也：案宾客到来而主人迎接，从进大门，到阁门，直到进入庙之门前，要先后三次互行揖礼，并相互谦让，而后进入庙门，即所谓"三揖而进"。而当客人告辞时，仅一辞而已，主人拜送，客则去而不顾，即所谓"一辞而退"。举此礼例，以明国君用人亦当"难进而易退"，否则就将乱朝廷之位。

【译文】

孔子说："侍奉国君，晋升难而罢官易，官位就能〔贤愚有别而〕排列有序；晋升容易而罢官难，官位就混乱了。因此君子作客要与主人三次互行揖让之礼而后进门，离去时仅告辞一次，这样来远避混乱。"

24. 子曰："事君三违而不出竟，则利禄也。人虽曰不要，吾弗信也。"

【译文】
孔子说："侍奉国君多次与君政见不合而不出境离去，就是贪利禄了，即使有人说他并非贪求什么，我也不信。"

25. 子曰："事君慎始而敬终。"子曰："事君可贵可贱，可富可贫，可生可杀，而不可使为乱[1]。"

【注释】
〔1〕乱：案凡违乎义理者，皆为乱。

【译文】
孔子说："侍奉国君开始要谨慎，最后也要谨慎。"孔子说："侍奉国君的人可以地位尊显也可以低贱，可以富贵也可以贫穷，可以活着也可以被杀，而不可使他违背义理。"

26. 子曰："事君，军旅不辟难，朝廷不辞贱。处其位而不履其事，则乱也。故君使其臣，得志则慎虑而从之，否则孰虑而从之[1]，终事而退，臣之厚也。《易》曰[2]：'不事王侯，高尚其事。'"

【注释】

〔1〕否则孰虑而从之:谓君所使之事非己本才,虽非己本才,而君命无择,则更加熟思虑而从行之。

〔2〕《易》曰:案下面的话引自《周易·蛊卦》上九爻辞。

【译文】

孔子说:"侍奉国君的人,在军中不避危难,在朝廷上不推辞低贱的官职。处官位而不履行应有的职责,就会造成混乱。因此国君使用臣下,臣下能发挥自己的才智就谨慎思虑而遵命行事,否则就经过深思熟虑而遵命行事,完成了使命而后隐退,这是做臣的忠厚态度。《易》说:'不侍奉王侯,使自己的志向保持高尚。'"

27. 子曰:"唯天子受命于天,士受命于君。故君命顺则臣有顺命,君命逆则臣有逆命。《诗》曰[1]:'鹊之姜姜[2],鹑之贲贲。人之无良,我以为君。'"

【注释】

〔1〕《诗》曰:案下面的诗句引自《诗·鄘风·鹑之奔奔》。
〔2〕姜姜:与下"贲贲",皆争斗恶貌。

【译文】

孔子说:"只有天子是受命于天的,士受命于国君。因此国君的命令合乎义理臣就从命,国君的命令违背义理臣就可以违命。《诗》说:'喜鹊争斗怒姜姜,鹑鹑争斗怒贲贲。那个人啊不善良,我却以他为君上!'"

28. 子曰:"君子不以辞尽人。故天下有道,则行有枝叶[1];天下无道,则辞有枝叶。是故君子于有丧者之侧，不能赙焉，则不问其所费；于有病者之侧，不能馈焉，则不问其所欲；有客不能馆，则不问其所舍。故君子之接如水，小人之接如醴；君子淡以成，小人甘以坏[2]。《小雅》曰[3]：'盗言孔甘，乱用是餤[4]。'"

【注释】
〔1〕行有枝叶：谓做的比说的多。案下"言有枝叶"则反是。
〔2〕"故君子之接"至"以坏"：谓君子相接不用虚言，如两水相交，相合而已；小人以虚词相饰，如似两醴相合，必致败坏。
〔3〕《小雅》曰：案下面的诗句引自《诗·小雅·巧言》。
〔4〕餤：音 tán，进。

【译文】
孔子说："君子不根据言论判断一个人〔的好坏〕。因此天下治理有方，人们就做的比说的多；天下治理无方，人们就说的比做的多。因此君子在有丧事的人旁边，不能资助他，就不问他丧事的花费；在有病的人旁边，不能有所馈赠，就不问他想要什么；有客人不能安排住宿，就不问他想住在什么地方。因此君子之交淡如水，小人之交甘如醴；君子的交情虽淡而能相辅以成事小人之交虽甘而久必败坏。《小雅》说：'骗子的话语好甜蜜，乱子因此而增加。'"

29. 子曰："君子不以口誉人，则民作忠。故君子问人之寒则衣之，问人之饥则食之，称人之美则爵之。《国风》曰[1]：'心之忧矣，于我归说。'"子曰："口惠而实不至，怨菑及其身。是故君子与其有诺责也，宁有已怨。《国风》曰[2]：'言笑晏晏，信誓旦旦。不思其反，反是不思，亦已焉哉！'"

【注释】

〔1〕《国风》曰：案下面的诗句引自《诗·曹风·蜉蝣》。
〔2〕《国风》曰：案下面的诗句引自《诗·卫风·氓》。

【译文】

孔子说："君子不凭口头赞誉人，人们就会兴起忠实的风气。因此君子问别人的寒冷就给他衣服穿，问别人的饥饿就给他饭吃，称赞别人的美德就授给他官爵。《国风》说：'〔浮华的人〕令人心忧啊，归向我所喜欢的人。'"孔子说："口头施恩惠而实际做不到，怨恨和灾祸就将降到他身上。因此君子与其遭受诺言不能兑现的责难，宁可遭受不轻许诺的埋怨。《国风》说：'又说又笑多快乐，信誓旦旦多诚恳。没想到说话不算话，不算话就不想他，还是跟他拉倒吧！'"

30. 子曰："君子不以色亲人。情疏而貌亲，在小人则穿窬之盗也与[1]。"子曰："情欲信，辞欲巧。"

【注释】

〔1〕窬：通"逾"。

【译文】

孔子说："君子不表面对人亲近。感情疏远而外貌亲近，在小人方面就如同打洞翻墙的小偷吧。"孔子说："感情要真实，言词要美好。"

31. 子言之："昔三代明王，皆事天地之神明，无非卜、筮之用，不敢以其私亵事上帝，是故不犯日月，不违卜、筮。卜、筮不相袭也。大事有时日，小事无时日，有筮。外事用刚日，内事用柔日，不违龟、筮。"

子曰："牲牷，礼乐齐盛，是以无害乎鬼神，无怨乎百姓。"

【译文】
　　孔子说："从前夏、商、周的圣明君王，都祭祀天地神明，没有不利用占卜、占筮来决定的事，不敢逞自己的私意亵渎上帝，因此办事不冲犯日期，不违背占卜、占筮的结果。占卜和占筮不重复使用。大祭祀有固定的日期，小祭祀没有固定的日期，有占筮来决定。外事在单数日举行，内事在双数日举行，不违背占卜、占筮的结果。"孔子说："祭祀用的牲体完好，礼仪和舞乐齐备而隆盛，因此对鬼神没有不适宜的，百姓也没有怨言。"

32. 子曰："后稷之祀易富也，其辞恭，其欲俭，其禄及子孙。《诗》曰[1]：'后稷兆祀[2]，庶无罪悔，以迄于今。'"

【注释】
　　[1]《诗》曰：案下面的诗句引自《诗·大雅·生民》。
　　[2] 兆：通"肇"，始。

【译文】
　　孔子说："后稷的祭祀俭易而完备，祝祷的言词恭敬，欲望俭薄，所获的福禄施及子孙。《诗》说：'后稷开始祭祀，希望无罪无悔，一直受福到今。'"

33. 子曰："大人之器威敬[1]。天子无筮[2]。诸侯有守筮。天子道以筮。诸侯非其国不以筮[3]，卜宅寝室[4]。天子不卜处大庙[5]。"

【注释】

〔1〕大人：谓天子。
〔2〕天子无筮：案卜用龟甲，筮用蓍草，卜尊于筮，而天子至尊，故天子罕用筮。
〔3〕诸侯非其国不以筮：谓入他国则不筮，为不敢问吉凶于人之国。
〔4〕卜宅寝室：案诸侯出行，则必卜其所处之地，虑有不虞。
〔5〕天子不卜处大庙：案天子建造都城时已通过占卜选定了吉利之地，则太庙自吉，无须再卜。

【译文】

孔子曰："天子用的占卜器具威重而庄敬。天子不占筮。诸侯在国中居守有事就占筮。天子出行在道路上〔临时有事〕就占筮。诸侯不是在自己国中就不占筮，但要用占卜来决定所停宿的馆舍。天子不占卜太庙建在何处。"

34. 子曰："君子敬则用祭器。是以不废日月[1]，不违龟筮[2]，以敬事其君长。是以上不渎于民，下不亵于上。"

【注释】

〔1〕不废日月：谓朝聘之时当依其日月。
〔2〕不违龟筮：谓通过龟、筮问所当贡献。

【译文】

孔子说："君子对宾客表示恭敬接待时就用祭祀器皿。因此〔朝聘君长〕遵守日期，不违背占卜、占筮的结果，这样来恭敬地侍奉君长。因此在上位的人对民众有尊严，在下位的人对长上不轻慢。"

缁衣第三十三

1. 子言之曰:"为上易事也,为下易知也,则刑不烦矣。"

【译文】
孔子说:"做君主的容易侍奉,做臣下的容易被君上了解,就不会多用刑罚了。"

2. 子曰:"好贤如《缁衣》[1],恶恶如《巷伯》[2],则爵不渎而民作愿,刑不试而民咸服。《大雅》曰[3]:'仪刑文王,万国作孚。'"

【注释】
〔1〕《缁衣》:《诗·郑风》篇名,这首诗的内容,是歌颂郑武公好贤的。诗中说贤者的官服缁衣破了,武公就为他改制新的,还亲自到馆舍去看他,回来后又给他送去饮食,说明武公好贤之诚。
〔2〕《巷伯》:《诗·小雅》篇名,是写周朝一个名叫孟子的宦官,遭人谗毁,因此他是如何地痛恨那些谗毁人的恶人,要把他们"投畀豺虎"、"投畀有北"、"投畀有昊"。
〔3〕《大雅》曰:案下面的诗句引自《诗·大雅·文王》。

【译文】
孔子说:"喜欢贤人如同《缁衣》诗中所写的那样,憎恶坏人如同《巷伯》诗中所写的那样,官爵就不会渎滥,民众就会兴起诚实的风气,刑罚不用而民众都顺服了。《大雅》说:'效法周文王,万国都信服。'"

3. 子曰："夫民教之以德，齐之以礼，则民有格心[1]。教之以政，齐之以刑，则民有遁心。故君民者，子以爱之，则民亲之；信以结之，则民不倍；恭以莅之，则民有孙心[2]。《甫刑》曰：'苗民匪用命[3]，制以刑，惟作五虐之刑，曰法。'是以民有恶德，而遂绝其世也。"

【注释】
〔1〕格：来。
〔2〕孙：顺。
〔3〕苗民：即三苗，亦称有苗，古部族名，据《史记·五帝本纪》记载，其地在江、淮、荆州（今河南南部至湖南洞庭、江西鄱阳一带），传说舜时被迁到三危（今甘肃敦煌一带）。

【译文】
　　孔子说："用道德来教育民众，用礼义来整顿民众，民众就有归附之心。用政令来教育民众，用刑罚来整顿民众，民众就有逃避之心。因此统治民众的人，像对待儿子一样地爱护民众，民众就会亲附他；用诚信来团结民众，民众就不会背叛他；用谦恭的态度来对待民众，民众就会有顺服之心。《甫刑》说：'苗民〔的君主〕不用政令来教育民众，用刑罚来统治，制定了五种酷虐的刑罚，叫做法。'因此他们的民众德行很坏，于是后世就灭绝了。"

4. 子曰："下之事上也，不从其所令，从其所行。上好是物，下必有甚者矣。上之所好恶，不可不慎也，是民之表也。"子曰："禹立三年，百姓以仁遂焉[1]，岂必尽仁？《诗》云[2]：'赫赫师尹，民具尔瞻。'《甫刑》曰：'一人有庆[3]，兆民赖之。'《大雅》曰[4]：

'成王之孚，下土之式。'"子曰："上好仁，则下之为仁争先人。故长民者章志，贞教，尊仁，以子爱百姓，民致行已，以说其上矣。《诗》云[5]：'有梏德行[6]，四国顺之。'"

【注释】
〔1〕遂：犹达。
〔2〕《诗》云：案下面的诗句引自《诗·小雅·节南山》。
〔3〕庆：善。
〔4〕《大雅》曰：案下面的诗句引自《诗·大雅·下武》。
〔5〕《诗》云：案下面的诗句引自《诗·大雅·抑》。
〔6〕梏：大，直。

【译文】
　　孔子说："下级侍奉上级，不是服从他的命令，而是效法他的行为。上级所喜欢的事，下级一定更喜欢。上级的好恶，不可不谨慎，是民众的表率呢。"孔子说："禹即君位三年，百姓都通行仁道了，难道百姓全都喜欢行仁道吗？〔是禹教化的结果〕。《诗》说：'显赫的太师尹氏，民众都在瞧着你。'《甫刑》说：'天子一人有美德，千千万万的民众都赖以受福。'《大雅》说：'成王的诚信，天下的表率。'"孔子说："上级喜欢仁道，下级就会争先恐后地做仁道的事。因此领导民众的人，要表明志向，正确地教育民众，尊重仁道，以对待儿子的爱心去爱护百姓，民众就会致力于行仁道，以取得领导的欢心了。《诗》说：'有伟大正直的德行，四方诸侯都顺从。'"

5. 子曰："王言如丝，其出如纶[1]；王言如纶，其出如綍。故大人不倡游言。可言也不可行，君子弗言也；可行也不可言，君子弗行也。则民言不危行[2]，而行不危言矣。《诗》云[3]:'淑慎尔止,不愆于仪[4]。'"

【注释】
〔1〕纶:绶,即佩印用的丝制的绶带。
〔2〕危:通"诡",违,反。
〔3〕《诗》云:案下面的诗句引自《诗·大雅·抑》。
〔4〕愆:与"愆"同,过。

【译文】
孔子说:"天子说话细如丝,传播出去粗如绶带;天子说话细如绶带,传播出去粗如拉柩车的大绳。因此在上位的人不提倡说浮而不实的话。可说而不可做的话,君子不说;可做而不可说的事,君子不做。这样民众就会说的不违背做的,而做的不违背说的了。《诗》说:'好自谨慎你的举止,不要有失于礼仪。'"

6. 子曰:"君子道人以言,而禁人以行[1]。故言必虑其所终,而行必稽其所敝,则民谨于言而慎于行。《诗》云[2]:'慎尔出话,敬尔威仪。'《大雅》曰:'穆穆文王,於,缉熙敬止[3]。'"

【注释】
〔1〕禁:犹谨。
〔2〕《诗》云:案下面的诗句引自《诗·大雅·文王》。
〔3〕穆穆文王,於,缉熙敬止:这两句诗引自《诗·大雅·文王》。穆穆,美貌。缉熙,光明貌。

【译文】
孔子说:"君子用语言引导人向善,而用行动谨防人学坏,因此说话必须考虑后果,而行动必须考察是否有敝病,这样民众就会谨慎自己的言行。《诗》说:'谨慎你的说话,警惕你的威仪。'《大雅》说:'多么美好的文王,啊,光明而又举止恭敬!'"

7. 子曰:"长民者衣服不贰,从容有常,以齐其民,则民德壹。《诗》云[1]:'彼都人士,狐裘黄黄。其容不改,出言有章。行归于周,万民所望。'"

【注释】
〔1〕《诗》云:案下面的诗句引自《诗·小雅·都人士》。

【译文】
孔子说:"领导民众的人服装有一定,〔言行举止〕从容有规律,这样来统一民众,民众的德行就会齐一。《诗》说:'那些京都的人士,狐皮袍子亮黄黄。他们的容止不改变,谈吐出口就成章。行将回到周都去,那是万民所瞻望。'"

8. 子曰:"为上可望而知也[1],为下可述而志也,则君不疑于其臣,而臣不惑于其君矣。《尹吉》曰[2]:'惟尹躬及汤,咸有壹德。'《诗》云[3]:'淑人君子,其仪不忒。'"

【注释】
〔1〕可望而知:案为人光明磊落,表里如一,真诚不伪者,则其内心望而可知。
〔2〕《尹吉》:"吉"是"告"字之误。告,则是古文"诰"字之误。《尹告》,即《伊尹之诰》,已佚。
〔3〕《诗》云:案下面的诗句引自《诗·曹风·鸤鸠》。

【译文】

　　孔子说:"做君上的内心望而可知,做臣下的言行可称述记载,君主就不会怀疑他的臣下,臣下也不会不了解他的君主了。《尹诰》说:'伊尹自身和汤,都有纯一不变的德行。'《诗》说:'那位善人君子,仪容没有差错。'"

　　9. 子曰:"有国者,章善瘅恶[1],以示民厚,则民情不贰。《诗》云[2]:'靖共尔位,好是正直。'"

【注释】

　　[1] 瘅:音dǎn,病。
　　[2]《诗》云:案下面的诗句引自《诗·小雅·小明》。

【译文】

　　孔子说:"统治国家的人,表彰善良而憎恨罪恶,这样来引导民众多行善事。《诗》说:'恭敬地奉行你的职责,爱好这正直的德行。'"

　　10. 子曰:"上人疑,则百姓惑;下难知,则君长劳。故君民者,章好以示民俗,慎恶以御民之淫[1],则民不惑矣。臣仪行[2],不重辞,不援其所不及[3],不烦其所不知[4],则君不劳矣。《诗》云:'上帝板板,下民卒瘅[5]。'《小雅》曰:'匪其止共,惟王之邛[6]。'"

【注释】

　　[1] 淫:贪侈。
　　[2] 仪:是"义"字之误。

〔3〕不援其所不及：谓必使其君所行如尧、舜也。
〔4〕不烦其所不知：谓臣不得烦君以其所不知之事。
〔5〕上帝板板，下民卒瘅：这两句诗句引自《诗·大雅·板》。上帝，喻君。板板，谓邪僻。引这两句诗，意在明君使民惑。
〔6〕匪其止共，惟王之邛：这两句诗引自《诗·小雅·巧言》。止，通"职"。邛，劳。引这两句诗，意在明臣使君劳。

【译文】

孔子说："在上位的人多疑，下面的百姓就迷惑〔而不知所从〕；在下位的人居心难测，君长就格外操劳。因此统治民众的人，表明自己的爱好以指示民众风俗的趋向，谨慎地不做人们所厌恶的事以控制民众的贪欲和奢望，这样民众就不迷惑了。臣遵奉道义行事，不重言词，不援引国君做不到的事去要求国君，不烦扰国君做他所不了解的事，这样国君就不辛劳了。《诗》说：'国君邪僻不正，下民尽受其害。'《小雅》说：'不是他们奉行职责，只是造成王的辛劳。'"

11. 子曰："政之不行也，教之不成也，爵禄不足劝也，刑罚不足耻也，故上不可以亵刑而轻爵。《康诰》曰[1]：'敬明乃罚。'《甫刑》曰：'播刑之不迪[2]。'"

【注释】

〔1〕《康诰》：《尚书》篇名。
〔2〕播刑之不迪：播，犹施。"不"是衍字。迪，道，言施刑之道。

【译文】

孔子说："政令不能实行，教化不能成功，是因为爵禄〔赏赐不当〕不足以鼓励人们向善，刑罚〔施用不当〕不足以使人们知道耻辱，因此在上位的人不可以滥用刑罚而轻赏爵禄。《康诰》说：'你要谨慎严明地运用刑罚。'《甫刑》说：'施用刑罚于不遵道义的人。'"

12. 子曰："大臣不亲，百姓不宁，则忠敬不足，而富贵已过也。大臣不治，而迩臣比矣[1]。故大臣不可不敬也，是民之表也。迩臣不可不慎也，是民之道也。君毋以小谋大，毋以远言近，毋以内图外，则大臣不怨，迩臣不疾[2]，而远臣不蔽矣。叶公之顾命曰[3]：'毋以小谋败大作，毋以嬖御人疾庄后[4]，毋以嬖御士疾庄士、大夫、卿士[5]。'"

【注释】
〔1〕比：谓私相亲。
〔2〕疾：犹非。
〔3〕叶公之顾命：叶公，即春秋时期楚国的叶公子高。顾命，临死时的遗书。
〔4〕毋以嬖御人疾庄后：嬖御人，谓爱妾。庄后，嫡夫人，齐庄而得礼者。
〔5〕士、大夫、卿士：末"士"字训事，谓士、大夫、卿之典事者。

【译文】
孔子说："大臣与国君不相亲，致使百姓不得安宁，这是君臣之间忠诚和恭敬之心不足，而富贵过分造成的。大臣不理政事，近臣就会结党营私。因此对大臣不可不恭敬，他们是民众的表率；对近臣不可不谨慎选择，他们是民众的向导。国君不与小臣谋大事，不与远臣谋近事，不与内臣谋外事，这样就大臣无怨恨，近臣无非议，远臣不被壅蔽了。叶公临死遗书说：'不要用小臣的谋划败坏大臣的作为，不要听信爱妾非毁庄重的嫡夫人，不要听信宠爱的士非毁掌事的士、大夫、卿。'"

13. 子曰："大人不亲其所贤，而信其所贱，民是以亲失，而教是以烦。《诗》云[1]：'彼求我则[2]，如不我得。执我仇仇[3]，亦不我力。'《君陈》曰：'未见圣，若己弗克见。既见圣，亦不克由圣。'"

【注释】
　〔1〕《诗》云：案下面的诗句引自《诗·小雅·正月》。
　〔2〕则：句末语助词。
　〔3〕仇仇：仇，音 qíu。仇仇，不坚固貌。

【译文】
　孔子说："在上位的人不亲信贤德的人，而亲信无德的人，民众因此跟着亲所不当亲，而政教因此烦扰起来。《诗》说：'当他要求得到我，如同生怕得不到我。得到我又搁一边，并不真正信用我。'《君陈》说：'没有见到圣人，就像自己不能见到圣人；已经见到圣人，也不能用圣人。'"

14. 子曰："小人溺于水，君子溺于口，大人溺于民，皆在其所亵也。夫水近于人而溺人；德易亵而难亲也，易以溺人；口费而烦[1]，易出难悔，易以溺人；夫民闭于人而有鄙心，可敬不可慢，易以溺人。故君子不可以不慎也。《太甲》曰：'毋越厥命[2]，以自覆也。''若虞机张，往省括于厥度则释[3]。'《兑命》曰[4]：'惟口起羞，惟甲胄起兵，惟衣裳在笥，惟干戈省厥躬[5]。'《太甲》曰：'天作孽可违也[6]，自作孽不可逭[7]。'《尹吉》曰：'惟尹躬天见于西邑夏[8]，自周有终[9]，相亦惟终。'"

【注释】

〔1〕费：通"悖"。

〔2〕越：谓轻易。

〔3〕"若虞"至"则释"：虞，即虞人，主管田猎之地者。括，箭的末端，在此指代箭。

〔4〕《兑命》：当为《说命》，参见《学记第十八》第2节。

〔5〕惟衣裳在笥，惟干戈省厥躬：案衣裳所以赐有德之人，谨于在笥者，为戒轻予；干戈所以讨有罪，严于自省者，为戒轻用。

〔6〕天作孽：指水、旱等自然灾害。

〔7〕逭：音 huàn，逃。

〔8〕天见于西邑夏："天"是"先"字之误。案夏都于安邑，在亳之西，故曰"西邑夏"。

〔9〕周：忠信为周。

【译文】

孔子说："小人被水所淹没，君子被口所淹没，在上位的人被民众所淹没，都是由于轻慢不慎造成的。水与人亲近而淹没人；有道德的人容易熟悉而难以亲近，容易熟悉〔而忘了恭敬〕就会淹没人；说话悖理而絮烦，出口容易后悔难，出口容易就会淹没人；民众闭塞不通人情而有鄙诈之心，只可用恭敬的态度对待他们而不可轻慢，否则就容易淹没人。因此君子不可以不慎重。《太甲》说：'不要轻易发布政令，以自取失败。''如同虞人张开了弓弩，往前察看使箭对准了目标再发射。'《说命》说：'口引起羞辱，甲衣头盔引起战争，衣裳放在箱子里，用兵动武要先审察一下自身。'《太甲》说：'天造成的灾害还可以避开，自己造成的灾害不可以逃避。'《尹诰》说：'伊尹我的先人在亳西安邑见夏〔的先君〕，能自守忠信而得善终，他的辅臣也都能善终。'"

15. 子曰："民以君为心，君以民为体。心庄则体舒[1]，心肃则容敬。心好之，身必安之；君好之，民必欲之。心以体全，亦以体伤；君以民存，亦以民亡。

《诗》云[2]：'昔吾有先正，其言明且清。国家以宁，都邑以成，庶民以生。''谁能秉国成，不自为正，卒劳百姓。'《君雅》曰[3]：'夏日暑雨，小民惟曰怨。资冬祁寒[4]，小民亦惟曰怨。'"

【注释】
〔1〕庄：通"壮"。
〔2〕《诗》云：案下面的诗句，前五句为逸诗，后三句引自《诗·小雅·节南山》。
〔3〕《君雅》：案据《书序》以为当作《君牙》，是周穆王命其司徒君牙所作。案《君牙》已逸，今伪《古文尚书》有《君牙》篇，不可据信。
〔4〕资冬祁寒："资"是"至"字之误。祁，是。

【译文】
孔子说："民众把国君当作自己的心，国君把民众当作自己的身体。心强壮身体就舒泰，心严肃容貌就恭敬。心喜欢什么，身体就安于什么；国君喜欢什么，民众必然想做什么。心借身体得以保全，也因身体而受到伤害；国君依靠民众而存在，也因民众而灭亡。《诗》说：'从前我们有先君，政教分明又廉清。国家因此得安宁，都城因此得建成，民众因此得生存。''谁能掌国政，不自以为是，尽慰老百姓？'《君牙》说：'夏季暑天下雨，小民埋怨天；到冬季天气寒冷，小民也埋怨天。'"

16. 子曰："下之事上也，身不正，言不信，则义不壹，行无类也。"

【译文】
孔子说："臣下侍奉君上，自身不正派，说话不可信，就是守义不专一，行为不像人臣了。"

17. 子曰："言有物而行有格也[1]，是以生则不可夺志。死则不可夺名。故君子多闻，质而守之；多志，质而亲之；精知，略而行之[2]。《君陈》曰：'出入自尔师虞、庶言同[3]。'《诗》云[4]：'淑人君子，其仪一也。'"

【注释】
〔1〕言有物而行有格：物，谓事实。格，谓旧法。
〔2〕"故君子"至"行之"：志，谓见而识之。质，正。守之，谓服膺而勿失。亲之，谓问学不厌。略，约，谓求其至约而行之。
〔3〕师虞、庶言：师、庶，皆训众。虞，谋度。
〔4〕《诗》云：案下面的诗句引自《诗·曹风·鸤鸠》。引此诗，在于说明为政之道需齐一。

【译文】
孔子说："说话有事实根据，行为有一定法则，因此活着不可剥夺志向，死了不可剥夺名声。因此君子多多听取意见，正确的就取来坚持；多多学习知识，正确的就学问不厌；精思所学的知识，取其中最精要的加以实行。《君陈》说：'内外〔政令〕要出自你们众人的考虑、众人的意见都一致。'《诗》说：'那位善人君子，威仪始终如一。'"

18. 子曰："唯君子能好其正，小人毒其正。故君子之朋友有乡，其恶有方。是故迩者不惑，而远者不疑也。《诗》云：'君子好仇[1]。'"

【注释】
〔1〕君子好仇：这句诗引自《诗·周南·关雎》。仇，匹。

【译文】

　　孔子说:"只有君子能够喜欢指正自己的人,小人记恨指正自己的人。因此君子交朋友有方,他厌恶人也有方,所以与他近的人不迷惑,离他远的人不怀疑。《诗》说:'君子的好配偶。'"

　　19. 子曰:"轻绝贫贱而重绝富贵,则好贤不坚而恶恶不著也,人虽曰不利,吾不信也。《诗》云:'朋友攸摄,摄以威仪[1]。'"

【注释】

　　[1]朋友攸摄,摄以威仪:这两句诗引自《诗·大雅·既醉》。谓朋友以礼义相摄正,而不以贫富贵贱之利相交。

【译文】

　　孔子说:"容易同贫贱的朋友绝交而难同富贵的人绝交,那就是好贤的态度不坚定而疾恶的态度不明显,即使有人说他不贪利,我也不信。《诗》说:'朋友相辅正,辅正用礼义。'"

　　20. 子曰:"私惠不归德,君子不自留焉。《诗》云[1]:'人之好我,示我周行。'"

【注释】

　　[1]《诗》云:案下面的诗句引自《诗·小雅·鹿鸣》。

【译文】

　　孔子说:"私下施恩惠而不符合德义,君子不把这样的人留在自己身边。《诗》说:'人如喜欢我,指示我大道。'"

21. 子曰："苟有车必见其轼[1]，苟有衣必见其敝[2]，人苟或言之必闻其声，苟或行之必见其成。《葛覃》曰[3]：'服之无射。'"

【注释】
〔1〕轼：在此指代车。
〔2〕敝：是"袡"的假借字，指衣袂。案此处亦以衣袂指代衣。
〔3〕《葛覃》：《诗·周南》篇名。引此诗，在于明人之所行，终须有效。

【译文】
孔子说："假如有车必然会看见他的车，假如有衣必然会看见他的衣，人假如说话必然会听见他的声音，假如有行动必然会看到结果。《葛覃》说：'衣服穿不厌。'"

22. 子曰："言从而行之，则言不可饰也；行从而言之，则行不可饰也。故君子寡言而行以成其信，则民不得大其美而小其恶。《诗》云[1]：'白圭之玷，尚可磨也。斯言之玷，不可为也。'《小雅》曰[2]：'允也君子，展也大成。'《君奭》曰[3]：'昔在上帝，周田观文王之德[4]，其集大命于厥躬。'"

【注释】
〔1〕《诗》云：案下面的诗句引自《诗·大雅·抑》。
〔2〕《小雅》曰：案下面的诗句引自《诗·小雅·车攻》。
〔3〕《君奭》：《尚书》篇名。
〔4〕周田观：当据古文作"割申劝"。割之言盖，言文王有诚信之德，天盖申劝之。

【译文】

　　孔子说:"说了就随着去做,说的话就不可掩饰;做了就随着去说,做的事就不可掩饰。因此君子少说话而以行动成就自己的信用,那么民众就不可能夸大自己的好处而掩饰自己的毛病。《诗》说:'白圭上有疵点,还可把它磨去。话要是说错了,就不可挽回了。'《小雅》说:'真是君子啊,确实大成功!'《君奭》说:'从前上帝,大概重加鼓励文王的德行,把统治天下的大命授予他。'"

　　23. 子曰:"南人有言,曰:'人而无恒,不可以为卜筮。'古之遗言与。龟、筮犹不能知也,而况于人乎?《诗》云:'我龟既厌,不我告犹[1]。'《兑命》曰:'爵无及恶德,民立而正事。''纯而祭祀,是为不敬,事烦则乱,事神则难。'《易》曰[2]:'不恒其德,或承之羞。''恒其德侦,妇人吉,夫子凶[3]。'"

【注释】

　　[1]我龟既厌,不我告犹:这两句诗句引自《诗·小雅·小旻》。犹,道。
　　[2]《易》曰:案下面的话引自《周易·恒卦》九三及六五爻辞。
　　[3]恒其德侦,妇人吉,夫子凶:侦,问。谓妇人以从夫为义,其道一轨,恒则吉。夫子以义制事,其道多方,恒则凶。案此所引《周易》之文与上所引《说命》之文,与前所引南人的话"人而无恒,不可以为卜筮"之义实不相合。

【译文】

　　孔子说:"南方人有这样的话,说:'人而反复无常,不可以为他占卜、占筮。'这大概是古人的遗言吧。占卜、占筮还不能知道[这种人的吉凶],何况人呢?《诗》说:'我占卜的龟灵已经厌倦,不告诉我做法的吉凶。'《说命》说:'爵位不赐给德行不好的人，人受爵立为官而后是要掌管事的。''专一求神祭祀，这是对神的不敬。事情过烦就会搞乱，祭祀神也难得福。'《易》说：'不能恒久保持德行，有时就要蒙受羞辱。''占问保持恒久的德行，如果对于妇人就吉利，对于男子就有凶险。'"

奔丧第三十四

1. 奔丧之礼：始闻亲丧，以哭答使者，尽哀，问故，又哭，尽哀。遂行，日行百里，不以夜行[1]。唯父母之丧，见星而行，见星而舍。若未得行[2]，则成服而后行[3]。过国，至竟哭，尽哀而止，哭辟市朝[4]。望其国竟哭[5]。至于家门，入门左，升自西阶，殡东西面坐哭，尽哀，括发，袒。降堂东即位，西乡哭，成踊[6]。袭，绖于序东[7]，绞带[8]，反位，拜宾，成踊，送宾反位。有宾后至者，则拜之成踊，送宾皆如初。众主人、兄弟皆出门[9]，出门哭止，阖门。相者告，就次[10]。于又哭[11]，括发，袒，成踊。于三哭，犹括发，袒，成踊。三日成服，拜宾，送宾，皆如初。

【注释】
〔1〕不以夜行：为夜行易遭不测，虽有哀情，犹当避害。
〔2〕未得行：谓有君命在身尚未完成，不可以私丧废公事。
〔3〕成服：即按亲疏关系正式穿上所当服的丧服，成服在大殓殡棺之后（参见《杂记上第二十》第16节）。
〔4〕哭辟市朝：这是为免惊众。市朝，参见《檀弓上第三》第53节。
〔5〕望其国竟哭：这是指服斩衰者。案第10节说"齐衰望乡而哭，大功望门而哭，小功至门而哭，缌麻者即位而哭"，是丧之亲疏而哭远近有别。
〔6〕成踊：案双脚跳起为踊，这是一种极哀痛的表示。按照死者等级尊卑的不同，跳跃的次数也不一样，按规定的次数跳够，就叫成踊

(参见《檀弓下第四》第23节)。

〔7〕序东：是指堂下而当堂上东序东边的地方，非指堂上序东。

〔8〕绞带：谓绳带。案腰间孝带有二：一为绖带，以麻束腰间，所谓腰绖也；一为绞带，以麻绳系于腰间；腰绖像生前之大带，绞带则像革带。

〔9〕众主人、兄弟皆出门：众主人，指死者的庶兄们，即主人(死者的嫡长子)的伯父、叔父们。兄弟，指主人的兄弟们。此处未言主人出门，是已经包括在众主人中了。案守丧期间男子皆需出殡宫而寝于庐次，妇人则留在殡宫内。

〔10〕相者告，就次：相者，丧礼中的司仪。次，衣倚庐(参见《丧大记第二十二》第45节)。

〔11〕又哭：这是在第二天早晨。下"三哭"则在第三天早晨。

【译文】

奔丧的礼仪：开始听到父母逝世的噩耗，用哭来回答报丧的使者，尽情发泄悲哀，然后讯问父母逝世的缘故，得知缘故后又哭，尽情发泄悲哀。于是上路，日行百里，夜里不赶路。只有父母的丧事，黎明星星未没就启程，傍晚星星出来才歇息。如果当时未能奔丧，就到正式穿丧服之后再启程。途中经过别的国家，到达边境就哭，尽情发泄悲哀而止，哭时要避开街市或因公集会的场所。望见祖国国境的时候就哭〔着回家〕。回到家，从门的左侧进门向左边走，从西阶上堂，来到殡的东边面朝西坐而哭，尽情发泄悲哀，然后用麻束发，袒露左臂。下堂，到东阶下就主人之位，面朝西而哭，成踊礼。然后将袒开的衣服穿好，到东序东边系上首绖和腰绖，又系上绞带，再返回到东阶下之位，拜谢前来吊唁的宾客，成踊礼。送走宾客，返回东阶下之位。有后来吊唁的宾客，就拜谢，成踊礼，送宾，都同当初一样。〔送走宾客后〕，众主人和兄弟们都出殡宫门，出门就停哭，然后关闭殡宫门。相者发出号令，大家就倚庐。又哭的时候，用麻束发，袒露左臂，成踊礼。三哭的时候，仍然用麻束发，袒露左臂，成踊礼。第三天正式穿上丧服，拜谢宾客，送宾客，礼仪都同当初一样。

2. 奔丧者非主人，则主人为之拜宾、送宾。奔丧者自齐衰以下[1]，入门左，中庭北面哭，尽哀，免、麻于序东，即位[2]，袒，与主人哭，成踊。于又哭，三哭，皆免，袒。有宾，则主人拜宾，送宾。丈夫、妇人之待之也，皆如朝夕哭位[3]，无变也。

【注释】
〔1〕奔丧者自齐衰以下：案若奔丧者为主人则当服斩衰。
〔2〕即位：案位在东阶下、主人的南边。
〔3〕朝夕哭位：朝夕哭，参见同上第122节。其位，男子在阼阶下，妇人在阼阶上。

【译文】
奔丧者如果不是主人，就由主人为他拜宾、送宾。奔丧者从服齐衰丧以下的，都从门的左侧进门向左边走，来到庭中央面朝北而哭，尽情发泄悲哀，然后去冠著免，到东序东边系上麻〔首绖、腰绖和绞带〕，然后就位，袒露左臂，与主人一起哭，成踊礼。又哭和三哭的时候，也都著免，袒臂，如果有宾客，仍由主人拜宾，送宾。男子和妇人陪同奔丧者，都如同朝夕哭时所在的位置，没有变化。

3. 奔母之丧，西面哭，尽哀。括发，袒，降堂，东即位，西乡哭，成踊。袭、免、绖于序东，拜宾，送宾，皆如奔父丧之礼。于又哭不括发。

【译文】
奔母丧，〔在殡的东边〕面朝西而哭，尽情发泄悲哀。哭罢用麻束发，袒露左臂，然后下堂，到东阶下就主人之位，面朝西而哭，成踊礼。到东序东边穿好衣服、去冠著免、系上首绖和腰绖,然后拜谢宾,送宾,礼仪都同奔父丧一样。又哭时不再用麻束发。

4. 妇人奔丧,升自东阶,殡东西面坐哭,尽哀。东髽[1],即位[2],与主人拾踊[3]。

【注释】
〔1〕东:谓堂上东序前。
〔2〕即位:妇人位在东阶上。
〔3〕拾踊:拾,音 jié,更,交替。案主人一踊,妇人一踊,主人又一踊,妇人亦又一踊,如是者三,是谓拾踊。

【译文】
妇人奔丧,从东阶上堂,在殡的东边面朝西坐而哭,尽情发泄悲哀。哭罢到东序前束发为髽,就位,然后与主人交替成踊礼。

5. 奔丧者不及殡,先至墓,北面坐哭,尽哀。主人之待之也[1],即位于墓左。妇人墓右。成踊,尽哀,括发,东即主人位,绖,绞带,哭成踊,拜宾,反位,成踊。相者告事毕。遂冠,归,入门左,北面哭,尽哀,括发,袒,成踊,东即位,拜宾,成踊。宾出,主人拜送。有宾后至者,则拜之,成踊,送宾,如初。众主人、兄弟皆出门,出门哭止。相者告,就次。于又哭,括发,成踊。于三哭,犹括发,成踊。三日成服。于五哭[2],相者告事毕。为母所以异于父者,壹括发[3],其余免以终事,他如奔父丧之礼。

【注释】

〔1〕主人：此谓先在家者，非谓嫡子，此奔丧者则是嫡子。
〔2〕五哭：案成服的那天早晨为四哭，成服第二天又哭为五哭。
〔3〕壹括发：案这是指返回而入门哭时。

【译文】

奔丧的人没有来得及在殡棺期间赶到，就先到墓地，在墓前面朝北坐而哭，尽情发泄悲哀。在家的主人陪同奔丧者，在墓的左边就位。妇人在墓的右边就位。奔丧者成踊礼，尽情发泄悲哀，用麻束发，到墓的东边就主人之位，系上首绖和腰绖，又系上绞带，然后哭，成踊礼，拜谢宾，再返回主人之位，成踊礼。相者宣告哭墓的礼仪完毕。于是奔丧者戴上冠，回家，从门的左侧进门向左边走，来到庭中面朝北而哭，尽情发泄悲哀，用麻束发，袒露左臂，成踊礼，到东阶下就主人位，拜谢宾，成踊礼。宾退出，主人拜送。如果有后到的宾客，就拜谢，成踊礼，再拜送宾，都同当初一样。然后众主人和兄弟们都出门，出门就停哭。相者发出号令，大家就倚庐。又哭的时候，也用麻束发，成踊礼。三哭时仍然用麻束发，成踊礼。第三天正式穿上丧服。到五哭之后，相者宣告奔丧的礼仪完毕。为母奔丧所不同于为父奔丧的，〔只是在从墓地回家哭时〕一次用麻束发，其余哭时都著免，直到奔丧礼毕。其他的礼仪都同奔父丧一样。

6. 齐衰以下，不及殡，先至墓，西面哭，尽哀。免、麻于东方，即位[1]，与主人哭，成踊，袭[2]。有宾，则主人拜宾，送宾。宾有后至者，拜之如初。相者告事毕。遂冠，归，入门左，北面哭，尽哀，免，袒，成踊，东即位。拜宾[3]，成踊。宾出，主人拜送。于又哭，免，袒，成踊。于三哭，犹免，袒，成踊。三日成服。于五哭，相者告事毕。

【注释】

〔1〕即位：位在主人的南边。

〔2〕袭：案不言袒而言袭者，容齐衰亲者或袒亦可。

〔3〕拜宾：亦主人代拜，因省文而未言。又前在墓时已拜宾、送宾，此又曰拜宾，是归后又有来吊之宾，故又当拜送之。

【译文】

服齐衰丧以下的人，来不及在殡棺期间奔丧的，先到墓地，在墓的东边面朝西而哭，尽情发泄悲哀。哭罢到墓的东边著免，用麻束发，就位，与主人一起哭，成踊礼，然后穿好衣服。有宾客，就由主人代奔丧者拜谢宾，送宾。宾客有后到的，拜送的礼仪同当初一样。相者宣告哭墓的礼仪完毕。于是奔丧者戴上冠，回家，从门的左侧进门向左走，到庭中央面朝北而哭，尽情发泄悲哀，然后去冠著免，袒露左臂，成踊礼，到东阶下就位。主人代奔丧者拜谢宾，成踊礼。宾退出，主人拜送。又哭的时候，奔丧者戴免，袒露左臂，成踊礼。三哭时，仍然戴免，袒露左臂，成踊礼。到第三天正式穿上丧服。到五哭之后，相者宣告奔丧的礼仪完毕。

7. 闻丧不得奔丧，哭尽哀，问故，又哭，尽哀。乃为位[1]，括发，袒，成踊，袭，绖，绞带，即位。拜宾，反位，成踊。宾出，主人拜送于门外，反位。若有宾后至者，拜之，成踊，送宾，如初。于又哭，括发，袒，成踊。于三哭，犹括踊，袒，成踊。三日成服。于五哭，拜宾、送宾如初。

【注释】

〔1〕为位：案此位如于家朝夕哭位。

【译文】

听到丧讯而不能奔丧,就哭而尽情发泄悲哀,哭罢问亲人逝世的缘故,得知缘故后又哭,尽情发泄悲哀。于是依照亲疏排列哭位,用麻束发,袒露左臂,成踊礼,然后穿好衣服,系上首绖、腰绖和绞带,就主人之位。主人拜谢宾,再返回原位,成踊礼。宾退出,主人拜送宾到门外,再返回原位。如果有后到的宾客,主人拜谢宾,成踊礼,送宾,礼仪都同当初一样。又哭的时候,用麻束发,袒露左臂,成踊礼。三哭的时候,仍然用麻束发,袒露左臂,成踊礼。到第三天正式穿丧服。到五哭的时候,拜谢宾、送宾的礼仪都同当初一样。

8. 若除丧而后归,则至墓,哭成踊,东括发,袒,绖。拜宾,成踊,送宾,反位,又哭尽哀,遂除。于家不哭。主人之待之也,无变于服[1],与之哭,不踊。自齐衰以下,所以异者免、麻。

【注释】

〔1〕主人之待之也,无变于服:主人,亦谓在家者,非指嫡长子。无变于服,案因为已经除服,在家者现皆服吉服,待奔丧之嫡子至,也不再改服。

【译文】

如果到服满丧期除丧服以后才回国奔丧,就先到父母的墓地去哭,成踊礼,然后在墓东边用麻束发,袒露左臂,系上首绖和腰绖。拜谢宾,成踊礼,送宾,然后返回墓东主人之位,又哭以尽情发泄悲哀,接着便在墓地除去丧服。回到家不再哭。在家的主人陪同奔丧者,不改变服装,与奔丧者一起哭,但不行踊礼。自服齐衰以下的亲属除服以后奔丧,所不同于嫡长子的,就是去冠著免,系麻绖,〔而不用麻束发〕。

9. 凡为位[1],非亲丧,齐衰以下皆即位哭,尽哀,而东免,绖,即位,袒,成踊。袭,拜宾,反位,哭,成踊,送拜,反位。相者告,就次[2]。三日五哭卒[3]。主人出送宾[4],众主人、兄弟皆出门,哭止。相者告事毕,成服,拜宾。若所为位家远,则成服而往。

【注释】
〔1〕凡为位:这是指因私事不得奔丧者在闻丧之地为哭位,而为位者必为齐衰以下者。如果是嫡子服斩衰丧者,因私事不得奔丧就不得为哭位,只有因公事不得奔丧者才可为位,如第7节所述,故下文特明"非亲丧,齐衰以下皆即位哭"。
〔2〕次:此谓于寝门外临时搭起的守丧庐舍,非嫡子所居之倚庐。
〔3〕三日五哭:案此所谓五哭,不同于前所谓三日成服之后的五哭。谓初闻丧为一哭,明日朝、夕二哭,又明日朝、夕二哭,总为五哭。
〔4〕主人出送宾:这是指齐衰以下者奔丧回家之后,丧家之主人为之出送宾。

【译文】
凡排列亲疏哭位,如果不是父母的丧事,自服齐衰丧以下的亲属都就哭位而哭,尽情发泄悲哀,而后到东序东边去冠著免,系首绖和腰绖,再就位,袒露左臂,成踊礼。然后穿好衣服,拜谢宾,再返回原位,哭,成踊礼,送宾,送罢返回原位。相者发出号令,大家到门外就庐舍。三天五哭之后便停哭〔而回家奔丧〕。丧家主人〔代奔丧者〕出门送宾,众主人和兄弟们都出门,停哭。相者宣告奔丧的礼仪完毕。〔如果三天五哭之后顾不上奔丧,那就〕正式穿上丧服,并拜送来吊的宾客。如果所排列哭位的〔服齐衰丧以下的〕亲属离家遥远,就等到正式穿丧服而后回家奔丧。

10. 齐衰望乡而哭,大功望门而哭,小功至门而哭，缌麻即位而哭。

【译文】
　　服齐衰丧的亲属奔丧望见家乡就开始哭，服大功丧的望见殡宫门开始哭，服小功丧的到达门前开始哭，服缌麻之丧的就哭位而后哭。

11. 哭父之党于庙[1]，母妻之党于寝，师于庙门外，朋友于寝门外，所识于野张帷。

【注释】
　　[1] 党：谓族类无服者。

【译文】
　　〔听到丧讯，如果死者〕是父辈就到宗庙去哭，是母族或妻族的人就在家中哭，是老师就在庙门外哭，是朋友就在家门外哭，是所认识的人就在野外张起帷帐来哭。

12. 凡为位不奠[1]。

【注释】
　　[1] 为位不奠：以其（死者）精神不在于此。

【译文】
　　凡排列哭位的不设奠祭物。

13. 哭天子九，诸侯七，卿大夫五，士三。

【译文】

哭天子九次，哭诸侯七次，哭卿大夫五次，哭士三次。

14. 大夫哭诸侯，不敢拜宾[1]。诸臣在他国，为位而哭，不敢拜宾。与诸侯为兄弟，亦为位而哭[2]。凡为位者壹袒。

【注释】

〔1〕大夫哭诸侯，不敢拜宾：谓哭其旧君。不敢拜宾，避为主。案大夫已退休，称其所侍奉过的诸侯为旧君。此大夫是在家中为位哭其旧君而有宾客来吊者。凡丧事，只有丧主人能拜宾，故此大夫不敢拜宾。诸侯的丧主是其嗣君。

〔2〕亦为位而哭：案此处未言不敢拜宾，乃省文。

【译文】

大夫哭旧君，不敢拜谢来吊的宾。出使在别国的臣子们〔得知君丧〕，排列哭位而哭，不敢拜谢来吊的宾。与诸侯是兄弟，〔得知丧讯〕也排列哭位而哭。凡排列哭位的只一次袒露左臂。

15. 所识者吊，先哭于家，而后之墓，皆为之成踊，从主人北面而踊[1]。

【注释】

〔1〕从主人北面而踊：此踊谓拾踊也。北面，自外来便也。主人在墓左，西面。又主人先踊，宾从之，故云"从主人北面而踊"。

【译文】

与死者相识的人前来吊唁，先在死者家中哭，而后到墓地去哭，都为死者成踊礼，是随着主人、面朝北与主人交替而踊。

16. 凡丧，父在，父为主[1]；父没，兄弟同居，各主其丧[2]。亲同，长者主之；不同，亲者主之。

【注释】
〔1〕父在，父为主：谓子有妻、子之丧，则其父为之主。
〔2〕各主其丧：谓各为其妻、子为丧主。

【译文】
凡丧事，有父亲在，就由父亲主丧；父亲死了，兄弟虽然共同生活，各为各的妻、子主丧。与死者亲疏关系相同，就由长者主丧；与死者亲疏关系不同，就由关系最亲的主丧。

17. 闻远兄弟之丧[1]，既除丧而后闻丧，免，袒，成踊，拜宾则尚左手[2]。

【注释】
〔1〕远兄弟之丧：谓小功以下之丧，虽远而尚在五服中。
〔2〕拜宾则尚左手：尚左手，这是吉拜之礼。

【译文】
听说远房兄弟的丧事，是已经过了丧期除服以后才听说的，就去冠著免，袒露左臂，成踊礼，但拜宾的时候左手在上。

18. 无服而为位者，唯嫂叔[1]，及妇人降而无服者[2]，麻[3]。

【注释】
〔1〕无服而为位者，唯嫂叔：案依礼，妻为夫之兄弟无服，是嫂叔

之间本不相服。《檀弓上》曰："嫂、叔之无服也，盖推而远之也。"（见彼第74节）即为远嫌也。

〔2〕妇人降而无服者：这是指族姑姊妹及其女儿，本服缌麻，出嫁以后降一等，则无服。

〔3〕麻：即在吊服上加麻绖。案凡吊服本加葛绖，为对嫂叔及妇人降而无服者的丧情表示加重，故加麻绖。案所谓吊服，实即平日之吉服，加绖则为吊服。

【译文】

相互不服丧而按亲疏排列哭位的，只有在嫂嫂和小叔子之间，以及对于因降低丧服等级而不再为之服丧的妇人才这样，哭时系麻绖。

19. 凡奔丧，有大夫至，袒，拜之，成踊，而后袭。于士，袭而后拜之。

【译文】

凡回家奔丧的，有大夫来吊唁，就袒露左臂，拜谢大夫，成踊礼，而后穿好衣服。对于前来吊唁的士，就穿好衣服而后再拜谢。

问丧第三十五

1. 亲始死,鸡,斯[1],徒跣,扱上衽[2],交手哭,恻怛之心,痛疾之意,伤肾,干肝,焦肺,水浆不入口,三日不举火,故邻里为之糜粥以饮食之。夫悲哀在中,故形变于外也;痛疾在心,故口不甘味,身不安美也。

【注释】
〔1〕鸡,斯:是"笄,缡"二字之误。
〔2〕上衽:谓深衣之前裳。

【译文】
　　父母刚死,〔去掉冠而只留下〕笄和缠发髻的缡,赤脚,把深衣的前裳插入腰带间,两手交替捶胸而哭,凄惨的心情,痛苦的意念,伤害到肾,使肝干枯,使肺焦燥,水汤不进口,三天不烧锅做饭,因此邻居们煮稀饭让他们吃。悲哀在心中,外表形象就发生变化;痛苦在心中,因此口中吃什么也不香甜,身上穿得再好也不舒服。

2. 三日而敛,在床曰尸,在棺曰柩,动尸举柩,哭踊无数。怛恻之心,痛疾之意,悲哀志懑气盛,故袒而踊之,所以动体、安心、下气也。妇人不宜袒,故发胸,击心,爵踊,殷殷田田[1],如坏墙然,悲哀痛疾之至也。故曰:"辟踊哭泣,哀以送之[2]。"送形而往,迎精而反也。

【注释】
〔1〕殷殷田田：墙崩倒之声，以喻妇人击踊之声。
〔2〕辟踊哭泣，哀以送之：这两句话引自《孝经·丧亲章》。辟，《孝经》原文作"擗"，拊心。

【译文】
人死第三天入殓。死者在床上叫做尸，在棺中叫做柩。搬动尸体和抬棺柩的时候，痛哭而且不计数地踊跳。凄惨的心情，痛苦的意念，致使悲哀的气血充塞全身，因此袒臂而踊跳，用以活动身体，安定心情，宣泄气血。妇人不宜袒臂，因此解开胸前外衣襟，捶击当心处，像雀一样踊跳，发出砰砰啪啪的声音，就像墙崩倒一样，这是因为悲哀痛苦到了极点。因此说："捶胸跳踊痛哭流涕，悲哀地送走死者。"送死者的形体而去，迎死者精神而返。

3. 其送往也，望望然，汲汲然〔1〕，如有追而弗及也。其反哭也〔2〕，皇皇然，若有求而弗得也。故其往送也如慕〔3〕，其反也如疑〔4〕。

【注释】
〔1〕望望然，汲汲然：望望然，瞻望貌。汲汲然，促急貌。
〔2〕反哭：案亲人葬后要先返回祖庙哭，再返回殡宫哭，是谓反哭。反哭时各人的位置皆同朝夕哭位。
〔3〕如慕：谓如孺子啼慕于母。
〔4〕如疑：疑，谓不知亲之来否。

【译文】
孝子送葬时，向前瞻望又瞻望，心情急切又焦虑，就像追赶什么而又追不上的样子。孝子返回来哭时，心神惶恐不安，就像有所求索而得不到的样子。因此孝子前往送葬时如同幼儿哭慕母亲，返回来时又疑虑亲人的神灵是否会回来。

4. 求而无所得之也：入门而弗见也，上堂又弗见也，入室又弗见也。亡矣，丧矣，不可复见矣！故哭泣辟踊，尽哀而止矣。心怅焉，怆焉，惚焉，忾焉，心绝志悲而已矣。祭之宗庙，以鬼飨之，徼幸复反也。

【译文】
　　求索亲人而无处可以找到了：进门见不到了，上堂又见不到了，进入室中又见不到了。失去了啊，失去了，再也不可能见到亲人了！因此痛哭流涕，捶胸跳踊，充分发泄悲哀而后才停止。心中惆怅啊，凄怆啊，恍惚啊，慨叹啊，心中只有绝望和悲伤而已。在宗庙祭祀亲人，当作鬼神来供奉，是侥幸亲人能再返回来。

5. 成圹而归，不敢入处室，居于倚庐，哀亲之在外也。寝苫枕块，哀亲之在土也。故泣无时，服勤三年，思慕之心，孝子之志也，人情之实也。

【译文】
　　将棺柩下入墓穴埋葬好而后回来，不敢进室中居住，住在倚庐里，这是哀伤亲人葬在野外。卧草苫、枕土块，这是哀伤亲人埋在土中。因此哭泣不论时间，服丧忧劳三年，这是出于对亲人的思慕之心，孝子自愿这样做的，也是人的感情的真实流露。

6. 或问曰："死三日而后敛者，何也？"曰："孝子亲死，悲哀志懑，故匍匐而哭之，若将复生然，安可得夺而敛之也？故曰三日而后敛者，以俟其生也。三日而不生，亦不生矣，孝子之心亦益衰矣。家室之计，衣服之具亦可以成矣，亲戚之远者亦可以至矣，是故圣人为之断决，以三日为之礼制也。"

【译文】
　　有人问道："亲人死了三天而后才入殓，为什么呢？"回答说："孝子父母死了，充满悲哀的情绪，因此趴在尸体上哭亲人，好像亲人将会复活似的，怎能剥夺孝子的悲哀之情而把他的亲人入殓呢？因此说三天而后入殓，以等待亲人复活。三天而不复活，也就不会复活了，孝子的希望之心也愈益丧失了。合计家中所有〔以置办丧事〕，当具备的衣服也可以做成了，亲戚路远的也可以来到了，因此圣人做出决断，以人死三天〔而后入殓〕作为丧礼制度。"

7. 或问曰："冠者不肉袒，何也？"曰："冠，至尊也，不居肉袒之体也，故为之免以代之也。然则秃者不免，伛者不袒，跛者不踊，非不悲也，身有锢疾，不可以备礼也。故曰丧礼唯哀为主矣。女子哭泣悲哀，击胸伤心；男子哭泣悲哀，稽颡触地无容，哀之至也。"

【译文】
　　有人问道："戴冠的人不露肉袒臂，为什么呢？"回答说："冠是最尊贵的，不能戴在露肉袒臂的身体上面，因此为袒臂的人制作了免以代替冠。然而秃头的人不著免，驼背的人不袒臂，跛脚的人不跳踊，并不是他们不悲伤，只因身体素有残疾，不可以使礼仪做得完备。因此说丧礼以悲哀为主。女子哭泣悲哀，捶击心胸；男子哭泣悲哀，行稽颡礼以头触地而不见面容，这些都是极度悲哀的表现。"

8. 或问曰："免者以何为也?"曰："不冠者之所服也。《礼》曰：'童子不缌，唯当室缌[1]。'缌者其免也，当室则免而杖矣[2]。"

【注释】
〔1〕当室：谓无父兄而主家事者。
〔2〕当室则免而杖：案童子参加丧礼本不求备礼，因此不仅可以不为族人服缌麻之丧，即为双亲服丧也不拄杖。因其幼小不懂事，对于亲人之死尚不能哀痛致病，也就无需拄杖。但是当室的童子就不一样了，不仅要为族人服缌，虽未加冠也当像成人一样着免，而且既当室，则为丧主，那就应像成人一样拄杖以拜宾行礼，所以说"当室则免而杖"。

【译文】
有人问道："免是因为什么而着的?"回答说："这是不戴冠的人所着的。《礼》说：'童子不服缌麻之丧，只有主持家事的童子才服缌麻之丧。'服缌麻之丧的人就着免，所以主持家事的童子就应当着免而且拄杖〔以主持丧事〕。"

9. 或问曰："杖者何也[1]?"曰："竹、桐一也[2]。故为父苴杖，苴杖，竹也；为母削杖，削杖，桐也。"

【注释】
〔1〕杖者何也：案因孝子为父母服丧所拄的杖不一样（详下），作此记者怕人们怀疑其意义也不同，故设此问。
〔2〕竹、桐一也：这是说杖虽不同而皆所以辅病，皆所以担主，其义则一。案辅病，即下节所谓"扶病"（扶持病体）。担主，即担任丧主（指嫡长子），当拄杖以拜宾行礼。

【译文】
有人问道："拄杖的意义是什么?"回答说："拄竹杖和桐杖

的意义都是一样的。因此为父服丧拄苴杖，苴杖就是竹杖；为母服丧拄削杖，削杖就是桐杖。"

10. 或问曰："杖者以何为也？"曰："孝子亲丧，哭泣无数，服勤三年，身病体羸，以杖扶病也。则父在不敢杖矣，尊者在故也。堂上不杖，辟尊者之处也[1]；堂上不趋，示不遽也[2]。此孝子之志也，人情之实也。礼义之经也，非从天降也，非从地出也，人情而已矣。"

【注释】

〔1〕堂上不杖，辟尊者之处也：这是说为母丧堂上不敢杖，因为堂上是父亲即尊者所在的地方，为了不使父亲见杖而悲哀忧戚，故避之。

〔2〕堂上不趋，示不遽也：案这是为示父以闲暇，不促遽。若堂上而趋，则感动父情，使父忧戚。

【译文】

有人问道："服丧为什么拄杖呢？"回答说："孝子丧失父母，无数次地痛哭流涕，服丧忧劳长达三年，致使身体病弱，所以用杖来扶持病弱的身体。父亲在世就不敢拄杖了，因为有尊者在上的缘故。〔为母服丧〕在堂上不敢拄杖，是为了避开尊者所在的地方；在堂上也不敢快步走，以〔向父亲显示出〕不匆遽的样子。这些都是孝子的心愿，人情的真实流露。礼义的基本原则，不是从天上掉下来的，不是从地下冒出来的，不过是人之常情罢了。"

服问第三十六

1.《传》曰"有从轻而重"[1],公子之妻为其皇姑[2];"有从重而轻",为妻之父母;"有从无服而有服",公子之妻为公子之外兄弟;"有从有服而无服",公子为其妻之父母。

【注释】
〔1〕《传》曰:案此下所引,皆见《大传第十六》第9节。
〔2〕公子之妻为其皇姑:公子,指诸侯的庶子,即诸侯的妾所生子。皇,君。皇姑,即君姑,也就是公子之母,诸侯之妾,公子之妻的婆婆,而尊称之为皇姑。案公子为其母不得服五服中之服,其服仅为五服之外的变例,是其所服至轻。其妻从公子而服,却得为其婆婆(皇姑)伸其本服,服齐衰期,是"从轻而重"之例。

【译文】
《传》说"〔服丧〕有从轻服的人而服重服的",公子的妻为她的皇姑服丧就是这样的例子;"有从重服的人而服轻服的",丈夫为妻的父母服丧就是这样的例子;"有所从的人不得服而从者有服的",公子的妻为公子的外兄弟服丧就是这样的例子;"有本当从服而不得服的",公子为他妻的父母不得服丧就是这样的例子。

2.《传》曰[1]:"母出,则为继母之党服。母死,则为其母之党服。"为其母之党服,则不为继母之党服。

【注释】

〔1〕《传》曰：案以下引文亦不出于《大传》，乃旧《传》之辞。篇末所引《传》曰，盖亦然。

【译文】

《传》说："生母被父所弃出，就为继母的娘家亲属服丧。继母死了，就为〔被弃出的〕生母娘家亲属服丧。"为生母的娘家亲属服丧，就不为〔已死的〕继母娘家亲属服丧了。

3. 三年之丧既练矣，有期之丧既葬矣[1]，则带其故葛带[2]，绖期之绖[3]，服其功衰[4]。有大功之丧亦如之[5]。小功无变也[6]。麻之有本者，变三年之葛。

【注释】

〔1〕"三年"至"葬矣"：这是说先遭为父斩衰三年之丧，练祭（即小祥祭）之前又遭齐衰一年之丧，三年丧到练祭之后，一年丧也已入葬了。

〔2〕带其故葛带：带，在此指男子的腰绖。故葛带，指为父服三年之丧自卒哭之后所系的葛腰绖。案服斩衰三年之丧本麻腰绖，到行过卒哭祭之后易服为葛腰绖（参见《丧服小记第十五》第25节），但小祥祭之前又遭齐衰一年之丧，故又改葛腰绖为齐衰之麻腰绖。齐衰一年之丧到葬后即当变麻腰绖为葛腰绖，其葛腰绖与三年丧卒哭变服后的葛腰绖粗细一样，但因"父葛为重"，所以这时就仍系原来为父所系的葛腰绖，即所谓"带其故葛带"。

〔3〕绖期之绖：绖，指男子的首绖。案男子服三年之丧到练祭之后就除去首绖了（参见同上），而一年丧既葬犹着葛首绖，因此首绖就从一年丧，即所谓"绖期之绖"。

〔4〕服其功衰：功，谓大功。衰，本指丧服的上衣，在此指代丧服。案丧服在服丧的不同阶段，随着哀情的减杀，也逐渐由重变轻。丧服愈重，所用布愈粗恶，愈轻则愈细密。斩衰三年之丧，初丧时丧服用三升布制成（布八十缕为升，参见《丧服小记第十五》第1节），葬后改服六升布的丧服，小祥祭后则服七升；齐衰则初丧用四升布，葬后则改服七

升；大功则初丧用七升布。是三年丧小祥祭后，与一年丧葬后的丧服都正好与大功初丧的丧服相同，故曰"服其功衰"。

〔5〕有大功之丧亦如之：这是说三年之丧既练而有大功之丧既葬，其服亦如有期之丧既葬。此处大功丧未言"既葬"，是蒙上省而文。

〔6〕小功无变也：谓重服不受小功轻丧的影响而发生变化。重服，谓大功以上。

【译文】

服三年丧已经过了小祥祭，其间又遭遇的一年丧也已经入葬，这时腰绖就系原来三年丧的葛腰绖，首绖系一年丧的葛首绖，丧服穿大功丧的丧服。〔服三年丧过了小祥祭〕，其间又遭遇的大功丧也已经入葬，丧服也和上面一样。〔如果先有重服在身〕，又遭小功之丧，丧服不变化。

4. 麻之有本者[1]，变三年之葛[2]。既练，遇麻断本者[3]，于免绖之[4]，既免去绖。每可以绖必绖，既绖则去之。

【注释】

〔1〕麻之有本者：麻，指麻首绖和腰绖。本，麻的根部。有本，谓大功以上。案大功以上之丧，其首绖和腰绖皆用带根的麻纠缠而成。

〔2〕变三年之葛：案三年之丧自卒哭以后即已变麻腰绖为葛腰绖（参见上节注〔2〕），这里是说三年之丧练祭以后若遇大功以上之丧，就当从新丧之服而把葛腰绖改变为麻腰绖。

〔3〕麻断本者：案小功以下服轻，故其首绖和腰绖所用的麻都用水捶洗过，并去掉根部，即所谓"麻断本"。

〔4〕于免绖之：免，在这里是指小功以下之丧在成服之前遇到当著免的时候，如小殓、大殓，皆当袒、免而哭踊，在这种时候，服三年之丧而已经举行过练祭的，本来已经除去首绖了（参见上节注〔3〕），要特为小功以下之丧加小功以下的麻首绖。

【译文】

遇上大功以上的丧事，要使已经改系葛腰绖的服三年之丧的人再变为系麻腰绖。〔服三年丧的人〕过了小祥祭之后，遇上小功以下的丧事，那么在小功以下丧事需要著免的时候就为之系麻首绖，需要著免的事情过去之后就把麻首绖去掉。类似上面这样每当可以加首绖的时候就一定为之加首绖，加首绖的事情过去之后就去掉它。

5. 小功不易丧之练冠[1]。如免，则绖其缌、小功之绖，因其初葛带[2]。缌之麻，不变小功之葛；小功之麻，不变大功之葛[3]。以有本为税[4]。

【注释】

〔1〕小功不易丧之练冠：小功，亦包括缌麻，由下文可知。丧之练冠，谓三年之丧练祭之后，便除其麻首服（丧冠加麻首绖）而着练冠（参见《檀弓上第三》第19节），这时如遇小功、缌麻之丧，则其练冠不为之改变。

〔2〕初葛：指三年丧自卒哭之后即改服的葛腰绖。

〔3〕"缌之"至"之葛"：谓以轻丧之麻，本服既轻，虽初丧之麻，不变前重丧之葛。

〔4〕以有本为税：有本，谓大功以上之丧，其首绖和腰绖所用麻皆带有根部，故曰"有本"。税，亦变易。案若大功以上之丧则变其前重丧之葛，即前之重丧者虽已变服葛绖，亦当从新丧再改服麻，如第3、4两节所述。

【译文】

遇小功、缌麻之丧不改变三年丧小祥祭时所戴的练冠。如果遇到小功、缌麻之丧需要著免的时候，就系缌麻、小功之丧所当系的首绖，而仍系当初的葛腰绖。缌麻初丧虽服麻腰绖，但不改变小功丧已经改系的葛腰绖；小功初丧虽系麻腰绖，但不改变大功丧已经改系的葛腰绖。因为只有大功以上之丧才能使前面的重丧在改服葛腰绖之后又变服麻腰绖。

6. 殇长、中[1]，变三年之葛，终殇之月筭[2]，而反三年之葛。是非重麻，为其无卒哭之税[3]。下殇则否[4]。

【注释】
〔1〕殇长、中：即长殇、中殇（参见《檀弓上第三》第12节）。案这里是指本当为之服大功之丧的亲属，未成年而死，若男子，为长殇则降服小功，中殇从长殇，亦降服小功；若女子，为长丧则降服小功，中丧则降服缌麻。
〔2〕终殇之月筭：筭，数。小功则五月，缌麻则三月。
〔3〕为其无卒哭之税：案成人而死者，卒哭祭后即当易重服为轻服，但殇死者之服质略，无变易之礼，故以始服之麻终其丧，服三年丧者也就只有待殇者终丧之后，再返服其葛。
〔4〕下殇：这里也是指大功亲而遭下殇，则男、女俱为之服缌麻，其情既轻，则不得变三年之葛。

【译文】
因长殇、中殇〔而降在小功、缌麻之丧的〕，就要使服三年丧已经改系葛腰绖的再变系麻腰绖，等服满殇死者所当服丧的月数，而后再反过头来系三年丧所当系的葛腰绖，这并不是特别重视长殇、中殇者的麻绖，是因为他们没有卒哭祭后变更丧服之礼。下殇而死的，服三年丧的就不为他改变葛腰绖了。

7. 君为天子三年。夫人如外宗之为君也[1]。世子不为天子服[2]。

【注释】
〔1〕夫人如外宗之为君：外宗，参见《杂记上第二十》第56节。案

外宗妇人之夫与诸侯国君为异姓兄弟之亲,如果诸侯死,诸异姓兄弟当为之服斩衰三年;外宗妇人从其夫服,而降一等服齐衰期;诸侯为天子服斩衰三年,其夫人亦从服齐衰期,即所谓"如外宗之为君"。

〔2〕世子不为天子服:世子,诸侯的太子。不为天子服,为远嫌,即为避天子所立太子之嫌。

【译文】
　　诸侯国君为天子服三年丧。国君夫人为天子服丧,如同外宗妇人为诸侯国君那样服齐衰一年丧。诸侯的太子不为天子服丧。

8. 君所主夫人妻〔1〕、大子、嫡妇〔2〕。

【注释】
〔1〕夫人妻:即国君夫人,之所以称之为"夫人妻",嫌为天子之三夫人,故正言妻以明之。
〔2〕嫡妇:即太子之妻。太子为嫡子,其妻即为嫡妇。

【译文】
　　国君所为之主丧的是夫人、太子、嫡妇。

9. 大夫之嫡子为君、夫人、大子,如士服〔1〕。

【注释】
〔1〕"大夫"至"士服":士为国君服斩衰三年,为小君(国君夫人)服齐衰一年,为太子亦服齐衰一年。

【译文】
　　大夫的嫡长子为国君、国君夫人、太子服丧,如同士所服一样。

10. 君之母非夫人[1],则群臣无服[2],唯近臣及仆、骖乘从服[3],唯君所服服也。

【注释】
〔1〕君之母非夫人:这是说君之母原为君父之妾,而君则是庶子而为后继人者。
〔2〕群臣无服:案若君之母原为嫡夫人,群臣为之服齐衰期;非夫人,君为之服缌麻,群臣则降而无服。
〔3〕近臣及仆、骖乘:近臣,阍(守门人)、寺(宦者)之属。仆,御车者。骖乘,即车右。此诸臣贱者皆随君服。

【译文】
国君的母亲如果不是嫡夫人,群臣就不为她服丧,只有国君的近臣和驾车人、车右随国君而服,国君为母服什么样的丧就服什么样的丧。

11. 公为卿大夫锡衰以居,出亦如之,当事则弁绖。大夫相为亦然。为其妻,往则服之,出则否[1]。

【注释】
〔1〕出则否:这里实际意思是不论外出与否,只要不是前往吊丧都不服。

【译文】
国君为卿大夫的丧事居处宫内时服锡衰,外出也这样,当前往卿大夫家行吊丧之事的时候,就头戴皮弁而加麻首绖。大夫相互服丧也是这样。〔国君为〕卿大夫之妻〔以及大夫相互为对方之妻〕,前往吊丧时就服锡衰,外出时就不服了。

12. 凡见人无免绖[1]，虽朝于君无免绖，唯公门有税齐衰[2]。《传》曰[3]："君子不夺人之丧，亦不可夺丧也。"

【注释】
〔1〕无免绖：案绖于丧至重，故不可释免。
〔2〕税：犹免。
〔3〕《传》曰：以下所引乃《杂记下》之文（见彼第10节）。

【译文】
〔服三年丧者〕凡有事求见人不免去首绖，即使朝见国君也不免去首绖，只有服齐衰丧的到了国君的门前要免去首绖。《传》说："君子不可剥夺别人守丧的哀情，也不可被人剥夺守丧的哀情。"

13. 《传》曰[1]："罪多而刑五[2]，丧多而服五。上附，下附，列也[3]。"

【注释】
〔1〕《传》曰：案以下所引盖亦旧《传》之文。
〔2〕刑五：指墨、劓、剕、宫、大辟（参见《王制第五》第40节）。
〔3〕上附，下附，列也：谓罪重者附于上刑，罪轻者附于下刑，此五刑之上附、下附；大功以上附于亲，小功以下附于疏，此五服之上附、下附。

【译文】
《传》说："罪行虽多而刑罚只有五种，死丧虽多而丧服只分五等。有的上附于重刑或重服，有的下附于轻刑或轻服，这就是等差。"

间传第三十七

1. 斩衰何以服苴？苴，恶貌也[1]，所以首其内而见诸外也。斩衰貌若苴，齐衰貌若枲[2]，大功貌若止[3]，小功、缌麻容貌可也[4]。此哀之发于容体者也。

【注释】
〔1〕苴，恶貌也：苴是黧黑色，故为恶貌。案苴为麻之有蕡者，蕡即麻子。这种带子的苴麻呈黧黑色，有大忧者，面色深黑，而苴麻之色似之，故曰"恶貌"。
〔2〕枲：谓枲麻，是一种不结子的雄性的麻。
〔3〕止：谓不动于喜乐之事。
〔4〕容貌可也：谓貌如平常之容貌。

【译文】
斩衰丧为什么服苴麻绖？因为苴麻的颜色，很像人有大忧的外貌，所以本于内心的哀伤而用它来做外在的表现。服斩衰丧的人外貌似苴麻的颜色，服齐衰丧的人外貌似枲麻的颜色，服大功丧的人外貌麻木而无表情，服小功、缌麻之丧的人可以保持平常的容貌，这就是悲哀之情在容体上的表现。

2. 斩衰之哭若往而不反[1]，齐衰之哭若往而反，大功之哭三曲而偯[2]，小功、缌麻哀容可也[3]，此哀之发于声音者也。

【注释】

〔1〕哭若往而不反：谓哭一举而至气绝，如似气往而不返其声。
〔2〕哭三曲而偯：三曲，一举声而三折。偯，谓有余声。
〔3〕哀容可也：谓哀声从容，于理可也。

【译文】

服斩衰丧的人哭起来就像气绝而回不过气来，服齐衰丧的人哭起来就像气绝而还能回过气来，服大功丧的人哭起来声多曲折而有余音，服小功、缌麻之丧的人哭起来从容地发出哀声就可以了，这是悲哀之情在哭声上的表现。

3. 斩衰唯而不对，齐衰对而不言，大功言而不议[1]，小功、缌麻议而不及乐，此哀之发于言语者也。

【注释】

〔1〕议：谓陈说非时之事。时事则为当时的丧事。

【译文】

服斩衰丧的人只发出应答声而不回答别人的话，服齐衰丧的人只回答别人的话而不主动说话，服大功丧的人说话而不说与丧事无关的话，服小功、缌麻之丧的人可以说与丧事无关的话而不说快乐的事，这是悲哀之情在言语上的表现。

4. 斩衰三日不食，齐衰二日不食，大功三不食，小功、缌麻再不食，士与敛焉则壹不食。故父母之丧，既殡食粥，朝一溢米[1]，莫一溢米。齐衰之丧疏食，水饮，不食菜果。大功之丧不食醯酱。小功、缌麻不饮醴酒。此哀之发于饮食者也。

【注释】

〔1〕溢：米一又二十四分之一升为一溢（参见《丧大记第二十二》第25节）。

【译文】

服斩衰丧三天不吃饭，服齐衰丧两天不吃饭，服大功丧三顿不吃饭，服小功、缌麻之丧两顿不吃饭，士参加为死者入殓的就停食一顿。因此父母的丧事，殡棺之后才吃稀粥，早晨一溢米，晚上一溢米。服齐衰丧吃粗粮，饮水，不吃蔬菜瓜果。服大功衰的不吃醋酱。服小功、缌麻之丧的不饮醴酒。这是悲哀之情在饮食上的表现。

5. 父母之丧，既虞、卒哭，疏食，水饮，不食菜果；期而小祥，食菜果；又期而大祥，有醢酱；中月而禫[1]，禫而饮醴酒。始饮酒者先饮醴酒，始食肉者先食干肉。

【注释】

〔1〕禫：除服之祭名（参见《檀弓上第三》第16节）。

【译文】

父母的丧事，举行过虞祭和卒哭祭之后，可以吃粗粮，饮水，不吃蔬菜瓜果；到一周年而举行过小祥祭，可以吃蔬菜瓜果；又过一年而举行过大祥祭，食物可以有醋酱；再间隔一个月而举行禫祭，禫祭而后可以饮醴酒。开始饮酒的先饮醴酒，开始吃肉的先吃干肉。

6. 父母之丧，居倚庐，寝苫枕块，不说绖带。齐衰之丧，居垩室，芐翦不纳[1]。大功之丧，寝有席。小功、缌麻，床可也。此哀之发于居处者也。

【注释】
〔1〕苄：音xià，即蒲席。

【译文】
　　为父母守丧，居住在倚庐中，卧草苫，枕土块，不解去首绖、腰绖和绞带。服齐衰丧的，居住在垩室中，所卧的蒲席四周只剪齐而不收边。服大功丧的，睡觉有席。服小功、缌麻之丧的，可以睡在床上。这是悲哀之情在居住上的表现。

　　7. 父母之丧，既虞、卒哭，柱楣，翦屏[1]，苄翦不纳；期而小祥，居垩室，寝有席；又期而大祥，居复寝；中月而禫，禫而床。

【注释】
〔1〕屏：指搭在倚庐上用以遮蔽风雨的草苫（参见同上）。

【译文】
　　为父母守丧，举行过虞祭和卒哭祭之后，就可以把搭倚庐时放置在地上的楣木用柱子顶起来，搭在庐上的草苫也可以稍加修剪，可以睡四周剪齐而不收边的蒲席；到一周年而举行过小祥祭，可以住在垩室中，睡觉有席；又过一年而举行大祥祭，就可以回到寝室中去住；再间隔一个月而举行禫祭，禫祭之后就可以睡在床上了。

　　8. 斩衰三升[1]。齐衰四升、五升、六升[2]。大功七升、八升、九升。小功十升、十一升、十二升。缌麻十五升去其半[3]，有事其缕，无事其布[4]，曰缌。此哀之发于衣服者也。

【注释】

〔1〕三升：这是一种最粗疏的布，故为最重的丧服所用。

〔2〕齐衰四升、五升、六升：案自齐衰以下至小功，各皆有三等之服，并将这三等分别取名为降服、正服、义服。三等中降服最重。所谓降服，是指由于某种原因（如为尊者所厌），不能服其本服，即当降服一等，降一等后所当服之服，即为下一等中最重之服，因此即以"降服"为此等服名。如父母对于儿子来说，恩爱本同，但子为父服斩衰三升，为母却为父尊所厌而降在齐衰，服齐衰四升，即服齐衰中的降服。第二等是正服，正服即本服，也就是按亲疏关系本所当服的丧服。第三等是义服，所谓义服，即义理之服，是本无亲属关系，但由某种义理而为之服，这是三等中最轻的一等。如卿大夫之家臣为其君（即卿大夫）服丧，即为义服。由上可知，齐衰之所以有三等丧服，即因有降服、正服、义服之分的缘故。下文义仿此。

〔3〕十五升去其半：案十五升本为朝服所用布，抽去其一半，是为七升半，是缌麻之布其缕之细如朝服，而疏密程度仅为朝服的一半，可谓细而疏，服之最轻者。

〔4〕有事其缕，无事其布：事，谓加灰捶洗，使之洁白光滑。有事其缕，谓织布前先将纱缕加灰捶洗。无事其布，谓织成的布则不再加灰捶洗。

【译文】

斩衰的丧服用三升布做成。齐衰的丧服用四升、五升或六升的布做成。大功的丧服用七升、八升或九升的布做成。小功的丧服用十升、十一升或十二升的布做成。缌麻的丧服用十五升而抽去一半纱缕的布做成，只把它的纱缕加工得细如丝，而织成的布则不加灰捶洗，这样的布叫做缌布。这是悲哀之情在衣服上的表现。

9. 斩衰三升，既虞、卒哭，受以成布六升，冠七升[1]。为母疏衰四升，受以成布七升，冠八升。去麻，去麻服葛，葛带三重。期而小祥，练冠，縓缘，要绖不除。男子除乎首，妇人除乎带。男子何为除乎首也？妇人何为除乎带也？男子重首，妇人重带，除服者先重者，易服者易轻者。又期而大祥，素缟，麻衣[2]。中月而禫，禫而纤[3]，无所不佩。

【注释】

〔1〕受以成布六升，冠七升：受，谓受衰（即受服）。在服丧的不同阶段，随着哀情的减轻，都要重新受一次服，而重新所受的服，都比原来的丧服用布要细密一些。故初服所用布粗恶，至葬后，练后，大祥后，则渐细加饰。而渐细的标准，则以冠布的粗细为度。例如斩衰初用三升布，冠用六升布，葬后，就依照冠布受衰，改穿六升布的丧服，而冠则加一升为七升。到小祥后，又受七升布的丧服，而冠则八升，等等。齐衰和大功也是这样：齐衰初服四升，冠七升，既葬依冠受衰，则衰为七升，而冠为八升；大功初服七升，冠十升，既葬，则衰十升，而冠为十一升。此处所谓"受以成布六升，冠七升"，以及下文所谓"母疏衰四升，受以成布七升，冠八升"，就是说的这个意思。所谓成布，是指六升以上的布。因为六升以下的布太粗恶，不适于做衣成服，而六升以上的布渐细，已可用于做衣服了，因此叫做成布。

〔2〕素缟，麻衣：此素缟，即《玉藻》所云"缟冠，素纰"，见彼第14节。案麻衣，是十五升布做的深衣，此衣纯用布，无采饰，故谓之麻衣。

〔3〕纤：是用黑经白纬的布做的冠。

【译文】

斩衰的丧服用三升布做成，举行过虞祭和卒哭祭之后，接受用六升的成布做的丧服，丧冠用七升布做成。为母服丧最粗疏的丧服用四升布做成，〔举行过虞祭和卒哭祭之后〕，接受用七升的成布做的丧服，丧冠用八升布做成。〔卒哭祭后〕去掉麻腰绖而换成葛腰绖，葛腰绖系三重。到一周年而举行小祥祭之后，〔除去丧冠而〕戴练冠,并穿有浅绛色镶边的内衣,腰间的葛绖不解除。男子除服除首服,妇人除服除腰绖。男子为什么除首服?妇人为什么除腰绖呢?是因为男子以首服为重,妇人以腰绖为重,除服的人先除重服,而改变丧服则先改变轻服。又过一年而举行大祥祭之后,可以戴白色而又有白色镶边的冠,穿无彩饰的布做的深衣。再间隔一个月而举行禫祭,禫祭之后就可以戴纤冠,而身上平日的佩戴物没有不可以佩带的了。

10. 易服者何为易轻者也[1]?斩衰之丧,既虞、卒哭,遭齐衰之丧,轻者包[2],重者特[3]。

【注释】

〔1〕易服者何为易轻者:案这里所问的意思,是指服重服(如斩衰)者既虞、卒哭后,已经将原来的丧服(如男子的腰绖、妇人的首绖)变换成轻服(即葛绖)了,而又遭新丧(如齐衰丧),为什么要将变换后的轻服又加变换而从新丧的重服。

〔2〕轻者包:案服斩衰者既虞、卒哭之后,即易麻腰绖为葛绖,而此时又遭齐衰之丧,所以当把葛腰绖变换成齐衰的麻绖,因为葛绖轻,可以被包括在齐衰的麻绖之中。这是就男子言。若妇人,既虞、卒哭后,将麻首绖变成葛首绖,若又遭齐衰之丧,则将葛首绖变换成齐衰的麻首绖,亦因葛绖轻,可被包括在齐衰的麻绖中。

〔3〕重者特:案男子重首,特留斩衰之绖;妇人重腰,特留斩衰腰带,是即所谓重者特。

【译文】

改变丧服〔以从新丧之服〕为什么改变轻服?服斩衰丧的,过了虞祭和卒哭祭,又遭遇齐衰之丧,因为轻服可以被包括在新丧的重服中,而重服则特加保留。

11. 既练,遭大功之丧,麻、葛重[1]。

【注释】

〔1〕"既练"至"葛重"：重，是双重、不单的意思。案斩衰既练之后，男子首服已除，只有腰间还系有葛绖，是单葛也。妇人于既练之后，腰绖已除，只系着葛首绖，是亦单葛也。可是这时又遭遇了大功之丧，于是男子要依大功初丧，加麻首绖，原来的葛腰绖也要换成麻腰绖，首、腰皆着麻绖，是重麻也。妇人亦然。大功丧过了虞祭和卒哭祭之后，要将麻首绖改换成葛首绖，此时服斩衰丧者又当变换丧服，将麻首绖改换成大功的葛首绖，腰绖则恢复原来的葛绖，是首、腰皆葛绖，这就是所谓重葛了。妇人亦然。此即所谓"麻、葛重"之义。

【译文】

〔服斩衰丧〕举行过小祥祭之后，又遭逢大功丧，先服重麻，后又改服重葛。

12. 齐衰之丧，既虞、卒哭，遭大功之丧，麻、葛兼服之〔1〕。

【注释】

〔1〕"齐衰"至"服之"：这是说服齐衰丧的男子，首服葛绖，腰服麻绖，既虞、卒哭之后，则将腰绖换为葛绖，而这时又遭大功之丧，于是将葛腰绖换成大功的麻绖，而首绖不变，仍服葛绖，这样就一身而兼服麻、葛两种绖，是所谓"麻、葛兼服之"。

【译文】

服齐衰丧，举行过虞祭和卒哭祭，又遭逢大功之丧，就兼系麻、葛两种绖。

13. 斩衰之葛，与齐衰之麻同〔1〕；齐衰之葛，与大功之麻同；大功之葛，与小功之麻同；小功之葛，与缌之麻同。麻同则兼服之。兼服之服重者，则易轻者也[2]。

【注释】

〔1〕斩衰之葛,与齐衰之麻同:这是指斩衰既虞、卒哭后,将麻腰绖换成葛腰绖,而此葛腰绖的粗细,与又遭逢的齐衰丧的麻腰绖的粗细正好相同。下文义皆仿此。

〔2〕兼服之服重者,则易轻者也:案麻绖重于葛绖,故以上所记兼服皆用后丧之麻腰绖易前丧之葛腰绖。

【译文】

斩衰变换丧服后的葛腰绖,与齐衰新丧麻腰绖的粗细相同;齐衰变换丧服后的葛腰绖,与大功新丧麻腰绖的粗细相同;大功变换丧服后的葛腰绖,与小功新丧麻腰绖的粗细相同;小功变换丧服后的葛腰绖,与缌麻新丧麻腰绖的粗细相同。前丧的葛绖与后丧的麻绖相同就可以兼服前后丧之绖,兼服前后丧之绖,就是用后丧的重绖替换前丧的轻绖。

三年问第三十八

1. 三年之丧何也？曰：称情而立文，因以饰群别[1]、亲疏、贵贱之节，而弗可损益也，故曰"无易之道"也。创巨者其日久，痛甚者其愈迟。三年者，称情而立文，所以为至痛极也。斩衰，苴杖，居依庐，食粥，寝苫，枕块，所以为至痛饰也。三年之丧，二十五月而毕[2]，哀痛未尽，思慕未忘，然而服以是断之者，岂不送死有已，复生有节也哉？

【注释】
  〔1〕饰群别：饰，谓章表之。群，谓亲之党。
  〔2〕二十五月而毕：这是就大祥祭除服而言（参见《丧服小记第十五》第19节）。

【译文】
  服三年丧是为什么呢？回答说：这是适应人情而制定的礼，藉此来表明亲属与外人、亲近与疏远、尊贵与低贱的界限，而不可以增减，因此说是"不可改变的制度"。创伤严重的恢复的天数长久，痛苦厉害的痊愈得迟。服三年丧，是适应人情而制定的礼，用以表现人的极度哀痛。穿不缝齐毛边的丧服，拄黎黑色的杖，住依庐，吃稀饭，卧草苫，枕土块，用以作为极哀痛的表现。服三年丧，二十五个月结束，哀痛之情还未表达尽，还不忘思慕亲人，然而服期以此为限断，这不是表示送死者有终止的时候，恢复正常生活的时间有节限吗？

2. 凡生天地之间者，有血气之属必有知，有知之属莫不知爱其类。今是大鸟兽则失丧其群匹，越月逾时焉，则必反巡，过其故乡翔回焉，鸣号焉，蹢躅焉[1]，踟蹰焉，然后乃能去之。小者至于燕雀，犹有啁噍之顷焉[2]，然后乃能去之。故有血气之属者，莫知于人，故人于其亲也，至死不穷。

【注释】
〔1〕蹢躅：同踯躅。
〔2〕啁噍：犹啁啾，鸟的鸣声。

【译文】
　　凡生存在天地之间的，有血气的生物就一定有知觉，有知觉的生物没有不知道爱自己同类的。现在的这些大鸟兽丧失了自己的同伴，过了些时月，就一定会返回来巡视，经过它们的故乡就要飞翔盘旋，鸣叫哀号，徘徊又徘徊，然后才能离去。小到燕雀，还要〔对死去的同伴〕鸣叫一阵，然后才能离去。因此有血气的生物，没有比人更有知觉的了，所以人对于自己的父母，思念之情到死也没有穷尽。

3. 将由夫患邪淫之人与[1]，则彼朝死而夕忘之，然而从之，则是曾鸟兽之不若也，夫焉能相与群居而不乱乎？将由夫修饰之君子与？则三年之丧，二十五月而毕，若驷之过隙，然而遂之，则是无穷也。故先王焉。为之立中制节，壹使足以成文理，则释之矣。

【注释】
〔1〕患：是"愚"字之误。

【译文】

将由着那些愚陋而邪僻淫乱的人吗？那他们早晨死了亲人到晚上就遗忘了，然而由着这种人，就是竟连鸟兽也不如了，那怎能相互居住在一起而不淫乱呢？将由着那些讲究自我修养的君子吗？那么服三年之丧，服够二十五个月而结束，还觉着时间快得就像马驰过缝隙，然而由着他们的心情，就要无限期地为亲人服丧了。因此先王为人们确立折中的标准作为节制，使人们一到足够符合礼义，就除去丧服。

4. 然则何以至期也[1]？曰：至亲以期断。是何也？曰：天地则已易矣，四时则已变矣，其在天地之中者，莫不更始焉，以是象之也。然则何以三年也？曰：加隆焉尔也，焉使倍之故再期也[2]。

【注释】

〔1〕然则何以至期：案谓三年之义如此，则何以有降至于期者呢？期，谓为人后者，父在为母所服。为人后者，即过继给别人做后继人的人，为其亲生父母则服齐衰不杖期。

〔2〕焉：犹然，然犹如是。

【译文】

然而为什么又有降服一年丧的呢？回答说：父母至亲，而以服丧一年为限断。这是为什么呢？回答说：〔一年之中〕天地已经改变了，四季已经变化一轮了，那在天地中的万物，没有不重新开始的，因此用服一年丧来象征这种变化。既然如此又为什么服三年丧呢？回答说：这是为了更加隆重，因此就加一倍，服过两周年。

5. 由九月以下，何也[1]？曰：焉使弗及也。故三年以为隆,缌、小功以为杀,期、九月以为间。上取象于天,下取法于地,中取则于人[2],人之所以群居和壹之理,尽矣。故三年之丧,人道之至文者也,夫是之谓至隆,是百王之所同,古今之所壹也,未有知其所由来者也。孔子曰[3]:"子生三年,然后免于父母之怀。夫三年之丧,天下之达丧也。"

【注释】
〔1〕九月以下:指大功以下:大功服丧九个月,小功五个月,缌麻三个月。
〔2〕"上取"至"于人":谓取象于天地,以法其变易。自三年以至缌麻,皆岁时之数。言既象天地,又足以尽人聚居纯厚之恩。
〔3〕孔子曰:案下面的话引自《论语·阳货》。

【译文】
　　服自九个月以下的丧,是为什么呢?回答说:这样的丧期是为了使它们比不上父母之丧。因此服三年是表示更加隆重,服缌麻、小功是表示恩义的减轻,服一年和九个月是取其中间。〔五服丧期的规定〕上效法天,下效法地,中效法人,人之所以能大家居住在一起而保持和谐一致的道理,都尽在其中了。因此三年之丧,是人情在丧礼上的最完美的表现,这就叫做最隆重,这是历代帝王所共同遵守的,是古今一致的,还没有人知道这种丧期的由来。孔子说:"儿女生下来三年,然后才能脱离父母的怀抱。为父母服三年丧,是天下通行的丧礼。"

深衣第三十九

1. 古者深衣，盖有制度，以应规、矩、绳、权、衡。短毋见肤，长毋被土。

【译文】
　　古时的深衣，大概都有一定的制度，以与圆规、曲尺、墨线、称垂、衡杆相应合，短不至于露出体肤，长不至于覆住地面。

2. 续衽，钩边[1]。要缝半下[2]。袼之高下，可以运肘[3]。袂之长短，反诎之及肘[4]。带，下毋厌髀，上毋厌胁，当无骨者。

【注释】
　　[1]续衽，钩边：续，犹属。衽，谓在裳旁者，属连而不殊裳前后。案深衣自腰以下裳的部分，是用十二幅布拼合缝制而成，前六幅，后六幅，而前后裳中间的四幅皆为正幅，两边的两幅则是斜裁而成，似直角三角形（详注[2]），这斜裁的部分这就是所谓衽。右边的前后衽是分开的，而左边的前后衽是缝合在一起的。钩边，这是指在深衣的右后衽上另加一钩（钩）边。钩边的形制，盖别用一幅布为之，上狭下阔，缀于右后内衽，使其钩曲而前，以掩裳际也。若无钩边，则行步时露其后衽之里，故须钩边以掩之。
　　[2]要缝半下：案深衣的裳，前裳中间的四正幅和后裳中间的四正幅，凡八幅，每幅都是用幅宽二尺二寸的布从中间对裁而成，即每幅宽一尺一寸，每幅两边各留一寸为缝边，是每幅缝合后实宽九寸，前后八幅则总为七尺二寸，这就是深衣腰围的周长。裳两边的衽，是用幅宽二尺二寸的布两幅斜裁成四幅，每幅的狭头宽二寸，上缝于腰间；宽头为

二尺，两旁除去边缝各一寸，则为一尺八寸，四幅共为七尺二寸，加上八幅正幅的七尺二寸，是深衣之裳的下沿周长为一丈四尺四寸，正好为腰围的二倍，是即所谓"要缝半下"也。腰狭而下阔，这样才便于举步行走。

〔3〕袼之高下，可以运肘：袼，音 gé，是指衣袖当腋下与衣身的缝合处。案袂二尺二寸，肘长一尺二寸，是可运肘。

〔4〕袂之长短，反诎之及肘：诎，通"屈"。案臂骨上下各长尺二寸，则袂之肘以前长尺二寸。然则肘以后亦长尺二寸可知。可见，臂之上下骨长总为二尺四寸，袂长亦然，而肘当臂之中，故将袂从袖口反折至腋，正好与腋至肘的长度相等，即所谓"反诎及肘"。

【译文】

缝合裳左边的前后衽，在右后衽上加一钩边。腰缝部分的宽度是裳的下边的一半。衣袖当腋下部分的宽度，可以运转胳肘。袖子的长短，从袖口反折上来后正好可达肘处。束带的部位，下不要压住大腿骨，上不要压住肋骨，要正当腹部无骨的地方。

3. 制十有二幅，以应十有二月。袂圜以应规。曲袷如矩以应方[1]。负绳及踝以应直[2]。下齐如权、衡以应平[3]。故规者，行举手以为容[4]。负绳抱方者，以直其政，方其义也。故《易》曰[5]："坤六二之动，直以方也。"下齐如权、衡者，以安志而平心也。五法已施[6]，故圣人服之。故规、矩取其无私，绳取其直，权、衡取其平，故先王贵之。故可以为文，可以为武，可以摈、相[7]，可以治军旅，完且弗费[8]，善衣之次也[9]。

【注释】

〔1〕曲袷：袷，音 jié。曲袷，深衣的领名，形方。

〔2〕负绳：谓衣裳背中缝。

〔3〕下齐如权、衡以应平：案称垂和称杆尚平衡，故用以喻深衣下边之齐平。

〔4〕行举手：谓揖让。

〔5〕《易》曰：案下面两句话引自《周易·坤卦》六二《象》辞。

〔6〕五法：谓规、矩、绳、权、衡。

〔7〕摈、相：谓摈者、相者，皆赞礼者。

〔8〕完且弗费：案制有五法故曰完；其质则布，其色则白，故曰弗费。

〔9〕善衣：谓朝服、祭服。

【译文】

裳制用十二幅布，以与一年的十二个月相应。衣袖作圆形以与圆规相应。衣领如同曲尺以与正方相应。衣背的中缝长到脚后跟以与垂直相应。下边齐平如称垂和称杆以与水平相应。因此袖似圆规，象征举手行揖让礼的容姿。背缝垂直而领子正方，用以使政教不偏，义理公正。因此《易》说："六二爻象的变动，正直而端方。"下边齐平如称垂和称杆，以使志向安定而心地公平。五种法度都施用到深衣上，因此圣人穿它。符合圆规和曲尺是取它象征公正无私之义，垂直如墨线是取它象征正直之义，齐平如称垂和称杆是取它象征公平之义，因此先王很看重深衣。深衣可以作文服穿，也可以作武服穿，可以在担任摈、相时穿，也可以在治理军队时穿，法度完善而又俭省，是仅次于朝服和祭服的好衣服。

4. 具父母、大父母，衣纯以缋[1]。具父母，衣纯以青。如孤子[2]，衣纯以素。纯袂缘、纯边，广各半寸。

【注释】

〔1〕衣纯以缋：纯，镶边。缋，文饰。

〔2〕孤子：二十九岁以下而丧父者。

【译文】

父母、祖父母都健在，深衣就镶带花纹的边。父母健在，深衣就镶青边。如果是孤子，深衣就镶白边。在袖口、衣襟的侧边和裳的下边镶边，镶边宽各半寸。

投壶第四十

1. 投壶之礼[1]。主人奉矢，司射奉中[2]，使人执壶。主人请曰："某有枉矢、哨壶[3]，请以乐宾。"宾曰："子有旨酒嘉肴，某既赐矣[4]，又重以乐，敢辞。"主人曰："枉矢、哨壶，不足辞也，敢固以请[5]。"宾曰："某既赐矣，又重以乐，敢固辞。"主人曰："枉矢、哨壶，不足辞也，敢固以请。"宾曰："某固辞不得命，敢不敬从！"

【注释】
〔1〕投壶之礼：投壶，是一种游戏，也是一种礼。以矢投壶，投中多者为胜方，而饮负方以罚酒，类似于射礼。燕饮有射箭比赛以乐宾，但如果庭的长宽不足以张射侯，宾客的人数亦不足以排比射耦，则用投壶礼。
〔2〕司射奉中：司射，为主人掌射事者，由主人的属吏充任。中，是盛筹器；筹是用来计算投中次数的筹码。中的形制与射箭比赛所用盛筹的中同，即刻木为之，状如伏兕，或伏鹿，背上立有圜圈以盛筹。案本篇所记投壶礼是士礼，用鹿中，即刻作伏鹿形的中。又案司射捧中是在西阶上，面朝北。
〔3〕某有枉矢、哨壶：某，代主人名。枉矢，枉谓不直。哨壶，哨谓不正。案这是主人的谦词。
〔4〕某：代宾名。
〔5〕固：如故。

【译文】
投壶的礼仪。主人捧着矢，司射捧着中，另使人拿着壶。主人请求说："某有不直的矢,歪口的壶,请用来使宾娱乐。"宾说:"您有美酒佳肴,某已经受赐了,又加上娱乐,不敢不推辞。"主人说:"不直的矢,歪口的壶,不值得推辞,谨再次请您参加。"宾说:"某已经受赐了,又加上娱乐,不敢不再次推辞。"主人说:"不直的矢,歪口的壶,不值得推辞,谨再次请您参加。"宾说:"某一再推辞得不到允许,敢不恭敬从命!"

2. 宾再拜受。主人般还[1],曰:"辟[2]。"主人阼阶上拜送[3]。宾盘还,曰:"辟。"

【注释】
〔1〕般还:同"盘旋"。
〔2〕辟:谓辟(避)而不敢受。
〔3〕拜送:授物而后再行拜礼,叫做拜送。因授物时手中有物不便拜,故先授而后拜。

【译文】
宾行再拜礼接受矢。主人转动身体避让着,说:"不敢当。"主人在阼阶上行拜送礼。宾转动身体避让着,说:"不敢当。"

3. 已拜,受矢[1],进即两楹间[2],退反位,揖宾就筵[3]。

【注释】
〔1〕受矢:案授矢者是赞者(即相赞投壶礼者,亦为主人之属吏)。
〔2〕进即两楹间:楹,堂上的立柱(参见《檀弓上第三》第49节)。案因为投壶将在两楹间进行,当设筵(席)于此,故主人先进即此以示其位。
〔3〕就筵:是就设于两楹间投壶之筵。

【译文】
　　主人行过拜送礼之后,〔从赞者手中〕接受矢,进到两两楹之间的地方,再退而返回阼阶上之位,然后揖请宾就席。

4. 司射进度壶[1],间以二矢半[2],反位,设中,东面,执八筹,兴。

【注释】
　　[1]司射进度壶:案这是司射在西阶上从执壶者手中接过壶,而后进度设壶之处。壶设在两楹之间宾、主筵之南。
　　[2]二矢半:案本篇是记在堂上投壶,所用矢长七扶(参见第11节),案四指为扶,一扶为四寸,七扶则二尺八寸;二矢半,是为七尺。

【译文】
　　司射〔从西阶〕进到席前量度设壶的位置,〔使壶与宾、主所在的席〕间隔二矢半的距离,然后返回〔西阶上〕原位,把中放置好,面朝东,〔从中里〕拿出八支筹,站起来。

5. 请宾曰[1]:"顺投为入[2],比投不释[3],胜饮不胜者。正爵既行[4],请为胜者立马[5],一马从二马[6],三马既立,请庆多马。"请主人亦如之。

【注释】
　　[1]请:犹告。
　　[2]顺投:谓矢头入壶。
　　[3]比投不释:案投壶当宾主交替而投,不得一人比投。释,谓释算以计投中之数,即下文所谓"立马"。
　　[4]正爵:这是胜者所饮庆酒,以其为正礼,故谓之正爵(参见第10节注[2])。
　　[5]马:是为表胜者所胜次数用的(用法详第10节注[1]),其形

制,是刻作马形而植(插)于地。又之所以刻作马形且名之为马,是因为投壶和射礼一样,都属习武之事,而马为将帅所乘,为表胜者之威武,故名之为马。

〔6〕一马从二马:此五字盖衍文。

【译文】

司射告诉宾说:"矢头进入壶中才算投中,连续地投就不计数。胜利的一方酌酒罚不胜的饮。庆酒饮过之后,就请为胜方设马。已经设够三马,就请酌酒庆贺多得马的一方。"告诉主人也是这样。

6. 命弦者曰[1]:"请奏《狸首》[2],间若一[3]。"大师曰[4]:"诺。"

【注释】

〔1〕弦者:谓鼓瑟者。
〔2〕《狸首》:古逸诗乐名。
〔3〕间若一:谓诗乐的演奏,每奏一遍所间隔的时间要均平如一也。
〔4〕大师:乐工之长。

【译文】

司射命令乐工说:"请演奏《狸首》,每次演奏节奏的快慢要一致。"大师回答说:"是。"

7. 左、右告矢具[1],请拾投。有入者,则司射坐而释一筭焉:宾党于右,主党于左[2]。

【注释】

〔1〕左、右告矢具:告者为司射,被告者为主人(左)和宾(右)。

〔2〕宾党于右，主党于左：案司射在西阶上面朝东坐地以释算，是于右者，即于其前而稍南；于左者，于其前而稍北也。

【译文】

司射向主人和宾报告矢已经齐备，请他们轮流投壶。有投中的，司射就坐下为他放置一支算在地上：宾客们的算放在左边，主人及其子弟们的算放在右边。

8. 卒投，司射执算曰："左、右卒投，请数。二算为纯，一纯以取，一算为奇。"遂以奇告曰[1]："某贤于某若干纯[2]。"奇则曰奇，均则曰左、右钧。

【注释】

〔1〕遂以奇告：案此"奇"与上"奇"字义不同：上"奇"谓不够一纯的单数，此"奇"谓胜方比负方多出的纯数。
〔2〕某贤于某：上"某"代胜方，下"某"代负方：宾胜则曰"宾贤于主"，主胜则曰"主贤于宾"。

【译文】

投壶完毕，司射拿着算说："宾、主投壶完毕，请求数算。两支算为一纯，一纯一纯地取来数，余一算就叫做奇。"接着就拿着胜方多出的纯数宣告说："某多于某若干纯。"如果所多的算有奇数就把奇数说出来，如果双方得算相同就说宾、主均等。

9. 命酌曰[1]："请行觞。"酌者曰："诺。"当饮者皆跪奉觞，曰："赐灌。"胜者跪曰："敬养。"

【注释】

〔1〕命酌：酌者，为胜方之弟子。

【译文】

司射命〔胜方的弟子〕说:"请为负方酌酒。"胜方弟子说:"是。"应当饮酒的人都跪着捧起酒杯,说:"承蒙赐饮。"胜者也跪着说:"请敬养贵体。"

10. 正爵既行,请立马,马各直其筹,一马从二马[1],以庆。庆礼曰:"三马既备,请庆多马。"宾主皆曰:"诺。"正爵既行[2],请彻马。

【注释】

〔1〕一马从二马:案投壶也和射箭比赛一样,要进行三次,以决胜负。如果一方连胜三局,就不用说了,那就为胜方立三马。如果是二比一,那就要把为负方所立的一马拿过来立于胜方这边,即所谓以少益于多,以助胜者为荣,这就叫做"一马从二马"。又案投壶每一局是投四矢(参见下节注〔1〕),故虽投三局,而有"左、右钧(均)"的情况出现。

〔2〕正爵:此指庆酒。案庆酒于礼则为胜方所当饮以为荣者,故亦为正爵。

【译文】

庆酒饮过之后,〔司射〕吩咐为胜方设马,马所设的地方各当双方所得的筹前,只设一马的就拿过来并设在二马这边,以表示对胜方的庆贺。行庆礼时〔司射〕说:"三马已设立完备,请〔酌酒〕庆贺多马的一方。"宾、主都说:"是。"饮过庆酒,司射吩咐撤去所立的马。

11. 筹多少视其坐[1]。筹[2],室中五扶,堂上七扶,庭中九扶[3]。筹长尺二寸。壶颈修七寸,腹修五寸,口径二寸半,容斗五升,壶中实小豆焉,为其矢之跃而出也。壶去席二矢半[4]。矢以柘若棘，毋去其皮。

【注释】
〔1〕筹多少视其坐：案所用筹数当视坐投壶者之多少为数。投壶者每人四矢，亦每人四筹。如投壶者宾、主各四人，则当用三十二筹。
〔2〕筹：谓矢。
〔3〕"室中"至"九扶"：案投壶礼可以在室中、堂上及庭中进行。室中狭小，故所用矢较短；堂上较广，故所用矢较长；庭中地最广，故所用矢最长。一扶为四寸（参见第4节注〔2〕），则室中所用矢长二尺，堂上所用矢长二尺八寸，庭中所用矢长三尺六寸。
〔4〕壶去席二矢半：案因室中、堂上、庭中所用矢的长度各不同，故所设壶虽皆去席二矢半，而实际距离则各不同。

【译文】
所用筹的多少要看参加坐投的人数来定。矢，在室中就用长五扶的，在堂上就用长七扶的，在庭中就用长九扶的。筹长一尺二寸。壶颈长七寸，腹深五寸，壶的口径二寸半，壶的容量为一斗五升，壶中盛小豆，以防矢投入后再跳出来。壶距离〔投壶者所在的〕席为二矢半。矢是用柘木或棘木制成的，制矢时不要剥去树皮。

12. 鲁令弟子辞曰[1]："毋怃[2]，毋敖，毋偝立[3]，毋逾言[4]。偝立、逾言有常爵[5]。"薛令弟子辞曰："毋怃，毋敖，毋偝立，毋逾言，若是者浮[6]。"

【注释】
〔1〕弟子：是指宾党和主党中的年少者，皆立于堂下。
〔2〕怃：谓大声说话。
〔3〕偝立：谓不正面向前而立。
〔4〕逾言：谓与距离较远的人说话，则必大声，是犯"毋怃"之诫。
〔5〕常爵：谓常设所以罚人之爵。

〔6〕浮：亦谓罚爵。

【译文】

鲁国〔举行投壶礼时司射〕告诫弟子说："不要大声说话，不要傲慢，不要侧身而立，不要同远处的人说话。侧身而立，或同远处的人说话，都要饮罚酒。"薛国〔举行投壶礼时司射〕告诫弟子说："不要大声说话，不要傲慢，不要侧身而立，不要同远处的人说话，如果这样就要饮罚酒。"

13. 鼓：○□○○□□○□○○□[1]，半○□○□○○○□□○□○：鲁鼓。○□○○□□○□○○□○□○○□□○，半○□○○○□□○：薛鼓。取半以下为投壶礼，尽用之为射礼[2]。司射、庭长，及冠士立者，皆属宾党；乐人，及使者、童子，皆属主党[3]。鲁鼓[4]：○□○○□□○○；半：○□○○□○○○□○○○。薛鼓：○□○○○□○□○□□○○□○；半：○□○□○○○□○。

【注释】

〔1〕○□：是记录击鼓节奏的符号："○"表示击鼙（一种小鼓）一下，"□"表示击鼓一下。

〔2〕"取半"至"射礼"：案投壶礼只用一半鼓节者，是投壶礼之小者。射，谓燕射。

〔3〕"司射"至"主党"：庭长，即司正，因其职是立于庭中以察饮酒时违礼者，故名庭长。冠士，指行过加冠礼的已成年的士。案冠士、童子，都是主人之弟子观礼者。乐人，是奏乐之人。案这几句与上下文不类，盖错简于此。

〔4〕鲁鼓：案这以下迄文末，所记鼓谱与前不同，是记两家之异。然未知其孰是，故兼列之。

【译文】

击鼓的节奏：○□○○□□○□○○□；又击下列节奏的一半：○□○□○○○□□○□○。这是鲁国击鼓的节奏。〔击鼓的节奏〕：○□○○○□□○□○○□□○□○○□□○；又击下列节奏的一半：○□○○○□□○。这是薛国击鼓的节奏。取"半"字以下的节奏为举行投壶礼时击鼓的节奏，全部节奏都用上是举行射礼时击鼓的节奏。司射、庭长以及站着的行过加冠礼的士，都附属于宾客一边；乐人，以及供使唤的人和童子，都附属于主人一边。鲁国击鼓的节奏：○□○○□□○○；又击下列节奏的一半：○□○○□○○○○□○○。薛国击鼓的节奏：○□○○○○□○□○□○○○□○□○○□○；又击下列节奏的一半：○□○□○○○○□○。

儒行第四十一

1. 鲁哀公问于孔子曰:"夫子之服,其儒服与[1]?"孔子对曰:"丘少居鲁,衣逢掖之衣[2];长居宋,冠章甫之冠[3]。丘闻之也,君子之学也博,其服也乡,丘不知儒服。"

【注释】

〔1〕夫子之服,其儒服与:案鲁哀公见孔子之服与士大夫异,又与庶人不同,故疑为儒服而问之。
〔2〕逢掖之衣:逢,犹大,谓肘、掖(腋)宽大。
〔3〕章甫之冠:章甫,是殷人之冠。孔子之祖为宋人,而宋为殷之后裔,故孔子之宋而冠章甫之冠。章甫的形制,盖如缁布冠,而殷世名之为章甫。

【译文】

鲁哀公问孔子说:"先生的服装,是儒者的服装吧?"孔子回答说:"我少年时期住在鲁国,穿袖子宽大的衣服;长大后住在宋国,戴章甫之冠。我听说,君子的学问要广博,衣服要随俗。我不知道什么是儒服。"

2. 哀公曰:"敢问儒行。"孔子对曰:"遽数之不能终其物,悉数之乃留[1],更仆未可终也[2]。"

【注释】

〔1〕留:久。

〔2〕更仆:谓仆人侍立,久则倦,须更换。

【译文】
　　哀公说:"请问儒家的德行是怎样的。"孔子回答说:"仓促地叙说不能把事情说完,详尽地叙说时间很长,到仆人换班的时候也讲不完。"

　　3. 哀公命席。孔子侍,曰:"儒有席上之珍以待聘[1],夙夜强学以待问,怀忠信以待举,力行以待取:其自立有如此者。

【注释】
　　〔1〕席上之珍:席,犹铺陈,铺陈往古尧、舜之善道。

【译文】
　　哀公命人〔为孔子〕布设坐席。孔子陪坐,说:"儒者能陈述上古的善道以待聘用,早晚都努力学习以待咨讯,怀着忠信之心以待推举,努力实践以待取用:他们自立于世就是像这样的。

　　4. "儒有衣冠中[1],动作慎;其大让如慢,小让如伪[2];大则如威,小则如愧[3];其难进而易退也,粥粥若无能也[4]:其容貌有如此者。

【注释】
　　〔1〕中:谓中于礼。
　　〔2〕大让如慢,小让如伪:案如让国、让位,是大让。大让则如不屑有之,以观察让者之诚,故曰如慢。至于饮食辞避,则是小让。小让实为仪,未必真让,故如伪。
　　〔3〕大则如威,小则如愧:威,通"畏"。如威,如愧,皆谓重慎而

自贬损。

〔4〕难进而易退也，粥粥若无能也：三揖而后进，故曰难进；一辞而遂退，故曰易退。粥粥，柔弱貌。案三揖而进，一辞而退，参见《表记第三十二》第23节。

【译文】

"儒者衣冠符合礼，动作谨慎；他们的大谦让如同傲慢，小谦让如同伪饰；行大事就像有所畏惧，行小事就像有所惭愧；难前进而易退出，就像柔弱无能的样子：儒者的容貌就是像这样的。

5."儒有居处齐难[1]，其坐起恭敬，言必先信，行必中正，道涂不争险易之利，冬夏不争阴阳之和[2]，爱其死以有待也，养其身以有为也：其备豫有如此。

【注释】
〔1〕难：通"戁"，敬。敬训肃。
〔2〕阴阳之和：谓冬温而夏凉，是阴阳之和。

【译文】

"儒者日常起居庄重严肃，他们或坐或起都很恭敬，说话必先有诚信的态度，行动必须无偏差，走路面临险途和易走的路时不与人争路以利己，冬季或夏季不与人争温暖或凉快的地方，爱惜生命以等待时机，保养身体以准备有所作为：儒者预先准备的工夫就是像这样的。

6."儒有不宝金玉，而忠信以为宝；不祈土地，立义以为土地；不祈多积，多文以为富；难得而易禄也，易禄而难畜也。非时不见，不亦难得乎？非义不合，不亦难畜乎？先劳而后禄，不亦易禄乎？其近人有如此者。

【译文】

"儒者不以金玉为宝,而把忠信当作宝;不祈求土地,建立道义作为立身的土地;不祈求多积财物,把多学问才艺作为富有;儒者不容易得到而容易供养,容易供养而难以驯服。不遇政治清明的时候就隐居不出,不是很难得到吗?不遵道义的就不同他合作,不是难以驯服吗?先建立功劳而后接受俸禄,不是很容易供养吗?儒者接近人的原则就是像这样的。

7. "儒有委之以货财,淹之以乐好,见利不亏其义;劫之以众,沮之以兵,见死不更其守;鸷虫攫搏不程勇者[1],引重鼎不程其力;往者不悔,来者不豫[2];过言不再,流言不极[3],不断其威,不习其谋[4]:其特立有如此者。

【注释】

〔1〕鸷虫攫搏不程勇者:鸷虫,猛鸟、猛兽。不程勇,"勇"上盖脱"其"字,以与下"不程其力"为对文;"勇"下则盖衍一"者"字。此谓儒者见艰难之事遇则行之,而不豫为度量。
〔2〕往者不悔,来者不豫:谓已往及未来,平行自若。
〔3〕流言不极:谓儒者识虑深远,闻之则解,故不穷极其所出。
〔4〕不习其谋:习,重,谓谋定则行,不重(再谋划)。

【译文】

"付给儒者钱财,并用玩乐爱好之物来包围他,他却不见利而做有损于道义的事;用人多势重来胁迫他,用兵器来恐吓他,他却不面对死亡而改变操守;遭遇凶猛的禽兽即上前搏斗而不衡量自己的武勇是否能对付,需要重鼎的时候即上前扛举而不衡量自己的力量够不够;对自己做过的事不后悔,对将来会遇到什么事也不预先考虑；说错的话不再说，听到流言不追究，始终保持威严的容止，遇事〔不改变既定的主意而〕重新谋划：儒者的独特就是像这样的。

8. "儒有可亲而不可劫也，可近而不可迫也，可杀而不可辱也。其居处不淫，其饮食不溽[1]，其过失可微辨而不可面数也：其刚毅有如此者。

【注释】
〔1〕溽：音rù，通"蓐"，厚。

【译文】
"儒者可亲而不可劫持，可近而不可胁迫，可杀而不可侮辱。他们居住不奢侈，饮食不丰厚，对于他们的过失可以委婉示意而不可当面指责：他们的刚毅就是像这样的。

9. "儒有忠信以为甲胄，礼义以为干橹[1]，戴仁而行，抱义而处，虽有暴政，不更其所：其自立有如此者。

【注释】
〔1〕干橹：干为小盾，橹为大盾。

【译文】
"儒者把忠信作为甲胄，把礼义作为盾牌，头戴仁而行，怀抱义而居，即使遭遇暴政，也不改变他们所立的志操：儒者的自立就是像这样的。

10. "儒有一亩之宫[1]，环堵之室[2]，筚门，圭窬[3]，蓬户，瓮牖，易衣而出[4]，并日而食。上答之，不敢以疑；上不答，不敢以谄：其仕有如此者。

【注释】
〔1〕宫：谓墙垣。
〔2〕堵：案筑墙，一丈为版，版宽二尺；五版为堵，一堵之墙，长一丈、宽一丈。
〔3〕圭窬：窬，通"窦"。圭窦，是一种上锐下方，状如圭形的小门，穿墙为之。
〔4〕易衣而出：谓合家只有一件可以穿得出门的衣服，故谁出门就换给谁穿。

【译文】
"儒者有一亩大的院墙，有四周墙壁长、高各一丈的房屋，有用竹子或荆条编的院门，门旁院墙上开个圭形的小门洞，屋门用蓬编成，窗子只有瓮口那么大，更换衣服而后出门，两天只吃一天的饭。君主答应任用他，他就〔竭忠尽智而〕不敢怀二心；君主不答应任用他，他不敢用谄媚来博取欢心：儒者对于做官的态度就是像这样的。

11. "儒有今人与居，古人与稽[1]；今世行之，后世以为楷；适弗逢世，上弗援，下弗推，谗谄之民有比党而危之者，身可危也，而志不可夺也；虽危，起居竟信其志[2]，犹将不忘百姓之病也：其忧思有如此者。

【注释】
〔1〕古人：谓古之君子。
〔2〕起居竟信其志：起居，犹举事、动作。信，通"伸"。

【译文】

"儒者虽同现代人生活在一起,却能上考古代君子的言行;在现代社会的行为,能成为后世的楷模;正巧生不逢时,上面的人不取用他,下面的人不推举他,谗佞谄媚的人结伙陷害他,他却身可遭害,而志操不可动摇;虽处危境,举动行事终究要伸展自己的志向,仍将不忘百姓的疾苦:儒者的忧国思民之心就是像这样的。

12. "儒有博学而不穷,笃行而不倦,幽居而不淫,上通而不困[1],礼之以和为贵,忠信之美,优游之法,慕贤而容众[2],毁方而瓦合[3]:其宽裕有如此者。

【注释】

〔1〕上通而不困:上通,谓身得通达于君,有道德可被用。不困,谓儒者德才充备,既被任用,就能胜其任而不致被困。
〔2〕慕贤:原误作"举贤"。
〔3〕毁方而瓦合:谓去己之大圭角,下与众小人合也。必瓦合者,亦君子为道不远人。案圭角方而瓦器圆,此处是以圭方喻君子,而以瓦器喻众人,毁方而就圆,亦君子爱众、容众之意。

【译文】

"儒者广泛地学习而无止境,切实地实行而不厌倦,隐居独处而不做邪僻的事,上通国君被任用而不会为政务所困窘,以礼待人而又重视人际关系的和谐,具有忠信的美德,优游从容的风度,思慕贤人而又能团结众人,犹如磨毁自己玉圭般的方角而与如瓦器的众人相融合:儒者的宽厚容众就是像这样的。

13. "儒有内称不辟亲,外举不辟怨,程功积事,推贤而进达之。不望其报,君得其志;苟利国家,不求富贵:其举贤援能有如此者。

【译文】

"儒者荐举宗族内的人不回避亲人,荐举宗族外的人不避弃仇人,只衡量功劳和积累的事迹,推荐贤才而进达朝廷。不希望被推荐者报答,但求国君如愿;只要有利于国家,不求个人富贵:儒者荐举引用贤能的人就是像这样的。

14."儒有闻善以相告也,见善以相示也,爵位相先也,患难相死也,久相待也,远相致也:其任举有如此者。

【译文】

"儒者听到有益的话就告诉朋友,看到有益的事就指示给朋友,见爵位先让给朋友,遇患难可为朋友而死,〔朋友在下位不得提拔就〕长久地等待他〔一齐晋升〕,〔朋友在别国不得志就〕远相招致〔共事明君〕:儒者任用和荐举朋友就是像这样的。

15."儒者澡身而浴德,陈言而伏,静而正之[1],上弗知也;粗而翘之[2],又不为急也;不临深而为高,不加少而为多;世治不轻,世乱不沮;同弗与,异弗非也:其特立独行有如此者。

【注释】

〔1〕静而正之:"之"字是衍文。
〔2〕粗而翘之:粗,犹疏,微。翘,起发。

【译文】

"儒者用德洗澡洁身,陈述自己的见解而恭听君命,静处而坚守正道〔以待君用〕。君上不了解自己时,就微言启发他了解,又不急于求成。不站在深壑面前而自以为高，不凌驾功少的人之上而自以为功多；社会治理得好知道自重，社会混乱也不沮丧；对意见相同的人不结成一伙，对意见不同的人不加非毁：儒者独特的立身行事原则就是像这样的。

16. "儒有上不臣天子，下不事诸侯，慎静而尚宽，强毅以与人[1]，博学以知服，近文章，砥厉廉隅，虽分国，如锱铢[2]，不臣不仕：其规为有如此者。

【注释】
〔1〕强毅以与人：谓不苟诡随于人。
〔2〕锱铢：二十四铢为两，八两为锱。

【译文】
"儒者有上不做天子的臣，下不侍奉诸侯的，谨慎静处而贵尚宽和，与人相处而坚持原则，广博地学习而知所服膺，学习文章，磨砺节操，即使分封国土给他，他也看得轻如锱铢，不因此而〔在无道之君手下〕做臣做官：儒者对自己行为的要求就是像这样的。

17. "儒有合志同方，营道同术，并立则乐，相下不厌[1]，久不相见，闻流言不信。其行本方立义，同而进，不同而退：其交友有如此者。

【注释】
〔1〕相下不厌：谓递相卑下而不厌贱。

【译文】
"儒者有志向相合，所学道艺相同〔的朋友〕，在一起就感到快乐,相互谦下而不厌,长时间不见面,听到谣言也不相信。儒者的行为本于方正而立于道义,志趣相同就一起进取,不同就分手退避:儒者交友的原则就是像这样的。

18. "温良者,仁之本也;敬慎者,仁之地也[1];宽裕者,仁之作也;孙接者,仁之能也;礼节者,仁之貌也;言谈者,仁之文也;歌乐者,仁之和也;分散者,仁之施也。儒皆兼此而有之,犹且不敢言仁也:其尊让有如此者也。

【注释】
〔1〕地:犹践履。

【译文】
"温柔善良,是仁的根本;恭敬谨慎,是仁的实践;宽缓充裕,是仁的动作;谦逊接物,是仁的技能;礼貌仪节,是仁的外表;言语谈吐,是仁的文饰;歌舞音乐,是仁的和悦;分散财物,是仁的布施。这些美德儒者都兼有,仍然不敢自称为仁:儒者的恭敬谦让就是像这样的。

19. "儒有不陨获于贫贱[1],不充诎于富贵[2],不慁君王[3],不累长上[4],不闵有司[5],故曰'儒'。今众人之命'儒'也妄,常以'儒'相诟病。"

【注释】
〔1〕陨获:困迫失志之貌。
〔2〕充诎:案充则满而必溢,诎则高而必危。
〔3〕慁:音 hùn,犹辱。

〔4〕累：犹系。
〔5〕闵：犹病。

【译文】

"儒者不因贫困而丧失志向，不因富贵骄淫而丧失节操，不受君王的困辱，不受长上的束缚，不受官吏的刁难〔而违背道义〕，因此称作'儒'。现在的众人胡乱地称人为'儒'，常拿'儒'这个名称来相互羞辱。"

20. 孔子至舍。哀公馆之[1]："闻此言也[2]，言加信，行加义，终没吾世，不敢以儒为戏。"

【注释】

〔1〕馆之：谓具食以致其养。
〔2〕闻此言也：案此以下的五句皆哀公之言也。

【译文】

孔子到馆舍。哀公款待他，说："听了这番话，知道儒者的言论更加可信，行为更加合理，一直到我死，也不敢拿儒者开玩笑了。"

大学第四十二

1. 大学之道[1],在明明德[2],在亲民[3],在止于至善。知止而后有定,定而后能静,静而后能安,安而后能虑,虑而后能得[4]。物有本末,事有终始,知所先后,则近道矣。

【注释】
〔1〕大学:谓博学。
〔2〕明明德:明德,谓至德,是指人生之初所秉赋于天的最美善的德性,亦即所谓"人之初,性本善"的"善性"。此"明德"受后天利欲所蔽致使昏而不明,须通过学习以明之,故曰"明明德"。
〔3〕亲:是"新"字之误,言既自明其德,而使人用此道以自新。
〔4〕虑而后能得:谓能虑则择之无不精,处之无不当,而至善于是乎可得。

【译文】
多多学习的目的,在于彰明内心美善的德性,在于使人自新,在于使人处于最美善的道德境界。知道所当处的道德境界而后有确定的志向,志向确定而后能心静不躁,心静不躁而后能性情安和,性情安和而后能虑事周详,虑事周详而后能达到最美善的境界。万物都有本有末,凡事都有始有终,知道事物的先后次序,就接近学习的目的了。

2. 古之欲明明德于天下者,先治其国;欲治其国者,先齐其家;欲齐其家者,先修其身;欲修其身者,先正其心；欲正其心者，先诚其意；欲诚其意者，先致其知[1]；致知在格物[2]，物格而后知至，知至而后意诚，意诚而后心正，心正而后身修，身修而后家齐，家齐而后国治，国治而后天下平。自天子以至于庶人，壹是皆以修身为本。其本乱而末治者[3]，否矣。其所厚者薄，而其所薄者厚，未之有也。此谓知本，此谓知之至也。

【注释】
〔1〕致其知：致知，谓致吾心之良知。良知，即孟子"是非之心人皆有之"之谓。是非之心不待虑而知，不待学而能，是故谓之良知。
〔2〕格物：格，去。谓格去物欲之蔽。
〔3〕本乱而末治者：修身为本，而家、国、天下则末。

【译文】
　　古时候想把彰明内心美善本性推广到天下的人，先治理自己的国家；要治理自己的国家，先整顿自己的家族；要整顿自己的家族，先修养自身；要修养自身，先端正自己的内心；要端正自己的内心，先使意念真诚；要使意念真诚，先招致自己的良知；招致良知在于格除物欲，物欲格除而后良知到来，良知到来而后意念真诚，意念真诚而后内心端正，内心端正而后才能修养好自身，自身修养好而后家族才能整顿好，家族整顿好而后才能把国家治理好，国家治理好而后天下太平。从天子直到平民，统一地都是要把修养自身作为根本。根本乱了而要把末端治理好，是不可能的。该用力深厚的用力薄，而该用力薄的却用力厚，〔要想达到治国、平天下的目的〕，还从没有过这样的事。这就叫做知道根本，这就叫做良知的到来。

3. 所谓诚其意者，毋自欺也。如恶恶臭，如好好色，此之谓自谦[1]。故君子必慎其独也。小人闲居为不善，无所不至，见君子而后厌然揜其不善而著其善[2]。人之视己，如见其肺肝然，则何益矣！此谓诚于中，形于外，故君子必慎其独也。曾子曰："十目所视，十手所指，其严乎！"富润屋，德润身，心广体胖[3]，故君子必诚其意。

【注释】
〔1〕"如恶"至"自谦"：谦，快、足。案恶恶臭而欲去之，好女色而欲得之，以求自快自足，皆人心之实情；如心实好之而口不言，就是自欺，就是不诚。此处文字省去了下面这层意思，容读者自会之。
〔2〕厌：消沮闭藏之貌。
〔3〕胖：音pán，安舒。

【译文】
　　所谓使自己的意念真诚，就是不要自欺。如同厌恶恶臭，如同喜好女色，这就叫做自求快意满足。因此君子必须在独处的时候也十分谨慎。小人独处的时候做不好的事，无所不为，见到君子而后躲躲藏藏地掩饰自己的坏处而炫耀自己的好处。可是别人看他，如同看透了他的肺肝那样，他这样做又有什么好处！这就叫做有真实的意念在内，就会显露在外，因此君子必须在独处的时候十分谨慎。曾子说："〔独处时也要像〕有好多眼睛看着，好多手指指着那样，多么严厉可畏啊！"财富可以装饰房屋，德行可以美化自身，心胸宽广才能身体安舒，因此君子必须使自己的意念真诚。

　　4.《诗》云[1]："瞻彼淇澳，菉竹猗猗[2]。有斐君子，如切如磋，如琢如磨。瑟兮僩兮[3]，赫兮喧兮[4]。有斐君子，终不可谖兮。""如切如磋"者，道学也。

"如琢如磨"者，自修也。"瑟兮僩兮"者，恂栗也[5]。"赫兮喧兮"者，威仪也。"有斐君子，终不可谖兮"者，道盛德至善，民之不能忘也。《诗》云："於戏，前王不忘[6]！"君子贤其贤而亲其亲，小人乐其乐而利其利，此以没世不忘也。

【注释】
〔1〕《诗》云：案下面的诗句引自《诗·卫风·淇澳》。
〔2〕菉竹猗猗：菉，通"绿"。猗猗，美盛貌。
〔3〕瑟兮僩兮：瑟，矜庄貌。僩，音 xiàn，武毅貌。
〔4〕喧：通"愃"，愃，宽心。
〔5〕恂栗：恂，信实。栗，战惧。
〔6〕於戏，前王不可忘：这两句诗引自《诗·周颂·烈文》。於戏，读作"wū hū"。前王，指文王、武王。

【译文】
《诗》说："看那淇水弯曲处，绿竹美好又繁多。那个文雅的君子，好像象牙经切磋，如同美玉经琢磨。多么庄重又刚毅，光明显赫心宽阔。那个文雅的君子，始终不可忘怀哦。""好像象牙经切磋"，是说研讨学问。"如同美玉经琢磨"，是说自我修养。"多么庄重又刚毅"，是说诚实谨慎的态度。"光明显赫心宽阔"，是说可敬畏的仪表。"那个文雅的君子，始终不可忘怀哦"，是说盛大的德行尽善尽美，民众不能忘记他。《诗》说："啊啊，先王使人永不忘！"君子赞美先王任用贤人而亲睦亲族，小人高兴先王带来的安乐和利益，因此他们虽死而使人不忘。

5.《康诰》曰[1]："克明德。"《大甲》曰："顾諟天之明命[2]。"《帝典》曰："克明峻德。"皆自明也。

【注释】

〔1〕《康诰》：及下《大甲》、《帝典》，皆《尚书》篇名，《帝典》即《尧典》。

〔2〕顾諟天之明命：顾，念。諟，古"是"字。天之明命，犹言天命之明德。

【译文】

《康诰》说："能彰明德性。"《太甲》说："念念不忘这上天赋予的德性。"《尧典》说："能彰明伟大的德性。"

6. 汤之《盘铭》曰[1]："苟日新，日日新，又日新。"《康诰》曰："作新民。"《诗》曰[2]："周虽旧邦，其命惟新。"是故君子无所不用其极。

【注释】

〔1〕《盘铭》：盘，沐浴之盘。铭，盘上的铭文。

〔2〕《诗》曰：案下面的诗句引自《诗·大雅·文王》。

【译文】

商汤的《盘铭》说："假如一天自新，就能天天自新，每天自新。"《康诰》说："鼓舞人们自新。"《诗》说："周虽旧邦国，国运是新的。"因此君子无处不竭力自新。

7. 《诗》云[1]："邦畿千里，惟民所止。"《诗》云："缗蛮黄鸟，止于丘隅[2]。"子曰："于止，知其所止，可以人而不如鸟乎？"《诗》云："穆穆文王，於，缉熙敬止[3]！"为人君止于仁，为人臣止于敬，为人子止于孝，为人父止于慈，与国人交止于信。

【注释】

〔1〕《诗》云：案下面两句诗句引自《诗·商颂·玄鸟》。

〔2〕缗蛮黄鸟，止于丘隅：这句诗引自《诗·小雅·绵蛮》。缗，通"绵"。蛮，小鸟貌。

〔3〕穆穆文王，於，缉熙敬止：这三句诗引自《诗·大雅·文王》。穆穆，敬貌。缉熙，光明。

【译文】

《诗》说："国都附近地千里，是民居住的所在。"《诗》说："小小黄鸟儿，停在山丘角。"孔子说："在该止息的时候，鸟儿知道它止息的地方，怎可人而不如鸟呢？"《诗》说："庄重恭敬的文王，啊，光明而又敬处所止！"做国君的要处于仁的境界，做人臣的要处于敬的境界，做子女的要处于孝的境界，做父亲的要处于慈的境界，与国人交往要处于信的境界。

8. 子曰[1]："听讼，吾犹人也。必也使无讼乎。"无情者不得尽其辞，大畏民志，此谓知本。

【注释】

〔1〕子曰：案下面的话引自《论语·颜渊》。

【译文】

孔子说："审理案件，我同别人差不多。一定要使打官司的事消失了才好啊。"要使没有实情的人不能尽情编造谎言，要使民心大为畏服，这就叫做知道根本。

9. 所谓修身在正其心者，身有所忿懥[1]，则不得其正；有所恐惧；则不得其正；有所好乐，则不得其正；有所忧患，则不得其正。心不在焉，视而不见，听而不闻，食而不知其味。此之谓修身在正其心。

【注释】
〔1〕忿：音zhì，愤怒。

【译文】
　　所谓修养自身在于端正自己的内心，是说自身有所愤怒，内心就不能端正；有所恐惧，内心就不能端正；有所嗜好喜乐，内心就不能端正；有所忧患，内心就不能端正。心不在所做的事情上，就会看见也像没有看见，听见也像没有听见，吃东西也不知道滋味。这就说明修养自身在于端正自己的内心。

　　10. 所谓齐其家在修其身者，人之其所亲爱而辟焉[1]，之其所贱恶而辟焉，之其所畏敬而辟焉，之其所哀矜而辟焉，之其所敖惰而辟焉。故好而知其恶，恶而知其美者，天下鲜矣。故谚有之曰："人莫知其子之恶，莫知其苗之硕。"此谓身不修不可以齐其家。

【注释】
　　〔1〕人之其所亲爱而辟焉：辟，犹偏。案自此以下的五句，谓常人之情，惟其所向而不加审，则必陷于一偏而身不修。因此修身的一个重要内容，就是要克服自身感情的偏颇情绪。

【译文】
　　所谓整顿自己的家族在于修养自身，是因为人们对于所亲爱的人难免偏爱，对于所厌恶的人难免偏恶，对于所敬畏的人难免偏敬，对于所哀怜的人难免偏怜，对于所轻视的人难免偏轻。因此喜欢一个人而能了解他的短处，讨厌一个人而能了解他的长处，天下少有。因此有句俗话说："人没有知道自己孩子短处的，没有知道自己的禾苗肥壮的。"这说明自身不加修养就不可以整顿自己的家族。

11. 所谓治国必先齐其家者，其家不可教，而能教人者无之。故君子不出家而成教于国。孝者所以事君也，弟者所以事长也，慈者所以使众也。《康诰》曰："如保赤子。"心诚求之[1]，虽不中，不远矣。未有学养子而后嫁者也[2]。一家仁，一国兴仁；一家让，一国兴让；一人贪戾，一国作乱：其机如此。此谓"一言偾事[3]，一人定国"。尧、舜率天下以仁，而民从之；桀、纣率天下以暴，而民从之。其所令反其所好，而民不从。是故君子有诸己，而后求诸人；无诸己而后非诸人。所藏乎身不恕，而能喻诸人者，未之有也。故治国在齐其家。《诗》云[4]："桃之夭夭，其叶蓁蓁。之子于归，宜其家人。"宜其家人，而后可以教国人。《诗》云[5]："宜兄宜弟。"宜兄宜弟，而后可以教国人。《诗》云[6]："其仪不忒，正是四国。"其为父子、兄弟足法，而后民法之也。此谓治国在齐其家。

【注释】
　　[1] 心诚求之：言爱此赤子，内心精诚求赤子之嗜欲。
　　[2] 未有学养子而后嫁者：此句意在说明母亲爱养其子是出于本性，不是先学会了而后出嫁生子才会抚养的，以喻君对其民亦当如此。
　　[3] 偾：音 fèn，覆败。
　　[4]《诗》云：案下面的诗句引自《诗·周南·桃夭》。
　　[5]《诗》云：案下面的诗句引自《诗·小雅·蓼萧》。
　　[6]《诗》云：案下面的诗句引自《诗·曹风·鸤鸠》。

【译文】

　　所谓治理国家必先整顿好自己的家族，是因为自己的家族不能教育好，而能教育好别人是没有的事。所以君子不出家族而能在国中成就教化：家族中的孝可以用来侍奉国君，悌可以用来侍奉长上，慈可以用来指使民众。《康诰》说："〔对民众〕如同爱护婴儿。"内心真诚地追求满足民众的要求，即使不能完全符合，也可以相差不远了。没有学会抚养子女而后再出嫁的。君主的家族仁爱，一国兴起仁爱；君主的家族礼让，一国兴起礼让；君主一人贪暴，一国都会动乱：事情的关键就是这样。这就叫做"君主一句话可以坏事，一个人可以安定国家"。尧、舜用仁爱率导天下，而民众随之仁爱；桀、纣用贪暴率导天下，而民众随之贪暴。君主的政令与自己的喜好相反，民众就不会遵从。因此君子自己具备的，而后才要求他人做到；自己不沾染的，而后才能禁止他人。自身没有忠恕之心，却教育别人忠恕，从来没有这样的事。因此治理国家在于整顿好自己的家族。《诗》说："桃树娇嫩多美好，桃叶蓁蓁多繁茂。这个女子出嫁了，可使家人都和睦。"自己的家人和睦了，而后可以教育国人。《诗》说："兄弟和睦。"兄弟和睦，而后可以教育国人。《诗》说："他的威仪没有差错，可以领导四方各国。"自己做父亲、做儿子、做兄、做弟都值得效法，而后民众效法他。这就说明治理国家在于整顿家族。

12. 所谓平天下在治其国者，上老老而民兴孝，上长长而民兴弟，上恤孤而民不倍，是以君子有絜矩之道也[1]。所恶于上，毋以使下；所恶于下，毋以事上[2]；所恶于前，毋以先后；所恶于后，毋以从前；所恶于右，毋以交于左；所恶于左，毋以交于右：此之谓絜矩之道。《诗》云[3]："乐只君子，民之父母。"民之所好好之，民之所恶恶之，此之谓民之父母。《诗》云[4]："节彼南山，维石岩岩。赫赫师尹[5]，民具尔瞻。"有国者不可以不慎,辟则为天下僇矣[6]。《诗》云[7]:"殷之未丧师,克配上帝。仪监于殷,峻命不易。"道得众则得国,失众则失国。是故君子先慎乎德,有德此有人,有人此有土,有土此有财,有财此有用。德者本也,财者末也。外本内末,争民施夺,是故财聚则民散,财散则民聚。是故言悖而出者,亦悖而入;货悖而入者,亦悖而出。《康诰》曰:"惟命不于常。"道善则得之,不善则失之矣。《楚书》曰[8]:"楚国无以为宝,惟善以为宝。"舅犯曰[9]:"亡人无以为宝,仁亲以为宝。"《秦誓》曰[10]:"若有一介臣,断断兮无他技[11],其心休休焉,其如有容焉:人之有技,若己有之;人之彦圣,其心好之,不啻若自其口出[12]。寔能容之,以能保我子孙黎民,尚亦有利哉。人之有技,媢疾以恶之[13],人之彦圣,而违之俾不通,寔不能容,以不能保我子孙黎民,亦曰殆哉。"唯仁人放流之,迸诸四夷,不与同中国。此谓唯仁人唯能爱人,能恶人。见贤而不能举,举而不能先,命也[14];见不善而不能退,退而不能远,过也。好人之所恶,恶人之所好,是谓拂人之性,菑必逮夫身。是故君子有大道,必忠信以得之,骄泰以失之。生财有大道,生之者众,食之者寡,为之者疾,用之者舒,则财恒足矣。仁者以财发身,不仁者以身发财。未有上好仁而下不好义者也,未有好义其事不终者也,未有府库财非其财者也[15]。孟献子曰:"畜马乘[16],不察于鸡豚;伐冰之家[17],不畜牛羊;百乘之家[18],不畜聚敛之臣,与其有聚敛之臣,宁有盗臣。"

此谓国不以利为利，以义为利也。长国家而务财用者，必自小人矣。彼为善之，小人之使为国家，菑害并至，虽有善者，亦无如之何矣。此谓国不以利为利，以义为利也。

【注释】
〔1〕絜矩：絜，度。矩，量方（直角）器。
〔2〕"所恶"至"事上"：谓如不欲上之无礼于我，则必以此度下之心，而亦不敢以此无礼使之；不欲下之不忠于我，则以此度上之心，而亦不敢以此不忠事之。案下文义皆仿此。
〔3〕《诗》云：案下面的诗句引自《诗·小雅·南山有台》。
〔4〕《诗》云：案下面的诗句引自《诗·小雅·节南山》。
〔5〕师尹：是周天子的执政大臣。
〔6〕僇：通"戮"。
〔7〕《诗》云：案下面的诗句引自《诗·大雅·文王》。
〔8〕《楚书》：指《国语》中的《楚语》。
〔9〕舅犯：晋臣，曾随晋公子重耳（即后来的晋文公）流亡在外十九年（参见《檀弓下第四》第14节）。
〔10〕《秦誓》：《尚书》篇名。
〔11〕断断：诚一貌。
〔12〕不啻若自其口出：这是说此人爱才之真诚，心、口一致。
〔13〕媢：音mào，妒。
〔14〕命：是"慢"字之误。
〔15〕财非其财：意谓不义之财，终非己有。
〔16〕畜马乘：这是指初由士而升做大夫的人。乘，谓四马，大夫方能乘坐四马拉的车。
〔17〕伐冰之家：指卿大夫以上之家，因为卿大夫以上之家办丧事时才有资格用冰寒尸以防腐。
〔18〕百乘之家：谓有采地者。

【译文】
所谓使天下太平在于治理好自己的国家，是说在上位的人尊敬老人而民众就会兴起孝道，在上位的人尊敬长上而民众就会兴起悌道，在上位的人抚恤孤寡而民众就不会相互背弃，因此君子有规范人的行为的作用。对于上级所做的令自己厌恶的事，不要用来对待下级；对于下级所做的令自己厌恶的事，不要用来对待上级；对于前辈所做的令自己厌恶的事，不要用来对待后辈；对于后辈所做的令自己厌恶的事，不要用来对待前辈；对于身右的人所做的令自己厌恶的事，不要用来对待身左的人；对于身左的人所做的令自己厌恶的事，不要用来对待身右的人：这就叫做规范人的行为的作用。《诗》说："令人快乐的君子，您是民众的父母。"民众所喜欢的就喜欢，民众所厌恶的就厌恶，这就叫做民众的父母。《诗》说："高峻的南山啊，是岩石所堆积。显赫的师尹啊，民众都看着你。"统治国家的人不可以不谨慎，有所偏差就要被天下人所诛讨。《诗》说："殷朝尚未丧失民众时，还能符合上帝的要求。应该借鉴殷的兴亡，知道保持大命不容易。"治国之道能得到民众就能得到国家，失去民众就失去国家。因此君自己先要谨慎自己的德行，有德这才有民众，有民众这才有土地，有土地这才有财富，有财富这才有国家的用度。德是根本，财富是枝末。本末倒置，就会争民利而夺民财。因此聚殓财富民众就会离散，施散财富民众就会归聚。因此说悖理的话，就会遭到悖理的报复；取悖理之财，就会悖理地失去。《康诰》说："天命不常在。"德行好的就可以得到它，不好的就会失去它了。《楚书》说："楚国没有什么可作为珍宝，只把好的德行作为珍宝。"舅犯说："流亡的人没有什么可作为珍宝，把对亲属仁爱作为珍宝。"《秦誓》说："如果有个耿介的大臣，诚实专一而没有其他技艺，心胸宽广，就像能够包容一切：别人有技艺，就如同自己有技艺；别人有美才聪慧，他就从内心里喜好，无异于从他口中所说的。这种人确实能容人，因此能保护我的子孙和百姓，还是很有利于国家呢。如果别人有技艺，就嫉妒而厌恶他，别人才美聪慧，就从中作梗使他不能上通于国君，这种人实在不能容人，因此不能保护我的子孙和百姓，这就危险了。"仁德的人就会流放这种不能容人的人，把他放逐到周边夷人那里，不和他同处中国。这就是说只有仁德的人才能亲近人，才能憎恶人。发现贤才而不能荐举，荐举了而不容贤者的地位在己之上，是怠慢；发现德行不好的人而不能罢退，罢退而不能疏远，是过错。喜好人们所厌恶的，厌恶人们所喜好的，这叫做违逆人的本性，灾祸必然降临到身上。因此做君子有大原则，必须恪守忠信才能得到它，骄奢放纵就会丧失它。增加财富有大原则，生产的人多，消费的人少，创造迅速，开支缓慢，财富就会经常保持充足了。仁爱的人用财富发扬自身的德行，不仁的人不惜丧身以求发财。没有在上位的人喜好仁爱，而下面的人不喜好道义的；没有喜好道义而所承担的职责不能进行到底的，没有府库中的财物不是属于自己的。孟献子说："〔初做大夫而〕喂养四马〔用来驾车的人〕，就不管喂鸡养猪的事情了；可以伐冰〔用来寒尸〕的卿大夫之家，就不喂养牛羊了；拥有百辆兵车的〔有封地的〕卿大夫之家，不豢养聚敛财富的臣属，与其有聚敛财富的臣属，宁可有盗窃主人财物的臣属。"这是说国家不可以牟利为利，要以道义为利。领导国家而致力于财利的，必来自小人的诱导。国君想要治理好国家，却使用小人治理国家，灾难和祸害将一齐降临，国君即使有好的政令，也无可奈何了。这就是说国家不可以牟利为利，要以道义为利。

冠义第四十三

1. 凡人之所以为人者，礼义也。礼义之始，在于正容体，齐颜色[1]，顺辞令。容体正，颜色齐，辞令顺，而后礼义备。以正君臣，亲父子，和长幼。君臣正，父子亲，长幼和，而后礼义立。故冠而后服备，服备而后容体正，颜色齐，辞令顺。故曰"冠者礼之始也"，是故古者圣王重冠。

【注释】
〔1〕齐颜色：谓幼所学事亲、事兄、承师、承长之色，已而至成人，则在庙、在朝、治军、临下、有丧、有忧、吊死、问疾之色，咸能得体，而后谓之齐颜色。

【译文】
人之所以成为人，在于有礼义。礼义的开始，在于使容貌体态端正，表情得当，言词和顺。容貌体态端正，表情得当，言词和顺，而后礼义齐备。根据礼义使君臣关系端正，父子关系亲密，长幼关系和睦。君臣关系端正，父子关系密，长幼关系和睦，而后礼义得以确立。因此行冠礼而后服装齐备，服装齐备而后容貌体态端正，表情得当，言词和顺。所以说"冠礼是礼的开始"，因此古代的圣王都很重视冠礼。

2. 古者冠礼，筮日，筮宾，所以敬冠事。敬冠事所以重礼，重礼所以为国本也。

【译文】

古时候行冠礼，要通过占筮确定日期，通过占筮确定为子弟加冠的宾，以表示对冠礼十分严肃认真。对冠礼严肃认真就是重视礼，重视礼就是立国的根本。

3. 故冠于阼，以著代也。醮于客位，三加弥尊，加有成也[1]。

【注释】

〔1〕醮于客位，三加弥尊，加有成也：案此三句颇疑有脱错。《仪礼·士冠礼·记》曰："醮于客位，加有成也。三加弥尊，谕其志也。"《郊特牲》第29节之文亦同。以彼二文校之，则此节末句之"加有成也"当置于"三加弥尊"之上，而"三加弥尊"之下则脱"谕其志也"四字。

【译文】

因此加冠礼在阼阶上进行，这是表明父子传代的意思。在客位上向冠者行醮礼，而且三次加冠一次比一次所加的冠尊贵，这是表示尊尚冠者已经具有成人的资格。

4. 已冠而字之，成人之道也。见于母，母拜之；见于兄弟，兄弟拜之：成人而与为礼也。玄冠、玄端[1]，奠挚于君[2]，遂以挚见于乡大夫、乡先生[3]，以成人见也。

【注释】

〔1〕玄端：谓玄端服（参见《文王世子第八》第23节）。
〔2〕奠挚：把挚摆在地上。"案凡卑者于尊者，皆奠而不敢授。"案据《仪礼·士冠礼》，冠者加冠后，要拿着挚去拜见国君、卿大夫、乡

先生,皆尊者,故皆当奠挚。

〔3〕乡大夫、乡先生:"乡大夫"的"乡",是"卿"字之误。卿大夫,谓现为卿大夫者;乡先生,谓曾为卿大夫而致仕(退休)者。

【译文】

　　三次加冠后为冠者取字,这是成人的标志。加冠后去见母亲,母亲要同他行拜礼;见兄弟,兄弟要同他行拜礼:这是因为冠者已经成人而同他行成人礼。冠者头戴玄色的冠,身穿玄端服,把见面礼摆在地上拜见国君,接着又拿着见面礼去拜见卿大夫、乡先生,都以成人礼相见。

　　5. 成人之者,将责成人礼焉也。责成人礼焉者,将责为人子,为人弟,为人臣,为人少者之礼行焉。将责四者之行于人,其礼可不重与!

【译文】

　　〔通过冠礼〕使一个青年成人,就将用成人礼要求他。用成人礼要求他,就将要求他遵照做儿子、做弟弟、做人臣、做晚辈的礼行事。将要求冠者用这四方面的礼施行于人,对待冠礼可以不重视吗!

　　6. 故孝、弟、忠、顺之行立,而后可以为人。可以为人,而后可以治人也。故圣王重礼,故曰"冠者礼之始也",嘉事之重者也[1]。

【注释】

　　〔1〕嘉事:即嘉礼。案古人把礼划分为吉、凶、宾、军、嘉五大类,统称为"五礼",冠、婚、燕、飨、射等礼皆属嘉礼。

【译文】

因此孝敬父母、敬爱兄长、忠于国君、顺从长上的德行确立,而后才可以成为人。可以成为人,而后才可以治理人。因此圣王重视礼,所以说"冠礼是礼的开始",是嘉礼中最重要的礼。

7. 是故古者重冠,重冠故行之于庙[1]。行之于庙者,所以尊重事。尊重事而不敢擅重事,不敢擅重事,所以自卑而尊先祖也。

【注释】

〔1〕重冠故行之于庙:案冠礼的重要仪节都是在祢庙(即父庙)举行的。

【译文】

因此古时候重视冠礼,重视冠礼所以在宗庙里举行。在宗庙里举行,是表示尊重冠礼的事。尊重冠礼的事,而不敢擅自重视。不敢擅自重视,所以主人要表示辈分低下而尊重祖先。

昏义第四十四

1. 昏礼者，将合二姓之好，上以事宗庙[1]，而下以继后世也，故君子重之。是以昏礼，纳采、问名、纳吉、纳征、请期[2]，皆主人筵几于庙[3]，而拜迎于门外，入，揖让而升[4]，听命于庙，所以敬慎、重正昏礼也。

【注释】
〔1〕上以事宗庙：案妇有助夫行宗庙祭祀的职责，故曰"上事宗庙"。
〔2〕纳采、问名、纳吉、纳征、请期：这是婚礼亲迎之前所当进行的五道礼的手续，再加上亲迎，合称"六礼"。纳采，纳，入；采，择。谓男家使人纳其采择之礼，以表示采择此女为婚姻的意思。案纳采之前还有"下达"之礼，即男方先遣媒人到女家提亲，女家许之，而后男方才又遣媒人到女家纳采，即赠送采礼。问名，是在纳采的同一天、紧接纳采之后所行之礼，即向女家主人讯问女子之名。问名的主要目的，是为了回去由男方主人占卜娶该女是否吉利，如果吉利，男方就遣媒人到女家报告，这就叫做"纳吉"。纳吉之后，就是纳徵，征，聘，即男方遣媒人向女家赠送聘礼，这是表示两姓婚姻关系的正式确立，所纳之礼也最重。纳征之后，男方要通过占卜挑选一个好日子成亲，日期确定之后，又要遣媒人去向女家报告，但报告时却是先由媒人代表男方主人向女家主人请示婚期，这是表示谦虚不敢自专的意思意，所以把这道婚礼的手续叫做"请期"。当女家主人一再推辞之后，媒人才把男方选定的日期告诉女家主人。下一步就是到婚期亲迎成婚了。
〔3〕主人筵几于庙：主人，指女父。筵几，是为神布席设几，以便神灵到来坐息和凭依。庙，指祢庙。
〔4〕拜迎于门外，入，揖让而升：案男方媒人到女家进行上述每一项礼，女家主人都要在庙中接待，亲自到庙门外迎接，向媒人行再拜礼，

进庙后,还要和媒人行三揖、三让之礼,然后才登上庙堂。

【译文】
　　婚礼,是将结合两姓间的欢好,上祭祀宗庙,而下继续后嗣的事,因此君子重视婚礼。所以婚礼的纳采、问名、纳吉、纳征、请期等礼,女家主人都先要在宗庙里为神布席设几,而后到庙门外拜迎男方媒人,进入庙中,同媒人行三揖、三让之礼而后登上庙堂,在庙中听取媒人转达男方主人有关婚礼之辞,以表示恭敬谨慎、尊重婚礼的正礼。

　　2. 父亲醮子而命之迎[1],男先于女也。子承命以迎,主人筵几于庙,而拜迎于门外。婿执雁入[2],揖让升堂,再拜奠雁[3],盖亲受之于父母也[4]。降,出[5]。御妇车,而婿授绥[6],御轮三周。先俟于门外。妇至,婿揖妇以入。共牢而食,合卺而酳[7],所以合体,同尊卑,以亲之也。

【注释】
　　[1] 父亲醮子而命之迎:子,谓婿。醮子,谓子前往亲迎之前,父为子酌酒。命之迎,案《士昏礼·记》载父命子亲迎之辞曰:"往迎尔相,承我宗事。勖帅以敬,先妣之嗣。若则有常。"
　　[2] 婿执雁:案此雁为婿初见女所拿的挚,即婿初次见女的见面礼。
　　[3] 再拜奠雁:依礼,当先奠雁而后拜,因手中有物不便拜,此处是倒文。案亲迎那天,女子是在堂后东房中,面朝南而立,以待迎娶。婿上堂后即来到东房门前,面朝北奠雁,以示相授,并向女子行再拜礼。
　　[4] 父母:谓女之父母。
　　[5] 降,出:婿降,出,妇即从婿降自西阶,随婿而出。
　　[6] 御妇车,而婿授绥:绥,车上的可抓以上车的绳(参见《曲礼上第一》第59节)。婿御妇车,并授绥,这是自谦执仆隶之事,以示对妇的亲爱之情(参见《郊特牲第十一》第31节)。

〔7〕共牢而食，合卺而酳：共牢而食，参见同上。合卺而酳，卺，谓半瓢，以一瓠分为两瓢谓之卺，婿之与妇各执一片以酳，故云"合卺而酳"。案食毕有赞者向夫妇进酒，以颐安所食，叫做酳酒（参见《曲礼上第一》第30节）。

【译文】

父亲亲自为儿子酌酒而命他迎亲，是表示男子先迎娶而后女子相从而来。儿子秉承父命而迎亲，女家主人在庙中为神布席设几，到庙门外拜迎婿。婿拿着雁进入庙门，同主人行三揖三让之礼，登上庙堂，把雁摆在地上并向女子行再拜礼，这是表示亲自从女方父母那里接受了妇。婿下堂，出庙门，〔妇相随而出〕。婿为妇驾车，而把绥递给妇，等车轮转够三周，〔便改由车夫驾车〕。婿乘车先行到家在门外等待妇。妇来到，婿行揖礼请妇进门。夫妇共牲而食，合用一瓠解成的两瓢饮酒，以表示夫妇结合为一体，尊卑相同，并以此表示亲爱之情。

3. 敬慎、重正，而后亲之，礼之大体而所以成男女之别[1]，而立夫妇之义也。男女有别，而后夫妇有义；妇夫有义，而后父子有亲；父子有亲，而后君臣有正。故曰"昏礼者礼之本也"。

【注释】

〔1〕礼之大体而：这五字是衍文。

【译文】

对婚礼恭敬谨慎、尊重正礼，而后夫妇亲爱，以此形成男女间的区别，建立夫妇间的道义。男女有区别，而后夫妇有道义；夫妇有道义，而后父子有亲情；父子有亲情，而后君臣关系才能端正。因此说"婚礼是礼的根本"。

4. 夫礼始于冠，本于昏，重于丧、祭，尊于朝、聘，和以射、乡：此礼之大体也。

【译文】
礼以冠礼为开端，以婚礼为根本，以丧礼、祭礼为隆重，以朝礼、聘礼为尊敬，以射礼、乡饮酒礼为亲和：这是礼的大原则。

5. 夙兴，妇沐浴以俟见。质明，赞见妇于舅姑[1]。妇执笲枣、栗、段修以见[2]。赞醴妇[3]。妇祭脯醢，祭醴[4]，成妇礼也。舅姑入室，妇以特豚馈[5]，明妇顺也。厥明，舅姑共飨妇以一献之礼[6]，奠酬[7]。舅姑先降自西阶，妇降自阼阶，以著代也[8]。

【注释】
[1] 赞见妇于舅姑：谓赞者通言于舅姑，即向舅姑报告。
[2] 笲枣、栗、段修：笲，音fán，器名，以苇或竹编成，其形似筥，衣之以青缯，以盛枣、栗、腶修之属。段修，即腶修，亦简称修，一种加佐料再经捶捣而成的干肉（参见《曲礼上第一》第30节）。
[3] 赞醴妇：这是舅姑为款待妇，而命赞者代他们向妇行醴礼。所谓醴礼，不仅向妇献醴，而且要为妇进上脯醢等食物，故下文曰"妇祭脯醢（干肉和肉酱）、祭醴"。
[4] 妇祭脯醢，祭醴：祭，谓行食前祭礼。是先祭醴，而后祭脯醢，此处倒文。又祭醴之后妇要尝一尝醴，而祭脯醢之后，妇要把脯拿出门外交给送嫁来的娘家人，带回娘家给父母看，以示受到夫家的礼遇，此处皆省文而未言。又案赞醴妇只是一种礼仪形式，意不在食，故妇祭醴、尝醴，又祭脯醢即告成礼。
[5] 舅姑入室，妇以特豚馈：这是记妇馈舅姑之礼，是在赞醴妇后紧接着进行的。案妇见舅姑和赞醴妇之礼，都是在堂上进行的，妇馈舅姑则在室中进行，故舅姑入室。特豚，一只小猪。又，妇馈舅姑除特豚外，还有其他食物，如酱、湆、菹、醢等。

〔6〕飨妇以一献之礼：这是舅姑劳妇。一献之礼（参见《文王世子第八》第9节）。

〔7〕奠酬：酬，谓妇授给姑的酬酒。案此处所记舅姑飨妇之礼过于简略，行礼的过程大致是这样的：舅先酌酒献给妇，妇饮毕又酢（回敬）舅，然后妇自酌自饮一杯酒，再酌酒以酬（劝）姑，姑则受爵奠而不饮，于是正礼完毕。

〔8〕舅姑先降自西阶，妇降自阼阶，以著代也：案据《曲礼上》说，子事父母，"升降不由阼阶"（见彼第46节），因为阼阶是主人尊者升降之处，然此处故为相反之礼，就是为了"著代也"。

【译文】

第二天清早起来，新妇洗头洗澡以等待见公婆。天大亮的时候，赞者向公婆报告妇来见。妇拿着盛有枣、栗、干肉的笲来见。赞者〔代舅姑〕向妇行醴礼。妇用脯醢行食前祭礼，用醴行食前祭礼，这是一种表示正式成为男家之妇的礼仪。舅姑进入室中，妇向舅姑进献烹熟的小猪等食物，这是表示妇对公婆的孝顺。第二天，公婆用一献之礼慰劳妇，姑把妇进献的酬酒放在一边不再饮，〔以示礼成〕。公婆先从西阶下堂，然后妇从阼阶下堂，这是为了表明妇将接替主妇的职务。

6. 成妇礼，明妇顺，又申之以著代，所以重责妇顺焉也。妇顺者，顺于舅姑，和于室人，而后当于夫，以成丝、麻、布、帛之事，以审守委积盖藏。是故妇顺备，而后内和理；内和理，而后家可长久也。故圣王重之。

【译文】

表明妇的名分正式成立的礼；表明妇的孝顺，再加上表明妇将接替主妇的职务，这些都是着重要求妇孝顺。妇孝顺，就是要孝顺公婆，和睦家人，而后才适合于丈夫，做好养蚕缫丝、纺麻、织布、织丝绸等事，谨慎地保管好家中收藏的财物。因此妇具备孝顺的德行，而后家内才能得和睦治理；家内和睦治理，而后家业才可以长久。因此圣王重视妇女的孝顺。

7. 是以古者，妇人先嫁三月，祖庙未毁，教于公宫[1]；祖庙既毁，教于宗室[2]。教以妇德、妇言、妇容、妇功。教成祭之[3]，牲用鱼，芼之以蘋藻[4]，所以成妇顺也。

【注释】

〔1〕祖庙未毁，教于公宫：祖，指许嫁女上数四世祖以内曾做过国君之祖，也就是祢、祖、曾祖、高祖。祖庙未毁，即未迁，这样该许嫁女尚属国君的五服内的亲属。如果许嫁女的曾做国君之祖在四世以上，即超过了高祖，那他的庙就迁毁了（参见《文王世子第八》第 18 节注〔1〕）。公宫，即指高祖以下为君者之庙。公，是诸侯国君的通称。宫，即庙，古代宗庙亦称宫。

〔2〕宗室：谓宗子之家。宗子，即大宗，是指国君的嫡长子以下诸子而分出去做卿大夫者，即《丧服小记》所谓"别子为祖，继别为宗"者（参见彼第 9 节）。

〔3〕教成祭之："祭之"二字误倒，当作"教成之祭"，是说三月教成，乃祭女所出之祖而告之。

〔4〕芼：做羹汤所用的菜（参见《内则第十二》第 4 节）。

【译文】

因此古时候，女子在出嫁前三个月，如果许嫁女的曾做国君的祖先的庙尚未迁毁，就在该祖庙中接受教育；如果许嫁女的曾做国君的祖先的庙已经迁毁，那就在族中大宗的家里接受教育。教她们做妇的德行、做妇的言辞、做妇的仪容、做妇的活计。教育成功后〔为向祖先报告而〕举行的祭礼，用鱼做祭祀用牲，用蘋菜和藻菜做羹汤，〔通过告祭〕用来表明做妇所应有的柔顺的德行已经形成。

8. 古者天子，后立六宫，三夫人、九嫔、二十七世妇、八十一御妻[1]，以听天下之内治，以明章妇顺，故天下内和而家理。天子立六官，三公、九卿、二十七大夫、八十一元士，以听天下之外治，以明章天下之男教，故外和而国治。故曰："天子听男教，后听女顺；天子理阳道，后治阴德；天子听外治，后听内职。教顺成俗，外内和顺，国家理治，此之谓盛德。"

【注释】
〔1〕"三夫人"至"御妻"：案夫人、嫔、世妇、御妻，皆天子后宫王后以下依次差降的女官名。

【译文】
古时候的天子，在王后下面分设六宫，安置三夫人、九嫔、二十七世妇、八十一御妻，以掌管天下内事的治理，以彰明妇女柔顺的德行，因此使天下内部和睦而家事得以治理。天子设立六大官署，以安置三公、九卿、二十七大夫、八十一元士，以掌管天下外事的治理，以彰明对天下男子的教化，因此使外事和谐而国家得以治理。所以说："天子掌管对男子的教化，王后掌管教化妇女具有柔顺的德行；天子掌管阳刚之道，王后掌管阴柔之德；天子掌管外事的治理，王后掌管内部职事。教化顺利推行而形成风俗，外部、内部都和睦顺从，国家得到治理，这就叫做大德。"

9. 是故男教不修，阳事不得，适见于天[1]，日为之食；妇顺不修，阴事不得，适见于天，月为之食。是故日食则天子素服，而修六官之职，荡天下之阳事[2]；月食则后素服，而修六宫之职，荡天下之阴事。故天子之与后，犹日之与月，阴之与阳，相须而后成者也。天子修男教，父道也；后修女顺，母道也。故曰天子之与后，犹父之与母也。故为天王服斩衰，服父之义也；为后服资衰[3]，服母之义也。

【注释】
〔1〕适：责。
〔2〕荡：荡涤，去秽恶。
〔3〕资：是"齐"字之误。

【译文】
因此对男子的教化不能完善，阳道的事就不能治理好，天上所表现的谴责，就是出现日食；妇女的柔顺之道不能完善，阴道的事就不能治理好，天上所表现的谴责，就是出现月食。因此出现日食，天子就穿白衣，而完善六官的职责，荡除天下阳道之事的弊病；出现月食，王后就穿白衣，而完善六官的职责，荡除天下阴道之事的弊病。因此天子与王后，如同日和月，阴和阳，相互有待对方的辅助才能成事。天子完善对男子的教化，是做父亲的职责；王后完善对妇女柔顺德行的教化，是做母亲的职责。因此说天子和王后，如同父亲和母亲。所以为天子服斩衰丧，体现了为父服丧的意思；为王后服齐衰丧，体现了为母服丧的意思。

乡饮酒义第四十五

1. 乡饮酒之义。主人拜迎宾于庠门之外[1],入,三揖而后至阶,三让而后升,所以致尊让也。盥,洗,扬觯,所以致絜也。拜至,拜洗,拜受,拜送,拜既[2],所以致敬也。尊让、絜、敬也者,君子之所以相接也。君子尊让则不争,絜、敬则不慢,不慢、不争,则远于斗辨矣。不斗辨,则无暴乱之祸矣。斯君子所以免于人祸也,故圣人制之以道[3]。

【注释】
〔1〕主人拜迎宾于庠门之外:主人,指乡大夫。宾,指乡中选出将献给天子或诸侯的贤者。庠,乡学名。案乡是古代天子、诸侯国都郊外的基层行政组织,乡之长是乡大夫。据说乡中每三年举行一次大比(即大选),选举贤能者一人,献给天子或诸侯,而在献贤之前,要由乡大夫在庠中为之主持举行一次盛大的饮酒礼,即所谓乡饮酒礼也。
〔2〕拜至,拜洗,拜受,拜送,拜既:拜至,案主人迎宾上堂后,要在阼阶上面朝北行再拜礼(案古礼凡堂上正拜皆面朝北而拜,不同于今之交相拜),以对宾的到来表示感谢,叫做拜至。宾也要在西阶上面朝北行再拜礼以答拜(案凡拜皆须答拜,下不复出)。拜洗,案主人向宾献酒前,要下堂为宾洗觯,洗毕上堂后,宾要拜谢主人为己洗觯,叫做拜洗。主人向宾献酒,宾要先行拜礼而后接受献酒,叫做拜受。主人献酒后再行拜礼以示恭敬,叫做拜送。拜既,即拜既爵,谓宾饮干主人所献的酒后,要行拜礼以致谢,叫做拜既爵。既,就是已经饮毕的意思。
〔3〕故圣人制之以道:谓圣人制此乡饮酒礼以尊、让、絜、敬之道。

【译文】

乡饮酒礼的意义。主人到庠门外拜迎宾,进入庠门,行进中主人要与宾互行三次揖礼而后到达堂阶前,又要相互谦让三次而后登阶上堂,这样表示对对方的尊重和谦让。主人洗手,洗觯,而后举觯向宾献酒,这样来表示清洁。主人行拜礼感谢宾的到来,宾行拜礼感谢主人为己洗觯,行拜礼而后接受主人的献酒,主人献酒后行拜礼表示恭敬,宾干杯后行拜礼致谢,这些都是为了表示恭敬。尊重、谦让、清洁、恭敬,是君子接交的原则。君子相互尊重、谦让就不会争执,清洁、恭敬就不会怠慢,不怠慢、不争执就会远避打斗争吵了。不打斗争吵,就不会有暴乱的祸害。这就是君子用以避免人为祸害的原则,所以圣人依据这种原则制定了乡饮酒礼。

2. 乡人、士、君子[1],尊于房户之间[2],宾、主共之也。尊有玄酒[3],贵其质也。羞出自东房,主人共之也。洗当东荣[4],主人之所以自絜而以事宾也。

【注释】

〔1〕乡人、士、君子:乡人,谓乡大夫。士,谓州长、党正(案乡的下属组织有州、有党,其首长的级别为士)。君子,谓卿大夫。

〔2〕尊于房户之间:户,原误作"中"。房户之间,是指堂后的东房门与室门之间的地方。案主人位在阼阶上,宾位在室门之西,酒樽的位置正好在宾与主人之间,故下文曰"宾、主共之"。

〔3〕尊有玄酒:案乡饮酒礼所设樽有二:一盛酒,一盛玄酒。玄酒,即以水当酒,有返本尚朴之义,故下文曰"贵其质也"(参见《曾子问第七》第24节)。

〔4〕洗当东荣:洗,盛水器,形似今之洗脸盆,用以承接盥洗时下注之弃水。当东荣,是指堂下庭中东阶东边、北当堂屋东荣的地方。荣,参见《丧大记第二十二》第4节。

【译文】

乡人、士、君子举行乡饮酒礼时,盛酒的尊放置在东房和室门之间，宾和主人共同饮用。尊之一盛玄酒，这是以它的质朴为贵。菜肴从东房端出，是主人供宾享用的。洗设在〔庭中〕对着堂屋东荣的地方，是主人用来盥手使自己清洁而侍奉宾的。

3. 宾主象天地，介僎象阴阳也[1]，三宾象三光也[2]。让之三也，象月之三日而成魄也[3]。四面之坐[4]，象四时也。

【注释】

〔1〕介僎：介，宾的副手。僎，主人的副手（参见《少仪第十七》第41节）。

〔2〕三宾象三光：三宾，指三宾长。案乡中大比所选贤者不止一人，只是将其中最优者一人进献天子或诸侯，此最优者即为乡饮酒礼上的正宾。其他贤者则为众宾，行饮酒礼时皆立于堂下、庭的西边，而其中年长者三人称为宾长，三宾长之位则在堂上，紧挨在正宾的西边。三光，指天上的三颗大星星，说法不一，其一说以为指心、伐、北辰三星，然亦不知其根据何在。

〔3〕象月之三日而成魄：魄，谓月有体无光，仅有其暗淡的轮廓。据说望后月渐亏缺，即开始生魄，然因月光明盛而其魄不可见，只有晦前三日，或朔后三日，月始生光而明弱时，其魄可见，这正是月之明让于魄的时候，故以宾主之三让象之。

〔4〕四面之坐：详下节。

【译文】

宾主象征天地，介僎象征阴阳，三位宾长象征天上的三光。〔迎宾上堂时〕宾主要相互谦让三次，象征月亮在〔月底前或月初后〕三日而出现魄。四面的坐席，象征四季。

4. 天地严凝之气，始于西南，而盛于西北，此天地之尊严气也，此天地之义气也。天地温厚之气，始于东北，盛于东南，此天地之盛德气也，此天地之仁气也。主人者尊宾，故坐宾于西北，而坐介于西南以辅宾。宾者，接人以义者也，故坐于西北。主人者，接人以德厚者也，故坐于东南，而坐僎于东北，以辅主人也。仁义接，宾主有事，俎、豆有数，曰圣[1]，圣立而将之以敬曰礼[2]，礼以体长幼曰德。德也者，得于身也。故曰古之学术道者，将以得身也，是以圣人务焉。

【注释】
〔1〕圣：通，谓通宾主之义。
〔2〕将：犹奉。

【译文】
　　天地间的严肃凝重之气，开始于西南，而盛行于西北，这是天地间的尊严之气，这是天地间的道义之气。天地间的温和敦厚之气，开始于东北，而盛行于东南，这是天地间的盛德之气，是天地间的仁爱之气。主人尊重宾，因此让宾坐在西北边，而让介坐在西南边以辅助宾。做宾的，是用义与人交接的人，因此坐在西北边。做主人的，是用厚德与人交接的人，因此坐在东南边，而让僎坐在东北边，以辅助主人。仁和义相交接，宾主各有其礼，俎、豆等器具有一定的数量，叫做〔宾主之意〕通达；〔宾主之意〕通达而又奉行恭敬就叫做礼，用礼来体现长幼尊卑关系就叫做德。所谓德，就是对于自身有所得的意思。因此说古时候学习道艺的人，将使自己的身心有所得，所以圣人致力于道艺的修养。

　　5. 祭荐[1]，祭酒，敬礼也。啐肺[2]，尝礼也。啐酒，成礼也[3]。于席末[4]，言是席之正非专为饮食也，为行礼也，此所以贵礼而贱财也。卒觯，致实于西阶上[5],言是席之上非专为饮食也,此先礼而后财之义也。先礼而后财,则民作敬让而不争矣。

【注释】
〔1〕祭荐:祭,谓食前祭。荐,指脯醢,因脯醢是主人荐(进)上供宾享用的,故礼文中每称之为"荐"。
〔2〕哜肺:案肺盛在俎上,亦当先祭而后哜,此处省文。
〔3〕啐酒,成礼也:案祭酒之后即啐酒,啐酒即示礼成,意不在饮。
〔4〕席末:谓席之西端。案乡饮酒礼祭荐、祭酒、哜肺,皆在席之中,唯啐酒在席之末。
〔5〕卒觯,致实于西阶上:实,谓盛满于觯中的酒。谓致尽其所实之酒于西阶上。案宾在席末啐酒之后,便执觯到西阶上,然后饮干觯中的酒。

【译文】
宾用脯醢行食前祭礼,用酒行食前祭礼,这是对主人表示敬重的礼节。拿取俎上的肺尝一尝,这是尝食的礼。尝一尝酒,这是表示饮酒之礼已成。尝酒在席的末端,是说席的正中不是专为饮食用的,是为行礼用的,这样来表示重礼轻财的意思。宾饮干觯中的酒,是在西阶上进行的,说明宾的席上不是专为饮食用的,这体现了先礼而后财的意思。先礼而后财,民众就会兴起恭敬谦让的风气而不争执了。

6. 乡饮酒之礼[1],六十者坐,五十者立侍以听政役[2],所以明尊长也。六十者三豆[3],七十者四豆,八十者五豆,九十者六豆,所以明养老也。民知尊长养老,而后乃能入孝弟。民入孝弟,出尊长养老,而后成教,成教而后国可安也。君子之所谓孝者,非家至而日见之也,合诸乡射,教之乡饮酒之礼,而孝弟之行立矣。

【注释】
〔1〕乡饮酒之礼：案此谓腊祭时，党正属民饮酒，以正齿位之乡饮酒礼(参见《礼运第九》第1节)，与上所说之乡饮酒礼不同，故又言"乡饮酒礼"，以另起其文。既是党中蜡祭而属民饮酒，而亦称"乡饮酒礼"者，是因为乡大夫可能居于该党，或有乡大夫前来观礼，故以尊者为名。
〔2〕政役：指乡饮酒礼上的有关差事。
〔3〕豆：用以盛菹、酱类的食物。

【译文】
在乡饮酒礼上，六十岁以上的人坐，五十岁以下的人站着侍候以听从差遣，这样来表明尊敬长者。六十岁的人席前设三豆，七十岁的设四豆，八十岁的设五豆，九十岁的设六豆，这样来表明奉养老人。民众知道尊敬长者和奉养老人，而后才能在家中孝顺父母和尊敬兄长。民众能在家中孝顺父母和尊敬兄长，出外又能尊敬长者和奉养老人，而后教化成功，教化成功而后国家才可以安定。君子所说的孝，并不是挨家挨户、天天见面加以教导，而是集合民众参加乡射礼，并通过乡饮酒礼进行教育，孝悌的德行就树立起来了。

7. 孔子曰："吾观于乡，而知王道之易易也[1]。"

【注释】
〔1〕王道：儒者主张以仁义治天下，称为"王道"。案乡饮酒礼有尊贤尚齿之义，就是王道教化的根本，得其根本，则其教自然易行。

【译文】
孔子说："我参观乡饮酒礼，从而知道王道的教化也是很容易推行的。"

8. 主人亲速宾及介[1],而众宾自从之;至于门外,主人拜宾及介,而众宾自入:贵贱之义别矣。

【注释】
〔1〕主人亲速宾及介:速,谓及其家招请之。案举行乡饮酒礼那天,主人当亲往速宾,速介(宾的副手)。

【译文】
主人亲自前往邀请宾和介,众宾都跟从宾、介而来;到达庠门外,主人拜请宾、介入门,众宾自随宾、介而入:贵贱有别的意思就由此体现出来了。

9. 三揖至于阶,三让以宾升,拜至、献酬[1]、辞让之节繁,及介省矣;至于众宾,升受,坐祭,立饮,不酢而降[2]:隆杀之义辨矣。

【注释】
〔1〕献酬:谓一献之礼。
〔2〕"至于"至"而降":案主人向堂下众宾献酒,是执酒立于西阶上,众宾按长幼依次到西阶上接受主人的献酒,然后就在西阶上"坐祭,立饮",饮毕也不再酢酒回敬主人(及"不酢"),就下堂返回原位,是其礼大简略也。

【译文】
〔进入庠门后〕,宾主互行三次揖礼到达堂阶前,又相互谦让三次而后主人与宾上堂,接着主人还要向宾行拜至礼、向宾献酒而相互酬酢,以及种种推辞和谦让的仪节都十分繁缛,到与介行礼就简略了;至于向堂下的众宾献酒,是众宾依次到西阶上接受献酒,然后就在西阶上坐下用酒行食前祭礼,再站起来饮干杯中酒，也不酢酒回敬主人，就下堂去了：行礼该隆重和该减轻的原则由此就清楚了。

10. 工入，升歌三终[1]，主人献之；笙入[2]，三终，主人献之；间歌[3]，三终；合乐[4]，三终。工告乐备[5]，遂出。一人扬觯，乃立司正焉[6]，知其能和乐而不流也[7]。

【注释】

〔1〕升歌三终：案凡歌，一遍为一终。所歌者，《鹿鸣》、《四牡》、《皇皇者华》。

〔2〕笙入：笙，谓吹笙者，入居堂下而吹奏之，所吹之曲为《南陔》、《白华》、《华黍》。

〔3〕间歌：间，代、交替，谓歌一曲则吹一曲。据《乡饮酒礼》：歌唱《鱼丽》，笙吹《由庚》；歌唱《南有嘉鱼》，笙吹《崇丘》；歌唱《南山的台》，笙吹《由仪》。

〔4〕合乐：谓歌唱与乐器演奏同时而作，其乐曲，据《乡饮酒礼》："《周南》中的三诗，即《关雎》、《葛覃》、《卷耳》；《召南》中的三诗，即《鹊巢》、《采蘩》、《采蘋》。"

〔5〕工：此处指乐正，即乐工之长。

〔6〕一人扬觯，乃立司正：一人，谓主人之吏。扬觯，即举觯。一人举觯之后，乃设立司正之职，以为旅酬礼监礼。案《乡饮酒礼》曰："一人洗，升，举觯于宾。"即此所谓"一人扬觯"。举觯于宾的目的，在于为旅酬发端，即表明旅酬礼将从宾开始，这是主人给予宾的殊荣。一人举觯之后，乐工即开始进来演唱，演唱完毕，工告乐备，便标志乡饮酒正礼的结束，下面便要开始旅酬了。这时宾先酬主人，主人酬介，介又酬众宾，遂从堂上到堂下，依次而遍酬，即所谓旅酬。但因旅酬已非正礼，为防人饮酒懈怠失礼，因此主人又命原来的相礼者一人改任司正之职，以负责监礼，即《乡饮酒礼》所谓"作相为司正"也。所以此处的"一人扬觯"是在乐工演唱之前，而"乃立司正"是在"工告乐备"之后，这里是先后错综为文。

〔7〕知其能和乐而不流：流，失礼。工升歌后立司正以正之，故知

乡饮酒礼能和乐而不流邪失礼。

【译文】
　　乐工进来，升堂唱三首歌，然后主人向他们献酒；接着笙工进来，〔在堂下〕吹奏三支乐曲，然后主人向他们献酒；接着歌唱和吹笙交替进行，唱三首歌、吹三支曲；最后歌唱和乐器合作，〔把《周南》和《召南》中的诗各〕演唱了三首。乐正向宾报告乐歌演唱完毕，〔乐工们〕便出去了。一人举觯〔献给宾，作为旅酬礼的开端〕，于是主人设立司正〔负责旅酬时监礼〕，因此知道乡饮酒礼可以使人和乐而又不放纵失礼。

　　11. 宾酬主人[1]，主人酬介，介酬众宾[2]，少长以齿，终于沃洗者焉[3]，知其能弟长而无遗矣。

【注释】
　　[1] 宾酬主人：这以下即记旅酬礼，由宾开始：宾先饮下一人举觯进于己的酬酒，而后酌酒进酬主人，遂依次而酬，也就是依次劝酒的意思。
　　[2] 介酬众宾：此众宾谓堂上的三宾长：介酬三宾长中的长者，长者再酬次长者，这样递相酬至堂下的众宾，以至于众执事之人，故下文曰"终于沃洗者焉"。
　　[3] 沃洗者：负责浇水供主人和宾盥手洗觯者（参见《内则第十二》第4节）。

【译文】
　　宾向主人进酬酒，主人向介进酬酒，介又向众宾之长进酬酒，以下按年龄长少依次递相进酬，一直到负责沃洗的人，因此知道乡饮酒礼能使年少的和年长的都得受惠而无遗漏。

　　12. 降，说屦，升坐[1]，修爵无数[2]。饮酒之节，朝不废朝，莫不废夕[3]。宾出，主人拜送，节文终遂焉，知其能安燕而不乱也。

【注释】
〔1〕降，说屦，升坐：这是为行无筭爵做准备。在此之前，即行乡饮酒的正礼和旅酬礼时，宾主都是站着的。旅酬之后，将行无筭爵时，主人才命撤俎，而众宾下堂脱屦。因为屦贱，故须脱置堂下。
〔2〕修爵无数：即行载筭爵。案所谓无筭爵，即不定数地递相酬（劝）酒，酒醉而止。与此同时，音乐也不停地演奏。故《乡饮酒礼》曰："无筭爵，无筭乐。"
〔3〕朝不废朝，莫不废夕：谓朝夕、朝莫（暮）听事。案夕，谓傍晚见君。这里是说饮酒当在早朝和夕见之间进行。

【译文】
宾主都下堂，脱鞋，再上堂就坐，开始不计数地递相酬酒。饮酒时间的把握，要使早晨不耽误早朝，傍晚不耽误夕见。宾退出，主人行拜礼相送，乡饮酒的礼仪就此结束，可知乡饮酒礼能使人安乐而不乱。

13. 贵贱明，隆杀辨，和乐而不流，弟长而无遗，安燕而不乱，此五行者，足以正身安国矣。彼国安而天下安，故曰："吾观于乡，而知王道之易易也。"

【译文】
贵贱的区别分明，行礼隆重和减轻的原则清楚，使人和乐而不放纵失礼，年少的和年长的都得受惠而无遗漏，使人安乐而不乱，这五项，就足以端正自身而安定国家了。那些国家都安定，而天下也就安定了。所以〔孔子〕说："我参观乡饮酒礼，从而知道王道的教化也是很容易推行的。"

14. 乡饮酒之义[1]：立宾以象天，立主以象地，设介、僎以象日月，立三宾以象三光。古之制礼也，经之以天地，纪之以日月，参之以三光，政教之本也。

【注释】

〔1〕乡饮酒之义：案自此以下，与首一段大同小异，而另以"乡饮酒之义"起其端，盖礼家各为解说其义，乃不同人之作，故别为一篇，记者见其与前篇所言，义虽大同，而间有为前所未备者，不忍割弃，因此录而附于前篇之末。又案自此以下至篇末，主要据阴阳五行之义以释乡饮酒礼上人与物的方位，思想与前异。

【译文】

乡饮酒礼的意义：设立宾以象征天，设立主人以象征地，设立介、僎以象征日月，设立三宾长以象征三光。古代制定礼，以天地为经，以日月为纲纪，以三光为参照，这就是政教的根本。

15. 亨狗于东方[1]，祖阳气之发于东方也。洗之在阼[2]，其水在洗东，祖天地之左海也[3]。尊有玄酒，教民不忘本也。

【注释】

〔1〕亨狗于东方：案烹狗是在堂下、应着堂的东北角的地方，故曰"东方"。

〔2〕洗之在阼：在阼，即在阼阶下。案洗的位置实际是在堂下阼阶的东边、应着堂屋的东荣处（参见第2节注〔4〕），但就其大范围而言也可以说是在阼阶下。

〔3〕左海：案海在东方，立于北而面朝南视之，则在左。

【译文】

在东方烹煮狗肉,效法阳气发生于东方。洗设在阼阶下,供盥洗用的水放在洗的东边,效法天地的左方是大海。尊之一盛玄酒,是教育民众不忘本。

16. 宾必南乡。东方者春[1],春之为言蠢也,产万物者圣也。南方者夏,夏之为言假也,养之、长之、假之,仁也。西方者秋,秋之为言愁也[2],愁之以时察[3],守义者也。北方者冬,冬之为言中也,中者藏也。是以天子之立也,左圣,乡仁,右义,偝藏也。

【注释】

〔1〕东方者春:案古人根据五行观念排列五行与方位、四时的关系,以为东方属木行,于四时则为春。下文记方位与四时的关系义皆仿此,可参看《月令第六》。
〔2〕愁:通"揫",义为殓。
〔3〕察:通"杀",杀在此当是刈割之意。

【译文】

宾必须面朝南。东方是春的方位,春是蠢动的意思,万物蠢动而产生就是圣。南方是夏的方位,夏是大的意思,养育万物、生长万物、壮大万物,就是仁。西方是秋的方位,秋是殓的意思,按时刈割收殓,就是守义。北方是冬的方位,冬是中的意思,中就是收藏在里面的意思。因此天子所立的位置,左边是圣,面向着仁,右边是义,背靠着收藏。

17. 介必东乡[1],介宾主也[2]。主人必居东方,东方者春,春之为言蠢也,产万物者也,主人者造之[3],产万物者也。

【注释】

〔1〕介必东乡：案介的位置在西阶上、西序前，故曰东向。

〔2〕介宾主也：这是说主人向宾献酒时，要东行以就宾，宾则南行以就主人，这时介的位置就正处在宾主之间，故曰"介宾主"。

〔3〕主人者造之：谓礼之所供，由主人出。

【译文】

介必须面朝东，介于宾主之间。主人必须处在东方，东方是春的方位，春是蠢动的意思，是产生万物的季节。主人造食以供宾，就像春季产生万物。

18. 月者三日则成魄，三月则成时，是以礼有三让，建国必立三卿。三宾者，政教之本也，礼之大参也[1]。

【注释】

〔1〕礼之大参：这是说礼之大数"取法于月"。

【译文】

月亮在〔月底前或月初后〕三日而出现魄，三个月形成一季，因此礼有谦让三次的仪节，建立国家必须设立三卿。〔乡饮酒礼上〕设立三位宾长，是象征政教的根本，礼的大数正是参照着月亮。

射义第四十六

1. 古者诸侯之射也，必先行燕礼[1]；卿大夫、士之射也，必先行乡饮酒礼。故燕礼者，所以明君臣之义也；乡饮酒之礼者，所以明长幼之序也[2]。

【注释】
〔1〕燕礼：诸侯闲暇时与其卿大夫们举行的一种饮酒礼。
〔2〕乡饮酒礼之礼者，所以明长幼之序也：据此，这里所说的乡饮酒礼非同于乡大夫为宾贤所举行的乡饮酒礼，而是党正为正齿位所举行的乡饮酒礼(参见《乡饮酒义》第6节)。

【译文】
古时候诸侯举行射礼，必先举行燕礼；卿大夫、士举行射礼，必先举行乡饮酒礼。因此燕礼，是用来明确君臣间的道义的；乡饮酒礼，是用来明确长幼次序的。

2. 故射者，进退周还必中礼，内志正，外体直，然后持弓矢审固；持弓矢审固，然后可以言中。此可以观德行矣。

【译文】
因此射箭的人，进退旋转必须符合礼，内心端正，外体正直，然后持弓矢稳固而瞄准无差；持弓矢稳固而瞄准无差，然后才谈得上射中。由此可见通过射礼可以观察一个人的德行。

3. 其节，天子以《驺虞》为节，诸侯以《狸首》为节，卿大夫以《采蘋》为节，士以《采蘩》为节。《驺虞》者，乐官备也。《狸首》者，乐会时也。《采蘋》者，乐循法也。《采蘩》者，乐不失职也。是故天子以备官为节，诸侯以时会天子为节，卿大夫以循法为节，士以不失职为节。故明乎其节之志，以不失其事，则功成而德行立。德行立则无暴乱之祸矣，功成则国安。故曰"射者所以观盛德也"。

【译文】
射礼的音乐节奏：天子以《驺虞》为节奏，诸侯以《狸首》为节奏，卿大夫以《采蘋》为节奏，士以《采蘩》为节奏。《驺虞》这支乐曲子，表现官职完备的欢乐。《狸首》这支乐曲子，表现按时朝会天子的欢乐，《采蘋》这支乐曲子，表现遵循法度的欢乐。《采蘩》这支乐曲子，表现不失职守的欢乐。因此天子以表现官职完备的乐曲为节奏，诸侯以表现按时朝会天子的乐曲为节奏，卿大夫以表现遵循法度的乐曲为节奏，士以表现不失职守的乐曲为节奏。所以明白音乐节奏的意义，而对各自的职事没有失误，就可以使政事成功而德行树立。德行树立起来就不会有暴乱的祸害了，政事成功就可以使国家安定。因此说"射礼是用来观察德行是否充盛的"。

4. 是故古者天子，以射选诸侯、卿大夫、士。射者男子之事也，因而饰之以礼乐也。故事之尽礼乐而可数为，以立德行者，莫若射，故圣王务焉。

【译文】
因此古代的天子，用射礼来考察诸侯、卿大夫、士〔的德行和才艺〕。射箭是男子的事,又从而用礼乐来加以修饰。因此做一件事能充分体现礼乐而又可以常做,用以树立德行的,没有比得上射礼的了,所以圣王都致力于这种礼。

5. 是故古者天子之制:诸侯岁献贡士于天子,天子试之于射宫,其容体比于礼,其节比于乐,而中多者,得与于祭;其容体不比于礼,其节不比于乐,而中少者,不得与祭;数与于祭,而君有庆;数不与于祭,而君有让;数有庆而益地,数有让而削地。故曰"射者,射为诸侯也"。是以诸侯君臣尽志于射,以习礼乐。夫君臣习礼乐而以流亡者,未之有也。

【译文】
　　因此古代天子的制度:诸侯每年贡献士给天子,天子在射宫对士进行考试,那些仪容体态符合礼,动作节奏符合乐,而射中次数多的,就能参加祭祀;那些仪容体态不符合礼,动作节奏不符合乐,而射中次数少的,就不得参加祭祀;所贡献的士多次参加祭祀,贡士的国君就能获得褒奖;所贡献的士多次不得参加祭祀,贡士的国君就要遭受谴责;多次获得褒奖的国君就增加封地,多次遭受谴责的国君就要被削地。因此说"射箭的人,是为诸侯而射"。所以诸侯国的君臣都尽心于射,用以演习礼乐。君臣都演习礼乐而〔国家破灭〕君臣出奔流亡的事,还从来没有过。

6. 故《诗》曰[1]:"曾孙侯氏[2],四正具举[3]。大夫君子,凡以庶士,小大莫处[4],御于君所。以燕以射,则燕则誉。"言君臣相与尽志于射,以习礼乐,则安则誉也。是以天子制之,而诸侯务焉,此天子之所以养诸侯而兵不用,诸侯自为正之具也。

【注释】

〔1〕《诗》曰：案以下所引乃逸诗。

〔2〕曾孙侯氏：谓诸侯。因这里所说的诸侯出于王，是王的曾孙也。

〔3〕四正具举：四正，正爵四行也。四行者，谓献宾、献公、献卿、献大夫。案诸侯之射礼，当先行燕饮之礼（见第1节），故有四献之礼。此四献皆正礼所当行，故曰"四正"。又诸侯之燕，是使宰夫为献主，即以宰夫代公（即君）为主人而献酒，故此四献实皆宰夫所行。

〔4〕小大莫处：言大夫、士等，小之与大，无有任职司而不来者。

【译文】

因此《诗》说："王的曾孙做诸侯，四杯正酒都献过。卿大夫啊君子们，凡在场的众士们，小官大官无不到，侍奉在这国君处。又燕饮来又射箭，又安乐来又荣耀。"这是说君臣共同尽心于射，以演习礼乐，就又安乐又荣耀。因此天子制定了射礼，而诸侯致力于射礼，这是天子用来抚育诸侯而不动干戈，以及诸侯用来修正自己的办法。

7. 孔子射于矍相之圃[1]，盖观者如堵墙。射至于司马[2]，使子路执弓矢出延射[3]，曰："贲军之将[4]，亡国之大夫，与为人后者[5]，不入。其余皆入。"盖去者半，入者半。又使公罔之裘、序点扬觯而语。公罔之裘、序点扬觯而语曰[6]："幼壮孝弟[7]，耆耋好礼[8]，不从流俗，修身以俟死，者不[9]？在此位也。"盖去者半，处者半。序点又扬觯而语曰："好学不倦，好礼不变，旄期称道不乱[10]，者不？在此位也。"盖廑有存者[11]。

【注释】

〔1〕矍相之圃：矍相，地名。种植蔬菜曰圃。案圃既种蔬菜，则不可行射礼，盖此菜圃已收获，或原为菜圃、现已废弃而仍相沿其圃名。

〔2〕射至于司马：案射前当先行饮酒礼，饮酒礼到宾主献酬毕，行旅酬礼之前，便开始射礼，于是主人便命其属吏一人为司马，以主射礼。

〔3〕使子路执弓矢出延射：子路执弓矢出延射，则为司射（为主人主射事者）。延，进，谓进观众中之欲射者。

〔4〕贲：通"偾"，犹覆败。

〔5〕与为人后者：案与之，谓干之、求之。如果是庶子而求为人后，就是一种夺嫡篡祖的行为；如果身为嫡子而求为族人之后，就是一种轻视己父的行为；如果是异姓而求为人后，就是一种背族忘宗的行为，等等，故为子路所恶。

〔6〕公罔之裘、序点扬觯而语：公罔，复姓。又作罔之裘，裘，人名，之是语助词。序点，姓序，名点。案这是在射礼完毕，又接前之饮酒礼而行旅酬礼的时候，使此二人举觯以誓众。古者于旅也语，即到行旅酬礼的时候，人们可以交谈了，而前此行正礼则不得交谈。但此句中的"语"，则是告诫众人的意思，即誓众之意。

〔7〕幼壮：谓二十之幼，三十之壮。

〔8〕耆耋：谓六十之耆，七十之耋。

〔9〕者不：问有此行不。

〔10〕耄期称道：八十、九十曰耄。期，即期颐，百年曰期颐。称，犹言，行。

〔11〕廑：音jǐn，义同"仅"。

【译文】

孔子〔同他的学生〕在矍相的一个菜园子里演习射礼，围观的人多得如同重重墙壁一般。射礼进行到确立司马的时候，孔子使子路拿着弓矢出来延请想参加射礼的人，说："败军之将，亡国的大夫，干求做别人后嗣的人，不得进来。其余的人都可以进来。"大概走掉了一半人，进来一半人。〔射礼完毕行旅酬礼的时候〕，又使公罔之裘和序点举觯告诫众人。公罔之裘举觯说："年轻时有孝悌的德行，到老年还能喜好礼，不受流俗的影响，修洁自身一直到死，诸位有这种德行吗？〔如果有〕就可以在宾位上。"大概走掉一半人，留下一半人。序点又举觯告诫众人说："好学而不知疲倦，好礼而不改变，到九十岁、百岁的高龄还都实行道义而不乱，诸位有这种德行吗？〔如果有〕就可以在宾位上。"留下来的人就很少了。

8. 射之为言者,绎也,或曰舍也[1]。绎者,各绎己之志也,故心平体正,持弓矢审固;持弓矢审固,则射中矣。故曰:"为人父者,以为父鹄[2]。为人子者,以为子鹄。为人君者,以为君鹄。为人臣者,以为臣鹄。"故射者各射己之鹄。故天子之大射谓之射侯,射侯者,射为诸侯也:射中则得为诸侯,射不中则不得为诸侯[3]。

【注释】
〔1〕绎也,或曰舍也:绎,陈,陈己之志。舍,中,能中鹄(靶心)。案下文"各绎己之志"即释"绎"之意,"持弓矢审固则射中矣"即释"舍"之意。
〔2〕为人父者,以为父鹄:谓升射之时,既身为人父,则念之云:"所射之鹄,是为人父之鹄,中之则为人父,不中则不任为人父。"故为人父者,以为父鹄。以下义仿此。
〔3〕"射侯者"至"为诸侯":此盖复说第5节之意,谓射中则得为诸侯,不中则不得为诸侯。然学者颇以为此等之语皆难信,是此语尚无的解。

【译文】
射,是绎的意思,或者说舍的意思。绎,就是各自陈述自己的志向,因此心气平和身体端正,就能持弓矢稳固而瞄准无差;持弓矢稳固而瞄准无差,就能射中了。因此说:"做父亲的,以为所射的靶心是考验自己是否够资格做父亲的靶心;做儿子的,以为所射的靶心是考验自己是否够资格做儿子的靶心;做国君的,以为所射的靶心是考验自己是否够资格做国君的靶心;做人臣的,以为所射的靶心是考验自己是否够资格做人臣的靶心。"所以射箭的人,各射心目中以为是考验自己的靶心。因此天子的大射礼叫做射侯,射侯,就是用射礼来检验〔参射的诸侯〕是否能做诸侯的意思：射中就能做诸侯，射不中就不得做诸侯。

9. 天子将祭，必先习射于泽[1]。泽者，所以择士也。已射于泽，而后射于射宫[2]，射中者则得与于祭，不中者不得与于祭。不得与于祭者有让，削以地；得与于祭者有庆，益以地；进爵，绌地是也[3]。

【注释】
　　[1] 泽：谓泽宫（参见《郊特牲第十一》第24节）。
　　[2] 射宫：当在都城中，近于公宫，为君与群臣、国子习射之处。
　　[3] 进爵，绌地：绌，通"黜"，贬损。谓诸侯有庆者先进爵，有让者先削地。案因为爵轻而地重，故有庆者先进爵而后益地，有过失当受责者则反是。

【译文】
　　天子将举行祭祀，必先在泽宫演习射礼。泽，就是选择士的意思。在泽宫演习过射礼，而后在射宫举行射礼。射中的能参加祭祀，射不中的不得参加祭祀。不得参加祭祀〔推荐士的诸侯〕就要受到谴责，并被削减封地；能够参加祭祀〔推荐士的诸侯〕就要受到褒奖，并增加封地；〔受褒奖的诸侯先〕晋升爵位，〔受谴责的诸侯先〕削减封地。

10. 故男子生，桑弧蓬矢六，以射天地四方。天地四方者，男子之所有事也，故必先有志于其所有事，然后敢用谷也[1]，饭食之谓也。

【注释】
　　[1] 然后敢用谷：案子生三日而射天地四方，射罢才敢"用谷以食其子"。

【译文】
　　因此生下男孩,就要用桑木做的弓、蓬梗做的矢六支,分别射向天地和四方。天地和四方,是男子发展事业的地方,因此必须先使该子有志于他所要发展事业的地方,然后才敢用粮食喂孩子,就是让孩子吃饭的意思。

　　11. 射者,仁之道也。射求正诸己,己正而后发,发而不中,则不怨胜己者,反求诸己而已矣。孔子曰[1]:"君子无所争,必也,射乎。揖让而升,下而饮,其争也君子。"

【注释】
　〔1〕孔子曰:案下面的话见《论语·八佾》。

【译文】
　　射箭,体现了仁的道理。射箭要求端正自身,自身端正了而后发射,发射而没有射中,不埋怨胜过自己的人,反过来寻求自身的毛病罢了。孔子说:"君子没有什么可争的事。如果有,一定是射箭吧。行揖礼谦让而上堂,射毕下堂饮酒,那种竞争也是君子式的。"

　　12. 孔子曰:"射者何以射?何以听?循声而发,发而不失正鹄者,其唯贤者乎。若夫不肖之人,则彼将安能以中?"

【译文】
　　孔子说:"射箭的人怎么射中?怎么听音乐的节奏?按照音乐的节奏发射,发而能射中靶心的,大概只有贤者吧。如果是无德无才的人,那他怎能射中?"

13.《诗》云[1]:"发彼有的,以祈尔爵。"祈,求也,求中以辞爵也。酒者,所以养老也,所以养病也,求中以辞爵者,辞养也。

【注释】
〔1〕《诗》云:案下面的诗句引自《诗·小雅·宾之初筵》。

【译文】
《诗》说:"发射那靶心,以祈使你饮酒。"祈,是求的意思,求射中而辞酒不饮。酒,是用来颐养老年人的,是用来颐养病人的,求射中而辞酒不饮,就是辞让颐养之礼。

燕义第四十七

1. 古者周天子之官有庶子官[1]，庶子官职诸侯、卿、大夫、士之庶子之卒[2]，掌其戒令，与其教治，别其等，正其位；国有大事，则率国子而致于大子，唯所用之；若有甲兵之事，则授之以车甲，合其卒伍，置其有司[3]，以军法治之，司马弗正[4]。凡国之政事，国子存游卒[5]，使之修德学道，春合诸学，秋合诸射，以考其艺，而进退之。

【注释】
〔1〕庶子官：即《周礼·夏官》之诸子职，其职掌详下文。案"掌其戒令"以下皆《周礼·诸子》之文。
〔2〕庶子之卒：卒，通"倅"，是副的意思。案凡子皆其父之副贰，故曰"庶子之卒"。
〔3〕有司：此谓统领卒伍者。
〔4〕司马弗正：正，通"征"。案国子属大子，司马虽有军事而不赋之。
〔5〕凡国之政事，国子存游卒：政事，在此指力役土功之事。游卒，指尚未做官者，即所谓"王公之子弟游无官司者"。

【译文】
古时周天子所设的官中有庶子官，庶子官掌管诸侯、卿、大夫、士的众子这些做父亲副手的人，掌管有关他们的戒令，以及对他们的教育管理，区别他们的尊卑等级，理正他们的位次。国家有大事，就率领众子到太子那里，听从差遣使用；如果有战争，就授给众子战车和铠甲，集合兵卒让他们率领，并为他们设置军官,依照军法来对他们进行管理,司马不征发他们的赋役。凡国家有力役土功一类的事,众子列入未做官的游卒中〔而不参加〕,让他们修养德行、学习道艺:春季把他们集合在大学学习;秋季把他们集合在射宫里,以考察他们的道艺,而决定对他们升级或斥退。

2. 诸侯燕礼之义。君立阼阶之东南[1],南乡尔卿、大夫[2],皆少进[3],定位也。君席阼阶之上,居主位也。君独升立席上[4],西面特立,莫敢适之义也[5]。

【注释】
〔1〕君立阼阶之东南:案君始在堂上,见卿、大夫入,而后下至阼阶之东南,以尔之(详下注)。
〔2〕南乡尔卿、大夫:尔,近,此作动词,谓使之移进前来。案诸侯燕礼是在路寝举行的,卿、大夫进入路寝门后,即面朝北立于寝门东边,故君南向尔之。
〔3〕皆少进:案卿稍进后,是站在庭的东边,并由原来的面朝北改为面朝西而立。大夫稍进后,仍面朝北而立。
〔4〕君独升立席上:案君尔卿、尔大夫,并命宾(详下节注〔2〕)之后,便独自升堂就席。
〔5〕适:通"敌"。

【译文】
诸侯举行燕礼的意义。君站在阼阶下的东南边,面朝南揖请卿、大夫们进前来,卿、大夫们都稍进前,这是为了确定卿、大夫们在燕礼上的位置。君的席布设在阼阶上,这是表示处于主人的位置。君独自上堂站在席位上,面朝西独自站立,这是表示没有人敢与君匹敌。

3. 设宾主,饮酒之礼也。使宰夫为献主[1],臣莫敢与君亢礼也。不以公卿为宾，而以大夫为宾[2]，为疑也[3]，明嫌之义也。宾入中庭[4]，君降一等而揖之[5]，礼之也。

【注释】
〔1〕使宰夫为献主：宰夫，主膳食之官。案燕礼的实际主人是君，君既为主人，则当向宾和卿大夫献酒，但因君至尊，臣莫敢与之抗礼，故以宰夫代为主人，以行献酬之礼。
〔2〕以大夫为宾：此宾即君所命之宾。案君尔卿、尔大夫之后，便有属吏向君请示命谁做燕礼上的宾，于是君便从大夫中指定一人为宾。此宾实为饮酒礼仪的需要而设，不同于乡饮酒礼上的宾或外来之宾客。
〔3〕为疑也：疑，通"拟"。案公卿位尊，仅次于君，若又尊以为宾，则有拟之于君之嫌，故曰"为疑也"。若以大夫充当宾，大夫地位较低，即使又尊以为宾，亦无拟君之嫌。故下文曰"明嫌之义也"。
〔4〕宾入中庭：案君命宾之后，即独自升堂就席，而被命充当宾的大夫则要出寝门，重新以宾的身份入门。
〔5〕揖之：揖之者，为使之升。

【译文】
设立宾主，这是饮酒礼仪的需要。使宰夫做献酒的主人，是因为臣没有人敢同君对等行礼。不用公卿做宾，而用大夫做宾，因为〔用公卿做宾就近于〕比之为君了，这体现了明别嫌疑的意思。宾进来走到庭中的时候，君要走下一级台阶而揖请他上堂，这是礼敬宾的表示。

4. 君举旅于宾[1]，及君所赐爵[2]，皆降再拜稽首，升成拜[3]，明臣礼也；君答拜之[4]，礼无不答，明君上之礼也。臣下竭力尽能以立功于国，君必报之以爵禄，故臣下皆务竭力尽能以立功，是以国安而君宁。礼无不答，言上之不虚取于下也。上必明正道以道民，民道之而有功，然后取其什一，故上用足而下不匮也，是以上下和亲而不相怨也。和宁，礼之用也，此君臣上下之大义也。故曰："燕礼者，所以明君臣之义也。"

【注释】
〔1〕君举旅于宾：案主人（即宰夫）依次向宾和君献酒之后，要行旅酬礼。但燕礼上的旅酬礼与乡饮酒礼不同，不是由宾发端，而是由君发端，即由君先后为宾、为卿、为大夫、为士四举旅酬（参见下节）。其礼，先由二人举觯于君，君取一觯饮之，然后酌酒酬宾，宾饮酬酒后，再与诸大夫依次递相酬，此一举旅也。这当中还有许多繁缛的仪节，然其大要如此。二举、三举、四举之礼亦大体仿此。君为臣举旅酬，体现了君礼待臣下之义。

〔2〕赐：在此是酬的意思。君举旅酬，受酬者即为受赐。

〔3〕升成拜：案宾接受君的酬酒后，要下堂行再拜稽首礼以谢君，这时君要命小臣辞其堂下之拜。宾因行拜礼而被辞，若未成礼，故上堂后又要拜一次，以成拜礼，即所谓"升成拜"。卿和大夫受酬后行礼亦然。

〔4〕君答拜：案受赐者"升成拜"之后，君要放下手中的酒杯（觯），行再拜礼以答之。

【译文】
君为宾举酒行旅酬礼，以及凡接受君所赐酒的，都要下堂行再拜稽首礼，〔君要命小臣加以推辞〕，受赐者又上堂再拜稽首以成拜礼，这是表明臣对君应有的礼节；君要回礼答拜，这是表明对于别人的礼没有不回礼的，同时也是表明君上对臣应有的礼数。臣下为国竭力尽能建立功劳，君一定要用爵位和俸禄加以报答，因此做臣下的都致力于竭力尽能为国立功，所以国家安定而国君安宁。君对于别人的礼没有不回礼的，是表明君上不白向下索取。君上必须彰明正道来教导民众，民众依从教导而有收获，然后君才向民众按十分之一的税率收税，因此政府的用度充足而下面的民众也不匮乏，所以能够上下和睦亲密而不相怨恨。和睦安宁，是运用礼的结果，这是君臣上下所应明白的大义。因此说"燕礼，是用来彰明君臣关系之义的"。

5. 席,小卿次上卿,大夫次小卿[1]。士、庶子以次就位于下[2]。献君,君举旅行酬,而后献卿[3];卿举旅行酬,而后献大夫[4];大夫举旅行酬,而后献士;士举行旅行酬,而后献庶子。俎、豆、牲体、荐、羞,皆有差等,所以明贵贱也。

【注释】
〔1〕小卿次上卿,大夫次小卿:上卿,谓三卿。小卿,谓大夫之上,或司徒下之小司徒,司马下之小司马。案宾席在堂的正中,上卿在宾席的东边,小卿在宾席的西边,当中隔着宾,大夫席又在小卿的西边,而曰"小卿次上卿","大夫次小卿"者,是因为宾和卿、大夫之席都面朝南,以东边为上位,除宾席在正中为最尊,其他皆由东向西其位依次差轻。
〔2〕士、庶子以次就位于下:庶子,即第1节庶子官所掌之庶子而"存游卒"未仕者,因其未仕,尚无官爵,故位在士之次。案士和庶子接受献酒后,皆依次就位于阼阶下,故曰"依次就位于下"。
〔3〕献君,君举旅行酬,而后献卿:案主人向宾献酒之后,再向君献酒,而后君为宾举旅酬,此为一举旅(参见上节注〔1〕)。旅酬毕,主人再向卿献酒。
〔4〕卿举旅行酬,而后献大夫:所谓"卿举旅行酬",实际是君为卿举旅行酬,此为二举旅。旅酬毕,主人再向大夫献酒。下文意仿此。

【译文】
设置席位,小卿的席位在上卿之下,大夫的席位又在小卿之下。士和庶子依次在阼阶下就位。主人向君献酒,接着君为宾举酒行旅酬礼,而后主人再向卿献酒;君为卿举酒行旅酬礼,而后主人再向大夫献酒;君为大夫举酒行旅酬礼,而后主人再向士献酒;君为士举酒行旅酬礼,而后主人向庶子官献酒。各人位前所设的俎、豆、牲肉、脯醢、菜肴,都依据尊卑等级而有差别。所有这些都是为了表明贵贱的不同。

聘义第四十八

1. 聘礼[1],上公七介[2],侯、伯五介,子、男三介,所以明贵贱也。

【注释】
〔1〕聘礼:聘,问,是访问或慰问的意思。诸侯定期派出使者相互聘问,以结友好,就是所谓聘礼。聘礼有大聘、小聘之分(见第7节):大聘派卿为使者,小聘派大夫为使者。案此处所记聘礼皆使卿出使,是大聘。
〔2〕上公七介:上公,及下侯、伯、子、男,是指聘国(即派使者外出行聘礼之国)诸侯的等级。介,是使者(卿或大夫)的副手。案介是分等级的,若卿为使者,其最尊者为上介,由大夫充任,以下皆由士充任,统称为士介,而其最下者则称末介(参见《玉藻第十三》第43节)。

【译文】
行聘礼,上公派出的使者配七名介,侯、伯派出的使者配五名介,子、男派出的使者配三名介,这样来表明诸侯等级的贵贱。

2. 介绍而传命[1],君子于其所尊弗敢质,敬之至也。

【注释】
〔1〕介绍而传命:绍,继,是相继传命的意思。案使者有介,主君(被聘问的诸侯)则有摈者(参见第6节),人数皆相等。当使者到达主君门外时,是由介一个接一个地把使者所转达的聘君(派使者行聘礼的诸

侯)的话传达给摈者，摈者再一个接一个地传达给主君，反之亦然，即所谓"绍而传命"也。

【译文】

介一个接一个地传达聘君的话，是表明君子对于所尊敬的人不敢简便从事，是对主君最尊敬的表示。

3. 三让而后传命[1]，三让而后入庙门[2]，三揖而后至阶，三让而后升，所以致尊让也。

【注释】

[1] 三让而后传命：谓宾（使者）在大门外见主人陈摈，以大客之礼待己，己不敢当，三度辞让，主人不许，而后传聘君之命。案使者到达主君大门外时，主君陈其摈者于门东而迎之（使者则陈其介于门西）；主君闻使者到来，先使摈者向使者请事，即讯问使者为何事而来（明知而故问者，礼贵慎也），而使者当先辞主君陈摈之盛礼，辞而不许，而后才传达聘君遣己前来聘问之意。

[2] 三让而后入庙门：案主君是在祧庙，即始祖庙接待使者，以示隆盛，故使者当先辞让以不敢当。

【译文】

使者要谦让三次而后才传达聘君的话，谦让三次而后进入庙门，行三次揖礼而后到达堂阶前，又要谦让三次而后登阶上堂，这样来表达对主君的尊敬和谦让之意。

4. 君使士迎于竟[1]，大夫郊劳[2]，君亲拜迎于大门之内[3]，而庙受，北面拜贶[4]，拜君命之辱，所以致敬也。

【注释】

〔1〕君使士迎于竟：案使者到达主国国境，当先向主国国境上的守关人说明来意，守关人报告主君，而后主君派士前来请事（即讯问因何事而来），并迎使者一行入境。

〔2〕大夫郊劳：案宾入境后，先暂息在国郊的馆舍中，主君派卿（案卿为上大夫）带着束帛作为礼物前来慰劳，叫做郊劳。

〔3〕君亲拜迎于大门之内：郊劳的第二天，使者上朝去向主君行聘礼，主君陈摈者于大门外东边，而自己身穿皮弁服"迎宾于大门内"。

〔4〕北面拜贶：贶，惠赐。案主君受聘后在庙堂的阼阶上面朝北当楣再拜，即所谓拜贶。

【译文】

主君派士到国境上迎接使者，派大夫到国郊慰劳使者，又亲自在朝廷大门内迎接使者，而在祧庙中接受使者的聘问礼，然后面朝北拜谢使者的惠赐，这是拜谢聘君屈尊派使者前来聘问的意思，这样来表达对聘君的敬意。

5. 敬让也者，君子之所以相接也。故诸侯相接以敬让，则不相侵陵。

【译文】

恭敬谦让，是君子用以相互接交的方式。因此诸侯用恭敬谦让的方式相接交，就不会相互侵犯欺凌了。

6. 卿为上摈，大夫为承摈，士为绍摈[1]；君亲迎宾；宾私面，私觌[2]；致饔饩[3]，还圭璋[4]，贿、赠、飧、食、燕[5]：所以明宾客君臣之义也。

【注释】

〔1〕"卿为"至"绍摈"：摈，即摈者，是主君为接待使者所设。摈

者也有等级，其最尊者为上摈，其次为承摈，又其次为绍宾，分别由主国的卿、大夫、士充任。使者的介五人，主国的摈者亦五人，五人则士为绍摈者三人。摈之最卑者亦称末摈，犹如介之最卑者称末介。

〔2〕宾私面，私觌：面、觌（参见《郊特牲第十一》第8节），皆见。私面，是使者和介个人名义拜见主国的卿大夫们，以结友好。私觌，是使者和介以个人名义拜见主君，以致敬意。私面和私觌都是在使者向主君正式行过聘问礼之后进行的。私觌在私面之前，此处置之于后，不过是作记者为了行文的方便，并没有什么特殊意义。案私觌和私面都是聘礼的组成部分，其所用礼物也是由聘国政府为之预先准备的，虽名之为"私"，但并非个人行为。

〔3〕致饔饩：案在行过聘问礼以及私觌和私面礼之后，主君要使卿向使者"归（馈）饔饩"。杀曰饔，生曰饩。饔中又分饪与腥，饪指煮熟的牲肉，腥指生的牲肉。而未杀的活牲就叫做饩（参见第9节注〔3〕）。

〔4〕还圭璋：案聘礼不仅聘问主君，还要聘问君夫人。聘问主君用圭，聘问夫人用璋。圭和璋都是聘君授予使者出聘的信物，也是行聘礼所用最贵重的礼物。但主君和夫人在接受聘问之后，于使者回国之前，要派人把圭璋送还给使者，以体现"轻财重礼之义"（见第8节）。

〔5〕贿、赠、飨、食、燕：贿，谓赠予人财物。案使者回国前，主君要派人向使者贿用束纺（一种质地较厚的缯），礼玉束帛及乘皮（四张兽皮），以回报聘君所赠聘礼。赠，是以物送行之名。使者回国，走到主国之郊而停宿的时候，主君要派卿前来向使者赠送礼物，所赠的数量"如觌币"，即等同于使者和介私觌时赠送主君的礼物，同时大夫们也要来"亲赠"，"如其面币"，即如同使者和介私面时所赠之礼物。飨、食、燕，皆使者在主国行聘礼期间主君款待使者之礼。

【译文】

主君用卿做上摈，大夫做承摈，士做绍摈；主君亲自迎接使者；〔正式行过聘问礼之后〕，使者和介还要向主国的卿大夫行私面之礼，向主君行私觌之礼；主君要向使者馈送杀死的牲和未杀的牲，要把聘国所赠送的圭和璋再送还使者，要赠送财物回报聘君的聘礼，还要赠送财物为使者送行，并举行飨礼、食礼、燕礼以款待使者：这样来表明主君对待宾客以及君臣之间应有的义理。

7. 故天子制诸侯：比年小聘，三年大聘，相厉以礼。使者聘而误，主君弗亲飨、食也[1]，所以愧厉之也。诸侯相厉以礼，则外不相亲，内不相陵[2]，此天子之所以养诸侯，兵不用，而诸侯自为正之具也。

【注释】
〔1〕使者聘而误，主君弗亲飨、食：主君对于来聘的使者，要亲自为之举行两次飨礼和一次食礼(见第9节)。但如果使者在主国犯了错误，主君就"弗亲飨、食"了而是派人把原准备飨、食用的活的牛羊豕等牲畜给使者送去。
〔2〕内不相陵：即下节所说"内君臣不相陵"之意。

【译文】
因此天子为诸侯定下制度：每年进行一次小聘问，三年进行一次大聘问，使诸侯用礼来相互勉励。使者出聘在异国而犯了错误，主君就不亲自为他举行飨礼和食礼，这样来使他感到羞愧而激励他改正。诸侯用礼来相互勉励，就会对外不相互侵犯，国内君臣不相互欺凌，这就是天子用来抚慰诸侯，不动干戈，而使诸侯自行正道的办法。

8. 以圭璋聘，重礼也。已聘而还圭璋，此轻财而重礼之义也。诸侯相厉以轻财重礼，则民作让矣。

【译文】
用圭璋作礼物行聘礼，表示聘君重视聘礼。行过聘礼主君又奉还圭璋，这体现了轻视财物而重视礼的意思。诸侯用轻财重礼的精神相勉励，民众就会兴起谦让的风气了。

9. 主国待客，出入三积[1]；饩客于舍[2]，五牢之具陈于内[3],米三十车,禾三十车,刍薪倍禾,皆陈于外;乘禽日五双[4];群介皆有饩牢;壹食,再飨,燕与时赐无数:所以厚重礼也。

【注释】
〔1〕出入三积:积,谓刍、米之属,所以供宾道路之需者。出入三积,谓入与出皆三致积。
〔2〕饩:是"致饔饩"的省文(参见第6节注〔4〕)。
〔3〕五牢:牢,泛指所致饔饩。五牢,谓饪(熟牲肉)一牢,其牲为牛、羊、豕、鱼、腊(干兽肉)、肠胃(牛羊的肠胃)、肤(猪肉皮)、鲜鱼、鲜腊(鲜兽肉),共九样牲肉,分盛于九鼎;腥(生牲肉)二牢,即上述九样牲肉除去鲜鱼、鲜腊,还剩下七样,每样都是双份,分盛于十四只鼎中;饩(活牲)二牢,即牛、羊、豕,又牛、羊、豕,拴系在馆舍门内西边。
〔4〕乘禽:是指那种雌雄相伴而又成群地聚集在一起的禽类。

【译文】
主国接待来聘的使者,在使者到来和回国的时候都要三次供给饲草和粮食;把已杀和未杀的牲馈送到使者的馆舍,具备五牢而陈设在馆舍门内,同时还送有米三十车,禾三十车,饲草和薪柴分别比禾增加一倍,都陈放在馆舍门外;乘禽每天供应五双;对群介也都馈送得有杀死的牲和活牲;主君还要为使者举行一次食礼,两次飨礼,燕礼随时赐设而无定数:这样用丰厚的礼遇来表示对聘礼的重视。

10. 古之用财者不能均如此,然而用财如此其厚者,言尽之于礼也。尽之于礼,则内君臣不相陵,而外不相侵,故天子制之,而诸侯务焉耳。

【译文】
古时候运用财物不能事事都这么丰厚,然而对于聘礼运用财物如此丰厚的原因,是为了表示尽心于礼。尽心于礼,就可以做到国内君臣不相欺凌,而对外不相侵犯,因此天子制定聘礼,而诸侯致力于实行这种礼。

11. 聘、射之礼,至大礼也[1]。质明而始行事,日几中而后礼成[2],非强有力者弗能行也。故强有力者,将以行礼也。酒清,人渴而不敢饮也;肉干,人饥而不敢食也。日莫人倦齐庄正齐而不敢解惰,以成礼节,以正君臣,以亲父子,以和长幼,此众人之所难,而君子行之,故谓之有行。有行之谓有义,有义之谓勇敢。故所贵于勇敢者,贵其能以立义也;所贵于立义者,贵其有行也;所贵于有行者,贵其行礼也。故所贵于勇敢者,贵其敢行礼义也。故勇敢强有力者,天下无事则用之于礼义,天下有事则用之于战胜。用之于战胜则无敌,用之于礼义则顺治。外无敌,内顺治,此之谓盛德。故圣王之贵勇敢强有力如此也。勇敢强有力而不用之于礼义战胜,而用之于争斗,则谓之乱人。刑罚行于国,所诛者,乱人也,如此则民顺治而国安也。

【注释】

〔1〕至大礼:这是就礼仪之繁缛,行礼时间之长而言。

〔2〕礼成:指正礼部分完成,但不等于全部礼仪的完成,全部礼仪要到日暮才能完成,且每每需继之以烛。

【译文】

聘礼、射礼,是最大的礼。天亮开始行礼,将近中午而后礼仪完成，不是身体强有力的人不能行这种礼。因此强有力的身体，是将用来行礼的。〔在行礼过程中〕，虽有清酒，人渴了也不敢饮；虽有干肉，人饿了也不敢吃。到了黄昏时候人们都疲倦了，仍然庄重整齐，而不敢懈怠，这样来使礼节完成，使君臣关系端正，使父子相亲爱，使长幼相和睦，这是众人很难做到，而君子加以实行的，因此称做有德行。有德行就是有义，有义就是勇敢。因此勇敢的人所可贵的，就贵在他能确立义；确立义的人所可贵的，就贵在他能有德行；有德行的人所可贵的，就贵在他能实行礼。因此勇敢者所可贵的，就贵者他敢于实行礼义。因此勇敢而强有力人，天下太平就用于实行礼义，天下动乱就用于战胜敌人。用于战胜敌人就无敌于天下，用于实行礼义就可使民众顺从治理。国外无人可敌，国内顺从治理，这就叫做有盛德。因此圣王重视勇敢和强有力，就是像这样的。勇敢而强有力，如果不用在实行礼义和战胜敌人上，而用于相互争斗，就叫做乱人。刑罚施行于国中，所要惩治的就是乱人，惩处了乱人就可以使民众顺从治理而国家安定了。

12. 子贡问于孔子曰："敢问君子贵玉而贱碈者[1]，何也？为玉之寡而碈之多与？"孔子曰："非为碈之多故贱之也，玉之寡故贵之也。夫昔者，君子比德于玉焉：温润而泽，仁也；缜密以栗[2]，知也；廉而不刿，义也；垂之如队，礼也；叩之其声清越以长，其终诎然[3]，乐也；瑕不掩瑜，瑜不掩瑕，忠也；孚尹旁达[4]，信也；气如白虹[5]，天也；精神见于山川，地也[6]；圭璋特达[7]，德也；天下莫不贵者，道也。《诗》云[8]：'言念君子，温其如玉。'故君子贵之也。"

【注释】
  〔1〕碈：音 mín，同"珉"，是一种似玉的石头。

〔2〕栗：犹秩，是有条理的样子，指玉的纹彩清沏而有条理。

〔3〕诎：绝止貌。

〔4〕孚尹旁达：孚，通"浮"。尹，通"筠"。浮筠，谓玉采色。采色旁达而无隐翳，似信。

〔5〕白虹：谓天之白气。

〔6〕精神见于山川，地也：谓玉之精气彻见于山川，是玉在山川之中，精气彻见于外；地气含藏于内亦彻见于外，与地同，故云"地也"。

〔7〕圭璋特达：案行聘礼所用玉器，不仅有圭璋，还有璧琮。璧以献主君，琮以献君夫人。献璧琮时都需要有衬垫物，即加放在束帛上奉献。而圭璋因其贵重，故无需借它物，而直接奉上，故云"特达"。特，独。特达，以象征君子之德无假乎外。

〔8〕《诗》云：案下面的诗句引自《诗·秦风·小戎》。

【译文】

子贡向孔子问道："请问君子看重玉而轻视碈，是为什么呢？是因为玉少而碈多吗？"孔子说："并不是因为碈多就轻视它，玉少就看重它。从前，君子用玉来比喻人的德行：玉的温和润泽，像仁；质地缜密而花纹有条理，像智；有棱角而不割伤别的东西，像义；垂挂着如同下坠的样子，像谦卑有礼；敲击它发出清扬悠长的声音，临了又绝然而止，像乐；它的瑕疵遮掩不住美好的部分，美好的部分也遮掩不住瑕疵，像忠；色彩外露而不隐，像诚；光耀如同白虹，像天；精气显露于山川，像地；圭璋〔不凭借它物而〕单独送达主君，像德；天下没有人不看重玉，像道。《诗》说：'想念那君子，温润如美玉。'所以君子看重玉。"

丧服四制第四十九

1. 凡礼之大体，体天地，法四时，则阴阳，顺人情，故谓之礼。訾之者，是不知礼之所由生也。

【译文】
凡礼的大原则，是本于天地，取法四季，效仿阴阳，顺适人情〔而制定的〕，所以才叫做礼。诋毁礼的人，是因为他们不知道礼是怎样产生的。

2. 夫礼，吉凶异道[1]，不得相干，取之阴阳也。丧有四制[2]，变而从宜，取之四时也。有恩，有理，有节，有权，取之人情也。恩者仁也，理者义也，节者礼也，权者智也。仁、义、礼、制，人之道具矣。

【注释】
〔1〕异道：谓衣服、容貌及器物皆不相同。
〔2〕丧有四制：即下文所谓"有恩，有理，有节，有权"。

【译文】
礼，吉礼和凶礼各有不同的制度，不得相互干扰，这是取法于阴阳不相干扰的道理。丧服有四种原则，轻重的变化都要适宜于事理，这是取法于四季变化的道理。有亲情的原则，有义理的原则，有节制的原则，有权变的原则，都是依据于人情制定的。亲情是仁的原则，义理是义的原则，节制是礼的原则，权变是智的原则。具备仁、义、礼、制这四个方面，做人的道理就都具备了。

3. 其恩厚者其服重，故为父斩衰三年，以恩制者也。

【译文】
亲情关系深厚的丧服也就重，因此为父服斩衰三年之丧，就是依据亲情的原则制定的。

4. 门内之治恩揜义，门外之治义断恩。资于事父以事君而敬同[1]。贵贵，尊尊，义之大者也。故为君亦斩衰三年，以义制者也。

【注释】
〔1〕资：犹操。

【译文】
家门内治理丧事重亲情而掩没义理，家门外治理丧事重义理而断绝亲情。拿了侍奉父亲的心来侍奉国君，对国君的尊敬就同对父亲一样。尊重高贵者，敬重尊长者，是义理中最重要的。因此为国君也服斩衰三年之丧，就是依据义理的原则制定的。

5. 三日而食，三月而沐，期而练[1]，毁不灭性，不以死伤生也。丧不过三年，苴衰不补[2]，坟墓不培[3]，祥之日，鼓素琴[4]，告民有终也，以节制者也。

【注释】
〔1〕练：在此指练冠（参见《檀弓上第三》第19节）。
〔2〕苴衰：谓苴麻之衰（参见《间传第三十七》第1节）。
〔3〕坟墓不培：谓坟墓一成，不再加土，因为古不修墓。

〔4〕素琴：谓琴之无饰者。

【译文】

父死三天而后进食，三月而后洗头，一周年而后戴练冠，虽哀痛憔悴而不危及生命，这体现了不因为死者而伤害生者的意思；丧期不超过三年，苴麻做的丧服破了不补，坟墓上不培土，到大祥祭那天可以弹奏素琴，这是告诉民众丧期有终了的时候：这些都是依据节制的原则制定的。

6. 资于事父以事母而爱同。天无二日，土无二王，国无二君，家无二尊，以一治之也。故父在为母齐衰期者，见无二尊也。杖者何也？爵也[1]。三日授子杖，五日授大夫杖，七日授士杖[2]。或曰担主[3]，或曰辅病[4]，妇人、童子不杖，不能病也[5]。百官备，百物具，不言而事行者，扶而起[6]。言而后事行者，杖而起[7]。身自执事而后行者，面垢而已[8]。秃者不髽。伛者不袒。跛者不踊。老病不止酒肉。凡此八者[9]，以权制者也。

【注释】

〔1〕杖者何也？爵也：案有爵之人必有德，有德则能为父母哀痛致病深，故许其以杖扶病。

〔2〕"三日"至"士杖"：五日、七日授杖，谓为君丧。这里是历数有爵之人的杖期。案子于亲丧哀痛最深，故三日而杖。大夫爵尊于士，德亦厚于士，故哀痛亦甚于士而早于士授杖。

〔3〕或曰担主：案这是指嫡子孤而为丧主者。担，犹假。担主者无爵、无德，然因其为嫡子，为丧主，故尊之而假之以杖，以拜宾送宾，成丧主之义也。

〔4〕辅病：案有非丧主而杖者，指嫡子以外的众子，虽非丧主，子

为父母哀痛致病则同,故亦当以杖辅病。辅病,即扶病。

〔5〕妇人、童子不杖,不能病也:此处是指主妇以外的妇人,恩义疏者。又童子无知,哀痛不能致病,不任丧服,亦无须扶杖。

〔6〕"百官"至"扶而起":这是说天子、诸侯的丧事,自有百官料理,无须嗣子操心,故可竭其哀伤之情以致身体憔悴得厉害,虽有扶病之杖,亦不能起,故又须人扶乃起。

〔7〕言而后事行者,杖而起:谓大夫、士,既无百官、百物,须己言而后丧事乃行,故不许极病,所以杖而起,不用扶。

〔8〕身自执事而后行者,面垢而已:此谓庶人,卑而无人可使,但自身执事,不可许病,故有杖不得用,但使面有尘垢之容而已。

〔9〕八者:应杖不杖,不应杖而杖,一也;扶而起,二也;杖而起,三也;面垢,四也;秃者,五也;伛者,六也;跛者,七也;老病者,八也。案这八者之上所记"父在为母齐衰期,见无二尊"之制,亦当属"以权制"者,盖参以恩义二者而权之,因此我们将它与下八者合为一节。

【译文】

拿了侍奉父亲的心来侍奉母亲,对母亲的爱心就同对父亲一样。天上没有二日,地上没有二王,国中没有二君,家中没有两个最尊的人,这表明必须由一人来治理的意思。因此父亲活着为母亲就服齐衰一年丧,就是体现家中没有两个最尊者的意思。杖是做什么用的?是给有爵位的人〔扶持病体用的〕。国君死后的第三天授杖给嗣君,第五天授杖给大夫,第七天授杖给士。有的〔嫡子未成年丧亲而拄杖〕叫做借用有爵者的杖而做丧主,有的〔虽非嫡子而拄杖〕叫做扶持病体。妇人、儿童不拄杖,是因为他们不能哀痛致病。〔天子、诸侯〕百官具备,丧葬器物齐全,嗣君无须说话丧事就可以顺利办理,这样的嗣君即使拄杖仍须有人搀扶才能起身。〔大夫、士的孝子〕须亲自指挥而后丧事才能进行,就须扶杖而后起身。〔庶人的孝子〕需要亲自料理丧事而后才得办理的,〔就无须拄杖〕,面带尘垢的容色就行了。秃头的人不用麻束发髻。驼背的人不肉袒。跛脚的人不踊。年老和有病的人不禁止饮酒吃肉。以上这八种规定,就是依据权变的原则制定的。

7. 始死，三日不怠，三月不解，期悲哀，三年忧，恩之杀也。圣人因杀以制节，此丧之所以三年，贤者不得过，不肖者不得不及。此丧之中庸也，王者之所常行也。

【译文】
亲人刚死，孝子三天哭不绝声，三月卧不解衣，过了周年还悲哀，三年仅怀忧思，说明悲哀的感情逐渐减轻了，圣人就据此制定丧礼加以节制，这就是斩衰丧之所以规定为三年的原因，有贤德的人不得超过这个丧期，无德无才的人也不得服不够这个丧期。这是丧事所常守的中道，是王者所常行的制度。

8.《书》曰："高宗谅闇，三年不言[1]。"善之也。王者莫不行此礼，何以独善之也？曰：高宗者武丁，武丁者殷之贤王也，继世即位，而慈良于丧。当此之时，殷衰而复兴，礼废而复起，故善之。善之，故载之《书》中而高之，故谓之"高宗"。三年之丧，君不言，《书》云"高宗谅闇，三年不言"，此之谓也。然而曰"言不文"者[2]，谓臣下也。

【注释】
〔1〕高宗谅闇，三年不言：这两句引自《尚书·无逸》，而文字稍异。谅闇，守丧期间所居的凶庐（参见《丧大记第二十二》第45节）。
〔2〕言不文：引自《孝经·丧亲章》。

【译文】
《书》说："高宗居住在凶庐中，三年不发布政令。"这是赞扬高宗。做王的没有不行这种礼的，为什么偏偏赞扬高宗呢？回答说：高宗就是武丁，武丁是殷代的贤王，他继承父亲就王位，而善守父丧。在那个时候，殷朝由衰落而又重新振兴，礼制由废坏而又重新兴起，所以赞扬他。赞扬他，所以把他记载入《书》中而尊崇他，因此称他为"高宗"。守丧三年，君不发布政令，《书》说"高宗居住在凶庐中，三年不发布政令"，就是说的这个意思。然而说"说话不加文饰"，是说臣下在守丧期间应该做到的。

9. 礼，斩衰之丧唯而不对，齐衰之丧对而不言，大功之丧言而不议，缌、小功之丧议不及乐。父母之丧，衰、冠、绳缨，菅屦，三日而食粥，三月而沐，期十三月而练冠，三年而祥。

【译文】
按照丧礼，服斩衰丧的人只发出答应声而不回答别人的话，服齐衰丧的人只回答别人的话而不主动说话，服大功丧的人说话而不说与丧事无关有话，服缌麻、小功之丧的人可以说与丧事无关的话而不说快乐的事。为父母服丧，穿丧服，戴丧冠，用绳做系丧冠的缨，穿茅草编的丧鞋，父母死后三天才吃稀粥，三个月才洗头，过了周年到第十三个月才戴练冠，到第三年才举行大祥祭。

10. 比终兹三节者[1]，仁者可以观其爱焉，智者可以观其礼焉，强者可以观其志焉。礼以治之，义以正之，孝子、弟弟、贞妇，皆可得而察焉。

【注释】
〔1〕三节：自初丧至沐，一也；十三月练，二也；三年祥，三也。

【译文】

到坚持完丧礼的这三个阶段，仁爱的人可以看出孝子的爱心，智慧的人可以看出孝子深明义理，强毅的人可以看出孝子能坚守志节。按照礼来治理丧事，按照义来端正丧礼，一个人是不是孝顺之子，恭逊之弟，贞节之妇，都可以从中看出来了。

附　录

主要参考书目*

卫　湜　《礼记集说》（文渊阁《四库全书》本，以下简称库本）
朱　熹　《朱子语类·礼四·小戴礼》（点校本，中华书局1986年3月版）
吴　澄　《礼记纂言》（库本）
陆德明　《经典释文》（黄焯断句本，中华书局1983年9月版）
戴　冠　《礼记集说辨疑》（《丛书集成》本）
朱　彬　《礼记训纂》（点校本，中华书局1996年9月版）
陈　澔　《礼记集说》（上海古籍出版社1987年3月影印世界书局本）
孙希旦　《礼记集解》（点校本，中华书局1989年2月版）
万斯大　《礼记偶笺》（《清经解续编》本，以下简称《续经解》本）
王夫之　《礼记章句》（《船山遗书》本）
俞　樾　《群经平议》（《续经解》本）
郑元庆　《礼记集说》（《丛书集成》本）
乾隆十三年敕撰　《礼记义疏》（库本）
俞　樾　《礼记郑读考》（《续经解》本）
江　永　《礼记训义择言》（《续经解》本）
方　苞　《礼记析疑》（库本）

＊　案此《书目》1997年所出繁体字版原依首次引用之先后为序，今仍之，而有所删减。

陈乔枞　《礼记郑读考》（《续经解》本）
翁方纲　《礼记附记》（《丛书集成》本）
惠　栋　《九经古义》（《清经解》本，以下简称《经解》本）
金　榜　《礼笺》（《经解》本）
焦　循　《礼记补疏》（《经解》本）
李调元　《礼记补注》（《丛书集成》本）
赵良㵄　《读礼记》（《丛书集成》本）
蔡　邕　《月令问答》（《全上古三代秦汉三国六朝文》本，中华书局 1958 年 12 月版）
许维遹　《吕氏春秋集释》（北京中国书店 1965 年 5 月版）
郝懿行　《礼记笺》（《郝氏遗书》本）
陈详道　《礼书》（库本）
朱　熹　《仪礼经传通解》（库本）
刘　绩　《三礼图》（库本）
张惠言　《仪礼图》（《经解》本）
郭沫若　《公孙尼子与其音乐理论》（收在《乐记论辩》中，人民音乐出版社 1983 年 11 月版）
司马迁　《史记·乐书》（中华书局点校本）
聂崇义　《三礼图集注》（库本）
《礼记正义》（残卷，《四部丛刊》所收上海涵芬楼覆影日本影印宋刊本，简称宋刊本残卷）
李光坡　《礼记述注》（库本）